Amotz und Avishag Zahavi

SIGNALE
DER VERSTÄNDIGUNG

DAS HANDICAP-PRINZIP

Aus dem Englischen
von Anita Ehlers

Insel Verlag

Die Originalausgabe erschien 1997
unter dem Titel *The Handicap Principle. A Missing Piece of Darwin's Puzzle*
bei der Oxford University Press, New York, Oxford
© 1997 by Amotz und Avishag Zahavi

Illustrationen von Amir Balaban

Erste Auflage 1998
© Insel Verlag Frankfurt am Main und Leipzig 1998
Alle Rechte vorbehalten
Druck: Wagner GmbH, Nördlingen
Printed in Germany

INHALTSVERZEICHNIS

Einleitung: Die Gazelle, der Wolf und das Pfauenrad 13

Teil I: Partner der Kommunikation

Kapitel 1: Wechselwirkungen zwischen Beutegreifern und Beute 23
Alarmrufe: Eine Botschaft für Freunde oder Feinde? 23
Prellsprünge als Signal an Raubfeinde 28
Die Lautäußerungen der Beute während der Verfolgung: Merlin und Lerche 32
Warnfarben (Aposematische Färbung) 33
Signale für die Beute 35
Zusammenwirken ohne Kommunikation zwischen Beute und Beutegreifer 38
Vorbedingungen für die Kommunikation zwischen Beute und Beutegreifer 38

Kapitel 2: Signalaustausch zwischen Rivalen 41
Drohsignale als Ersatz für Aggression: Sind Menschen schlimmer als Tiere? 41
Handicaps als Schlüssel für zuverlässige Drohungen 43
Drohung durch Näherkommen 44
Aufrecken als Drohung – Bluff oder Gefährdung des Drohenden? 46
Lautäußerungen als Drohsignale 48
Andere Drohungen 52
Soziale Hierarchien und Duelle unter Gleichen . 53
Können sich Drohsignale zum Nutzen der Gruppe herausbilden? Der Haken bei der »Gruppenselektion« 54

Kapitel 3: Partnerwahl 57

Der Konflikt im Balzverhalten 59

Handicaps bei der Partnerwerbung und die
vermittelte Information 61

Füttern als Signal. 61

Superreviere 62

Balzlaute 64

Farbe 65

Duftstoffe (Pheromone) 65

Artefakte und Bauten. 66

Kombinationen von Signalen 69

Lange Schwänze 70

Bewegungen und Tänze 71

Balzarenen: gemeinsame Tanzplätze 72

Polymorphe Arten und Männchen,
die Weibchen nachahmen 74

Fishers Modell (»Runaway«-Prozeß) im Vergleich
mit dem Handicap-Prinzip 78

Nützlichkeitsauslese und Signalselektion 82

Teil II: Methoden der Kommunikation

**Kapitel 4: Der Trugschluß artspezifischer
Signale** 87

Hat die Evolution Farbzeichnungen entwickelt,
um Aufschluß über Art, Geschlecht und Alter
zu geben? 87

Die Evolution gemeinsamer Markierungen
durch den Wettbewerb zwischen Individuen . . 92

Farbzeichnungen und die dadurch angezeigten
Merkmale 96

Linien und Streifen. 96

Flecken und Ränder, die die Körperteile betonen . 97

Folgerungen aus dem Handicap-Prinzip: Die
Markierungen heben Eigenschaften hervor . . . 98

Symmetrie. 101

Augenmuster 103

Die Evolution von Markierungen – Polymor-
phismen und Konvergenz 104
Gesichtsmarkierungen und Blickrichtung 107
Statussymbol oder Handicap? 108
Gibt es Signale ohne Handicaps? 110
Gibt es Signale, die reine Konventionen sind? . . 111
Die Definition von Signalen; Inflation als
Möglichkeit zur Überprüfung der Theorie der
Signalselektion 113

Kapitel 5: Bewegungen und Ritualisation . 117
Schwierige Bewegungen 118
Kampfspiele 119
Ritualisation: Verringert sie die Menge der
übermittelten Information? 122
Wie sich ein ritualisiertes Signal herausbildet . . 126

Kapitel 6: Lautäußerungen 131
Die Übereinstimmung von Stimmgebung mit
Haltung und Spannung 132
Die durch akustische Signale übermittelte Infor-
mation 134
Der Wortschatz der Tiere: der Zusammenhang
zwischen Botschaft und Stimmlage 136
Rhythmus 137
Lautmuster, die Entfernungen überbrücken . . . 139
Wozu dienen laute Rufe? 140
Die Dauer der Lautäußerung: Bitten und Befehle 141
Dialoge und ihre Bedeutung 142
Mimikry 143
Verfügen Tiere über ein System von Bezeich-
nungen? 145

**Kapitel 7: Körperteile, die als Signale
dienen** 151
Sind lange Schwänze Signale? 152
Gesträubtes Fell und aufgeplustertes Federkleid:
Vortäuschung von Größe oder Handicap? 154

Mähnen und Hauben 155
Handicaps, die die Sicht beeinträchtigen 156
Körperteile, die die Blickrichtung betonen . . . 158
Körperteile, die beim Kampf ein Handicap
darstellen 160
Kann die Evolution zu Körperteilen führen,
die die Signale billiger machen? 163
Die Evolution von Hörnern und Geweihen . . 164
Signalselektion und die Evolution des Gefieders 167

Kapitel 8: Die Rolle der Farbe bei der
Zurschaustellung 171
Schwarz in der Wüste 172
Schwarz und Weiß in offenem Gelände 174
Farben in Wäldern und auf Korallenriffs 176
Die Rolle der Zweifarbigkeit 178
Glänzende Farben und Bewegung 180
Ausnahmen von den Regeln 180

Kapitel 9: Chemische Kommunikation . . . 183
Pheromone bei Schmetterlingen und Motten:
Chemische Handicaps 184
Sexualpheromone der Hefe und Propheromone;
die Rolle der Glykoproteine 188
Chemische Kommunikation bei Vielzellern . . 193

Teil III: Das Handicap-Prinzip in sozialen
Systemen

Kapitel 10: Wie Bindungen auf die Probe
gestellt werden 199
Belastungsproben 200
Aggression bei der Balz 202
Versteckspiele: Belastungsproben des
Geschlechtspartners bei der Balz 204
Zusammenhocken und gegenseitiges Putzen . . 206
Gruppentänze und ähnliche Rituale 209

Kapitel 11: Eltern und Kinder 211
Die Androhung der Selbstgefährdung: die
Waffen des schwächeren Partners 212
Andere Formen der Erpressung 214
Die Ausbeutung der Nachkommen durch die
Eltern 217

**Kapitel 12: Graudroßlinge, der Wettbewerb
um Prestige und die Evolution des
Altruismus** 221
Reviere, Gruppen und nicht reviergebundene
Individuen 225
Rang, Vermeidung von Inzest und Überlebens-
strategien von Männchen und Weibchen 226
Die Zusammensetzung der Gruppen;
Koalitionen von Männchen und Weibchen . . . 228
(Fast) aggressionsfreie Auseinandersetzungen . . 230
Theorien, die den Altruismus erklären: die
Theorie der Gruppenselektion und ihre Mängel 231
Die Theorie des reziproken Altruismus und das
Problem der Durchsetzung 233
Der Wettbewerb um altruistisches Handeln bei
Graudroßlingen 235
Wachehalten 236
Füttern der Nestlinge 240
Füttern anderer Erwachsener 241
Hassen auf Artfeinde 243
Altruismus als Ersatz für Drohungen 247
Rang und Prestige 249
»Scheu« bei der Kopulation als Zeichen von
männlichem Prestige 253
Gründe für das Leben in Gruppen
und die Folgen 257
Prestige und die Evolution des Altruismus:
Altruismus als Handicap 260

Kapitel 13: Soziallebende Insekten: Warum helfen sie der Königin? 263

Die Evolution sozialer Strukturen bei sozialen Insekten 264

Umstände, die die Zusammenarbeit begünstigen: Vorratshaltung und hilflose Nachkommen 264

Der haplodiploide Mechanismus der Geschlechtsbestimmung 266

Erfolgt die Selektion allein durch die Königin oder auch durch Arbeiterinnen? 267

Wie sich Insektenkolonien bilden 268

Warum sind die Arbeiterinnen so emsig für ihre Kolonie tätig? 273

Altruismus und Prestige 273

Königinsubstanz und Prestige 275

Das Handicap in der Königinsubstanz 277

Die Theorie der Verwandtenselektion und ihre Mängel 280

Parasitentum unter Verwandten oder Haldanes andere Brüder 284

Sind Nachkommen »Verwandte«? 287

Verwandte als Partner: Warum es vernünftig ist, in den Familienbetrieb einzusteigen 288

Der Verwandtschaftseffekt 290

Kapitel 14: Das Elternpaar 291

Vaterschaft und Hüteverhalten 293

Die Sorge für die Jungen als Möglichkeit, Prestige zu gewinnen 295

Andere Möglichkeiten, sich vor seinem Partner zur Schau zu stellen 297

Dominanz bei Partnern 298

Voraussetzungen für weibliche Dominanz 299

Die Eltern als Partner 301

Kapitel 15: Soziale Amöben (Zelluläre Schleimpilze) 303
Der Lebenszyklus der zellulären Schleimpilze . . 304
Die Bildung des Stiels: Selbstmord aus Altruismus? 305
Die Hypothese der Individualselektion 306
DIF als Gift 309
Der Unterschied zwischen Vorstiel- und Vorsporen-Amöben 312
Einige offene Fragen 313
Wann ist eine Chemikalie ein Signal? 314

Kapitel 16: Parasit und Wirt 317
Rüstungswettkampf oder Kräftegleichgewicht? . 317
Kuckuck und Drosselrohrsänger 318
Häherkuckuck und Krähen 321
Das Prestigemodell 322
Das Mafiamodell 324
Der Schmarotzer als das kleinere Übel 327
Das Kastrieren des Wirts 329
Vom Schmarotzer zum Mitarbeiter 330
Gutartigere Parasiten als Helfer im Kampf gegen bösartigere Varianten 331
Folgerungen der Annahme eines Gleichgewichtszustands. 333

Kapitel 17: Informationsbörsen 335
Nahrungsquellen und soziale Organisation: die Bachstelze 335
Gemeinsame Schlafplätze als Informationsbörsen 336
Eine Versicherung für schlechte Zeiten: Saatkrähen im Winter 340
Schwärme und Einzelgänger: Der gemeinsame Schlafplatz der Milane in Coto Doñana 341
Kluge Erwachsene und naive Jungtiere: Handicaps bei Auseinandersetzungen um Nahrung . . 342
Was an Informationsbörsen abläuft 344
Versammlungen bei Menschen 345

Gemeinsames Imponiergehabe bei Versammlungen: Werbung für den Schlafplatz oder wechselseitige Prüfungen? 346

Teil IV: Menschen

Kapitel 18: Verhaltensweisen des Menschen 351
Angeborenes Verhalten bei Menschen 352
Der menschliche Körper und sein Schmuck . . 354
   Haare 354
   Augen, Augenbrauen und Wimpern 355
   Nase und Gesichtsfalten 357
   Kinn und Bart 358
   Rote Wangen und Lippen 358
   Menstruation 359
   Busen und Körperfett 360
   Kleidung 361
Belastungsproben für die soziale Bindung bei
Menschen 364
   Der menschliche Geschlechtsakt als Belastungsprobe 366
   Selbstgefährdung bei Menschen: Selbstmord als
   Hilfeschrei 370
Die menschliche Sprache: Kommunikation ohne
Verläßlichkeit 371
Schmuck, Schönheit und die Evolution der
Kunst 374
Altruismus und moralisches Verhalten 377

Epilog 383

Anmerkungen 387
Liste der Abbildungen 405
Bibliographie 409
Danksagungen 431

Die Gazelle, der Wolf und das Pfauenrad

W ir gehen aus vom Bild einer Gazelle, die in der Wüste ruht oder grast. Sie ist fast unsichtbar; die Farbe ihres Fells verschmilzt mit der Farbe der Landschaft. Da taucht ein Wolf auf. Man erwartet, daß die Gazelle erstarrt oder sich duckt und alles tut, um nicht gesehen zu werden. Aber nein: Sie steht auf, bellt und tritt den Boden mit den Vorderhufen, während sie den Wolf nicht aus den Augen läßt. Die Schläge ihrer Hufe auf den Wüstenboden sind weithin zu hören; an ihrem gekrümmten Gehörn und der hell-dunklen Zeichnung ihrer Stirn ist leicht zu sehen, daß die Gazelle ihren Feind anschaut.

Wenn der Wolf näher kommt, erwartet man wiederum, daß die Gazelle so rasch wie möglich flieht. Aber dies geschieht wiederum nicht: Oft springt die Gazelle mehrmals mit allen vier Beinen in die Luft. Wenn sie dann läuft, schwingt sie ihren schwarzen Schwanz auffällig vor ihrem weißen, schwarz umrandeten Rumpf hin und her. Diese Prellsprünge haben offensichtlich mit dem nahenden Wolf zu tun. Eine Gazelle, die einer sie unmittelbar bedrängenden Gefahr entkommen will – etwa Jägern

13

in einem Jeep – flieht ganz anders: Sie rast schweigend davon und nutzt dabei die örtlichen Gegebenheiten, um nicht gesehen zu werden.

Warum zeigt sich die Gazelle einem Feind, der sie vielleicht noch gar nicht bemerkt hat? Warum verschwendet sie Zeit und Energie auf das Prellen, statt so rasch wie möglich wegzulaufen? Indem die Gazelle ihrem Feind signalisiert, daß sie ihn gesehen hat, und indem sie ihre Zeit mit Luftsprüngen »vergeudet«, statt Reißaus zu nehmen, versichert sie dem Wolf, daß sie in der Lage ist, ihm zu entkommen. Wenn der Wolf sieht, daß er keinerlei Aussicht hat, seine Beute zu überraschen, und daß diese Gazelle in ausgezeichneter körperlicher Verfassung ist, beschließt er vielleicht, in ein anderes Revier weiterzuziehen oder sich auf die Suche nach einer verheißungsvolleren Beute zu machen.

Selbst Partner, die wie Beute und Beutegreifer in höchst feindseligen Beziehungen leben, können sich miteinander verständigen, wenn sie ein gemeinsames Interesse haben. In diesem Fall liegt beiden daran, eine sinnlose Jagd zu vermeiden. Die Gazelle möchte den Wolf davon überzeugen, daß sie nicht die leichte Beute ist, nach der er Ausschau hält, und daß er mit der Jagd auf sie Zeit und Energie vergeuden würde. Es liegt auch dann im Interesse der Gazelle, eine ermüdende Jagd zu vermeiden, wenn sie sicher ist, daß sie dem Wolf davonlaufen kann. Um jedoch den Wolf davon zu überzeugen, daß sich die Jagd nicht lohnt, muß die Gazelle wertvolle Zeit und Energie aufwenden, die sie dringend braucht, falls der Wolf ihre Signale ignoriert und beschließt, sie trotzdem zu jagen.

Die Begegnung zwischen Gazelle und Wolf veranschaulicht das Grundthema dieses Buchs: Wenn ein Signal wirksam sein soll, muß es zuverlässig sein; wenn es zuverlässig sein soll, muß es *kostspielig* sein.

Der hohe Preis, den ein Tier für die von ihm ausgesandten Signale zahlen muß, läßt sich gut am Beispiel des Pfaus verdeutlichen. Die meisten Menschen haben wohl schon einmal einen Pfau gesehen und ihn bewundert, wenn er sein riesiges Rad aufstellt – einen Fächer glitzernder Federn, geschmückt mit blauen und grünen »Augen«. Damit der Pfau ein solches Schauspiel bieten kann, muß er jedoch fast das ganze Jahr über eine schwere Schleppe hinter sich herziehen. Ein Pfau, der es schafft, trotz einer solchen Last Nahrung zu finden und Feinden zu entgehen, beweist, daß er der hochqualifizierte Partner ist, den die Henne sich als Vater für ihren Nachwuchs wünscht.

Damit wird ein anderes Grundthema unseres Buchs veranschaulicht: Es gibt eine logische Beziehung zwischen den Signalen und den von ihnen übermittelten Botschaften. Die Gazelle zeigt ihr Vertrauen in ihre Fähigkeit, dem Räuber davonlaufen zu können, indem sie seine Aufmerksamkeit auf sich lenkt und indem sie wertvolle Zeit und Energie verbraucht, die sie benötigt, wenn ihr Signal mißachtet wird. Der Pfau stellt mit seinem Fächer seine Stärke und Wendigkeit unter Beweis, indem er eine schwere Last trägt, ähnlich wie der Hirsch mit seinem mächtigen Geweih. Jedes Signal ist eng mit seiner Botschaft verknüpft. Ein Mensch kann beispielsweise Mut signalisieren, indem er sich in Gefahr begibt. Damit zeigt er nicht, daß er reich ist – das könnte er tun, indem er Geld verschwenderisch ausgibt.

Der Aufwand, den Tiere auf Signale verwenden, hat Ähnlichkeit mit dem »Handicap«, das dem stärkeren Partner in einem Spiel oder einem sportlichen Wettbewerb auferlegt wird, wenn etwa beim Schach der überlegene Spieler ohne Dame spielt, das schnellere Rennpferd ein zusätzliches Gewicht tragen muß und der bessere Golfer seinem Gegner einige Schläge vorgibt. Ein Handicap beweist ganz zweifellos, daß der Sieg des Gewinners auf seinem Können beruht und nicht auf einem Zufall. Pfauenrad und Hirschgeweih sind hinderlich, aber in genau diesem besonderen Sinne ein Handicap, das einem ein-

15

zelnen Tier ermöglicht, seine Qualität unter Beweis zu stellen.

Sind die Signale, die Tiere aussenden, immer zuverlässig? Unserer Meinung nach gilt das für die allermeisten, denn ein Tier, das ein Signal erhält, wird die Zuverlässigkeit dieser Information überprüfen, bevor es darauf reagiert. Es liegt, so meinen wir, ein sehr einfaches Prinzip vor: Ein Signal ist glaubwürdig, wenn sich das Simulieren nicht lohnt, der Sender also mehr investieren muß, um das Signal zu geben, als er gewinnen würde, wenn er dem Empfänger falsche Information vortäuschte. Wenn eine langsame oder schwache Gazelle dem Wolf durch ihre Prellsprünge ein trügerisches Signal über ihre Geschwindigkeit und Stärke gibt, verschwendet sie ihr bißchen Kraft auf armselige Hüpfer, die den Wolf höchstens davon überzeugen werden, daß sie leichte Beute ist. Diese Gazelle sollte besser um ihr Leben laufen und hoffen, daß es gut ausgeht. Um die Zuverlässigkeit eines Signals zu überprüfen, muß man also berücksichtigen, welchen Aufwand es erfordert. Die Zuverlässigkeit des Signals wird durch seine Kosten – das Handicap, das der Signalisierende auf sich nimmt – gewährleistet.

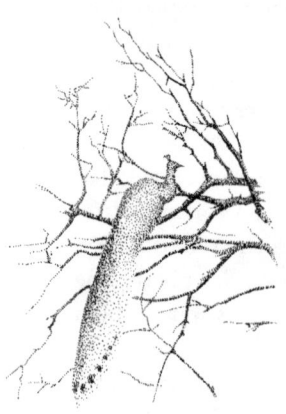

Als wir 1975 dieses Handicap-Prinzip aufstellten,[1] stieß es auf eine fast einstimmige Ablehnung. Viele Aufsätze »bewiesen« mit Hilfe formaler, expliziter mathematischer Modelle, daß das Handicap-Prinzip sich nicht bewährt[2] oder höchstens unter sehr eingeschränkten Bedingungen gilt.[3] Das änderte sich 1990, als Alan Grafen zwei Artikel veröffentlichte,[4] in denen er mit Hilfe mathematischer Modelle die Allgemeingültigkeit des Handicap-Prinzips nachwies und zeigte, daß es ein vernünftiges Prinzip ist und die Zuverlässigkeit der Kommunikation zwischen rivalisierenden

Lebewesen gewährleistet. Inzwischen wird das Handicap-Prinzip weitgehend akzeptiert.[5]

In all diesen Jahren, in denen unsere Kollegen die Gültigkeit des Prinzips erörterten, haben wir die Welt der Lebewesen um uns herum weiter beobachtet und erkundet. Das Handicap-Prinzip hat uns eine endlose Reihe neuer Verständnismöglichkeiten eröffnet. Es kann zahlreiche Phänomene erklären, die sich nicht einfach aus den direkten Tauglichkeitserwägungen der natürlichen Auslese ergeben, so erklärt es beispielsweise, warum für die Partnerwerbung solch hoher Aufwand betrieben wird und wie die Evolution zum rätselhaften Altruismus der Tiere und zur Zusammenarbeit in größeren Systemen führte.

Unsere Beschäftigung mit den Auswirkungen des Handicap-Prinzips fiel zeitlich zusammen mit unseren Beobachtungen der Graudroßlinge. Diese Timalie, *Turdoides squamiceps*, ist seit über 25 Jahren Gegenstand unserer Forschung. Der Graudroßling, ein amselgroßer Singvogel, der in der Wüste und Halbwüste in Gruppen lebt, wird auch als Lärmdrossel oder mit dem englischen Namen Babbler bezeichnet. Die Vögel bei Hatzeva im Aravatal im Süden Israels sind an unsere Gegenwart gewöhnt und lassen uns oft bis auf weniger als einen Meter, selbst bis auf Zentimeter, an sich heran. Aus ihrer Sicht unterscheiden wir uns wohl wenig von den Ziegen und Kamelen, mit denen sie die Wüste teilen. Wir können die Vögel also sehr genau beobachten und sowohl die Einzelheiten ihres Verhaltens als auch die feinen und leisen Stimmäußerungen verfolgen, mit denen sie kommunizieren. Wir unterscheiden die Vögel anhand der Farbringe, mit denen wir jeden Nestling eindeutig markiert haben.

Alle Graudroßlinge einer Gruppe beteiligen sich an der Verteidigung ihres Reviers und an der Aufzucht der Jungen, auch wenn die Nestlinge nicht ihre eigenen Nachkommen sind. Diese Vögel handeln oft altruistisch, denn sie füttern erwachsene Familienmitglieder und stehen Wache, während die übrigen Nahrung suchen. Solches Verhalten ist für Evolutionstheoretiker schwer zu erklären. Unserer Meinung nach preist sich der Graudroßling mit diesen altruistischen Verhaltensweisen an. Anders gesagt stellt ein Graudroßling mit seinem altruistischen Verhalten die Rechtmäßigkeit seines Anspruchs auf Sozialstatus – auf Ansehen und Prestige – unter Beweis. Wir haben von den Graudroßlingen gelernt, wie wichtig für Tiere ein Gefühl für die Stärke sozialer Bindungen ist; dieses Bedürfnis erklärt die Gruppen»tänze« der Graudroßlinge und ihr Zusammenhocken in Ruhezeiten. Das Handicap-Prinzip kann auch das seltene Paarungsverhalten dieser Vögel erklären und sogar die Einzelheiten ihrer zarten Gefiederzeichnung.

Wir haben nicht von Anfang an nach einem vereinheitlichenden Prinzip für die biologische Verständigung gesucht. Zu Beginn, 1973, wollten wir lediglich unserem Schüler und Kollegen Yoav Sagi die Evolution des Pfauenrads erklären, als der – aus gutem Grund, wie sich herausstellte – die damals gängige Theorie, Fishers »Runaway Prozess«, nicht nachvollziehen konnte. Unsere umfassende Anwendung des Handicap-Prinzips schälte sich nur langsam heraus; eine Erkenntnis führte zur nächsten, bis wir schließlich merkten, daß wir es mit einem allgemeinen Prinzip zu tun hatten.

Viele Menschen, auch jene, die dem Handicap-Prinzip heute zustimmen, haben es noch nicht allgemein auf die biologische Signalgebung angewendet. Wir meinen, daß die Erklärungen und Modelle, die wir in diesem Buch darstellen, einleuchtender sind und den bekannten Tatsachen besser entsprechen als jene, die man gewöhnlich in Lehrbüchern findet. Wir hoffen, daß unsere Überlegungen Ausgangspunkt für noch genauere Untersuchungen und Versuche sein werden. Einige unserer Erklärungen werden sich in der Form als gültig erweisen, wie wir sie formuliert haben, in anderen Fällen ist die Wirklichkeit vermutlich noch faszinierender und komplexer, als wir es uns jetzt vorstellen können. Wir hoffen, daß dieses Buch

bei allen Systemen biologischer Signalgebung zur Suche
nach der Zuverlässigkeit und den unvermeidlichen Kosten anregen wird. Unserer Meinung nach wird diese
Suche unser Naturverständnis in vielfältiger Weise verändern.

TEIL 1

Partner der Kommunikation

KAPITEL 1

Wechselwirkungen zwischen Beutegreifern und Beute

Graudroßlinge halten sich tagsüber in ihrem Revier auf und suchen am Erdboden unter Wüstenbäumen und Büschen nach Nahrung. Oft läßt sich ein Tier aus dem Familienverband als Wächter auf einem Baumwipfel nieder. Wenn der Wächter oder ein anderer Graudroßling in der Ferne einen Beutegreifer sieht, kläfft er laut. Sobald die anderen Graudroßlinge ein solches Geräusch hören, heben sie gewöhnlich den Kopf und suchen den Himmel ab. Solange der Beutegreifer weit entfernt ist und für die fressenden Vögel keine unmittelbare Gefahr darstellt, suchen sie weiter nach Nahrung. Wenn aber ein plötzlicher, erschreckter Schrei unmittelbare Gefahr anzeigt, hüpfen alle, auch der Wächter, sofort in Deckung. Unmittelbar nach diesem Schreck klettert jedoch der ganze Verband oft zum Wipfel des Baums, in dem die Vögel Schutz gesucht hatten, und schreit und ruft gemeinsam mit dem Wächter.

In den meisten Untersuchungen über Tierverhalten werden solche Lautäußerungen als Warnrufe beschrieben, die für Artgenossen bestimmt sind. Der Gedanke hat eine gewisse oberflächliche Plausibilität. Aber jahrelange Beobachtungen haben so viele verwirrende Probleme aufge-

Alarmrufe: Eine Botschaft für Freunde oder Feinde?

23

worfen, daß wir schließlich zu fragen wagten, ob die Rufe wirklich als Warnung gedacht sind. Die Rufe sind schon zu hören, bevor der Beutegreifer Gelegenheit hatte, die Vögel zu sehen oder sie zu gefährden. Die rufenden Vögel setzen sich damit einem unnötigen Risiko aus, denn ein Beutegreifer wird eine fressende graubraune, gut getarnte Droßlingsfamilie mit großer Wahrscheinlichkeit übersehen, die Rufe aber sind weithin zu hören und verraten ihren Aufenthaltsort. Auch wir übersehen die Graudroßlinge oft, wenn sie im Buschwerk nach Futter suchen, denn ihre Territorien erstrecken sich oft über mehr als einen Quadratkilometer; wir halten aber das Auto sofort an, wenn wir in der Ferne einen Beutegreifer sehen, und horchen. Die scharfen Schreie, die die Vögel periodisch ausstoßen, solange ein Beutegreifer in der Nähe ist, ermöglichen es uns – und wahrscheinlich auch dem Raubvogel – den Verband zu finden. Die Rufe dienen paradoxerweise, so schien es, mehr dem Interesse des Beutegreifers als dem der Gruppe.

Man könnte den ersten Ruf als eine Warnung an die Gruppe deuten, und den zweiten und den dritten vielleicht als Bemühung, alle Gruppenmitglieder auf die Gefahr aufmerksam zu machen. Aber wozu werden die Rufe wiederholt, wenn die ganze Gruppe bereits in Deckung ist? Wen wollen die Vögel »warnen«, wenn der ganze Trupp bei dem Wächter oben auf dem Baumwipfel versammelt ist und gemeinsam ruft?

Und warum ist der Ruf so laut, wenn er nur die übrige Familie warnen soll? Graudroßlinge machen bei der Nahrungssuche viele leise Geräusche, die »Warnrufe« jedoch sind hundertfach lauter als diese Töne und fast einen Kilometer weit zu hören. Warum rufen die Graudroßlinge so laut, daß sie die Aufmerksamkeit auf sich lenken, wenn ein Beutegreifer in dem Gebiet ist – und noch dazu, bevor er Gelegenheit hatte, die gut getarnte Gruppe zu bemerken?

Die bisherige Theorie hat auch Schwierigkeiten mit der Evolution von Warnrufen. Damit sich ein Merkmal – etwa die Neigung, laut zu rufen, wenn ein Beutegreifer bemerkt wird – durch natürliche Auslese in einer Population verbreitet, muß dieses Merkmal die Chancen verbessern, daß ein mit ihm ausgestattetes Individuum lange genug lebt, um das Merkmal an seine Nachfahren weiterzugeben. Aber die Nutznießer der sogenannten Warnrufe sind die Hörer, der Aufwand dagegen geht auf Kosten des Rufers.[1]

Rufer und Hörer sind nicht einmal unbedingt Artgenossen: In Hatzeva, wo wir Graudroßlinge beobachten, rufen auch Würger, Grauschmätzer, Bülbüls und Schmätzer, wenn Raubfeinde auftauchen. Einige dieser Vögel, beispielsweise Würger, sind im Winter Einzelgänger und haben keine Artgenossen, die sie warnen sollten, nicht einmal einen Partner. Diese lauten Rufe, die jedem mitteilen, der zufällig zugegen ist (andere Vogelarten – und übrigens auch uns – eingeschlossen), daß ein Beutegreifer am Himmel ist, müssen sich keineswegs notwendig zu diesem Zweck entwickelt haben. Wir haben deshalb nach einer anderen Erklärung gesucht.

Laute Rufe sind sinnvoll, wenn der Hörer weit entfernt ist.[2] Sind die Rufe also vielleicht für den Beutegreifer bestimmt, der ja tatsächlich weit entfernt ist vom Wächter? Diese Ansicht wird überzeugend, wenn man beobachtet, wie sich der Rufer verhält, nachdem ein Beutegreifer sich  niedergelassen hat: Dann nämlich nähern sich die Graudroßlinge oft dem Beutegreifer und beschimpfen und belästigen ihn, »mobben« oder »hassen auf ihn«, wie Ornithologen sagen. Zwischen diesen Haß-Geräuschen und den Warnrufen läßt sich kein deutlicher Trennstrich ziehen, der Übergang ist fließend. Man nimmt weithin an, daß sich das »Hassen« gegen den Beutegreifer richtet.[3] Richten sich womöglich auch die »Warnrufe« an ihn?

Verständigung erfordert Zusammenarbeit. Es lohnt sich nicht zu reden, wenn niemand zuhört, und Zuhören lohnt sich nicht, wenn es nicht möglicherweise einen Vorteil bringt. Verständigung setzt also ein gemeinsames Interesse beider Seiten voraus. Welches gemeinsame Interesse könnte Beutegreifer und Droßling verbinden?

Ein Beutegreifer kann einen Graudroßling nur dann fangen, wenn er ihn überrascht, während er weit von jeder Deckung entfernt ist. Graudroßlinge sind Meister des Dickichts, denn in seinem Schutz können sie mit Hilfe ihrer starken Füße, langen Schwänze und kurzen Flügel Beutegreifern ausweichen und sie ausmanövrieren. Es ist kein ungewöhnlicher Anblick, daß eine Familie von Graudroßlingen in dem Buschwerk oder Baum, auf dem sich ein Beutegreifer niedergelassen hat, herumhüpft und laut ruft. Die Graudroßlinge eilen bei jedem lauten Geräusch, jeder verdächtigen Bewegung oder jedem dringenden Warnruf ins Dickicht, und dort hat ein Beutegreifer gegen sie keine Chance; ein Beutegreifer, der weiß, daß er von Graudroßlingen gesehen wurde, verschwendet seine Zeit, wenn er in der Gegend bleibt. Solange der Feind aber in ihrer Nähe ist, müssen die Graudroßlinge in der Nähe von Buschwerk bleiben und seine Bewegungen verfolgen, um sicher zu sein, daß sie nicht überrascht werden. Es bringt also beiden Parteien Vorteile, wenn die Graudroßlinge dem Beutegreifer mitteilen, daß sie ihn gesehen haben. Der Beutegreifer kann zu einem anderen Futterplatz weiterziehen und dort versuchen, Beute aufzuspüren und zu überraschen, und die Graudroßlinge können weiterfressen. Es ist also sehr vernünftig, wenn die Graudroßlinge dem Freßfeind ein Signal geben und wenn der Freßfeind ihr Signal beachtet.

Aber, so könnte man einwenden, wenn die Beutegreifer einmal gelernt – die Fähigkeit entwickelt – haben, die »Warnrufe« zu beachten, dann könnten die Graudroßlinge »mogeln« und regelmäßig Warnrufe ausstoßen, unabhängig davon, ob sie einen Feind sehen oder nicht. Der Beutegreifer aber kann sich gegen solche Täuschungsmanöver absichern, indem er auf die Rufe nur dann reagiert, wenn er sicher ist, daß sie tatsächlich ihm gelten.

Zu dieser Hypothese paßt das Verhalten eines »warnenden« Graudroßlings: Er ruft vom obersten Baumwipfel aus, obwohl er den Beutegreifer auch aus der Baumkrone heraus hätte beobachten und von dort aus hätte rufen können – was er tut, wenn er wirklich Angst hat. Der Vogel ruft also und verrät dadurch seinen Ort, macht sich sichtbar und hörbar, während Graudroßlinge unter anderen Umständen trillern, womit sie viel schwerer zu orten sind.[4] Ein Graudroßling, der mogeln wollte, indem er auf den Wipfel fliegt und ruft, bevor er noch den Beutegreifer gesehen hat, würde sich Beutegreifern verraten, die er selbst vielleicht noch nicht bemerkt hat. Weil er dieses Risiko eingeht, kann man sicher sein, daß ein Graudroßling, wenn er zum Wipfel fliegt, auch wirklich einen Beutegreifer gesehen hat.

Wenn sich der Beutegreifer niederläßt, fliegen die Graudroßlinge sogar oft in seine Nähe, um auf ihn zu hassen. Damit beseitigen sie jeden Zweifel daran, daß ihre Rufe wirklich dem Beutegreifer galten. Aus den scharfen Schreien werden Triller, die von *Tzwick*-Lauten unterbrochen werden, wenn sich der Beutegreifer bewegt, was beweist, daß die Graudroßlinge ihn tatsächlich fortwährend beobachten. Auch Bülbüls, Schwarzschwanzvögel, Nektarvögel, Grasmücken und Schmätzer kommen zu der Versammlung; der Beutegreifer kann also sehen, daß auch sie seine Gegenwart bemerkt haben. Indem die Vögel das kalkulierte Risiko eingehen, sich dem Beutegreifer zu nähern, verbessern sie die Zuverlässigkeit der Botschaft, die besagt, daß der Beutegreifer keine Chance hat, sie zu schlagen. Vielmehr könnten sie den Beutegreifer sogar seinen eigenen Feinden aussetzen, etwa größeren Tieren oder Menschen.

Nachdem der Beutegreifer nun keine Gelegenheit mehr

27

hat, seine Beute zu überraschen, sondern vielmehr selbst in Gefahr geraten ist, sieht er ein, daß er das Gebiet besser verlassen sollte. Aber durch dieses Haß-Verhalten expo-

nieren sich die Graudroßlinge auch: Sordal[5] sammelte Hinweise, die zeigen, daß Vögel gelegentlich durchaus von den Beutegreifern gefangen werden, auf die sie hassen. Dieses Risiko ist der Preis, den die Vögel zahlen müssen, wenn sie den Beutegreifer davon überzeugen wollen, daß sie ihn wahrgenommen haben.[6]

Bedauerlicherweise können wir keine Daten darüber vorweisen, ob das Verhalten der Graudroßlinge die Beutegreifer dazu bringt, sich zurückzuziehen. Zwar sind die Graudroßlinge an uns gewöhnt, und es macht ihnen nichts aus, wenn wir in ihrer Nähe sind, die Beutegreifer aber fühlen sich durch unsere Gegenwart gestört und ziehen deshalb weiter.

Prellsprünge als Signal an Raubfeinde In der Einleitung beschrieben wir das Verhalten von Gazellen gegenüber Wölfen. Früher hielt man diese Verhaltensweisen für Warnsignale, die andere Gazellen aufmerksam machen sollten.[7] Aber diese Erklärung wirft ähnliche Fragen auf wie die Behauptung, daß die Rufe der Graudroßlinge Warnrufe sind: Mit dem Stampfen, Rufen und Prellen – Luftsprüngen mit allen vier Beinen gleichzeitig – werden in der Tat andere Gazellen vor dem Beutegreifer gewarnt. Warum aber haben Gazellen nicht eine diskretere Art entwickelt, einander auf etwas aufmerksam zu machen? Wieder vermuten wir, daß das Verhalten der Gazelle eigentlich für den Raubfeind bestimmt ist. Zuerst zeigt die Gazelle dem Beutegreifer, daß sie ihn gesehen hat, indem sie mit den Füßen stampft und dem Beutegreifer ihr schwarz-weißes Hinterteil zuwendet. Dann zeigt sie mit ihren Prellsprüngen, wie stark und kräftig sie ist. Nur eine Gazelle, die sich sicher ist, daß sie einem Beutegreifer davonlaufen kann, wird es wagen, ihre Stärke auf diese Weise zu zeigen. Die Luftsprünge geben einem fernen Beobachter sichere Hinweise darauf, wie gut die Gazelle springen kann: Ein Hochsprung läßt sich aus jeder Richtung einschätzen, Weitsprünge dagegen können nur von der Seite aus angemessen beurteilt werden.

Wenn der Wolf eine Gazelle auswählen will, die er mit einiger Wahrscheinlichkeit einfangen kann, tut er gut daran, ihre Prellsprünge zu beobachten, bevor er sich zur Verfolgung entscheidet. Die Jagd ist für die Gazelle eine Frage von Leben und Tod; sie erfordert auch vom Wolf einen hohen Einsatz. Jeder, der einmal einen Wolf nach einer solchen − erfolgreichen oder vergeblichen − Jagd gesehen hat, kann bestätigen, daß der Wolf danach erschöpft ist. Wenn er erfolglos blieb, kann es eine Weile dauern, bis er die Kraft für einen weiteren Versuch aufbringt. Deshalb profitieren sowohl die Gazelle als auch der Wolf von der Verständigung, solange die Verständigung garantiert zuverlässig ist. Der Wolf vermeidet es, sich bei der Verfolgung einer Gazelle zu verausgaben, die er nicht fangen kann, und spart seine Energie für eine aussichtsreichere Jagd auf; ähnlich bewahrt sich die Gazelle die Kraft, einem Beutegreifer zu entkommen, der sich in der Lage fühlt, sie einzuholen.

Seit wir 1977 die Überlegung veröffentlichten, daß Prellsprünge und Warnrufe eigentlich für die Beutegreifer bestimmt sind,[8] haben Zoologen Tatsachenmaterial gesammelt, das die Hypothese belegt, einzelne Beutetiere könnten Nutzen daraus ziehen, wenn sie den Beutegreifern Signale geben. Fitzgibbon und Fanshawe[9] sammelten in den achtziger Jahren in der Serengeti Daten, um diese Hypothese zu überprüfen, indem sie von einem Hügel aus die Jagdstrategien von Tüpfelhyänen und Wildhunden beobachteten. Diese Tiere fangen ihre Beute, indem sie sie nach langer Jagd zur Strecke bringen, und nicht, wie Geparde und Löwen, durch Überraschungsangriffe. Einige Gazellen machten wiederholt Prellsprünge, wenn Wildhunde oder Hyänen näher kamen, während andere keinerlei Versuch dazu unternahmen, sondern sofort flohen. Sowohl Hyänen als auch die Wildhunde jagten Gazellen, die nicht oder nur kurz gesprungen waren, und vermieden die Jagd auf jene, die vor ihrer Flucht eindrucksvolle Prellsprünge vollführt hatten. Anscheinend beobachten die Beutegreifer also tatsächlich die Prellsprünge, um abzuschätzen, wie gut ein Tier ihnen entfliehen kann.

Hasson und seine Kollegen[10] fanden beim Gitterschwanzleguan Hinweise auf ähnliches Verhalten. Wenn eine Eidechse im offenen Feld überrascht wird, läuft sie mit Höchstgeschwindigkeit davon. Wenn sie aber in der Nähe ihres Schlupflochs oder eines Buschwerks ist, in dem sie sich verstecken kann, flieht sie nicht, sondern hält inne und bewegt ihren auffälligen Schwanz von einer Seite zur anderen. Die Forscher erklären das Verhalten der Eidechse mit genau dem gleichen Modell, mit dem wir das Verhalten der Graudroßlinge und der Gazellen erklärten.[11]

Wir waren nicht die ersten, die vermuteten, daß mögliche Beutetiere mit ihren Raubfeinden kommunizieren. Smythe[12] beobachtete das Verhalten von Maras – großen Nagetieren Patagoniens – bei der Begegnung mit Menschen. Er fand zahlreiche Ähnlichkeiten zwischen ihrem Verhalten und dem prellender Gazellen; weil aber Maras Einzelgänger sind, konnte Smythe dieses Verhalten nicht als Warnung für Artgenossen deuten, sondern schloß daraus, daß die Maras den Beutegreifern Signale geben – sie also manipulieren und nur dann zur »Verfolgung« einladen, wenn sie dazu bereit sind.

Smythe meinte, Beutegreifer seien bereit, flüchtende Beute selbst dann zu verfolgen, wenn sie Gefahr laufen, das Rennen zu verlieren, kam aber nicht auf den Gedanken, daß Beute und Beutegreifer ein gemeinsames Interesse haben können. Weil er sich der Mängel seiner Erklärung wohl bewußt war, vermutete er, die Evolution sei noch nicht abgeschlossen, sondern einmal würden die Beutetiere die Fähigkeit entwickeln, solche Versuchungen zu ignorieren. Nun läßt sich aber *jede* Eigenschaft, deren Nutzen wir nicht verstehen, abtun, indem man sagt, sie sei noch nicht gut

angepaßt und werde sich in Zukunft ändern. Wir halten es für wahrscheinlicher, daß die meisten Eigenschaften gut angepaßt und im Gleichgewicht mit ihrer Umwelt sind, denn die Erfahrung hat uns gezeigt, daß dieser Ansatz bessere Erklärungen liefert. Selbst wenn man keine einfache Erklärung für ein gegebenes Phänomen hat, ist es besser anzunehmen, daß noch ein Teil des Bildes fehlt, und weiter zu suchen. Solange es keine positiven Hinweise darauf gibt, daß die Situation wirklich noch nicht das Gleichgewicht erreicht hat, führt eine solche Strategie vermutlich eher zu neuen Erkenntnissen als jede andere.

Ein schönes Beispiel für die Interaktionen zwischen Beutegreifer und Beute läßt sich bei Kindern beobachten, die Fangen spielen. Sowie der Fänger gewählt ist – die Kinder also wissen, wer es ist –, laufen jene Mitspieler, die wissen, daß sie langsamer sind als der Fänger, so rasch wie möglich weg. Jene Kinder aber, die wissen, daß sie schneller sind als der Fänger, bleiben, wo sie sind, oder nähern sich sogar dem Fänger und fordern ihn auf, sie zu fangen. Oft ignoriert der Fänger die Stärkeren und läuft den Schwächeren nach, die am anderen Ende des Spielplatzes Zuflucht suchen. Das Handicap – das Risiko, sich dem Fänger zu nähern –, das jene auf sich nehmen, die sich sicher sind, daß sie dem Fänger entkommen können, überzeugt den Fänger davon, daß sich der Versuch, sie zu fangen, nicht lohnt.

Die Laut- Rhisiart und später Cresswell[13] haben untersucht, wie ein
äußerungen gezähmter Merlin – ein Zwergfalke – seine Beute unter
der Beute Feldlerchen wählt. Wenn der Falkner Beute sieht, nimmt
während der er dem Falken die Kappe ab und läßt ihn frei. Rhisiart
Verfolgung: fand, daß der Merlin die Jagd mit einiger Wahrschein-
Merlin lichkeit aufgibt, wenn die Lerche bei der Flucht singt.
und Lerche Wenn die Lerche nicht singt, ist die Wahrscheinlichkeit
groß, daß der Merlin die Verfolgung fortsetzt; und oft
gelingt es ihm dann auch, die Lerche zu fangen.

Welche Verbindung könnte zwischen Gesang und Jagd
bestehen? Wenn wir annehmen, daß einige Lerchen
schneller sind als der Merlin und einige langsamer, ist
es für den Merlin sinnvoll, die Tiere zu mustern und jene
zu jagen, die er einholen kann. Es ist auch im Interesse
einer Lerche, die rascher fliegt als der Merlin, den Merlin
wissen zu lassen, daß er sie nicht fangen kann. Um den
Merlin von ihrer Überlegenheit zu überzeugen, muß die
Lerche etwas tun, was eine langsamere Lerche nicht tun
könnte. Das Singen während des Fluges ist ein guter
Indikator für die Fähigkeiten der Lerche, weil es beweist,
daß der Vogel nicht seinen gesamten Atemvorrat für den
Flug braucht, obwohl er mindestens so schnell fliegt wie
der Merlin. Eine Lerche, die ihre ganze Kraft zum Fliegen
benötigt, kann nicht gleichzeitig singen.

Das Verhalten der gejagten Lerche hat eine gewisse Ähnlichkeit mit dem von Kindern bei einer spielerischen
Jagd, wenn ein Kind vor einem anderen Kind wegläuft.
Oft macht ein Kind während des Laufens spöttische Bemerkungen über seinen Verfolger. Diese Rufe liefern
verläßliche Information über die Kraftreserven, die dem
Kind zur Verfügung stehen. Es ist vernünftig, etwas
Atemluft in einen Ausruf zu investieren, wenn man damit
eine längere Flucht vermeiden kann. Ein Kind, das so
schnell wie möglich läuft, kann es sich nicht leisten,
seinen Verfolger zu verspotten; das atemlose Zittern seiner Stimme würde zeigen, daß seine Energie bald verbraucht ist. Weil es schwierig ist, beim Laufen Töne zu
erzeugen, ist Verhöhnen ein zuverlässiges Signal. Der

Verfolger tut also gut daran, auf Lautäußerungen zu achten, um die Fähigkeit des Läufers zur Flucht einschätzen zu können. Beide, Verfolger und Verfolgte, können aus der Verständigung Nutzen ziehen.

Wieder haben wir eine Parallele zwischen dem Verhalten von Tieren und dem von Menschen gezogen. Gelegentlich werden solche Vergleiche als »Anthropomorphismen« belächelt und für »unwissenschaftlich« gehalten. Aber ein Modell ist ein Werkzeug, und in jedem Fall kommen anthropomorphe Modelle der Wirklichkeit tierischen Verhaltens näher als mathematische. Natürlich sind Modelle keine Beweise, sondern nur Vorschläge. Modelle können helfen, Experimente zu entwickeln und die Sammlung der Daten zu planen, die eine Überprüfung der Hypothese ermöglicht. Wir ziehen menschliches Verhalten als Modell heran, um das Verhalten anderer Organismen und die ihm zugrundeliegende Logik besser zu verstehen. Genau dazu dienen schließlich auch die – heute bei Zoologen sehr beliebten – mathematischen Modelle. Diese Modelle müssen daraufhin überprüft werden, ob sie die Wirklichkeit reflektieren oder nicht.

Warnfarben (Aposematische Färbung)

Viele giftige Tiere haben eine auffallende helle Färbung und heben sich gut von ihrer Umgebung ab. Diese sogenannte aposematische Färbung wurde lange als Warnsignal für Beutegreifer verstanden, und tatsächlich meiden viele Beutegreifer diese Tiere. Aber wie hat sich die Färbung entwickelt? Wir vermuten, daß die Evolution der aposematischen Färbung ähnlich verlaufen ist wie die Evolution aller anderen Signale, die den gemeinsamen Interessen von Beute und Beutegreifer dienen. Wenn der Signalgeber vermitteln will, daß er ungenießbar ist, muß er so auffällig gefärbt sein, da keine genießbare Beute sich eine solche Färbung leisten kann.

Natürlich erregen gerade die auffälligen Farben zunächst die Aufmerksamkeit von Beutegreifern. Es gibt jetzt Hinweise darauf, daß naive und unerfahrene Beutegreifer sogar lernen, diese farbigen Tiere zu vermeiden, indem sie sie fangen und kosten;[14] zwar werden die Beutetiere  verletzt, wenn gierige Beutegreifer eine erste Kostprobe nehmen, aber sie werden gleich wieder losgelassen, weil sie für ungenießbar befunden werden. Tatsächlich haben viele giftige Insekten besonders starke Chitinpanzer und können sich so gut regenerieren, daß sie sich von solchen Verletzungen erholen können. Wegen ihrer auffallenden Färbung sind die Beutetiere zwar in Gefahr, von Beutegreifern gefunden zu werden, aber diese Gefahr wird durch die Wahrscheinlichkeit ausgeglichen, daß die meisten Beutegreifer sie meiden.

Wie ist es mit Imitatoren, Tieren, die wie giftige Tiere aussehen, aber gar nicht giftig sind? Einige Forscher nehmen nur zu bereitwillig an, daß ein bestimmtes Tier ein anderes nachahmt; eines der klassischen Beispiele für Mimikry bei Schmetterlingen hat sich jedoch als giftiger herausgestellt als die Art, die es »nachahmte«.[15]

Es gibt jedoch auch echte Signalnachahmung. Solche »Schwindler« besetzen eine eng begrenzte evolutionäre Nische, in der der Signalempfänger – der Beutegreifer – keinen Vorteil davon hat, wenn er die Anstrengung auf sich nimmt, den Unterschied zwischen der giftigen Art und dem Nachahmer herauszufinden. Wenn das Gift sehr gefährlich ist und der Freßfeind reichlich Nahrung hat oder wenn es wenige Nachahmer gibt, ist das Risiko, daß der Beutegreifer versehentlich giftige Beute frißt, möglicherweise größer als der kleine Vorteil, den der Verzehr eines Imitators bedeutet. Aber wenn die Anzahl der Nachahmer groß ist und die Nahrung der Beutegreifer knapp, sind die Betrüger eine sehr verlockende Nahrungsquelle, und das Risiko ist groß, daß ein Beutegreifer lernt, zwischen ihnen und ihrem giftigen Vorbild zu unterscheiden. In diesem Fall wird die auffällige Färbung des Betrügers zu einem schwerwiegenderen Nachteil.

Die Kommunikation zwischen Beute und Beutegreifer **Signale** führt nicht immer von der Beute zum Beutegreifer. Daß **für die Beute** auch Beutegreifer ihrer Beute Signale übermitteln können, wurde uns klar, als wir den Signalaustausch bei Tiger und Stier beobachteten. Wenn der Tiger keine Gelegenheit hat, den Stier zu überraschen, läuft er im Bogen um ihn herum. Der Stier ist immer bemüht, den Tiger anzusehen und seine Hörner auf ihn zu richten, um den Tiger daran zu hindern, ihm auf den Rücken zu springen. Der Tiger wiederum sucht nach einer Gelegenheit, genau das zu tun, möchte aber die scharfen Hörner des Stiers vermeiden. Die schwarzweißen Ohren des Tigers, die nach vorn zeigen, lassen gut erkennen, wohin der Tiger schaut und geben so Aufschluß über seine Absichten. Der Tiger zwingt den Stier damit zur Reaktion und kann folglich besser einschätzen, wie gewandt der Stier ist, wie gut er sich selbst verteidigen kann und wo seine Schwachstellen sind. Aufgrund dieser Information kann der Tiger angreifen, wenn er sich seiner Überlegenheit sicher ist, und den Stier dort zu packen versuchen, wo ihn die Hörner nicht gefährden.

Der Tiger sagt die Wahrheit. Er bereitet sich wirklich auf den Angriff vor und hält inne, wenn klar ist, daß der Stier bereit ist, den Angriff abzuwehren. Der Tiger sucht eine Schwäche in der Verteidigung des Stiers; je genauer der Beutegreifer seinen Ort und die beabsichtigten Bewegungen anzeigt, um so zuverlässiger und aufschlußreicher ist die Reaktion des Stiers, und um so einfacher ist es für den Tiger, diese Schwäche zu entdecken. Wenn der Tiger

Ort und Bewegung nicht deutlich anzeigt, kann er sich nicht auf die Reaktionen seiner Beute verlassen; er würde womöglich die Wendigkeit des Stiers unterschätzen, zuschlagen und vom Stier auf die Hörner genommen werden.

Die Interaktion zwischen Tiger und Stier hat Ähnlichkeit mit der zwischen zwei Boxern in einem Ring. Sie versuchen in der Regel nicht sofort, den Gegner »k.o.« zu schlagen, sondern machen zuerst einige »Probeschläge«. Ein harter Schlag, der sein Ziel verpaßt, würde den Angreifer aus dem Gleichgewicht bringen und ihn verletzlich machen. Boxer beginnen gewöhnlich mit Schlägen, die stark genug sind, den Gegner zur Selbstverteidigung zu zwingen, aber kein allzu großes Risiko bedeuten. Die »Probeschläge« erkunden die Reaktionsfähigkeit des Gegners. Gewöhnlich versuchen die Boxer erst dann einen harten k.o. Schlag, nachdem der Angreifer seinen Gegner einschätzen konnte.

Gelegentlich werden diese »Probeschläge« als Versuch gesehen, den Gegner zu täuschen. Aber Täuschung ist weniger effektiv als eine Strategie, die wirkliche Vorteile nutzt, da deren Erfolg nicht von der Dummheit des Gegners und vom Zufall abhängt, sondern von der Fähigkeit des Angreifers. Zu Beginn eines Boxkampfs dienen viele Bewegungen eines Boxers dazu herauszufinden, wie geschickt sich der Gegner verteidigen kann. Wir glauben, daß diese Vorgehensweise dem Kämpfer – oder dem Beutegreifer – nicht hilft, indem sie etwas vortäuscht, sondern indem sie genaue Informationen über das Repertoire des Angreifers liefert. Je zuverlässiger die Information ist, die der Angreifer gibt, um so mehr findet er heraus. Schließlich kann er dort angreifen, wo der Gegner besonders verwundbar ist. Der Verteidiger hat keine Wahl, sondern muß dem Gegner etwas von seinem Verteidigungsgeschick preisgeben. Natürlich kann ein Verteidiger, der sich seiner Stärke und Tapferkeit gewiß ist, die Manöver des Angreifers ignorieren, gelassen bleiben und nicht reagieren, was den Angreifer ebenfalls davon überzeugen kann, daß der Verteidiger einem Angriff standhalten wird.

Auch Eshel[16] hat vermutet, daß Beutegreifer sich mit ihrer Beute verständigen, um die schwächeren Tiere zu erkennen. Der Beutegreifer läßt die potentiellen Beutetiere wissen, daß er da ist, und findet aufgrund von Unterschieden im Verhalten die besonders leicht verwundbaren Beutetiere heraus. Kruuk[17] beschreibt, wie Tüpfelhyänen in einer Gnu-Herde Beute auswählen: Eine oder mehrere Hyänen stoßen zunächst in die Herde hinein, um dann stehenzubleiben und die fliehenden Tiere zu beobachten. Erst wenn sie ein Tier finden, das in weniger guter Verfassung ist als andere, nehmen sie – und andere Hyänen, die vom Rand her zuschauten – die Jagd auf. Selbst nach einer solchen Auswahl sind nur 30-40 Prozent der Jagden erfolgreich. Da die Wahrscheinlichkeit gering ist, daß die Hyänen ein körperlich gesundes Gnu fangen können, ist klar, warum sie an der Verständigung mit ihrer Beute interessiert sind.

Die Entfernung, aus der sich ein Beutegreifer »ankündigt«, darf jedoch nicht allzu groß sein, damit nicht alle Beutetiere entkommen können. Eshel vermutet, daß die Farben des Fells von Leoparden und anderen gefleckten Raubkatzen damit zu tun haben. Die Flecken auf dem Fell eines Leoparden verschwimmen zu einem gleichförmigen Graubraun und tarnen die Tiere, solange sie zu weit von der Beute entfernt sind, um diese effektiv jagen zu können. Aus der Nähe sind diese Flecken deutlicher erkennbar; dadurch hebt sich der Leopard vom Hintergrund ab und läßt die Beute auf diese Weise wissen, in welch schrecklicher Gefahr sie schwebt. Die von panischer Angst ergriffenen Beutetiere zeigen dem Leoparden, welches Tier er verfolgen sollte. Löwen, die größer sind und in Gruppen jagen, wählen sich ihre Beute anscheinend anders. Ihre Färbung, die aus allen Entfernungen gleich unauffällig ist, ermöglicht es ihnen, der Beute sehr nah zu kommen und sie zu überraschen.

Zusammen- Wenn Beute und Beutegreifer ein gemeinsames Interesse
wirken haben, kann es zur Entwicklung von Verhaltensweisen
ohne Kom- kommen, die diesem Interesse dienen, aber keine Ver-
munikation ständigung voraussetzen. Ein Schwarm von Staren, die
zwischen vor einem Räuber fliehen, vollführt oft so komplexe
Beute Manöver wie scharfes Abdrehen, rasche Richtungswech-
und Beute- sel, wiederholte Höhenänderungen und so weiter. Dieses
greifer merkwürdige Flugmuster wurde gewöhnlich für ein gemeinsames Verteidigungssystem gehalten: Die willkürlichen Wendungen des Schwarms machten es, so meinte
man, für den Beutegreifer schwieriger, einen bestimmten
Star auszuwählen, ohne mit einem anderen zusammen-
zustoßen. Eshel[18] schlug eine andere Erklärung vor. Danach könnten diese Manöver, die ja körperlich anstrengend sind, eine Strategie sein, durch die die Stare die
schwächsten ihrer Gruppe so rasch wie möglich zum
Zurückbleiben zwingen, damit der Beutegreifer sie leicht
erbeuten kann. Das dient dem Interesse aller anderen
Mitglieder des Schwarms, die dadurch eine lange, an-
strengende Jagd vermeiden.

Vorbedingun- Es gibt natürlich auch echtes Warnverhalten. Da Anpas-
gen für sungen dann erfolgreich sind, wenn sie den Erfolg der
die Kommu- Fortpflanzung sichern, können Eltern davon profitieren,
nikation wenn sie ihre Nachkommen warnen, selbst wenn sie sich
zwischen damit selbst einem Risiko aussetzen. Wie wir in Kapitel 6
Beute sehen werden, kann der Graudrossling, der die sogenann-
und Beute- ten Warnrufe ausstößt, damit möglicherweise sein Pre-
greifer stige innerhalb der Gruppe verbessern. Immer wieder
möchten wir betonen, daß Verhaltensweisen, die als Warnung für Artgenossen dienen und deshalb für altruistisch
gehalten werden, als Signale zu verstehen sind, die im
Interesse des Absenders an den Beutegreifer gesandt werden.
Verständigung erfordert, wie gesagt, Zusammenarbeit.
Sie muß Sender und Empfänger Vorteile bringen, sonst
38 kommt sie nicht zustande. Damit die Verständigung funk-

tioniert, müssen zwei Bedingungen erfüllt sein, die im Fall von Beutegreifer und Beute besonders deutlich werden: Beide, Empfänger und Sender, müssen ein gemeinsames Interesse haben, und die verwendeten Signale dürfen sich nicht vortäuschen lassen.

Verständigung zwischen Beutegreifer und Beute ist immer dann sinnvoll, wenn ein Teil der Beute dem Beutegreifer entkommen kann und der Beutegreifer sich mit den Nachzüglern begnügen muß. Unter diesen Bedingungen wird sich vermutlich ein Mechanismus für eine solche Verständigung herausbilden. Das ist nicht notwendigerweise ein Zeichen für die Weisheit von Beutegreifer oder Beute, sondern bezeugt vielmehr die Macht der natürlichen Auslese; sie führt bei Beutetieren zur Entwicklung von Verhaltensweisen, die bei der Flucht hilfreich sein können, und bei Raubtieren zur Fähigkeit, Signale zu erkennen, die vergebliche Jagden ersparen. Solche Systeme können sich selbst bei Mikroorganismen entwickeln – etwa zwischen Bakterien und ihren Wirten, wie wir in Kapitel 16 sehen werden.

Alle Tiere, Menschen eingeschlossen, können sich klug verhalten, ohne sich der Klugheit ihrer Handlungen oder der dahinterstehenden Logik bewußt zu sein. Weisheit und Logik finden ihren Ausdruck in einer Verhaltensweise, die sich durch natürliche Auslese entwickelte, einem Prozeß, der jenen, die sich effektiv verhalten, das Überleben ermöglicht, während jene, die sich nicht so verhalten, aussterben oder sich zumindest nicht genauso erfolgreich vermehren. Beutegreifer und Beute sind sich wahrscheinlich der Bedeutung ihres Verhaltens genauso wenig bewußt, wie sie sich des Funktionierens ihrer Gehirne, Nieren oder Muskeln bewußt sind. Es gibt keinen Grund, über diese Verhaltensweisen mehr – oder weniger – zu staunen als über andere biologische Mechanismen. Alle sind Wunderwerke, die unsere Hochachtung verdienen.

KAPITEL 2

Signalaustausch
zwischen Rivalen

Rivalen greifen einander selten ohne Ankündigung an. Meistens lösen sie ihre Konflikte sogar ohne Angriff durch den Austausch von Drohsignalen. Diese Signale können viele Formen annehmen: Gesang, Flugmanöver, elektrische Schläge (beim Zitteraal), die Absonderung schädlicher Chemikalien, Imponiergehabe. Der Gesang der Nachtigall zeigt ihre Bereitschaft an, das Revier zu verteidigen und ihre Rivalen abzuschrecken. Hirsche röhren und gehen lange nebeneinander her. Fische schwimmen parallel zueinander und spreizen ihre Flossen.

Drohsignale als Ersatz für Aggression: Sind Menschen schlimmer als Tiere?

Wie ist es bei uns Menschen? Weitverbreitet ist die von Konrad Lorenz vertretene Meinung, daß nur der Mensch Meinungsverschiedenheiten zu Kämpfen auswachsen läßt und gegnerische Artgenossen tötet.[1] Aber die Tierbeobachtung erstreckte sich seinerzeit nur über kurze Zeiträume, in denen nur aus Zufall keine Gegenbeispiele gefunden wurden. Bei den meisten Langzeituntersuchungen wurden Auseinandersetzungen beobachtet,

41

die sich zu Kämpfen entwickelten und gelegentlich zu Verletzungen und sogar zum Tod führten. In Hatzeva haben wir im Verlauf unserer Langzeitstudie an Graudroßlingen – in mehr als 20 000 Beobachtungsstunden – ungefähr 20 Kämpfe registriert, die zum Tod eines Artgenossen führten, und wir haben indirekte Hinweise auf weitere solche Auseinandersetzungen gefunden.

Auch Menschen lösen die meisten Konflikte durch Drohungen und nicht mit Gewalt. Das gilt insbesondere im persönlichen Bereich, aber auch für internationale Beziehungen. Kriege sind schrecklich, und auch deswegen werden die meisten Konflikte ohne Kampf gelöst. Wir halten Menschen vermutlich deshalb für besonders aggressiv, weil wir und unsere Medien den Fällen, bei denen Gewalt ins Spiel kommt, sehr viel Beachtung schenken. Wenn wir das Fernsehen abstellen, keine Zeitungen lesen und uns – wie ein Zoologe, der eine Tierart beobachtet – auf unsere eigenen Beobachtungen verlassen würden, ergäbe sich ein ganz anderes Bild. Dann würden wir zu Recht feststellen, daß Menschen einander in der Regel nicht verletzen. Menschen lösen genau wie andere Tiere die meisten Konflikte, indem sie sich durch Mitteilungen verständigen – und dazu gehört oft der Austausch von Drohungen.

Säugetiere, Vögel, Reptilien, Fische, Insekten – überhaupt alle Lebewesen, die sich irgendwie verständigen – verfügen über Drohgebärden. Wenn ein Konflikt allein durch Drohung gelöst werden kann, werden Zeit und Energie gespart und das Risiko von Verletzung oder Tod vermieden, das mit einem richtigen Kampf einhergeht. Es ist klar, was der Sieger gewinnt, wenn er droht und nicht kämpft, aber warum sollte der Gegner auf Drohungen hin reagieren und aufgeben? Was kann einen der Rivalen dazu bewegen, auf Nahrung, einen möglichen Partner oder ein Revier zu verzichten, ohne den Kampf auch nur zu

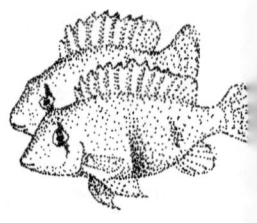

versuchen? Maynard Smith und Parker[2] haben die einleuchtende Meinung vertreten, wenn man doch verlieren
müsse, sei es besser, sich ohne Kampf geschlagen zu
geben, als bei einem Kampf besiegt zu werden. Aber
wie weiß man, daß man verlieren wird? Was überzeugt
einen der beiden Rivalen, daß seine Niederlage unvermeidlich ist oder daß der Gewinn den Preis nicht wert ist,
den der Kampf kosten würde?

Wir haben 1977 eine Lösung dieses Rätsels vorgeschla- **Handicaps**
gen[3] und behauptet, daß die Drohung selbst zuverlässig **als Schlüssel**
Auskunft über die Gewinnchancen beider Gegner gibt. **für zuverlässige**
Zuverlässige Drohungen sind nach Definition Signale, die **Drohungen**
es dem Rivalen mit den besseren Gewinnchancen ermöglichen, effektiver zu drohen als dem, der mit höherer
Wahrscheinlichkeit verliert. Wie kann ein Signal das
erreichen? Indem die Drohung selbst das Risiko vergrößert, daß der Drohende angegriffen wird oder daß er im
Nachteil ist, wenn er angegriffen wird. Wenn ein Tier
wirklich kampfbereit und sich seiner Fähigkeiten sicher
ist, kann es ein solches Risiko eingehen; fehlen ihm aber
die Stärke oder der Antrieb und scheint ihm das Risiko
übermäßig groß, kann es nicht mit der gleichen Entschie-
denheit drohen. Anders gesagt: Damit eine Drohung
zuverlässig ist, muß das Signal die Gefahr für den Drohenden vergrößern – und eine Steigerung der Drohung
muß die Gefahr noch weiter vergrößern.
Zwischen einem Verhaltensmuster oder der Form eines
zuverlässigen Signals und der besonderen Botschaft, die
dieses Signal vermittelt – genauer gesagt zwischen den
Kosten dieses Verhaltens und der Botschaft – muß eine
grundlegende Beziehung bestehen.
Was macht eine ehrliche Drohung aus? Eine ehrliche
Drohung vermittelt zuverlässig, daß der Drohende zum
Kampf fähig und bereit ist. Mit einer zuverlässigen Drohung gibt sich der Signalgeber einem Angriff förmlich
preis. Dieses größere Risiko kann nur jemand eingehen,

43

der es ehrlich meint und davon überzeugt ist, daß das Ziel einen Kampf wert ist und seine Gewinnchancen gut stehen. Wer so droht, ist fest entschlossen zu kämpfen, wenn der Gegner sich nicht zurückzieht, und läßt sich nicht davon abschrecken, daß er die Wahrscheinlichkeit, kämpfen zu müssen, dadurch erhöht. Für ein Tier, das nur blufft – das durch sein Drohen etwas erreichen will, was es nicht auch im Kampf erreichen könnte – wäre die erhöhte Wahrscheinlichkeit, angegriffen zu werden, zu riskant. Wir veranschaulichen diesen Punkt durch einen raschen Blick auf bekannte Drohsignale.

Drohung durch Näherkommen Sehr verbreitet ist das Drohen durch Annäherung, wie schon das Wort Aggression, das zurückgeht auf »sich der Herde nähern«, erkennen läßt. Dieses Signal ist zuverlässig, weil sich der Signalgeber durch die Annährung an seinen Rivalen selbst angreifbar macht. Wenn solche Signale reine Konvention wären, könnte jede Bewegung die Bedeutung einer Drohung annehmen, und wenn es darauf ankäme, eine möglichst gut sichtbare Bewegung zu machen, wäre etwa eine Bewegung zur Seite wirksamer als eine nach vorn oder hinten. Aber eine Seitenbewegung ist weniger risikoreich und deshalb, obwohl deutlicher sichtbar, weniger zuverlässig. Entsprechend wäre eine Rückwärtsbewegung, dann, wenn Signale beliebige Konventionen wären, mit gleicher Wahrscheinlichkeit eine Drohung wie eine Vorwärtsbewegung. Wir kennen jedoch keinen Fall, in dem eine Bewegung vom Rivalen weg zu einem solchen Signal geworden ist.

Wir sind alle vertraut mit der Haltung eines »Recken«, eines zum Kampf herausfordernden Mannes: Er hält den Rücken gerade, streckt die Brust heraus, wirft die Schultern zurück und hebt das Kinn hoch. Diese Haltung ist wenig effizient und sehr riskant, wenn ein Nahkampf ausbricht. Das hochgeworfene Kinn setzt sich Hieben aus, der aufrechte Körper macht es dem Drohenden schwer, einen Überraschungsangriff zu landen oder auch nur die Haltung zu verändern. Die Angriffshaltung eines Boxers oder Ringers zu Beginn eines Kampfes ist das genaue Gegenteil: Wenn der Boxer einem Angriff ausweichen oder ihn vermeiden will, zieht er das Kinn eng an die Brust und krümmt seinen Körper wie eine Sprungfeder, balanciert auf den Fußballen, ist auf der Hut und bereit, die erste gute Gelegenheit zu ergreifen. Natürlich können Boxer den Ausgang nicht durch Drohungen entscheiden, denn sie haben sich schon zum Kampf verpflichtet.

Der Drohende dagegen nutzt genau diese Verletzlichkeit, um seine Drohung zu verstärken. Indem er aufrecht steht, verzichtet er auf den Vorteil einer guten Verteidigungshaltung und die Möglichkeit eines Überraschungsangriffs. In der Zeit vor der Benutzung von Rasierapparaten stellte das hocherhobene Kinn für einen Mann ein zusätzliches Risiko dar, weil der Drohende damit seinen Bart dem Rivalen entgegenstreckte, der ihn einfacher fassen konnte. Mit dem aufgereckten Kinn zeigt der Drohende, wie sicher er ist, daß sein Rivale es nicht wagen wird oder nicht dazu fähig ist, ihn am Bart zu fassen oder ihm einen Kinnhaken zu versetzen – und wie siegesgewiß er, der Drohende, ist, falls der andere sich doch traut, ihn anzugreifen. Eine Fassung dieses Signals ist uns aus Hunderten von Filmen und Cartoons vertraut: Der Held weist auf sein hochgerecktes Kinn und spottet: »Na komm, du Angeber, gib's mir doch!«

Aufrecken als Drohung – Bluff oder Gefährdung des Drohenden? Viele Tiere drohen, indem sie sich recken. Sie zeigen den Gegnern dann nicht ihre Waffen – ihre Zähne oder Klauen –, sondern bieten vielmehr den ganzen Körper dem Angriff dar. Ein vertrautes Beispiel sind drohende Hunde, die nebeneinander stehen, ihren Körper hochrecken und das Fell sträuben.[4] Gewöhnlich wird diese Haltung als Versuch des Drohenden gedeutet, Größe vorzutäuschen und damit Rivalen abzuschrecken.[5] Der aufgereckte Körper liefert in der Tat genaue Information über die Größe des Drohenden, aber wenn sich ein Tier auch noch so reckt, wird es doch nicht größer sein, als es wirklich ist, und der kleinere der beiden Rivalen wird immer noch kleiner aussehen als der andere.

Wahrscheinlich also führt Recken und Strecken nicht dazu, daß Rivalen die Größe des anderen falsch beurteilen. Soll es dann möglicherweise die *tatsächliche* Größe anzeigen? Offensichtlich nicht: Selbst Rivalen, die, wie etwa langjährige Nachbarn, wissen, wie groß der andere ist, drohen durch Hochrecken ihrer Körper. Dieses Signal hat einzig den Zweck, das Verhalten des anderen zu beeinflussen, und eine schon bekannte Tatsache hat wenig Chancen, Verhalten zu ändern. Wer seinen Körper hochgereckt hält, setzt sich als Bedroher einem Risiko aus: Warum sollte man ein Risiko eingehen, um Information zu vermitteln, über die der Rivale schon verfügt?

Der hochgereckte Körper soll nicht Größe anzeigen, sondern Zuversicht vermitteln. Der Schlüssel für jede Vorhersage über den Ausgang eines Kampfes ist die Bereitschaft eines Individuums, in diesen Kampf zu investieren – also die Motivation. Wer nicht sicher ist, daß das Ziel des Kampfes das Risiko einer Verletzung wert ist, wird zögern, bevor er seinen Körper der Gefahr aussetzt. Anders als die Körpergröße, die sich leicht bestimmen läßt und sich nicht von einem Tag zum anderen ändert, hängt die Motivation von den Umständen ab. Wenn plötzlich etwas Neues ins Bild kommt – wenn ein Rivale auftaucht, ein Feind sich nähert oder die eigenen Nachkommen um Hilfe schreien –, kann sich augenblicklich die Bereitschaft verändern, ein Risiko einzugehen. Das Hochrecken des Körpers in Gegenwart eines Rivalen zeigt also zuverlässig und genau an, wie groß die Bereitschaft ist, den voraussichtlichen Konflikt auszutragen. Solches Hochrecken hält oft eine ganze Weile an, bevor es zu einer Lösung kommt: Clutton-Brock und seine Kollegen beschreiben, wie Damhirsche eine halbe Stunde lang hochgereckt im Parallelgang entlang der Grenze ihrer Territorien gehen, ehe sich einer von ihnen für Angriff oder Rückzug entscheidet.[6]

Wie das Hochrecken des Körpers wird das Sträuben des Fells bei Säugetieren und das Spreizen der Flossen bei drohenden Fischen gewöhnlich als der Versuch erklärt, größer zu erscheinen. Solche Erklärungen nehmen an, daß der Rivale nicht die Wahrheit erkennen kann. Sicher, Fische sehen mit gespreizten Flossen viel größer aus als mit eng gefalteten Flossen, aber da die Stärke eines Fisches bei einem Kampf von seinen Muskeln abhängt und nicht von den Flossen, würde diese Täuschung nur taugen, wenn ein Rivale die Flossen für Muskeln hielte. Die Färbung der Flossen macht es aber unwahrscheinlich, daß eine solche Täuschung beabsichtigt ist: Muster und Farbe der Flossen sind fast immer verschieden von denen des Körpers, und die aufgestellten Flossen sehen deshalb ganz anders aus als der muskulöse Fischkörper.[7]

Ein drohender Fisch, der seine Flossen spreizt, zeigt nicht nur, wie groß seine Flossen und wie stark seine Muskeln sind, sondern er setzt seinen Körper zugleich einem Angriff aus. Ein Fisch dagegen, der bei einem Kampf zwar im Nachteil ist, aber noch weiterkämpfen will, sucht Zuflucht in einer Ecke des Aquariums oder in einem schmalen Spalt zwischen Steinen, wobei er die Flossen eng gefaltet hält, um sich augenblicklich bewegen zu können, und zeigt die Zähne. Er ist bereit, den Angreifer

47

bei der ersten Gelegenheit zu beißen, und erschwert es dem Rivalen, ihn zu fassen. Der Fisch, der den Kampf verliert, kann es sich nicht leisten, zuviel Energie mit Angeberei zu vergeuden, sondern zeigt nur seine grimmige Entschlossenheit, weiter zu kämpfen. Seine Haltung ist eine ganz andere als die Drohhaltung eines siegessicheren Fisches, der seine Gewißheit mit hochgereckter Haltung verkündet, die ihn daran hindert, augenblicklich zum Angriff überzugehen, und die ihn für den Angriff seines Rivalen verletzlich macht.

Lautäußerungen als Drohsignale Morton[8] bemerkte, daß Drohlaute von Wirbeltieren gewöhnlich niedrige Frequenzen haben, Beschwichtigungslaute dagegen höhere. Morton beobachtete auch, daß größere Tiere gewöhnlich tiefere Stimmen haben als kleinere, und vermutete, daß eine tiefe Stimme einen Hinweis auf die Größe des Drohenden gibt.

Das wirft eine Reihe von Fragen auf: Warum sollten Rivalen, wenn sie einander anschauen, die Größe des anderen über den Hörsinn und nicht über den Gesichtssinn einschätzen? Warum haben Tiere nicht einfach längere Stimmbänder entwickelt, um besser drohen zu können, wenn eine tiefe Stimme Rivalen abschrecken kann? Und vor allem, warum sendet dasselbe Individuum hohe Laute aus, wenn es Angst hat, statt die tiefsten ihm möglichen Laute zu äußern?

Die Stimmhöhe zeigt zuverlässig an, wie groß die Spannung im Körper des Signalgebers ist.[9] Ein angespannter Körper gibt höhere Laute von sich als ein entspannter. Ein verängstigtes Individuum ist angespannt, damit es fliehen oder sich verteidigen kann. Nur wer entspannt ist und nicht augenblicklich handlungsbereit, kann einen tiefen Drohlaut von sich geben. Ein solches Individuum zeigt zuverlässig an, daß es seinen Rivalen nicht fürchtet; es steht nicht wie eine eng gewundene Feder unter Druck, sondern setzt sich selbst einem ersten Schlag aus. Genau dieser Preis – den es kostet, einen solchen Laut in Gegen-

wart des Rivalen zu machen – macht die Botschaft zuverlässig. Der drohende Ruf zweier einander gegenüber-
stehender Rivalen ist ein guter Indikator für ihre Bereitschaft, ein Risiko einzugehen.

Bei einem berühmten Experiment fanden Davies und
Halliday[10] eine Beziehung zwischen der Tonhöhe der
Rufe männlicher Kröten und ihrer Fähigkeit, bei einem
Streit um ein Weibchen Rivalen abzuwehren. Wenn ein
Krötenmännchen ein zur Ko-
pulation bereites Weibchen
findet, setzt er sich auf ihren
Rücken, umklammert sie
und wartet darauf, daß sie ab-
laicht, damit er die Eier besamen kann. Rivalen versu-

chen, ihn wegzustoßen und seinen Platz zu ergattern.
Daraufhin ruft er. Davies und Halliday fanden heraus, daß
die Rufe der umklammernden Kröte proportional sind
zu ihrer Körpergröße und daß eine größere Kröte eine
kleinere verdrängt und ersetzt. Sie vermuten, daß die
Tonhöhe des Rufs die Größe der drohenden Kröte und
damit ihre Gewinnchancen anzeigt.

Aber warum sollten andere Kröten auf die Tonhöhe der
Rufe achten, um die Größe eines Tieres zu beurteilen,
das genau vor ihnen sitzt? Wir vermuten, daß der Ruf
nicht nur die Größe der Kröte, sondern auch ihr Selbstvertrauen anzeigt. Ein Krötenmännchen, das in Gegenwart seines Rivalen Angst hat, weggestoßen zu werden,
packt dann, wenn es auf einem Weibchen aufsitzt, fest zu –
und macht es sich damit unmöglich, tief und entspannt zu
rufen. Nur ein Männchen, das sich sicher ist, auf jeden
Fall obenauf bleiben zu können, oder das überzeugt ist,
daß sein Rivale es nicht wagen wird, ihn anzugreifen,
kann es sich leisten, so entspannt zu bleiben, daß es mit
tiefer Stimme rufen kann. Offensichtlich hat dieses Vertrauen auch etwas mit der Körpergröße zu tun: Kleinere
Kröten haben natürlich Angst vor größeren. Wenn aber
die Tonhöhe nur die Körpergröße verriete, würden die

49

Rufe der Kröte immer in der gleichen Stimmlage bleiben, unabhängig davon, wer der Rivale ist; wenn die Tonhöhe dagegen nicht nur die Größe, sondern auch Zuversicht und Motivation widerspiegelt, würde dasselbe Krötenmännchen tief und entspannt rufen, wenn der Rivale kleiner ist, und höher und angespannter, wenn der Gegner größer ist als es selbst. Es wäre einfach und interessant, diese Hypothese zu überprüfen.

Die Haltung beeinflußt auch bei Menschen die Fähigkeit, eine Drohung überzeugend zu übermitteln. Schauspieler können auch dann überzeugend bedrohlich klingen, wenn sie keinerlei Absicht hegen, wirklich mit dem zu kämpfen, der auf der Bühne ihr »Rivale« ist. Nissan Nativ, Schauspiellehrer und Leiter einer Theaterschule in Tel Aviv, erzählte uns, daß Schauspieler nicht viel darüber nachdenken müssen, wie sie bedrohlich klingen können, denn sowie ein Schauspieler die Körperhaltung eines selbstbewußten, angriffslustigen Menschen annimmt, stellt sich die richtige Tonlage von selbst ein.

Sind Schauspieler dann auch im wirklichen Leben perfekte Bluffer? Keineswegs. Auf der Bühne ist der Schauspieler nicht wirklich in Gefahr. Im wirklichen Leben, angesichts eines wirklichen Feindes, der in jedem Augenblick angreifen könnte, fände es wohl selbst der beste Schauspieler nahezu unmöglich, etwas vorzutäuschen und mit entspannter, tiefer Stimme zu drohen. Jede Spannung in seinem Körper – jede Bereitschaft zum Kampf oder zur sofortigen Flucht – würde sich in seiner Stimme verraten.

Drohlaute werden auch über größere Entfernungen eingesetzt, wenn ein Angriff nicht unmittelbar bevorsteht und die Frage Spannung oder Entspannung unwichtig ist. In solchen Fällen vermittelt das Stimmsignal andere Merkmale. Wie so oft haben wir auch in diesem Fall von den Graudroßlingen gelernt.[11] Der Drohruf der Graudroßlinge über große Entfernungen besteht aus einer Folge von mehreren lauten Tönen, die durch präzise Pausen deutlich getrennt sind. Er gibt einen guten

Hinweis auf die Motivation des Rufers und auf seine Kampfbereitschaft. Wenn eine Familie von Graudroßlingen sich auf einen Grenzkampf mit einer anderen Familie einstellt, kann man die Rufe der Vorhut gut von denen der Nachhut unterscheiden. Die Vögel der Vorhut senden rhythmische und klar definierte Silben aus, die anscheinend weniger kampfbereiten Tiere in der Nachhut dagegen lassen leisere Laute mit weniger genauen Pausen hören. Wenn die rivalisierenden Gruppen den Kampf beginnen, werden die Rufe der Kämpfenden metallisch und höher und die Abstände zwischen den Tönen weniger genau. Man kann die Spannung in ihren Körpern also »hören«.

Warum rufen die Graudroßlinge nur dann mit deutlich voneinander abgesetzten Silben, wenn sie angriffslustig sind? Um rhythmische, regelmäßige und klar definierte Silben auszustoßen, muß man sich auf den Akt des Rufens konzentrieren. Jede Ablenkung – etwa ein Seitenblick – verzerrt sowohl den Rhythmus als auch die Genauigkeit des Tons; ein Individuum kann nicht gleichzeitig Information sammeln und sich zur Schau stellen. Ein Ruf, der aus genauen, rhythmischen Silben besteht, bezeugt, daß der Rufer absichtlich auf Informationen verzichtet, was bedeutet, daß er sich seiner selbst entweder sehr sicher ist oder daß er sehr angriffslustig ist oder beides.[12] Auch ein Mensch, der die Lage im Griff hat, droht gewöhnlich mit einer geordneten, rhythmischen Lautfolge. Die Regelmäßigkeit vergrößert die Wirksamkeit der Drohung, denn sie zeigt an, daß der Drohende sich siegesgewiß auf die Drohung konzentrieren kann, obwohl ihm dadurch wichtige Informationen entgehen könnten.

Andere Drohungen Auch das Anstarren eines Gegners behindert die eigene Fähigkeit, Informationen aufzunehmen. Das Risiko ist für ein dominantes Individuum klein, denn es wird in seinem eigenen Territorium oder in seiner Gruppe vermutlich nicht von hinten angegriffen, könnte aber für jemanden, der seine Umwelt weniger im Griff hat, zu hoch sein. Deshalb wird Anstarren als Bedrohung empfunden. Wer jemanden unentwegt anblickt, ist entweder deshalb gefährlich, weil er in seiner Gruppe dominant ist oder weil er so sehr auf Angriff eingestellt ist, daß er gar nicht alle ihm zugängliche Information sammeln will.

Auch Verachtung kann Rivalen abschrecken. Wenn ein Sheriff in einem Hollywoodfilm mit verschränkten Armen und der Pistole im Gürtel eine Spelunke betritt, zeigt er damit sein Selbstvertrauen. Hielte er die Pistole beim Eintritt schußbereit in der Hand, wären zwar seine Chancen auf einen sofortigen Erfolg größer, aber er kommt möglicherweise ohne einen Pistolenkampf an sein Ziel, wenn er seine Zuversicht deutlich zeigt. Es zeigt auch Verachtung – und Selbstvertrauen –, wenn er einem Rivalen den Rücken zukehrt. Ein Hund, der sich zur Seite wendet, um mitten in einer Auseinandersetzung zu urinieren, zeigt, wie sicher er ist, daß sein Gegner es nicht wagen wird, ihn anzugreifen – und daß er, wenn er angegriffen wird, selbst dann gewinnen wird, wenn er mit einem Bein in der Luft überrascht wird.

Es ist eine Form der Drohung, wenn man zeigt, welche Opfer man dem Sieg zuliebe einzugehen bereit ist. Wenn Ameisen bei Auseinandersetzungen Ameisensäure und Bienen Chemikalien einsetzen, schaffen sie eine für Angreifer und Angegriffene gleichermaßen feindliche Umwelt. Es leuchtet ein, daß jemand, der fähig und willens ist, giftige Chemikalien zu ertragen, damit seine Fähigkeit und seine Bereitschaft zum Kampf zur Schau stellt.

Die meisten Konflikte finden zwischen Rivalen statt, die **Soziale**
schon früher aufeinandergestoßen sind. In solchen Fällen **Hierarchien**
ergibt sich der frühere Verlierer gewöhnlich ohne Kampf. **und Duelle**
In Gesellschaftssystemen, in denen dieselben Individuen **unter**
häufiger zusammentreffen, führt die Geschichte früherer **Gleichen**
Konflikte zu einer sozialen Hierarchie – einer Hackordnung –, in der jedes Individuum seine Stellung aus Erfahrung kennt und sich höherrangigen Individuen unter-
wirft. Oft wird ein untergeordnetes Individuum schon
abgeschreckt, wenn ein dominantes nur die Andeutung
einer Drohung macht.[13]

Wenn beide Rivalen gleich groß,
gleich stark und gleich kampfbereit sind, kann der eine Rivale
nicht zuverlässiger drohen als der
andere, und es gibt keine Möglichkeit, ohne Kampf zu gewinnen. Darling[14] beobachtete, daß
es bei Hirschen nur zwischen
ähnlich großen Männchen zu
Kämpfen kommt. In den anderen
Fällen zieht sich einer der Bewerber nach einem Austausch von
Drohungen zurück. Barrete und Vandal[15] beobachteten
1314 Konfrontationen von Rentieren. Nur in sechs Fällen
entwickelte sich aus dem Austausch von Drohungen ein
Kampf: In allen diesen Fällen waren sich die Männchen in
bezug auf Größe und Stärke sehr ähnlich. Aber selbst
unter Rivalen, die gleich stark und gleich motiviert sind,
haben Drohungen ihren Wert: Jede Verletzung eines der
Kontrahenten bei dem Kampf verändert das Gleichgewicht der Kräfte und macht den Weg frei für eine weitere
Runde von Drohungen, die einen der beiden überzeugen
könnten, daß er keine Gewinnaussichten hat und sich
zurückziehen sollte.

Können sich Drohsignale zum Nutzen der Gruppe herausbilden? Der Haken bei der »Gruppenselektion« Nach der Theorie der »Gruppenselektion« haben Gruppen, die Drohungen einsetzen, einen Vorteil gegenüber Gruppen, deren Mitglieder sich einander immer bis zum bitteren Ende bekämpfen, und werden sie daher schließlich ersetzen.[16] Dieser Gedanke wurde in den sechziger Jahren viel diskutiert, und die Debatte führte zu dem praktisch einstimmigen Schluß, daß die Gruppenselektion die Evolution von Verhaltensweisen höchstens unter ganz besonderen Bedingungen erklären kann.[17] In der Populärliteratur jedoch finden sich immer noch Erklärungen, die auf Gruppenselektion beruhen.

Nach der Theorie der Gruppenselektion ist eine Population – eine Gruppe von Individuen –, die Konflikte durch Drohungen und nicht durch Kämpfe löst, im Vorteil gegenüber einer Population von Aggressoren, die einander verwunden und töten. Die effiziente Gruppe ersetzt die weniger effiziente, selbstzerstörerischere Gruppe. Die Einheit der Selektion ist hier die Gruppe – daher der Name »Gruppenselektion«.[18] Dieses – noch nicht durch die Beobachtung bestätigte – Modell behauptet, daß jedes Individuum sich den Drohungen anderer Gruppenmitglieder unterordnet, weil ein Kampf der eigenen Gruppe schaden würde. Es braucht dann also nicht unbedingt ein kausaler Zusammenhang zwischen einer Drohung und den tatsächlichen Fähigkeiten des Drohenden zu bestehen, sondern jede Geste kann eine Drohung sein, solange sie von der Gruppe als solche akzeptiert wird.

Wenn solche Signale aber nur Konventionen sind und nichts mit den wirklichen Fähigkeiten des Drohenden zu tun haben, ergibt sich das Problem, daß jemand, der sich nicht an die »Regeln« hält – also kämpft, statt nur deshalb auf etwas ihm Wichtiges zu verzichten, weil er bedroht wird –, bessere Fortpflanzungschancen hat als jemand, der nachgibt. Die Nachkommen des Abweichlers erben diese Verhaltensweise und kämpfen, statt sich an die Regeln zu halten, und auch sie werden sich besser reproduzieren, bis sie einen wesentlichen Teil der Gruppe bilden. Im Lauf der Zeit wird die Gruppe also nicht mehr Drohungen verwenden statt zu kämpfen, und damit einen gemeinsamen Vorteil verlieren.

Manche Forscher behaupten, daß die Gesellschaft jene bestraft, die die Regeln brechen. Dies vergrößert aber nur das Problem, das dann die Form erhält: Was ist diese »Gesellschaft«, die eine Strafe verhängt? Welche Wirkung hat die Strafe? Anders ist es natürlich, wenn die Individuen, die die Strafe zumessen, wie Polizisten und Richter in menschlichen Gesellschaften, für ihre Bemühungen direkt entschädigt werden.[19]

Anhänger der Gruppenselektion könnten entgegnen, daß eine Gruppe, in der wettbewerbsorientierte Dissidenten vorherrschen, schließlich gerade wegen ihrer übermäßigen Aggression aussterben wird. Aber was könnte einige der Regelbrecher davon abhalten, zuvor in eine »nicht-aggressive« Gruppe ihrer Art überzuwechseln – wo sie sich wieder erfolgreicher reproduzieren würden als andere Gruppenmitglieder, bis auch diese ihre Fähigkeit verlieren, Gewalt zu vermeiden, indem sie Drohungen einsetzen? Eine Verhaltensweise, die dem Individuum Schaden zufügt oder es benachteiligt und die nur »der Gruppe« nutzt, kann die natürliche Auslese nicht überleben, selbst wenn Drohen statt Kämpfen »gut ist für die Gruppe«.

Im Gegensatz dazu zeigt unser Modell, das Handicap-Prinzip, wie durch das Wesen des Signals Täuschung ausgeschlossen und die wirkliche Motivation und Fähigkeit des Drohenden zuverlässig vermittelt werden kann. Drohsignale sind – wie andere Signale – weder zufällig noch willkürlich. Weil das Signal vertrauenswürdig sein muß, hat es unmittelbar mit der von ihm vermittelten Botschaft zu tun und garantiert, daß die Kosten des Signals für einen ehrlichen Signalgeber vernünftig sind, für einen Betrüger aber viel zu hoch. Im Fall einer Drohung ist das im Signal steckende Risiko der Preis, den der ehrliche Signalgeber zu zahlen bereit ist und den sich ein Betrüger nicht leisten kann. Das Signal selbst ist nicht

lediglich eine Konvention, sondern liefert genau die Information, die zur Konfliktlösung gebraucht wird. Es gibt
also für jede Drohung – und sogar für jede Botschaft – ein
optimales Signal. Das Handicap-Prinzip stellt diese Tatsache nicht nur fest, sondern erklärt auch ihre Wirkungsweise.

KAPITEL 3
Partnerwahl

Das Balzverhalten nimmt oft gewaltige Ausmaße und bizarre Formen an. Der Schwanz des Pfaus wächst sich zu dem wohlbekannten farbenfrohen Fächer aus, und wenn sich ein Pfau einer Henne präsentiert, verbringt er Zeit und Energie damit, den Fächer offen und aufrecht zu halten und zu schütteln. Lange Schwanzfedern sind bei den Männchen vieler Vogelarten ein Sexualreiz. Im Verhältnis zu ihrer Größe sind die Schwänze einiger Fasanenhähne und Paradiesvögel fast genau so lang wie die Rückenfedern des Pfaus, und die Schwänze der Männchen mancher Singvogelarten, etwa der afrikanischen Witwen, sind im Verhältnis zu ihrem Körper sogar noch länger.

Männliche Singvögel singen, um Partner zu umwerben; einige singen fast den ganzen Tag über. Andere, darunter viele Lerchen, singen während anstrengender Balzflüge. Rauhfußhähne und Kampfläufermännchen tanzen viele Tage lang auf Balzplätzen im Wettbewerb um die Gunst der Weibchen. Balzende Birkhähne singen und tanzen gleichzeitig, vermitteln ihre Botschaft also gleichzeitig über mehrere Sinneskanäle.

Balzverhalten gibt es nicht nur bei Vögeln. Auch Säugetiere, Reptilien, Amphibien, Fische und Insekten investieren in Imponiergehabe, und in jeder dieser Gruppen gibt es Arten, bei denen der Aufwand verblüffende, sogar fantastische Ausmaße annimmt. Grillen, Grashüpfer und Zikaden singen stundenlang, um Partner anzulocken. Glühwürmchen werben durch Leuchtsignale. Motten und viele Säugetiere senden Duftsignale aus. Sogar Einzeller wie Hefe und Algen sondern Pheromone ab, um Partner anzulocken.

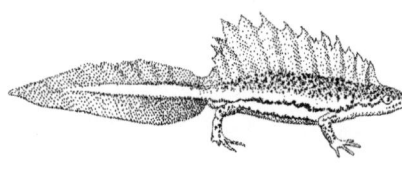

Gelegentlich dienen auch solche Auswüchse wie der flossenartige Rückenkragen des Wassermolchs oder der Schnabelhöcker, der dem Rosapelikan zwischen den Augen wächst, der sexuellen Zurschaustellung. Bei manchen Arten – etwa bei Würgern, Seeschwalben und Möwen und auch bei einigen Insekten – bringen die Männchen ihren Partnerinnen Brautgaben in Form von Nahrung, Blättern oder Zweigen. Männliche Laubenvögel bauen komplizierte Lauben und schmücken sie mit Muscheln, Blumen, Knochen, den Schalen von Insekten und farbigen bunten Früchten, um Weibchen anzulocken; einige Fischmännchen und Krabben bauen Sandburgen auf Felsen, die von Wellen überspült werden und immer wieder neu gebaut werden müssen.

Diese extravaganten Ausmaße des Balzverhaltens erinnern an verrückte Modeschauen. Aber sind sie wirklich jeder evolutionären Kontrolle entzogen, wie gemeinhin angenommen wird? Oder dienen die Ausmaße der Darbietung und die speziellen Formen, die sie annehmen, einem Zweck?

Williams[1] hat darauf hingewiesen, wie wettbewerbs- **Der Konflikt**
orientiert die Balz ist. Obwohl sie sich beide möglichst **im Balz-**
hochqualifizierte Partner wünschen – solche, die die **verhalten**
Gene der Nachkommen am wirksamsten verbessern
und je nach Geschlecht und Art den Nachwuchs am
besten aufziehen können –, haben Männchen und Weibchen doch unterschiedliche Interessen. Williams schlägt
deshalb vor, Männchen und Weibchen während der Werbung als Gegner zu sehen. Wie ein guter Verkäufer tut das
Männchen alles ihm mögliche, um das Weibchen zu beeindrucken, während das Weibchen wie eine kluge Ver-
braucherin die Ware gründlich prüft und auf Qualität
achtet.

Natürlich bieten sich auch die Weibchen den Männchen
an, und das führt zu demselben Interessenkonflikt.[2] Aber
den Weibchen eröffnen sich andere Möglichkeiten. Die
Anzahl der Nachkommen eines Weibchens wird am
stärksten durch ihre Fähigkeit bestimmt, Eier zu legen
oder Nachkommen auszutragen, während der Fortpflanzungserfolg eines Männchens mehr von der Anzahl und
der Qualität der Weibchen abhängt, die er dazu bringen
kann, sich mit ihm zu paaren. Aus Gründen der Bequem-
lichkeit und weil in der Regel Männchen mehr in das
Balzverhalten investieren als Weibchen, sprechen wir hier
vor allem vom männlichen Tier als Werbendem und vom
Weibchen als Wählendem.

Wie können Männchen ihre Überlegenheit unter Beweis
stellen? Williams beantwortet diese Frage nicht; wir sahen
jedoch in den vorhergehenden Kapiteln bereits, wie sich
eine zuverlässige Verständigung zwischen artfremden
Gegnern und zwischen artgleichen Rivalen entwickeln
kann. Dieselben Überlegungen gelten auch für das Balzverhalten.[3] Auch hier wird der Interessenkonflikt – zwischen Männchen und Weibchen – oft durch eine Kommunikation gelöst, die auf der Evolution zuverlässiger
Signale beruht.

Signale sind dann zuverlässig, wenn ein Betrüger nichts
davon hat, daß er sie gibt – wenn der Aufwand, den das

Signal erfordert, also für einen ernsthaften Bewerber vernünftig, für einen Betrüger aber viel zu hoch oder nicht lohnend ist. Je mehr der Bewerber gewinnen kann und je größer der Verlust für den ist, der auf einen Betrüger hereinfällt, um so mehr muß der Signalgeber in das Signal investieren, damit er seine Überlegenheit zuverlässig demonstrieren kann.

Wir nehmen an, daß der Aufwand, den der Signalgeber erbringen muß, unmittelbar mit der Botschaft des Signals verknüpft ist. Männliche Rivalen sind nur an der Kampffähigkeit ihrer Gegner interessiert; Beutegreifern geht es nur darum, wie gut ihnen ihre Beute entkommen kann. Wer einen Partner sucht, ist jedoch an sehr vielen Qualitäten interessiert.

Auf welche Eigenschaften legen Tiere bei der Partnersuche Wert? Das kommt darauf an. Wenn Männchen und Weibchen sich beide an der Brutpflege beteiligen, soll der ideale Partner nicht nur überragende genetische Eigenschaften haben – Qualitäten, die dem Nachwuchs weitergegeben werden –, sondern auch die Familie versorgen und den Nachwuchs gut betreuen können. Ein Männchen einer solchen Spezies kann sich nur einem Weibchen zur Zeit verpflichten – oder höchstens einigen wenigen. Ein Weibchen einer solchen Art muß womöglich seine Qualitätsansprüche senken, um ein Männchen zu finden, das bereit ist, sich mit ihm zu verbinden. Am anderen Ende des Spektrums gibt es Arten, bei denen sich die Männchen überhaupt nicht an der Brutpflege beteiligen. Bei diesen Arten kann sich ein Weibchen darauf konzentrieren, den bestmöglichen Samenspender zu suchen, auch wenn sie seine Gunst mit vielen anderen Weibchen teilen muß. Bei solchen Arten begatten einige wenige herausragende Männchen fast alle Weibchen, während sich die jungen und weniger qualitätsvollen Männchen überhaupt nicht paaren können.

Werbesignale vermitteln also, je nach Art, unterschiedliche Botschaften. Wie bei allen Signalen erwarten wir eine direkte Beziehung zwischen dem Aufwand für das

Balzverhalten und der besonderen Information, die das Signal dem wählenden Partner vermittelt.

Handicaps bei der Partnerwerbung und die vermittelte Information:

Füttern als Signal

Wenn ein balzendes Männchen Futter anbietet – wie es beispielsweise Seeschwalben, Würger und Kohlmeisen tun –, zeigt es damit zuverlässig sowohl, daß es auf einen großen Teil der von ihm gesammelten Nahrung verzichten kann, als auch, daß es an diesem Partner interessiert ist. Das Weibchen erhält dabei nicht nur Nahrung, sondern auch die Gewißheit, daß das Männchen zum Ernährer ihrer Nachkommen taugt. Je mehr Nahrung das Männchen dem Weibchen bringt, um so zuverlässiger ist die Botschaft, daß jenes sich gut auf das Sammeln von Nahrung versteht. In der Tat fand Nisbet,[4] daß männliche Seeschwalben, die mehr Nahrung bringen, während sie einem Weibchen den Hof machen, später auch ihren Nachwuchs besser versorgen als andere. Das Füttern bei der Werbung ist ein viel besserer Indikator dafür, welche Qualitäten das Männchen als Jäger hat, als wenn es lediglich seine Stärke unter Beweis stellt. Die Anstrengung, die nötig ist, um das Weibchen zu füttern, schließt aus, daß ein Männchen, das sich kaum selbst ernähren kann, dieses Verhalten vortäuscht. Sie hindert die Männchen auch daran, vielen Weibchen gleichzeitig den Hof zu machen.

Beim Rosapelikan wächst bei Männchen wie Weibchen zwischen den Augen ein fleischiger Höcker, wenn sie in Brutstimmung sind. Der Höcker hindert den Pelikan daran, den Bereich um seine Schnabelspitze zu sehen. Wenn ein Pelikan mit einem Höcker Beute fangen will, muß er sich daran erinnern, wo er seine Beute zuletzt sah, und die Bewegungen der Beute voraussahnen. Ein unerfahrener oder unfähiger Pelikan könnte das nicht, deshalb stellt ein Pelikan, der sich trotz dieses Handicaps von seinem Fischfang ernähren kann, sein Können unter Beweis. Später, wenn die Pelikane ihre Brut von vier oder fünf anspruchsvollen Jungen zu versorgen haben, schrumpft der Höcker, und sie können wieder besser jagen.

Auch aus dem Gesang läßt sich ableiten, daß der Sänger ein guter Versorger ist, denn die auf den Gesang verwendete Zeit geht der Nahrungssuche verloren. Ein werbendes Männchen, das sich selbst benachteiligt, indem es andauernd singt, liefert den Beweis, daß es weniger Zeit für die Nahrungssuche braucht, weil es dabei entweder sehr erfolgreich ist oder weil es in seinem Revier reichlich Nahrung gibt. Wilhelm und seine Kollegen[5] untersuchten die Wirkung, die zusätzliche Nahrung auf das Singen der Gelbbauchnektarvögel hatte. Sie fanden, daß Männchen, denen keine Fliegen angeboten wurden, nicht sangen, während jene, die Fliegen und Zuckerlösung erhielten, dagegen oft und lange. Auch die Zeit, die mit Wächteraufgaben oder Tanzdarbietungen verbracht wird, kann Meisterschaft bei der Nahrungssuche anzeigen, besonders wenn die Zeit früh am Morgen nach einer langen kalten Nacht ohne Nahrung »verschwendet« wird.

Superreviere Nach Meinung von O'Donald[6] gehört auch die Reviergröße zum Imponiergehabe eines Tiers. Männchen und Weibchen vieler Arten verteidigen ihre Reviere gegen Artgenossen. Oft ist das Revier viel größer als nötig, um ein Paar und seine Nachkommen mit Nahrung zu versorgen und ihnen Schutz zu bieten. Gelegentlich wurde behauptet, diese größeren Territorien verhinderten die Ausbeutung der Nahrungsquellen und sicherten damit einen reicheren Nahrungsvorrat, der der Population später zugute kommen würde.[7] Aber diese Überlegungen sind Argumente für die Gruppenselektion, und die ist, wie wir gesehen haben, fragwürdig. Wenn Männchen Reviere verteidigen, die größer sind, als sie sie brauchen, kann das möglicherweise zum Nutzen der Population insgesamt sein, weil zukünftige Nahrungsreserven erhalten bleiben. Den größten Vorteil aber hätten die Männchen mit kleineren Revieren, weil sie die Vorräte nutzen können, die frühere Bewohner zurückgelassen haben, ohne ihre eigenen Bemühungen auf den Schutz eines unnötig großen Territoriums verschwenden zu müssen; sie könnten also einen größeren Teil ihrer Energie der Fortpflanzung widmen. Im Lauf der Generationen würde also die Bereitschaft abnehmen, ein größeres Revier zu verteidigen als nötig. Warum sollte ein Individuum Zeit und Energie aufbringen und sogar darum kämpfen, ein größeres Revier zu verteidigen, als es braucht?

Reiche Menschen bauen ihre Paläste und Villen nicht, weil sie Wohnungen für sich oder ihre Kinder brauchen, sondern um ihren Status kundzutun. Die Kosten für den Bau und den Unterhalt solcher Gebäude führen Rivalen und Kollegen den Reichtum des Besitzers vor Augen. So ist es auch bei vielen Tieren: Ein großes Territorium beweist die Überlegenheit des Männchens und lockt gute Partnerinnen an. Tatsächlich haben Beobachtungen gezeigt, daß Weibchen sich zunächst in den größeren und reicheren Revieren niederlassen; sehr kleine Reviere ziehen eventuell gar keine Weibchen an.

Diese Superterritorien können sehr wohl die Nahrungsvorräte schützen, die der Gesamtpopulation der Art zur Verfügung stehen, aber das ist nur eine Nebenwirkung, die für die Evolution der Verhaltensweisen, die zu ihrer Verteidi-

gung führen, nicht unmittelbar eine Rolle spielt. Superterritorien lassen sich vielmehr gut mit den riesigen Jagdgründen vergleichen, die europäische Adlige in früheren Jahrhunderten unterhielten, während die Bauern hungerten. Die Ländereien waren für die Jagd bestimmt und wurden streng vor Wilderern geschützt. Solche Ländereien dienten dazu, den zur Jagd geladenen Gästen den Wohlstand, die Macht und die Autorität der Eigner vor

Augen zu führen. Heute sind viele dieser Ländereien Nationalparks, in denen die Tiere und Wälder Europas für Menschen unserer Zeit bewahrt werden – aber das ist wohl kaum der Grund, warum die Adligen früherer Generationen Jagden einrichteten und unterhielten. Auch Tiere halten große Territorien, weil sie damit Rivalen abschrecken und Weibchen anlocken können. Große Territorien können zwar vor Ausbeutung der Nahrungsvorräte schützen – aber das ist eine Nebenwirkung und nicht ihr eigentlicher Zweck.

Balzlaute Tiere geben während der Balz Laute von sich. Löwen und Tiger brüllen, Hirsche röhren, Zikaden und Grillen zirpen, Vögel singen. Balzrufe können den Rufenden gefährden. Ryan und seine Kollegen[8] zeigten, daß froschfressende Fledermäuse Frösche zuverlässig orten können, wenn sie ihre Liebeslieder hören. Nur ein männlicher Frosch, der Fledermäusen entkommen kann, obwohl er ihnen verrät, wo er sich aufhält, kann es sich erlauben, viel zu quaken. Liebesrufe können auch sehr anstrengend sein: Clutton-Brock und Albon[9] fanden, daß Hirsche nach einem Brunftwettbewerb mit Rivalen oft erschöpft sind. Nur ein starkes, muskulöses Tier kann lange laut röhren.

Die Einzelheiten eines Rufs, sein Tempo und die Zahl der Silben in einer Phrase sind Qualitätsmerkmale des Rufenden. Das »Zizipe« der Kohlmeise besteht aus einer Folge genau abgestimmter »Silben«. Lambrechts und Dohndt[10] beobachteten einen direkten Zusammenhang zwischen der Anzahl der Silben in einer Phrase und der rhythmischen Präzision der letzten Silben der Phrase einerseits und dem Fortpflanzungserfolg der Sänger andererseits. Anscheinend ist es ein Qualitätsbeweis, wenn sowohl das Tempo als auch der Rhythmus der Silben am Ende einer langen Phrase aufrechterhalten bleiben. Wie in Kapitel 2 erwähnt, erfordet die genaue Ausführung eines Rufs viel Konzentration. Ein weniger fähiges Männchen findet es wahrscheinlich schwer, sich so lange zu konzentrieren; schließlich verrät der Gesang ja den Aufenthaltsort, und das Männchen muß auf Gefahren oder Rivalen gefaßt sein. Mit seinem Gesang vermittelt es, wie groß sein Selbstvertrauen ist, und diese Information ist für ein Weibchen, das entscheiden muß, ob es diesen Partner will, sehr wichtig.[11]

Bei vielen Vogelarten sind die erwachsenen Männchen *Farbe* viel bunter als die Weibchen und die jungen Männchen: Beispiele dafür sind Pfau, Ente, Paradiesvogel und Nektarvogel. Farbenfrohes Gefieder zieht Rivalen und Feinde an und dient deshalb als zuverlässiges Qualitätsmerkmal: Nur Männchen höchster Qualität können es sich leisten zu verraten, wo sie sind. Eine auffällige Färbung betont auch die Gestalt, Haltung und Bewegung ihres Trägers. Einem hochqualifizierten Individuum »steht« eine helle Färbung gut, bei einem weniger qualifizierten betont dieselbe Färbung die Unvollkommenheiten.[12]

Auch Duftstoffe dienen dazu, Partner anzulocken. Man *Duftstoffe* hat gefunden, daß einige weibliche Insekten ein domi- *(Pheromone)* nantes Männchen allein an seinem Duft erkennen können,[13] und auch viele männliche Säugetiere setzen Gerüche ein, um Weibchen anzulocken und Rivalen abzuschrecken. Wir wissen sehr viel über die Chemie der Pheromone – Chemikalien, die von einem Individuum erzeugt werden, um die Handlungen anderer zu beeinflussen, aber nur wenige Wissenschaftler haben erforscht, welche Bedeutung bestimmte Chemikalien für die Anpassung haben. Es wäre faszinierend zu wissen, welche Information die arteigenen Pheromone über ihre Erzeuger vermitteln.

Die Hauptkomponente des Pheromons, das männliche Bärenspinner und Danaidenfalter abgeben, ist ein Alkaloidderivat – ein starkes Gift, das Pflanzen zu ihrem Schutz erzeugen.[14] Die Raupen des Bärenspinners können das Gift umwandeln und so eine Nahrungsquelle nutzen, die den meisten anderen Tieren nicht zur Verfügung steht; das Gift, das sie so in ihr System aufnehmen, hilft ihnen, sich vor Räubern zu schützen. Wenn ein männlicher Bärenspinner dieses Pheromon abgibt, zeigt er damit, daß er sich als Raupe von giftigen Pflanzen ernähren konnte; die Konzentration des Gifts in dem Pheromon zeigt, wieviel Gift der Körper des Männchens vertragen kann. Danaiden geben ein ähnliches Pheromon ab, das von Pflanzen stammt, die sie als Erwachsene fressen. Eisner und Meinwald haben sogar behauptet, das Pheromon sei eine chemische Meßlatte, an der das Weibchen abschätzen kann, wieviel Gift seine Freier in sich tragen. Das in dem Pheromon enthaltene Alkaloid zeigt wohl auch an, daß das Männchen in der Lage ist, bei der Paarung eine größere Menge davon abzugeben und so das Weibchen und den gemeinsamen Nachwuchs vor Räubern zu schützen.

Ein Falter aus der Familie der Danaiden, der bei der Brautwerbung keine solchen Alkaloidderivate benutzt, ist der Monarch. Die Männchen dieses nordamerikanischen Wanderfalters, der in Kalifornien, Mexiko und Florida überwintert, umwerben die Weibchen mit aggressivem Imponiergehabe, wobei sie sich auf vorbeikommende Weibchen stürzen, sie auf den Boden werfen und dort kopulieren.[15] Vielleicht zeigt die Fähigkeit des Männchens, bei der Kopulation Kraft einzusetzen, daß es über die Stärke und Ausdauer verfügt, die für die langen Migrationsflüge nötig sind.

Artefakte Ein Buntbarsch im ostafrikanischen Malawisee häufelt *und Bauten* Sand auf und bildet darin eine Mulde, in die das Weibchen laicht. Dieses Nest dient nicht zur Aufzucht der Jungen, denn Sand und Eier werden von den Wellen weggespült.[16] Unserer Meinung nach stellt das Männchen gerade damit seine Fähigkeiten zuverlässig unter Beweis, weil es schwierig ist, immer wieder in einem vom Wasser überspülten Bereich Sand anzuhäufen. Auch Krabben, die im Watt leben, bauen Sandburgen, die bei jedem Niedrigwasser neu errichtet werden müssen.[17]

Wie schon erwähnt, ist das Balzverhalten besonders ausgeprägt bei solchen Arten, bei denen sich die Männchen
nicht an der Brutpflege beteiligen und sich daher die
 ganze Saison lang bemühen
können, Weibchen anzulocken.
Die Spitzendarsteller bekommen die meisten Weibchen;
die meisten Männchen dagegen
kopulieren überhaupt nicht. Die
berühmtesten dieser Arten sind
Pfauen, Seeschwalben, Wald-
hühner, Schnurrvögel, Paradiesvögel und Laubenvögel.
Männliche Laubenvögel, eine
Familie, die nur in Australien
und Papua gefunden wird, verbringen einen großen
Teil ihrer Zeit damit, auf dem Erdboden Lauben aus
Zweigen zu bauen. Diese Konstrukte haben keinen Nutzen, sondern dienen lediglich als Kulisse, vor der das
Männchen balzt. Die Lauben werden jeweils in arttypi-
scher Weise gebaut und geschmückt.[18] Eine Art baut aus
Zweigen eine Plattform von einem Meter Durchmesser,
auf der zwei parallele Reihen aufrechtstehender Zweige,
jede einen halben Meter lang, einen Korridor bilden, in
dem sich die Kopulation abspielt. Das Männchen einer
anderen Art baut eine etwa 10 cm hohe Wand aus Moos
um einen Innenhof herum, in dessen Mitte in der Regel
ein junger Baum steht; der Vogel bedeckt einen Meter des
Stamms mit verwobenen Zweigen. Die Männchen wieder einer anderen Art überdecken den Innenhof, so daß er
eine Hütte mit nur einem kleinen Eingang bildet, und
schmücken die Laube mit seltenen Ornamenten, etwa
mit den Federn eines Paradiesvogels oder mit frischen,
immer wieder zu ersetzenden Blüten, und zeigen damit,
wie gut sie Schmuck finden können. So werden beispielsweise die sehr dekorativen Federn auf dem Kopf des
Wimpelträgers sowohl von den Laubenvögeln als auch
den Papua-Männern Neuguineas hochgeschätzt.[19]

67

Ein Laubenvogelweibchen besucht die Laube mehrmals und begutachtet Bau und Bauherrn sorgfältig, bevor es sich zur Paarung mit dem hoffnungsvollen Kandidaten entschließt. Das Weibchen kopuliert nur einmal vor dem Eierlegen. Es kommt durchaus vor, daß es eine Laube besucht, inspiziert, das Männchen bei seinem Tanz beobachtet, selbst mittanzt und das Männchen umwirbt, ihm dann aber den Laufpaß gibt. Anscheinend spielt die Dekoration der Laube bei der Entscheidung des Weibchens, das einen Vater für seinen Nachwuchs sucht, eine wichtige Rolle.

Auch die Anzahl der Schmuckgegenstände ist den Weibchen wichtig, denn sie bevorzugen Männchen mit reichgeschmückten Lauben. Männchen wiederum stehlen Dekorationen aus benachbarten Lauben. Borgia versuchte, einzeln markierte seltene und begehrte Ornamente zunächst einer und dann einer anderen Laube hinzuzufügen. Er fand, daß dieser Schmuck unabhängig davon, wohin er ihn zuerst legte, immer in den Lauben der erfolgreichsten Männchen endete.[20] Damit ein Laubenvogelmännchen für ein Weibchen attraktiv ist, muß es viel Zeit und Mühe auf den Bau seiner Laube, das Sammeln der Schmuckstücke, das Dekorieren und die Bewachung verwenden, und natürlich auch auf die Vorstellung, die es auf der von ihm gebauten Bühne gibt. Es beweist so, daß es stärker und energiegeladener ist als seine Nachbarn, sich trotz der anspruchsvollen Bauarbeit angemessen ernährt und seine kunstvolle Laube nicht nur dekorieren und vor Rivalen schützen, sondern auch deren Lauben berauben kann.[21]

Als wir Borgia in Australien besuchten, sahen wir einige Lauben des Großen Laubenvogels. Auf der Plattform am Eingang der Prachtstraße lagen flache Steine aus einem Flußbett, gebleichte Knochen (meistens Wirbel), Glasscherben – meistens grün – und bunte Folien und Pappstücke. Borgia wies darauf hin, daß die Anordnung der Dekorationen nicht zufällig war. Die grünen Glasscherben lagen immer am nördlichen Eingang, der auf der

Südhalbkugel der Sonne gegenüberliegt. Das Glas glitzerte im Sonnenlicht, und das Männchen führte seine violetten Federn vor einem glänzenden, farblich darauf abgestimmten Hintergrund vor.

In den meisten Fällen werden bei der Werbung mehrere *Kombinationen* unterschiedliche Signale eingesetzt. Bei Vögeln spielen *von Signalen* das Prachtkleid mit seinen besonderen Federn und auffallenden Farben, Balzgesänge und -rufe, Balztänze und Geschenke eine wichtige Rolle – die drei letzteren sind besonders zeit- und energieaufwendig. Jedes dieser Signale vermittelt die Information über eine bestimmte Qualität des Männchens, und das Weibchen kann das Männchen so aufgrund mehrerer Kriterien einschätzen. Betrachten wir beispielsweise das Radschlagen des Pfaus. Der Pfau hält seine Rückenfedern hoch und aufgefächert – das erfordert große Mühe. Von Zeit zu Zeit schüttelt er sie heftig, was zusätzliche Kraft erfordert und beachtlichen Lärm macht. Das »Augenmuster« auf dem Rad des Pfaus, der Glanz seiner Federn, die Krone auf seinem Kopf, alles ergibt eine Symphonie von Form, Farbe, Muster, Bewegung und Klang – ein Schauspiel, das er mit periodischen Rufen ankündigt.

Jeder Aspekt der Zurschaustellung vermittelt anscheinend eine ganz bestimmte, zuverlässige Information über eine bestimmte Eigenschaft des Männchens. Die langen Federn wachsen im Lauf von mehreren Monaten während einer Jahreszeit, in der die Nahrung knapp ist. Wenn ein Tier nicht gesund ist, hört das Wachstum auf, so daß ein Männchen, das ein Rad mit vollkommenen Federn zur Schau stellt, verkündet, daß es gesund ist und selbst während der Mauser Nahrung finden konnte.

Der lange, schwere, bunte Schwanz zeugt zugleich von

der Stärke und dem Geschick seines Besitzers, der trotz dieser großen Last Feinden zu entkommen wußte. Wenn der Pfau den Fächer aufstellt und schüttelt, beweist er seine Ausdauer, und seine Rufe zeigen, daß er keine Angst hat, Rivalen und Feinde wissen zu lassen, wo er sich aufhält. Die Vollkommenheit des Musters zeigt, wie wir in Kapitel 8 sehen werden, daß die Entwicklung des Pfaus während des Wachstums der Federn ausgezeichnet koordiniert war. Jedes dieser Kriterien wird von den Hennen anscheinend genau beobachtet. Petrie und ihre Kollegen fanden heraus, daß ein Pfau an seinem Balzplatz schon dann weniger Weibchen anzulocken vermochte, wenn nur fünf von den etwa 150 Federn entfernt wurden.[22]

Lange Schwänze Møller[23] untersuchte die langen äußeren Schwanzfedern von Rauchschwalben, die ihre Nahrung im Flug fangen. Rauchschwalben haben lange, gegabelte Schwänze, deren äußere Federn bei erwachsenen Männchen länger sind als bei Weibchen oder bei jungen Männchen. Als Møller die Schwanzfedern einiger Männchen künstlich

verlängerte und die anderer verkürzte, entdeckte er, daß jene mit längeren Schwänzen, unabhängig davon, ob sie natürlich oder künstlich verlängert waren, leichter Partner fanden als die mit kürzeren oder gekürzten Schwänzen und daß sie sich mit mehreren Weibchen paaren konnten. Aber die unabsichtlichen Betrüger – die Männchen mit künstlich verlängerten Schwänzen – zahlten einen hohen Preis, denn die zusätzliche Länge behinderte sie offensichtlich beim Fliegen. Sie konnten keine großen Insekten jagen, und ihr körperlicher Zustand verschlechterte sich. Die Federqualität war nach der Mauser nicht gut, und keiner dieser Vögel kehrte im nächsten Frühling zurück, während viele der anderen Männchen wieder in derselben Gegend brüteten.

Smith und Montgomerie[24] wiederholten Møllers Versuche und stellten ebenfalls fest, daß Männchen mit von Natur aus langen oder künstlich verlängerten Schwänzen leichter Partner fanden und früher zu brüten begannen als andere Schwalben. Als sie jedoch bei den Nestlingen mit Hilfe von DNA-Untersuchungen die Vaterschaft überprüften, zeigte sich, daß nur die Hälfte der Jungvögel in den Nestern der unabsichtlichen »Betrüger« – der Männchen mit verlängertem Schwanz – tatsächlich deren Nachkommen waren, dagegen aber 95 Prozent in den Nestern der Männchen, deren Schwänze entweder von Natur aus lang oder künstlich gekürzt worden war.[25] Smith und Montgomerie vermuteten, daß die angeklebten Schwänze für die dafür nicht tauglichen Männchen eine zu große Last waren und solche Männchen ihre Weibchen nicht davon abhalten konnten, sich mit anderen Männchen zu paaren.

Die Experimente von Møller und von Smith und Montgomerie mit Rauchschwalben und jene von Evans und Thomas[26] mit dem Lobelien-Nektarvogel zeigen, welch hohen Preis ein Vogel zahlen muß, der einen längeren Schwanz trägt, als er bewältigen kann. Es scheint also, als ob die längeren Schwänze der Rauchschwalben, Pfauen und vieler anderer Vögel zuverlässig anzeigen, daß ihre Träger stark und erfahren sind, und genau das macht sie für Weibchen attraktiv.

In den Balzflügen und -tänzen der Vögel kommen oft *Bewegungen und* Bewegungen vor, die in ihrem Alltagsleben ungewöhn- *Tänze* lich sind. Türkentauben laufen bei der Nahrungssuche, hüpfen aber um das Weibchen herum, wenn sie ihm den Hof machen. Falken bewegen die Flügel beim gewöhnlichen Flug langsam, aber bei Balzflügen schlägt das Männchen seine Flügel sehr rasch. Tropikvögel fliegen sogar rückwärts. Bei vielen Singvogelarten singt das Männchen sogar während des Flugs.

Bei einigen Arten, bei denen sich die Männchen nicht an der Brutpflege beteiligen, verbringen die Männchen manchmal jeden Tag viele Stunden mit Balztänzen, und das viele Tage nacheinander. Die Weibchen kommen zum Balzrevier, wo sie die Vorführung beobachten und einen Vater für ihren Nachwuchs aussuchen; dabei werden nur sehr wenige der Tänzer ausgewählt. Eine kleine Anzahl hervorragender Männchen paart sich mit fast allen Weibchen, während die jungen und weniger guten Männchen überhaupt nicht kopulieren können.

Für menschliche Beobachter ist es nicht leicht herauszufinden, nach welchen Kriterien die Weibchen ihre Partner wählen – wir Menschen wissen meist gar nicht, wie schwierig die Ausführung einer bestimmten Bewegung ist. Wie Gibson und seine Kollegen[27] zeigten, ist der beste Indikator für ein erfolgreiches Männchen bei Rauhfußhühnern eine bestimmte Tanzbewegung, die eine bestimmte Lautäußerung mit ihrer zugehörigen Pause begleitet. Offenbar schaffen es nur die allerbesten Männchen, diese Lautverbindung mit der komplizierten Choreographie zu koordinieren. Gerade diese Standardisierung ermöglicht es den Wettkampfteilnehmern, die eigenen Vorzüge jeweils am besten zur Geltung zu bringen und zu beweisen, daß sie schwierige Bewegungen zu kombinieren vermögen – es ist wie bei Gymnastikwettbewerben, bei denen die meisten Bewegungen Teil eines festen Repertoires sind und in einem weitgehend vorgeschriebenen Rahmen ablaufen.

Balzarenen: gemeinsame Tanzplätze Bei vielen Arten jagen die Männchen ihre Rivalen so weit weg, wie sie nur können, aber manche Arten haben gemeinsame Balzplätze, in denen jedes Männchen seine Fähigkeiten in einem eigenen Minirevier zur Schau stellt. Gemeinsame Balzreviere kennen wir bei Insekten, Fischen, Amphibien, Vögeln und Säugetieren, aber nur bei Arten, bei denen sich die Männchen nicht an der Brutpflege beteiligen. Kampfläufer, viele Arten von Rauhfußhühnern und mehrere Arten des Paradiesvogels werben und imponieren auf Balzplätzen; bei Kampfläufern und Waldhühnern finden sich sogar gelegentlich Hunderte von Vögeln in einem Balzrevier zusammen.

Die balzenden Männchen sind bei der Fortpflanzung nicht alle gleich erfolgreich. Die meisten paaren sich letztlich gar nicht, denn an etwa 90 Prozent aller Kopulationen sind nur zwei oder drei Männchen beteiligt – gewöhnlich jene, die in der Mitte des Platzes tanzen. Warum kommen dann auch die anderen Männchen zusammen, wenn dort so wenig zu gewinnen ist? Vermutlich tun sie es, weil ihre Chancen woanders noch geringer wären. Petrie und ihre Mitarbeiter haben beobachtet, daß es an Tagen, an denen viele Weibchen den »Spitzenmann« besuchen, auch anderen Männchen gelingt, Weibchen zu gewinnen.[28]

Hoeglund und Montgomerie entdeckten, daß das Verhältnis der Anzahl der Weibchen zur Anzahl der Männchen an einem Balzplatz um so größer ist, je mehr Männchen dort tanzen.[29] Weibchen finden es letztlich einfacher, einen Vater für ihren Nachwuchs zu finden, wenn sie die Männer unmittelbar miteinander vergleichen können. Oft wählen auch mehrere Weibchen dasselbe Männchen, denn es macht einem Weibchen, das die Brutpflege sowieso allein übernimmt, nichts aus, wenn es den Partner mit anderen Weibchen teilen muß. Dann liegt es im Interesse der Weibchen, möglichst viele Männchen möglichst bequem vergleichen zu können. Gibson und Hoeglund fanden heraus, daß junge Weibchen die gleichen Männchen bevorzugen wie ältere, erfahrene Weibchen; die jungen Weibchen beobachten zuerst die erfahrenen Weibchen und wählen dann dieselben Männchen.[30] Wenn Weibchen aus diesen Gründen Ansammlungen weniger Männchen ignorieren und auf der größeren Auswahl bestehen, die die größeren Balzplätze bieten, zwingen sie die Männchen, mit anderen Männchen Kompromisse zu schließen und sich zusammenzutun.

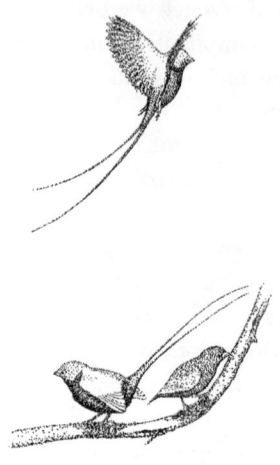

Schnurrvögel, kleine Vögel der amerikanischen Tropen, kommen auf Balzplätzen zusammen.[31] Einige der Männchen balzen dort in Gruppen von zwei bis fünf in einem Minirevier. Nur das Spitzenmännchen jeder Gruppe, das älter ist als die anderen, kopuliert mit den Weibchen, die den Balzplatz besuchen, während die anderen keinerlei unmittelbaren Vorteil von ihrem Tanz haben. Womöglich aber können einige von ihnen auf Dauer Nutzen daraus ziehen, denn das Minirevier des Spitzentänzers wird anscheinend an seinen wichtigsten Helfer vererbt, der dann gewöhnlich mindestens sechs Jahre alt ist.[32]

Weibliche Schnurrvögel bevorzugen die Gruppentänzer offenbar aus gutem Grund: Das Spitzenmännchen in einer Gruppenarena stellt nicht nur seine Tanzfähigkeit unter Beweis, sondern es zeigt gleichzeitig, daß die anderen Männchen ihm Achtung zollen, was ihn für ein Weibchen nur um so reizvoller macht. Auch die anderen Gruppenmitglieder ziehen daraus einen Nutzen: Sie können sich sowohl im Tanzen üben als auch ihre Chancen vergrößern, ein gutes Minirevier zu erben.

Polymorphe Arten und Männchen, die Weibchen nachahmen In den Balzrevieren der Kampfläufer findet man sowohl Tiere mit dunkler als auch mit heller Halskrause und entsprechend gefärbtem Federschopf.[33] Männchen mit dunkler Halskrause und dunklem Schopf sind sogenannte »Ansässige«. Sie kämpfen um Minireviere innerhalb des Balzplatzes, aus denen sie Eindringlinge verjagen, während Männchen mit heller Halskrause und hellem Schopf, die »Satelliten«, häufig von einem Revier zum anderen ziehen und sich dem dort dominanten Männchen mit dunkler Krause zugesellen.

Die Kampfläufer mit heller Halskrause zeigen ihre Ergebenheit gegenüber dem dominanten Tier mit dunkler Krause, indem sie bei der Annäherung mit dem Schnabel den Boden berühren, trotzdem paaren sich die Weibchen bereitwillig mit den Satelliten. Gelegentlich wählen die Weibchen sogar die Männchen mit heller Krause, obwohl in derselben Arena ein Ansässiger wartet.[34] Warum lassen die ansässigen Kampfläufer zu, daß die Satelliten in ihrem Balzrevier bleiben?

Es könnte sein, daß Balzreviere, in denen sich Satelliten aufhalten, Weibchen stärker anlocken als andere und deshalb die Satelliten »ihren Reichtum zu teilen« bereit sind, denn sowohl Ansässige als auch Satelliten finden bei den Weibchen Gefallen. Aber warum kopulieren die Weibchen so bereitwillig mit den rangtieferen Kampfläufern mit heller Krause?

Weibchen, die sich mit beiden Morphen der Kampfläufer paaren, tun vermutlich das, was für ihre Nachkommen richtig ist. Die Unterschiede zwischen den beiden Varianten sind offenbar genetisch verankert. Da beide Spielarten eine Evolution durchgemacht haben, hat offenbar jede ihre eigenen Vorzüge. Wenn diese Vorteile in demselben einzelnen Männchen kombiniert werden könnten, hätte die natürliche Auslese die beiden Farbvarianten schon vor langer Zeit verschmelzen lassen. Wir wissen nicht genug über die Lebensstrategie der Kampfläufer außerhalb der Brutzeit, um die Vorzüge jedes Morphs erkennen zu können; aber ähnliche Fälle bei Fischen und Krustentieren lassen vermuten, daß jedes Morph besonders gut für eine bestimmte ökologische Nische ausgestattet ist. Sowohl die Kampfläufer mit heller, als auch die mit dunkler Krause haben also gute Überlebenschancen, und es ist für das Weibchen vorteilhaft, wenn sie von jeder Variante Nachkommen hat; sie geht auf Nummer sicher, wenn einige ihrer Nachkommen gut für die eine Lebensstrategie und einige gut für die andere ausgerüstet sind.

Erwachsene Sonnenfisch-Männchen können klein oder groß sein. Die großen Fische verteidigen Brutgebiete und werben um Weibchen; während der Balzzeit gesellen sich die kleinen Männchen dazu, und beide besamen die Eier, die im Revier des großen Männchens abgelaicht werden.[35] In Farbe und Bewegung ähneln die kleinen Männchen dem Weibchen. Die großen territorialen Männchen verjagen die kleinen Männchen nicht, im Gegensatz zu anderen großen Männchen.

Dieses Verhalten wird gewöhnlich dadurch erklärt, daß die kleinen Männchen sowohl die großen revierbesitzenden Männchen als auch die Weibchen »betrügen«, indem sie vorgeben, selbst Weibchen zu sein, um Zugang zum Revier eines großen Männchens zu bekommen und den Laich zu besamen, ohne daß die Weibchen oder die großen Männchen davon erfahren. Aber Menschen finden es nicht schwierig, die kleinen »mimetischen« Männchen von Weibchen zu unterscheiden. Warum sollte es dann den Artgenossen der Sonnenfische schwerer fallen? Sie haben schließlich viel zu verlieren, wenn ihnen eine Verwechslung unterläuft.[36]

Unserer Meinung nach handelt es sich hier überhaupt nicht um Betrug, sondern um ein für alle Beteiligten zufriedenstellendes Abkommen. Die beiden Männchenvarianten sind unterschiedlichen Zwängen der Nahrungssuche, des Fütterverhaltens und so weiter unterworfen. Beide überleben und vermehren sich erfolgreich. Indem das Weibchen Nachkommen beider Morphen hat, erhöht es die Wahrscheinlichkeit, daß seine Nachkommen überleben und sich fortpflanzen. Dazu müssen die Eier des Weibchens von beiden Morphen befruchtet werden, deshalb zieht das Weibchen mit einiger Wahrscheinlichkeit Reviere vor, in denen beide Spielarten vertreten sind. Das große dominante Männchen lockt also mit größerer Wahrscheinlichkeit ein Weibchen an, wenn es ein kleines Männchen als Partner akzeptiert. Da

sowohl Weibchen als auch kleine Männchen, wenn auch
aus verschiedenen Gründen, unterwürfiges Verhalten zeigen, ist es nicht überraschend, daß sie ähnliche Signale
verwenden, denn sie vermitteln schließlich dieselbe Botschaft. Aber deshalb braucht weder der große Revierbesitzer noch das Weibchen das kleine Männchen für ein
Weibchen zu halten. Sicher ist dies Spekulation; aber
auch der Gedanke, daß das kleine Männchen betrügt,
ist spekulativ und unserer Meinung nach viel weniger
wahrscheinlich.

Ähnliche »Betrügereien« wurden bei anderen Fischen, Reptilien, Vögeln und Insekten beschrieben und kommen wahrscheinlich auch bei anderen
Lebensformen vor. Vermutlich
zeigt ein genauer Blick auf die
Tatsachen in jedem Fall, daß alle
Beteiligten unter den gegebe-
nen Umständen eigentlich ganz
direkt, ohne Täuschung, ihren

eigenen besten Interessen dienen. Wie wir in Kapitel 16
sehen werden, gibt es sogar soziale Systeme, in denen zwei
Arten, Wirt und Schmarotzer, bei der Fortpflanzung
zusammenarbeiten. Auch bei einigen dieser Interaktionen wurde eine der beteiligten Parteien als betrügerisch
dargestellt; sie sind aber viel interessanter, wenn man sie
als erzwungene Zusammenarbeit von zwei Parteien sieht,
zwischen denen ein Interessenkonflikt besteht und bei
denen beide Parteien möglichst viel erreichen möchten.
Das Ergebnis ist ein Kompromiß zwischen den entgegen-
gesetzten Interessen, nicht aber ein mit betrügerischen
Mitteln errungener vorläufiger Triumph des einen oder
anderen.

Fishers Modell (»Runaway«- Prozeß) im Vergleich mit dem Handicap- Prinzip Nach unserer Theorie ist »Verschwendung« bei der Partnerwerbung ein Qualitätsbeweis des Freiers, aber seit den Tagen von Charles Darwin wurden auch ganz andere Erklärungen versucht. Das Problem stellte sich zuerst 1859 in Darwins *Über den Ursprung der Arten.* Darwin behauptete,[37] daß die Eigenschaften und Qualitäten einer Art sich durch den Vorgang der natürlichen Auslese herausbilden, bei dem die Tauglicheren überleben und sich fortpflanzen, die weniger Tauglichen jedoch nicht. Diese Theorie ist zwar allgemein und umfassend, kann aber nicht die Verschwendung erklären, die sich in dem Imponiergehabe zeigt, das der geschlechtlichen Fortpflanzung vorangeht. Darwin sah keinen Grund, warum der Aufwand für das Imponieren die Tauglichkeit eines Individuums vermehren sollte. Er meinte deshalb, es gebe zwei Arten von Auslese, nämlich die natürliche Auslese, die ein Lebewesen optimal an seine Umwelt anpaßt, und die geschlechtliche Auslese, die es einem Tier ermöglicht, mit seinen Geschlechtsgenossen innerhalb der Art um die Gelegenheit zur Fortpflanzung zu rivalisieren.

Darwin[38] definierte die geschlechtliche Auslese also als das Ergebnis des Wettbewerbs mit gleichgeschlechtlichen Artgenossen, unterschied also nicht zwischen dem unmittelbaren Kampf der Rivalen und Eigenschaften, die es einem Tier erlauben, gleichgeschlechtliche Artgenossen durch Drohungen abzuschrecken, und jenen, die dazu dienen, mögliche Partner anzulocken. Darwin sah kein Problem in der Evolution bizarrer Signale, die bei der sexuellen Werbung eine Rolle spielen – er wandelte einfach seine Beobachtungen in eine Erklärung um. Ihm genügte die einfache Tatsache, daß bizarre Signale Partner anlocken und Rivalen abschrecken, als Rechtfertigung für den Aufwand, den Tiere in diese Signale stecken. Er fragte nicht, warum ein solch verschwenderischer Aufwand Partner anzieht und Rivalen abschreckt, sondern nahm diese Wirkungen als gegeben hin.[39]

Anfang dieses Jahrhunderts erkannte Fisher das Problem, das sich in der Vorliebe der Tiere für verschwenderische

Signale zeigt, und stellte ganz richtig fest, daß die Bevorzugung der Weibchen für diese Signale genau so eine Anpassung bedeutet wie jede andere, die auf die natürliche Auslese zurückgeführt wird. Dann fragte er, warum Weibchen verschwenderische Männchen bevorzugen.[40] Das Modell, mit dem Fisher diese Frage beantworten wollte, war lange das einzige, und viele Forscher halten es auch heute noch für das richtige. Eine Darstellung dieses Runaway-Modells findet sich beispielsweise in Dawkins Buch *Das egoistische Gen*.[41]

Nach Fishers Meinung hat das prachtvolle Männchen keine größeren Qualitäten als ein weniger prachtvolles. Unter dieser Voraussetzung ist das Imponiergehabe ein Nachteil, und deshalb sind die Tiere, die sich so verschwenderisch geben, weniger gut angepaßt als ihre Artgenossen.[42] Nach Fisher haben die Männchen, die sich zur Schau stellen, lediglich den Vorteil, daß Weibchen sie attraktiv finden. Da solche Männchen ihren Nachkommen dieses Imponiergehabe vererben, sind sie auch für Weibchen attraktiv. So gesehen gewinnen Männchen, wenn sie in Imponiergehabe investieren, weil sie dadurch mehr Weibchen anlocken. Weibchen verlieren, wenn sie Nachkommen haben, die Ressourcen auf das Imponieren verschwenden, aber sie haben keine Wahl: Ihr Nachwuchs ist für Weibchen nur dann attraktiv, wenn er verschwenderisch ist, denn die Weibchen haben ihrerseits von ihren Müttern die Neigung geerbt, sich zu dieser Verschwendung hingezogen zu fühlen.

Man kann Fishers Modell als Zwickmühle sehen: Jedes einzelne Männchen in der Population vergeudet einfach deshalb Ressourcen an das Imponiergehabe, weil das in seiner Art die allgemein verbreitete Form der Werbung ist. Es gibt mehrere mathematische Modelle, die den Gedanken bestätigen, daß ein Prozeß dann, wenn einmal jemand in der Population eine bestimmte zufällige Eigenschaft für attraktiv hält, eine Eigendynamik entwickeln kann, die dafür sorgt, daß sich diese Eigenschaft rasch durch die ganze Population ausbreitet. In einer solchen

Population könnte ein Weibchen, das gegen den Trend geht und ein Männchen wählt, das tauglicher ist und sich weniger zur Schau stellt, tauglichere männliche Nachkommen haben – aber diese Nachkommen fänden keine Partner, weil andere Weibchen sie nicht wählen würden.

Fisher nahm an, daß der Prozeß in Gang gesetzt wird, wenn einige Weibchen, die ein Männchen aufgrund einer Eigenschaft wählen, die etwas mit seiner Qualität zu tun hat, mehr und bessere Nachkommen haben als Weibchen, die sich wahllos paaren. Wenn die Töchter dieser Weibchen die Neigung ererben, Männchen nach diesem Kriterium zu wählen, werden aus Fishers Sicht Männchen, die diese Eigenschaft – ohne Rücksicht auf ihre wirkliche Qualität – *übertreiben*, mehr Partnerinnen finden als jene, die sie nicht übertreiben. Von da an werden nach Fisher die Weibchen die Männchen nicht nach ihrer allgemeinen Qualität, sondern nach der übertriebenen Eigenschaft wählen, die aus dieser Sicht nichts mehr mit der Qualität der Männchen zu tun hat. Fisher sagte sogar, die übertriebene Eigenschaft verringere die tatsächliche Qualität der Männchen, der Prozeß werde aber durch die Vorliebe der Weibchen angetrieben, die in dieser Zwickmühle stecken. Anders gesagt: Weibchen ziehen jetzt deshalb die Männchen mit der übertriebenen Eigenschaft vor, weil andere Weibchen sie vorziehen.[43]

Bei Fishers Modell gibt es ein großes Problem. Nur wenn Weibchen auf eine Eigenschaft reagierten, die nichts mit Qualität zu tun hat, ließe sich möglicherweise erklären, warum es vorteilhaft ist, Söhne mit derselben Eigenschaft zu haben. Aber dieselben verschwenderischen Merkmale, mit denen das Männchen seine Partnerin anzieht, schrecken gleichgeschlechtliche Rivalen ab, und wir müssen fragen, warum das so ist.

Wenn das Signal überhaupt nichts mit der Qualität des Männchens als Rivale zu tun hat, dann ist ein Männchen, das sich dadurch nicht abschrecken läßt, erfolgreicher als eines, das sich abschrecken läßt. Seine Nachkommen werden sich ebenfalls nicht einschüchtern lassen, und schließlich wird die zufällige Eigenschaft in der gesamten Population als Drohsignal keine Wirkung mehr haben. Aber das passiert in der Natur nicht; in Wirklichkeit lassen sich Rivalen in vielen Fällen durch dieselben mut-

maßlich beliebigen Eigenschaften einschüchtern, die Weibchen angelockt haben, oder durch ähnliche Eigenschaften. Diese Schwäche seines Modells hat schon Fisher selbst bemerkt. Aber da Fisher nicht erklären konnte, wie Imponiergehabe und Tüchtigkeit zusammenhängen könnten, behauptete er, rivalisierende Männchen würden schließlich aufhören, auf Eigenschaften zu reagieren, die lediglich auf »Kriegsbemalung« hinauslaufen.[44]

Nach Fishers Modell müssen die Tüchtigkeit des Männchens und die Wahl des Weibchens nicht unbedingt etwas miteinander zu tun haben; Fisher nahm ja sogar an, daß die Verschwendung, die im Signal steckt, die Tüchtigkeit des Männchens eher verringert. Aber viele Ergebnisse legen nahe, daß die extravagantesten Männchen auch die tauglichsten sind.[45]

Die eigentliche Frage ist nicht, ob Fishers Modell in sich stimmig ist oder ob es sich mathematisch fassen läßt, sondern vielmehr, wie sich die offensichtliche Verschwendungssucht der Natur, zu der auch das Imponiergehabe unter Rivalen gehört, am besten erklären läßt. Jede Erklärung muß zeigen, warum solche Signale wie der Gesang männlicher Singvögel, das große, schwere, verzweigte Geweih der Hirsche und das bunte Federkleid und der Balztanz vieler Vogelmännchen Rivalen mindestens so wirksam abschrecken, wie sie Weibchen anziehen. Andersson bemerkt sogar, daß sich oft nur schwer unterscheiden läßt, ob eine bestimmte Eigenschaft eher dem ersten oder dem zweiten Zweck dient.[46] Fishers Modell erklärt weder die Evolution von Eigenschaften, die dazu dienen, Rivalen abzuschrecken, noch den logischen Zusammenhang zwischen Signalen und ihren Botschaften.

Anders als Fishers Modell erklärt die von uns aufgestellte Theorie – das Handicap-Prinzip – die Beziehung zwischen der Art und Weise, in der sich ein Tier zur Schau stellt, und den Qualitäten des Tieres sowohl bei der Balz, wo es mögliche Partner anlockt, als auch beim Wettbewerb mit Rivalen, die es abschreckt. Nach unserem Modell sind es gerade die Kosten – die »Verschwendung« –, die dem Imponiergehabe Zuverlässigkeit verleihen. Das Weibchen ist in diesem Modell nicht etwa ein albernes Wesen, das sich zu extravaganten Männchen hingezogen fühlt, weil »Frauen nun einmal so sind«; wenn es sich einen Partner aussucht, der sich ein üppiges Imponiergehabe leisten kann, wählt es vielmehr einen guten Vater für seine Nachkommen.

Nützlichkeits- Wir glauben, daß die natürliche Auslese zwei verschie-
auslese und dene und oft entgegengesetzte Vorgänge umfaßt. Der
Signalselektion eine begünstigt ganz direkt die Tauglichkeit und bewährt sich auf allen Gebieten mit Ausnahme der Signalgebung. Diese Selektion macht Eigenschaften – mit Ausnahme von Signalen – effektiver und weniger teuer; wir schlagen vor, sie »Nützlichkeitsauslese« zu nennen. Die andere Art der Auslese, durch die sich Signale entwickeln, führt zu kostspieligen Eigenschaften und Verhaltensweisen, die wie »Verschwendung« aussehen. Genau diese Kostspieligkeit, der Aufwand, den der Signalgeber in die Signale steckt, macht die Signale zuverlässig. Wir schlagen vor, diesen Prozeß »Signalselektion« zu nennen.

Für Darwin umfaßte die geschlechtliche Auslese – der Wettbewerb um Partner – einerseits Signale und andererseits auch Eigenschaften, die es einem Tier ermöglichen, effizienter mit gleichgeschlechtlichen Artgenossen zu rivalisieren. Unsere Definition dagegen unterscheidet deutlich zwischen Eigenschaften, die sich direkt durch

Nützlichkeitsauslese erklären lassen, und solchen, für die das nicht gilt – Signale. Aus unserer Sicht läßt sich das meiste von dem, was Darwin als »geschlechtliche Auslese« definierte, besser als »Signalselektion« verstehen.[47] Signal-selektion unterscheidet sich von geschlechtlicher Selek-tion insofern, als sie *alle* Signale einschließt – nicht nur jene, die an mögliche Geschlechtspartner und sexuelle Rivalen gerichtet sind, sondern auch Signale, die an alle anderen Rivalen, Partner, Feinde und überhaupt jeden gesandt werden. Gleichzeitig schließt die Signalselektion Eigenschaften aus, die die tatsächliche Kampffähigkeit verbessern und ganz direkt wegen ihrer Tauglichkeit aus-gelesen werden.

Die Vielzahl der Signale in der Natur läßt sich aus dem Wunsch nach Zuverlässigkeit erklären, und die Theorie der Signalselektion bietet deshalb neue Möglichkeiten, alle Arten auf der Erde zu betrachten, von mikroskopisch kleinen Organismen bis hin zum Menschen selbst. In den folgenden Kapiteln beschäftigen wir uns damit, wie sich Signale herausbilden und was aus ihrer Evolution folgt.

TEIL II

Methoden
der Kommunikation

KAPITEL 4

Der Trugschluß
artspezifischer Signale

W ir haben gesehen, wie sich die von Feinden oder Rivalen verwendeten Signale herausgebildet haben: Der Antrieb ihrer Evolution ist das gemeinsame Interesse der Gegenspieler an verläßlicher Kommunikation. Wir fragen jetzt, ob es auch Signale gibt, die sich ohne das Element des Wettbewerbs oder der Gegnerschaft entwickeln. Wie ist es mit jenen Strukturen und Markierungen, die es ermöglichen, eine Art von einer anderen Art zu unterscheiden oder die Männchen von den Weibchen einer Art und Jungtiere von Erwachsenen? Wissenschaftler nennen solche Signale artspezifisch und nehmen an, daß sie sich aufgrund gemeinsamer Interessen entwickelt haben – weil die Tiere das Bedürfnis haben, Artgenossen zu erkennen –, nicht also auf den Wettbewerb zwischen Individuen zurückgehen. Unserer Meinung nach jedoch haben sich artspezifische Signale genauso entwickelt wie alle anderen Signale – durch den Wettbewerb unter Individuen, die ihre Qualität unter Beweis stellen wollen.

Hat die Evolution Farbzeichnungen entwickelt, um Aufschluß über Art, Geschlecht und Alter zu geben?

Den meisten Menschen erscheint es als offensichtlich, daß artspezifische Signale dazu da sind, damit wir und andere Tiere eine Art von der anderen unterscheiden können. Schließlich können Vogelfreunde in einer neuen Umgebung die Art und oft das Geschlecht und Alter eines ihnen unbekannten Vogels bestimmen, indem sie die Farbzeichnung der Vögel mit Bildern und Fotos vergleichen. Wir erkennen den Graubülbül an seinem schwarzen Kopf und den gelben Unterschwanzdecken, die Blaumeise an der weißen Stirn, der hellblauen Kopfplatte, der gelben Unterseite und blauen Flügeln und Schwanz, die Kohlmeise an ihrem schwarzen Kopf, den weißen Wangen, dem schwarzen Brustlatz und gelben Bauch, die männliche Stockente an ihrem grünen Kopf und dem Blau auf den Flügeln, das Amselmännchen an seinem glänzend schwarzen Körper, dem orangegelben Schnabel und dem Augenring; die Zeichnung des Erpels und des Amselmännchens unterscheidet die Männchen von den unauffälligen Weibchen der eigenen Art. In der Brutzeit verrät das bunte Federkleid eines Erpels seine Art.

Erfahrene Vogelkundler bestimmen die Art auch in anderen Jahreszeiten aufgrund von Feinheiten im Farbmuster der Flügel, aber die Unterscheidung zwischen nahe verwandten Arten fällt oft schwer: In Israel beispielsweise leben etwa zehn Arten von Schwarzkehlchen und Schmätzern, und einige der Weibchen sind nicht leicht zu unterscheiden. Experten aber können sogar diese durch subtile, artspezifische Unterschiede in der Zeichnung auseinanderhalten.

Lorenz[1] war von der Vielzahl bunter Fische im Korallenriff beeindruckt. Er meinte, ihre auffällige Zeichnung helfe den Fischen, Artgenossen zu erkennen, damit sie den Kampf mit solchen Artfremden vermeiden können, die nicht mit ihnen um Nahrungsquellen und Partner rivalisieren und um zu verhindern, daß sie um Artfremde werben und sich mit ihnen verpaaren. Wallace behauptete in seiner Auseinandersetzung mit Darwin über die sexuelle Auslese, daß das männliche Imponiergehabe vor allem die Aufgabe habe, die Merkmale der Art vorzuführen.[2] Auch Mayr vermutet, daß sich die meisten der für die Männchen einer Art charakteristischen Eigenschaften aus diesem Grund entwickelt haben.[3] Diese Erklärung wird von den meisten Forschern akzeptiert. Zoologen sind es ja gewöhnt, Art, Geschlecht und Alter der Tiere an ihrer Zeichnung zu erkennen; sie finden es deshalb plausibel, daß sich die Markierungen entwickelt haben, um den Tieren zu helfen, eben diese Unterscheidungen zu machen.

Erkennen Tiere ihre Artgenossen wirklich an der Farbzeichnung? Mehrere Versuche haben das bestätigt. Einige Möwenarten haben schwarze Köpfe und weiße Ringe um die Augen, andere schwarze Köpfe und keine Ringe. Als Smith[4] Möwen ohne Augenringe weiße Augenringe aufmalte, wurden sie von anderen Möwen behandelt, als ob sie zur Art mit Ringen gehörten, und als er die weißen Ringe der ersten Art schwarz übermalte, wurden diese von anderen Möwen behandelt, als ob sie zu der Art ohne Augenringe gehörten. Katzir[5] stellte fest, daß Fische in einem Korallenriff auf Attrappen reagierten, die so bemalt waren, daß sie ihrer eigenen Art glichen, aber jene nicht beachteten, die wie eine andere Art gezeichnet waren.

Aber haben sich diese Zeichnungen herausgebildet, damit Tiere ihre Artgenossen erkennen? Nicht unbedingt. Wir erkennen ein Känguruh an seiner Gestalt und seiner Fortbewegungsweise. Sehr wahrscheinlich gilt das auch für Känguruhs. Aber niemand würde behaupten, Gestalt und Gangart von Känguruhs hätten sich herausgebildet, *damit* Känguruhs sich untereinander leichter als Känguruhs erkennen. Die Tatsache, daß Eigenschaften von Tieren *benutzt* werden, um die Art, das Alter oder das Geschlecht anderer Tiere zu erkennen, beweist nicht,

daß sich diese Eigenschaften *für diesen Zweck entwickelt* haben.

Bei den meisten Droßlingsarten sehen Männchen und Weibchen gleich aus.

Zu unserem Glück gibt es bei der von uns in Hatzeva untersuchten Art einen winzigen Unterschied: Die Iris der Weibchen ist dunkelbraun, die der Männchen dagegen heller, etwas gelblich. Diese Vögel behandeln fremde Droßlinge je nach ihrem Ge-

schlecht unterschiedlich: Männchen greifen Männchen an und werben um Weibchen, Weibchen greifen fremde Weibchen an. Man könnte denken, der Unterschied in der Augenfarbe habe sich herausgebildet, damit die Droßlinge das Geschlecht anderer Droßlinge erkennen können. Aber im Lauf der Zeit kamen uns Zweifel, denn die Vögel zeigten uns, daß sie das Geschlecht eines fremden Droßlings erkennen, noch bevor sie seine Augenfarbe sehen können – vielleicht an der Stimme (die der Weibchen ist höher) oder an seinem Flugbild. Wozu brauchen sie einen kleinen artspezifischen Unterschied in der Zeichnung, den sie nur aus der Nähe entdecken können, wenn sie das Geschlecht eines Fremden schon aus der Ferne erkennen? Würde jemand behaupten, Frauen benutzten nur deshalb Lidstrich und Lidschatten, damit sie Männer wissen lassen können, daß sie Frauen sind? Männer merken das lange, bevor sie das Gesicht einer Frau und erst recht, bevor sie ihre Augen sehen. Wir kamen deshalb zu dem Schluß, daß die verschiedenen Augenfarben männlicher und weiblicher Graudroßlinge sich aus einem anderen Grund herausgebildet haben, als nur, um das Geschlecht anzuzeigen.

Nehmen wir an, im Lauf der Evolution sei es der Wert artspezifischer Markierungen, Kämpfe oder Paarungen zwischen Angehörigen ähnlicher Arten zu vermeiden, die in derselben Gegend leben. Welchen Nutzen haben diese Markierungen dann bei Tieren, die auf einem Berg oder auf einer entlegenen Insel weit entfernt sind von ähnlichen Arten? Diese Arten behalten ihre spezifischen Zeichnungen selbst dann, wenn sie lange isoliert gelebt haben.[6] Bei gefangenen Tieren sind Veränderungen der Farbe und Zeichnung nicht ungewöhnlich; es gibt gute Gründe für die Annahme, daß solche Mutationen auch in der Natur vorkommen. Wir sehen sie jedoch nur selten, weil sie im Lauf der Evolution ausgemerzt werden. Unterscheidbare Zeichnungen haben also selbst in isolierten Regionen einen Wert für die Auslese, denn sonst hätte die natürliche Auslese die artspezifischen Markierungen nicht so sorgfältig bewahrt.

Besonders auffallend und bunt sind Vogelmännchen einiger nicht monogamer Arten gezeichnet, aber genau diese Männchen paaren sich am ehesten mit Weibchen anderer Arten. Selander, der von dieser Tatsache berichtet, erklärt sie, indem er sagt, polygame Männchen hätten nicht viel zu verlieren, wenn sie außer vielen fruchtbaren Nachkommen auch einige unfruchtbare zeugen. Für ein Weibchen aber stellt die Aufzucht unfruchtbarer Nachkommen selbst bei polygamen Arten einen wesentlichen Verlust dar, denn unfruchtbare Nachkommen erfordern von der Mutter genauso viel Brutpflege wie fruchtbare. Ein wesentlicher Teil ihres reproduktiven Potentials geht also letztlich an Nachwuchs verloren, der sich nicht fortpflanzen kann.[7] Warum kommen solche Fehler häufiger bei polygamen Arten vor, deren Männchen besonders deutlich gezeichnet sind, wenn die artspezifische Zeichnung eben gerade die Arterkennung gewährleisten soll?

Artspezifische Markierungen werfen jedoch eine noch viel grundlegendere Frage auf: Wenn der einzige Zweck solcher Markierungen darin besteht, es Tieren zu ermöglichen, ihre eigene Art und andere Arten (oder das Geschlecht oder das Alter von Artgenossen) zu erkennen, kann man sich nur schwer vorstellen, durch welchen Prozeß sie sich entwickelt haben. Markierungen können nur dann helfen, die Gruppenmitgliedschaft festzulegen, wenn sie allen oder jedenfalls vielen Angehörigen der Gruppe gemeinsam sind. Aber das erste so gezeichnete Tier bildete eine Minderheit von eins. Damit die Markierungen »artspezifisch« wurden, mußten sich ihre Träger besser fortpflanzen als Individuen, die nicht dieselbe Zeichnung hatten, bis sich dieses Merkmal schließlich über die ganze Population verbreitete. Die ersten Träger der Markierung müßten einen Vorteil vor denen gehabt haben, die nicht so gezeichnet waren. Dieser Vorteil kann nicht darin bestanden haben, daß sie leichter als Artgenossen zu erkennen waren, denn zu diesem Zeitpunkt waren die meisten Angehörigen der Art eben noch nicht so gezeichnet.

Die Evolution gemeinsamer Markierungen durch den Wettbewerb zwischen Individuen Wir halten eine ganz andere Erklärung für besser und behaupten, daß diese Markierungen ein Ergebnis eines Wettbewerbs zwischen Artgenossen sind, durch den die Individuen herauszufinden versuchen, wie sie im Vergleich mit anderen abschneiden.[8] Die Markierungen, die uns einheitlich erscheinen, sind genau jene, die bei den besonders wichtigen Eigenschaften die kleinen Unterschiede zwischen Individuen am deutlichsten hervorheben. Je schärfer der Wettbewerb – je genauer die Individuen in bezug auf wünschenswerte Eigenschaften einander entsprechen –, um so hilfreicher sind einheitliche Markierungen, die diese feinen Unterschiede verdeutlichen. Jeder, der einmal der Jury eines Gymnastik-, Musik- oder Schönheitswettbewerbs angehörte, weiß, wie entscheidend es ist, daß Sportler unter genau festgelegten und gleichen Bedingungen konkurrieren, Musiker unter ähnlichen Bedingungen spielen oder prospektive Schönheitsköniginnen in ähnlicher Kleidung auftreten, eben damit man die feinen Unterschiede zwischen ihnen erkennen und die Besten der Besten auswählen kann.[9]

In der Altstadt von Jerusalem läßt sich gut beobachten, wie die Kleidung Aufschluß über die Zugehörigkeit zu einer Gruppe gibt. Touristen können so, insbesondere, wenn sie einen guten Reiseführer zu Hilfe nehmen, liberale Juden, ultraorthodoxe Juden und sogar Angehörige bestimmter chassidischer Gemeinschaften, Araber aus den Dörfern der verschiedenen Regionen, arabische Städter und Beduinen voneinander unterscheiden. Vielleicht meinen Touristen, die Menschen trügen ihre jeweilige Kleidung, um das Risiko zu vermeiden, daß beispielsweise eine junge ultraorthodoxe Jüdin unwissentlich einen Beduinen oder, was Gott verhüten möge, einen nicht sehr frommen liberalen Juden heiratet. Einheimische jedoch erkennen allein aus den Gesten, der Sprache und den Bewegungen, und ohne auf die Kleidung zu achten, zu welcher Gruppe jemand gehört. Eine ultraorthodoxe Jüdin würde einen Beduinen, der Kleidung eines ultraorthodoxen Juden trägt, sofort als Betrüger entlarven.

Warum geben sich dann die Menschen einer bestimmten Gruppe überhaupt die Mühe, sich »richtig« anzuziehen? Warum kleidet sich ein ultraorthodoxer Jude genau wie alle anderen Mitglieder seiner Synagoge? Oder warum, was das betrifft, kleiden sich alle leitenden Angestellten einer Firma oder die Mitglieder eines Fahrradclubs genau wie andere leitende Angestellte oder Mitglieder eines Fahrradclubs? Die Kleidung innerhalb einer Gruppe ist natürlich nicht wirklich identisch. Kleine Einzelheiten – die Stoffqualität oder die Verarbeitung, die Paßform, die Mühe, die auf das Ankleiden verwendet wurde, die Art, wie jemand die Kleidung trägt – sind bei jedem anders, und die Unterschiede besagen nicht nur viel über die Mittel, Fähigkeiten und die Persönlichkeit des Trägers, sondern betonen auch seine Haltung und sein Verhalten. Gerade aufgrund der Ähnlichkeit der Kleidung können die Gruppenmitglieder die Unterschiede leichter feststellen. Wenn alle Gruppenmitglieder völlig verschieden gekleidet wären, ließen sie sich nur schlecht sinnvoll miteinander vergleichen.

Wie aber zeigen einheitliche Dekorationen die Unterschiede zwischen Einzelnen an? Beginnen wir mit einem einfachen Beispiel: Nehmen wir an, wir wollten auf dem Markt einen getöpferten Teller kaufen. Die Teller sind

93

nicht alle gleich. Einige wurden von guten Handwerkern hergestellt und sind vollkommen rund, während andere weniger gekonnt gemacht wurden, etwas elliptisch sind oder einen unregelmäßigen Rand haben. Ein kleiner Kreis in der Mitte des Tellers erleichtert es uns, die vollkommensten runden Teller von den weniger vollkommenen zu unterscheiden. Eine Linie am Rand des Tellers erleichtert es uns, unvollkommene Ränder zu erkennen. Wenn 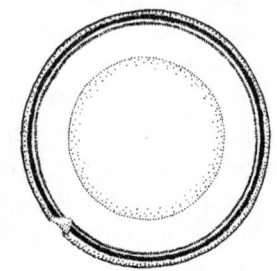 uns daran liegt, daß die Teller vollkommen rund sind und einen schönen, vollkommenen Rand haben, sollten wir solche suchen, die in der Mitte und am Rand mit einer kreisförmigen Linie verziert sind, selbst wenn wir dafür etwas mehr zahlen müßten. Da andere Käufer möglicherweise ebenso nach gutgemachten runten Tellern suchen, wäre der Töpfer seinerseits gut beraten, wenn er bei jedem Teller die Mitte und den Rand durch einen Kreis betont.

Diese Dekoration bringt den Herstellern vollkommener Teller sicherlich Vorteile, aber warum sollten die Hersteller nicht so vollkommener Teller sie ebenfalls mit einem Muster verzieren, da das ja ihre Unvollkommenheiten nur noch deutlicher ans Licht bringt? Sie sollten es tun, weil sie im Wettbewerb mit anderen Töpfern sind, deren Teller noch schlechter sind. Käufer, die nicht die allerbesten Teller finden oder sie nicht bezahlen können, würden sich dann sicherlich für die besseren unter den unvollkommenen entscheiden. Selbst die Hersteller der allerschlechtesten Teller sollten solche Linien einzeichnen, weil die Käufer von vornherein alle Teller zurückweisen würden, die nicht so verziert sind, und weil ein inkompetenter Handwerker auftauchen könnte, der noch schlechtere Teller töpfert als sie. Der Prozeß wird durch die Vorlieben der Käufer in Gang gehalten.

Entscheidend ist die Möglichkeit der Auswahl. Ein Signal kann sich nur herausbilden, wenn der Empfänger des Signals mindestens eine Alternative hat – sonst hat der Sender keine Möglichkeit, die Handlungen des Empfängers zu beeinflussen, und es wäre sinnlos, ihm ein Signal zu geben. Eine Gazelle kann einem Wolf zuverlässig mitteilen, daß sie ausgezeichnet laufen kann und daß der Wolf wenig Chancen hat, sie zu fangen; wenn aber der Wolf keinerlei Möglichkeit hat, andere Beute zu finden, muß er versuchen, diese Gazelle zu fangen, obwohl sie ihm gerade gezeigt hat, daß die Jagd sehr schwer sein wird.

Wenn sich, wie wir meinen, die Zeichnung der Tiere herausgebildet hat, um kleine Unterschiede zwischen Tieren aufzuzeigen, die innerhalb einer Art miteinander konkurrieren, können die Markierungen nicht willkürlich sein. Nicht jedes Muster ermöglicht uns zu beurteilen, wie rund ein Teller ist; viele Muster würden Unvollkommenheiten sogar eher vertuschen und es uns erschweren, die besseren Teller zu finden. Entsprechend könnte jede Zeichnung dazu dienen, Art, Geschlecht oder Alter anzuzeigen. Wenn aber artspezifische Zeichnungen Aufschluß über gewisse wichtige Qualitätsmerkmale zwischen Gruppenmitglieder geben, die miteinander rivalisieren, um ihre Vorzüge zu beweisen, müssen die Markierungen, die sich dabei herausbilden, solche sein, die die Unterschiede in bezug auf eben diese Eigenschaften betonen. Wenn man Tiere erst einmal unter diesem Gesichtspunkt betrachtet, findet man dafür in der Tat überreichlich Beispiele.

Farbzeichnungen und die dadurch angezeigten Merkmale

Linien und Streifen

Barlow[10] bemerkte, daß Fische mit ungewöhnlichen Kopfformen in einer Weise gezeichnet sind, die diese Form betont. Wir beobachten auch, daß lange Fische gewöhnlich längsgestreift und solche mit hohem Körper quergestreift sind. Barlow nahm an, daß die Streifen dem Fisch als Tarnung dienen. Nach unserer eigenen Erfahrung sind gestreifte Fische leichter zu finden. Längsstreifen betonen die Länge der Fische, oder genauer, sie erleichtern es, geringfügige Längenunterschiede zwischen Artgenossen festzustellen. Senkrechte Streifen betonen die Körperhöhe, und ein Mittelstreifen betont die Symmetrie der Form.[11] Das Muster lenkt das Auge des Betrachters in jedem Fall deutlich auf das damit geschmückte Objekt.

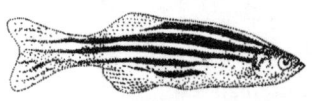

Manche Arten der kurzen, hohen und dünnen Korallenfische sind senkrecht gestreift. Diese Streifen betonen oft zusätzlich bestimmte Proportionen. Manchmal beginnt eine Linie beispielsweise an der vorderen Ecke der Rückenflosse und verläuft gerade nach unten, manchmal verläuft sie vom Ende der Rückenflosse bis zum Beginn der Schwanzflosse und manchmal auch

quer über die Schwanzflosse oder quer über den Kopf, durch das Auge. Da die Linien über so wichtige Körperteile verlaufen, können sie nichts vortäuschen: Man erkennt sofort, wenn eine Linie länger ist, weil sie anders verläuft, weil sie nicht dieselben Merkmale hervorhebt.

Das Musterbeispiel für Streifen ist natürlich das Zebra. Die Streifen des Zebras sind nur für nahe Betrachter deutlich zu sehen: Aus der Ferne verschmelzen sie zu einem matten Grau.[12] Wenn die Streifen nur zur Tarnung da wären, könnten sie, wie die Flecken eines Leoparden, willkürlich verteilt

sein. Aber die Streifen eines Zebras betonen bestimmte Körperteile: Lippen und Hufe sind schwarz, quer verlaufende Streifen zeigen, wie dick Beine und Hals sind, und andere Streifen betonen die Form des Rumpfes.

Viele Huftierarten haben Markierungen, die den Umriß ihres Körpers hervorheben; dazu dienen, wie bei fast allen Antilopen, Farbflecken oder Streifen, wie beim Zebra. Uns wurde klar, welchen Wert solche Markierungen haben, als wir den südafrikanischen Hluhluwe-Park mit einem Studenten besuchten, der sich damals für Wasserböcke interessierte, große Antilopen mit weißem Hinterteil. Viele der Wasserböcke wurden von Zecken geplagt und waren dünn und geschwächt. Ihr weißes Hinterteil erleichterte es, schon von hinten zu erkennen, welche Antilopen in guter Verfassung waren und welche magerer waren, als sie sein sollten. Auf dürren Antilopen hatte der weiße Fleck die Form einer spitzen Ellipse, weil die Muskeln des Oberschenkels schwächer waren, bei gesunden Tieren dagegen war er schön rund. Die Muskeln der Hinterbeine sind für die Antilope enorm wichtig – sie sind ihr »Motor«, der Antrieb. Ein Räuber, der nach leichter Beute sucht, ein Rivale, der seine Chancen in einer Auseinandersetzung beurteilen möchte, ein Weibchen, das nach dem besten Vater für seine Nachkommen sucht, sie alle könnten einen Nutzen davon haben, wenn sie auf die Muskeln des Hinterteils achten.

Bei vielen Schmetterlingen sind die Flügel farbig umrandet. Wenn die Flügel einfarbig wären, ließen sich kleine Mängel am Rand kaum bemerken. Der farbige Umriß andererseits wird durch Unvollkommenheiten in der Flügelform deutlich unterbrochen. Solche Beschädigungen können von Entwicklungsstörungen herrühren oder von Begegnungen mit Beutegreifern, die ein Teil des Flügels abreißen, oder von Zusammenstößen mit harten Gegenständen. Sie treten mit größerer Wahrscheinlichkeit bei älteren Individuen auf. Der Umriß kann es Weibchen ermöglichen, beschädigte Ränder zu bemer-

Flecken und Ränder, die die Körperteile betonen

ken und so die Paarung mit Männchen zu vermeiden, die angeborene Fehler haben, die ungeschickt sind oder schon in einem Alter, in dem sie ihr Sperma weitgehend verbraucht haben. Ähnliche Umrandungen und farbige Linien auf Vogelfedern ermöglichen es Vögeln, auf einen Blick die Beschaffenheit dieser Federn zu erkennen.

Schnäbel, Nägel, Hufe, Flossen, Stacheln, Schwänze und Hörner sind oft anders gefärbt als der Körper. Der Unterschied betont die Form, die Größe und die Bewegungen dieser Teile, genau wie Nagellack bei Menschen die genaue Form und die Bewegungen von Nägeln und Fingern betont.

Folgerungen aus dem Handicap-Prinzip: Die Markierungen heben Eigenschaften hervor Als wir einmal erkannt hatten, daß es eine Beziehung zwischen den Schmuckzeichnungen eines Tieres und der Information gibt, die diese Markierungen vermitteln, begannen wir Tiere mit anderen Augen zu betrachten. Bis dahin hatten wir uns Tiere angesehen und versucht, ihre Art zu bestimmen. Seitdem haben wir versucht herauszufinden, was uns die Markierungen eines Tieres über seine Eigenschaften und seine Formen der Anpassung sagen können. Welche Körperteile werden durch die Zeichnung eines Tieres hervorgehoben? Welche Bedeutung haben diese Körperteile für das Tier? Wieder fanden wir, daß dieser neue Ansatz uns viele Eigenschaften bemerken ließ, die uns zuvor nicht aufgefallen waren.

Der gelbe Punkt am Schwanzende eines Doktorfischs hebt den dort sitzenden Stachel hervor. Der Streifen über den Augen eines Kofferfischs betont seine besondere Kopfform. Die bunten Punkte an der Schnabelspitze von Stockenten und Pelikanen schmücken Höcker am Schnabelende: Wir hatten diese Höcker noch nie bemerkt, bis wir begannen, Markierungen als Signale zu sehen. Der rote Fleck nahe der Spitze des Unterschnabels der Silbermöwe zeigt genau an, wie groß eine für größere Möwenarten tyische Verdickung dieser Stelle ist. Bevor wir Markierungen auf diese Weise für sinnvoll hielten, war uns weder die Verdickung aufgefallen noch die Tatsache, daß die Schnäbel kleinerer Möwen sie nicht aufweisen.

Wir waren nicht die ersten, die den Punkt auf dem Schnabel von Silbermöwen bemerkten. Tinbergen[13] beobachtete, daß Möwenjunge auf die farbigen Punkte auf den Schnäbeln ihrer Eltern picken und daß dieses Picken das fütternde Tier veranlaßt, die Nahrung herauszuwürgen, die es seinen Jungen gebracht hat. Viele Ethologen meinen, der bunte Fleck habe sich dazu herausgebildet. Aber Tinbergens Überlegung erklärt nicht die genaue Lage des Punkts, und die Jungen kleinerer Möwen, die keinen farbigen Fleck auf ihren Schnäbeln haben, picken auch gegen die Spitze des elterlichen Schnabels. Wir meinen vielmehr, daß sich der farbige Punkt entwickelte, um die Verdickung an der Schnabelspitze hervorzuheben und damit die kleinen individuellen Unterschiede in bezug auf die Größe dieser Verdickung zu verdeutlichen; ihre Verwendung durch die Jungen ist zweitrangig.

Die Flugfedern und die großen Deckfedern eines Storchenflügels sind schwarz, die kleinen Deckfedern, aus denen das Gefieder sonst besteht, dagegen weiß. Die aerodynamischen Eigenschaften des Flügels hängen unter anderem von der Dicke der verschiedenen Flügelteile ab. Wenn der Flügel einfarbig wäre, ließe sich das Größenverhältnis seiner Teile schlecht erkennen. Die beiden Farben verdeutlichen sowohl die Form der Flügel als auch die relative Größe der wichtigsten Flügelteile und zeigen, wie sich die Form beim Flug verändert, ermöglichen es also, die Qualität des Flugs zu beurteilen.

Trappen, Brachvögel und viele Schmetterlinge sind auf dem Boden sehr gut getarnt; beim Fliegen jedoch führen sie die auffälligen Muster auf ihren Flügeln vor. Mit Hilfe dieser Muster können Beobachter Geschwindigkeit und Richtung ihres Flugs bestimmen, erkennen, welche Wendungen sie vollführen und so weiter.

Bei vielen Vögeln ist der Hals anders gefärbt als der Körper. Haltung und Bewegung des Halses verraten viel über die Absichten des Vogels. Sitzt er still? Will er gerade wegfliegen? Ist er angespannt oder verängstigt? Die kontrastierende Farbe des Vogelhalses zeigt sowohl, wie lang der Hals ist, als auch, welche Absichten sein Besitzer hegt.[14]

Oft erinnern die Muster auf Fischflossen an Augen und lassen dadurch die Bewegung der Flossen deutlich erkennen: Wenn die Flosse nach unten gehalten wird, verändert sich das runde »Auge« zu einer Ellipse oder sogar zu einem Strich. Ein Fisch, der bereit ist, sich rasch zu bewegen, hält die Flossen gesenkt; wenn er droht, spreizt er sie, und das »Auge« wird als vollkommener Kreis sichtbar.

Die Farbe kann auch mit der Gesundheit zu tun haben. Der Hahnenkamm, der federlose Kopf des Truthahns, Lippen und Wangen von Menschen und der kleine unbehaarte Hautfleck auf der Stirn des Haubentaucherkükens verändern ihre Farbe je nach der Blutmenge, die sie durchfließt: Diese Körperteile sind bei gesunden Individuen kräftiger gefärbt, werden aber blaß und sogar bläulich, wenn sich die Blutgefäße als Reaktion auf Kälte, Krankheit oder andere Belastungen verengen.

Hamilton und Zuk[15] behaupten, ein Vogelweibchen könne dem bunten Gefieder ansehen, daß ein Männchen gesund ist und nicht von Parasiten befallen ist. Ihrer Meinung nach zahlt es sich für Weibchen aus, einen buntgefärbtes Männchen zu wählen, da die Farben seine genetische Widerstandskraft gegen Parasiten belegen – eine Eigenschaft, die er seinen Nachkommen vererben würde. Der Artikel von Hamilton und Zuk hat zu vielen Untersuchungen Anlaß gegeben, von denen einige einen Zusammenhang zwischen dem bunten Gefieder der Vögel und ihrer Widerstandsfähigkeit gegen krankheitserregende Parasiten aufzeigen. Man kann sogar eine viel umfassendere Aussage machen: Streß, der auf Parasiten zurückgeht, unterscheidet sich nicht von Streß, der von Kälte oder Hunger herrührt. Das bunte Federkleid eines Männchens, das in guter Verfassung ist, entwickelt sich angemessen, das Federkleid eines kränklichen nicht. Die Autoren nennen den von ihnen beschriebenen Effekt übrigens einen Sonderfall des Handicap-Prinzips.

Markierungen können auch zeigen, wie gesund ein Vogel war, als seine Federn wuchsen. Vögel mausern mindestens einmal im Jahr; Tiere in schlechtem Gesundheitszustand mausern nicht oder nur unvollständig. Muster, die typisch sind für neue Federn – beispielsweise schmale farbige Ränder, die sich im Lauf der Zeit abnutzen – beweisen, daß das Federkleid neu ist. Oft besteht das Federkleid eines Vogels, der während der Mauser nicht gesund war, zum Teil aus alten Federn; Schmuckmuster auf neuen Federn lassen das leicht erkennen. Viele Vögel haben Federn mit einer Linie in der Mitte; fehlende Federn sind leicht zu entdecken, weil sie das Gesamtmuster stören.[16]

In letzter Zeit haben mehrere Forscher bei Tieren und Menschen untersucht, welche Beziehung zwischen Symmetrie und Qualität besteht. Sie sprechen von »fluctuating asymmetry«, »Symmetrieschwankung«. Møller[17] fand, daß die von den Weibchen bevorzugten Schwalbenmännchen sowohl längere als auch symmetrischere Schwänze hatten (mit genauen Entsprechungen der linken und der rechten Hälfte) als Männchen, die länger nach einem Partner suchen mußten. Untersuchungen belegen, daß Menschen symmetrische Gesichter schöner finden als etwas unsymmetrische.[18] Thornhill[19] fand, daß männliche Schnabelfliegen, die Kämpfe gegen Rivalen gewonnen hatten und ihren Partnern mehr Geschenke brachten, symmetrischere Flügel hatten als die besiegten Männchen. Es ist nicht klar, ob Weibchen ihre Partner wirklich aufgrund solcher Symmetrie auswählen; selbst wenn die Weibchen Männchen allein nach ihrem Duft, also ungesehen, wählten, waren die gewählten Männchen symmetrischer als die verschmähten. Welche Beziehung besteht dann zwischen Symmetrie und Qualität?

Oft führen Streß oder genetische Mängel zur asymmetrischen Entwicklung von Körperteilen.[20] Wenn dabei lediglich ein Mangel an Nahrung oder Energie eine Rolle

Symmetrie

spielte, würde man erwarten, daß dieser Mangel beide Seiten des Körpers gleichermaßen beeinflussen und beispielsweise zu einem kürzeren symmetrischen Schwanz führen würde und nicht zu einem längeren unsymmetrischen. Unserer Meinung nach setzt symmetrisches Wachstum voraus, daß es eine gute Kommunikation zwischen den daran beteiligten Körperteilen gibt.[21] Das Zentrum, das das Wachstum reguliert, muß dieselben Botschaften an beide Körperhälften senden, wenn das Wachstum synchronisiert und symmetrisch sein soll, dann eine Rückmeldung über das Ergebnis erhalten und die weitere Entwicklung auf die erhaltenen Daten abstimmen.

Wie wir in Kapitel 9 sehen werden, ist Zuverlässigkeit bei der Signalvermittlung zwischen Zellen im Körper eines Vielzellers ebenso unentbehrlich wie bei der zwischen Organismen. Anscheinend kann es sich nur eine Zelle, die gut in Form ist, leisten, ein hochwertiges Signal zu schicken. Anders gesagt erfordert zuverlässige Kommunikation innerhalb des Körpers einen gewissen Aufwand vom Organismus, und es könnte sein, daß der Körper unter belastenden Bedingungen nicht so viel Energie aufbringen kann, wie nötig ist, wenn Symmetrie gewährleistet sein soll. Eine symmetrische Form zeigt besser als eine weniger symmetrische Form an, daß das Tier während der Entwicklung gesund war.

Wer die richtige Offenheit und Verständnis hat für »ästhetische« Eigenschaften wie Symmetrie, kräftige Farben und Muster, die zu dem passen, was sie schmücken, kann daraus konkrete Vorteile ziehen. Im letzten Kapitel dieses Buchs werden wir zeigen, daß diese Verbindung zwischen »Schönheit« und Qualität die Grundlage für die Entwicklung des menschlichen Schönheitssinns sein könnte.

Symmetrie kann durch geeignete Schmuckzeichnung hervorgehoben werden.[22] Ein offensichtliches Beispiel ist eine Linie in der Mitte des Körpers oder eines Körperteils, ein anderes ist ein Kreis in der Mitte eines Bereichs, der im Idealfall symmetrisch ist. Tatsächlich hilft jede symmetrische Dekoration von Körperteilen dem Beobachter, die Symmetrie von Form und Struktur zu beurteilen, und da die Dekoration nicht symmetrischer sein kann als der Körperteil selbst, ist die vermittelte Information zuverlässig.

Die hundert langen Rückenfedern des Pfaus wachsen **Augen**-während mehrerer Monate. Sie sind so angeordnet, daß **muster** die Augen Bögen bilden, und ein Auge eines Bogens immer genau in der Mitte zwischen zwei Augen des darüberliegenden Bogens liegt. Fehlende Augen sind sehr auffällig – man braucht gar nicht nachzuzählen –, und ein Pfau kann den Verlust oder die unvollkommene Entwicklung selbst einer einzigen Schwanzfeder nicht verbergen. Wie Petrie fand,[23] reagiert eine Pfauenhenne schon dann meßbar anders, wenn von über hundertfünfzig Federn nur fünf fehlen.

Damit sich auf einer in die Länge wachsenden Feder ein rundes Augenmuster herausbildet, müssen Wachstum und Entwicklung der Feder insgesamt perfekt synchronisiert sein. Jede Unregelmäßigkeit in der Entwicklung würde die Vollkommenheit des Kreises stören. Ein Kreismuster – und mehr noch ein Kreis im Kreis – eignet sich also ausgezeichnet dazu, Unregelmäßigkeiten des Wachstums anzuzeigen. Wenn der Pfauenschwanz mit Linien verziert wäre, ließen sich Abweichungen nicht so leicht bemerken: Eine Linie einer bestimmten Länge ist nicht vollkommener als eine längere oder kürzere, aber ein unvollkommer Kreis verdeutlicht jede Abweichung in eine andere Richtung.

Das kann erklären, warum Augenmuster etwa auf den Flügeln von Schmetterlingen, Heuschrecken und Insekten so verbreitet sind. Die übliche Erklärung, wonach die Augen Freßfeinde abschrecken, die sie für die Augen großer Tiere halten, beleidigt die Wahrnehmungsfähigkeit der Beutegreifer und versagt sowieso bei Mustern, die aus vielen Augen oder aus einer Folge von vier oder fünf konzentrischen Kreisen bestehen. Wir bezweifeln, daß sich irgendein Beutegreifer vor den Augen auf dem Fächer der Rückenfedern eines Pfaus fürchtet.[24]

Die Evolution von Markierungen – Polymorphismen und Konvergenz Wenn Markierungen tatsächlich nicht willkürlich sind und gewisse Zeichnungen bestimmte Eigenschaften besser anzeigen als andere, haben wir eine Erklärung dafür gefunden, wie sich eine Markierung in einer Population ausbreiten kann. Zunächst achten die Mitglieder der Population auf ein bestimmtes Merkmal – etwa auf die Größe eines Schnabels oder gewisse Bewegungen –, weil sie entdecken, daß dieses Merkmal wesentliche Information entweder über die Gesamtqualität von Artgenossen oder über bestimmte ihrer Eigenschaften vermittelt. Wenn das einmal geschehen ist, werden Tiere, deren Zeichnungen dieses Merkmal hervorheben, während alles andere gleich ist, mit größerer Wahrscheinlichkeit als Partner gewählt oder als Rivalen vermieden. Sie haben damit einen selektiven Vorteil vor anderen und deshalb mehr Nachkommen als Tiere ohne diese Zeichnungen. Die Markierungen breiten sich also in der Population aus und werden schließlich »artspezifisch«. Tiere, die eine solche Überlegenheit zur Schau stellen können, sind dann im Vorteil, wenn Artgenossen miteinander rivalisieren müssen, um sich in bezug auf Eigenschaften als überlegen zu zeigen, die für die Lebensweise dieser Art wichtig sind. Das Interesse an der Größe oder der Form eines Schnabels, Hinterteils oder Schwanzes führt zu Schmuckzeichnungen, die zuverlässig Größe und Form eben dieses Schnabels, Hinterteils oder Schwanzes herausstellen.

Oft sind engverwandte Arten und selbst Unterarten unterschiedlich gezeichnet. Eine neue Art oder Unterart entwickelt sich gewöhnlich dann, wenn eine Population einer bestimmten Art sich an eine Umweltnische angepaßt hat, die etwas anders ist als die ursprüngliche Nische dieser Art. Dabei können Anpassungen in bezug auf die Physiologie, die Morphologie oder auch das Verhalten erforderlich sein.

Die neue Nische kann die relative Bedeutung mancher Merkmale – wie beispielsweise der Schnabelgröße – verschieben.[25] Wenn das passiert, sind für die Mitglieder der »neuen« Art natürlich andere Merkmale wichtig als für die ursprüngliche Art. Dann unterscheiden sich aber auch die Markierungen, die am besten geeignet sind, diese Merkmale herauszustellen. Individuen mit Schmuckzeichnungen, die diese neuen Merkmale am stärksten betonen, sind nun im Vorteil gegenüber Individuen mit älteren Zeichnungen, und die neuen Zeichnungen breiten sich in der Population aus. Zuerst kommt also die Evolution neuer Anpassungen, dann beachten die Individuen diese Anpassungen allmählich immer mehr, und schließlich bilden sich dadurch neue Zeichnungen heraus – die neuen artspezifischen Merkmale.

Aber so einfach läuft es nicht immer ab. Gelegentlich sind Mitglieder derselben Art unterschiedlich gezeichnet. Zu einer solchen polymorphen Art gehört der im vorigen Kapitel erwähnte Kampfläufer. Einige Kampfläufermännchen haben eine dunkle Halskrause, andere eine helle, und die beiden Varianten unterscheiden sich auch im Balzverhalten. Die Männchen mit der dunklen Krause balzen gewöhnlich in ihrem neuen Revier in einer größeren gemeinsamen Arena, während die Männchen mit heller Krause eher von einem Revier zum anderen fliegen und nacheinander mit mehreren der Männchen mit dunkler Krause tanzen. Wie wir in Kapitel 8 im einzelnen ausführen, betonen Schwarz und andere dunkle Farben eher die Größe und Form, während Weiß besser die Bewegung zeigt. Die dunklere Farbe des »Ansässigen«

läßt also seine Bedeutung besser erkennen, während die Tatsache, daß die hellen Kampfläufer so viel in Bewegung sind, erklärt, warum sie hellere Farben aufweisen. Unserer Meinung nach hat sich der Unterschied in der Farbgebung nicht herausgebildet, damit sich die Formen, die wir jetzt hell und dunkel nennen, unterscheiden lassen, sondern weil so jeder Kampfläufer mit heller Halskrause bessere Chancen hat, seine Überlegenheit über andere mit ebenfalls heller Krause zu beweisen, und jeder mit dunkler Krause so erfolgreich wie möglich mit Kampfläufern konkurrieren kann, die ebenfalls eine dunkle Krause haben.

Die Beziehung zwischen der Schmuckzeichnung und ihrer Botschaft kann auch die oft zu beobachtende Ähnlichkeit nichtverwandter Arten erklären, die eine ähnliche ökologische Nische besetzen. Die Zeichnung der Wüsteneidechsen im Mittleren Osten ähnelt der von Grünen Leguanen in Amerika, und die von Klapperschlangen in Amerika ähnelt der von Vipern in der Alten Welt. Lack bemerkte, daß Vögel, die unter ähnlichen Bedingungen aufwachsen, gewöhnlich ähnlich gezeichnet sind.[26] In der argentinischen Pampa begegneten wir einem Vogel, den wir für eine Haubenlerche hielten – dabei war es ein lerchenähnlicher Buschläufer (*Coryphistera alaudina*). Arten, die in ähnlichen Umwelten leben, entwickeln ähnliche Merkmale, um in diesen Umwelten so gut  wie möglich überleben zu können; dann preisen sie diese Merkmale mit Markierungen an, die sie am deutlichsten hervorheben – und das sind gewöhnlich ähnliche Muster und Farben.

Viele Tiere haben Markierungen im Gesicht. Oft **Gesichtsmar-**
schmücken diese Zeichnungen die Augen und helfen **kierungen**
Betrachtern, Augenbewegungen zu erkennen und die **und Blickrich-**
Blickrichtung des Tieres festzustellen. Vögel haben oft **tung**
Augenringe, Augenstreifen oder farbige Linien, die vom
Schnabel zum Auge laufen. Bei Vögeln mit binokularer
Sicht wie beispielsweise Würgern oder einigen Meisen
laufen oft Streifen am Schnabel zusammen. Wenn beide
Augenstreifen für den Beobachter gleich aussehen, ist der
Schnabel – und der Blick des Vogels – direkt auf ihn
gerichtet. Jede Veränderung in der Haltung des Vogels
verändert die Symmetrie der Linien. Beim Rennvogel,
dessen ungewöhnliches Gesichtsfeld nach hinten reicht,
laufen Schmucklinien von den Augen bis zum Nacken.
Bülbüls, Rebhühner, Möwen, Graudroßlinge und ähnliche Vögel haben monokulare Sicht; jedes Auge hat also
ein eigenes Gesichtsfeld. Diese Arten haben oft Augenringe. Der Graubülbül hat einen schwarzen Kopf und ein
schwarzes Auge mit deutlichem weißen Augenring: Der
weiße Ring ermöglicht es einem Betrachter, schon aus
der Ferne die Blickrichtung zu erkennen.

Linien, Augenbrauen und farbige Augenringe lassen also
schon von weitem erkennen, in welche Richtung ein Tier
blickt und wann es unverwandt starrt – was, wie wir in
Kapitel 2 sahen, eines von mehreren Anzeichen für
Selbstvertrauen ist. Diese Information ist zuverlässig: Dieselbe Schmuckzeichnung, die selbstsicheres Verhalten betont, läßt auch die zögernden Bewegungen von Tieren
erkennen, die nicht bereits entschieden haben, was sie tun
wollen, und noch die Möglichkeiten abwägen. Die
Blickrichtung eines werbenden oder drohenden Tieres
ist ein Anzeichen für sein Interesse an dem, was es betrachtet.

Die Augenbemalung von Jungtieren und oft auch von
Weibchen ist weniger auffallend und verräterisch als die
erwachsener Männchen; beispielsweise fehlt jungen Bülbüls der weiße Augenring erwachsener Tiere. Während
es für die Jungen wohl von Nutzen ist, wenn sie ganz

allgemein andeuten, woran sie interessiert sind, ist es für sie doch besser, wenn sie sich nicht zu sehr festlegen – wie wir in Kapitel 18 genauer sehen werden.

Statussymbol oder Handicap? Wir haben gesehen, wie die großen schweren Geweihe von Hirschen und der schwere Fächer des Pfaus es ihren Trägern zuverlässig ermöglichen, ihre Qualität zur Schau zu stellen. Es überrascht nicht, daß solche Federn und Geweihe bestimmen, wie groß die Anerkennung – das Prestige – ist, die andere einem Tier zollen. Obwohl auch eher unauffällige Schmuckzeichnungen gleichzeitig Aufschluß über die soziale Stellung geben. Der schwarze Streifen der Kohlmeise, der weiße Fleck auf dem Flügel der Elster, der schwarze Fleck unter dem Schnabel einer Harrisammer, ein augenähnlicher Punkt auf einer Fischflosse, und der auffällige weiße Augenring eines Bülbüls dienen alle dazu, das Prestige, den Sozialstatus des Besitzers zu verkünden; sie heißen deswegen auch »Statussymbole«.[27]

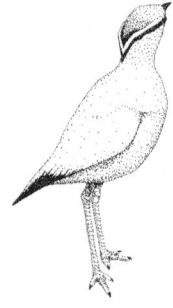

So verteidigen beispielsweise Kohlmeisen mit einem breiten schwarzen Streifen auf ihrer Unterseite ihre Reviere erfolgreicher und haben mehr Nachkommen als solche mit schmaleren Streifen; Kohlmeisen mit schmaleren Streifen ordnen sich jenen mit breiteren Streifen unter.[28] Experimente mit anderen Tieren bestätigen den Wert solcher Statussymbole. Aber wie kann reiner Schmuck ein verläßliches Anzeichen dafür sein? Evolutionär gedacht: Was kann einen jungen oder weniger qualitätsvollen Vogel daran hindern, einen breiteren Streifen zu entwickeln und so einen Vorteil über seine fähigeren Rivalen zu erringen?

Mehrere Forscher haben Versuche durchgeführt, bei denen sie Jungtiere mit Statussymbolen versahen. Einige dieser Versuche verbesserten den Status solcher Individuen entsprechend, aber das kostete seinen Preis. Rohwer und seine Kollegen[29] bemalten wenig angesehene Harrisammern mit Farbtupfern, die einen höheren Status andeuteten. Sie fanden, daß die »Betrüger« nicht nur nichts gewannen, sondern daß es ihnen sogar schlechter erging als jungen, nicht veränderten Kontrollvögeln, denn sie wurden häufig von höherrangigen Vögeln angegriffen, die sich gewöhnlich nicht mit Jungtieren abgeben. Als die Forscher den bemalten Vögeln Testosteron injizierten – was ihre Angriffslust verstärkte und ihr Zögern verminderte –, gewannen die Vögel an Status, verloren aber womöglich mehr, als sie gewannen, weil ihr Körper anscheinend unter der künstlichen Zufuhr an Testosteron litt.[30] Die Forscher schlossen daraus, daß die größere Aggression gegenüber »Betrügern« dafür sorgt, daß die Markierungen zuverlässig bleiben, und verhindert, daß Tiere sich Statussymbole zulegen, die ihnen nicht zustehen. Wie aber erkennen die Vögel einen »Betrüger«, der »falsche« Symbole trägt, die nicht seinem »tatsächlichen« Status entsprechen, wenn der Status durch ein willkürliches Symbol bestimmt wird? Und warum hat sich gerade diese Markierung zum Statussymbol entwickelt? Statussymbole verstärken ebenso wie andere Markierungen Unterschiede in bezug auf Merkmale, die die Qualitäten eines Individuums ganz unmittelbar anzeigen. Das Statussymbol betont, wie hervorragend ein Individuum höherer Qualität ist, und dasselbe Symbol zeigt auch die Unterlegenheit eines Tiers geringerer Qualität an. Augenstreifen betonen die Kopfbewegung – und heben damit sowohl den steten Blick eines selbstsicheren Indivi-

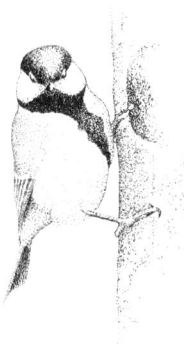

duums hervor als auch das Zögern eines unsicheren. Das sichere Tier gewinnt, indem es die Aufmerksamkeit auf seinen Blick lenkt, das unsichere aber verliert. Der schwarze Streifen auf der Brust einer Kohlmeise läßt die Brust schmaler erscheinen als sie ist; je breiter das Band ist, um so schmaler erscheint die Brust.[31] Nur eine Kohlmeise hoher Qualität kann sich den verengendenden Effekt eines breiten Bands leisten.

Eine Schmuckzeichnung, die ihrem Besitzer auf den ersten Blick lediglich einen höheren oder niedrigeren Status verleiht, ist in Wirklichkeit ein geeichter Maßstab, der es Individuen erlaubt, ihre Qualität zur Schau zu stellen – und zwar nicht im Vergleich mit jenen, die dieses Statussymbol nicht haben, also eindeutig untergeordnet sind, sondern vielmehr im Vergleich mit Individuen, *die die gleiche Zeichnung tragen.* Solche Muster sind keine körperlichen Behinderungen, aber sie sind trotzdem Handicaps, also Einschränkungen, weil sie verhindern, daß ein Individuum mit geringerem Status sich fälschlich so darstellt, wie es bei sozialen Konflikten hilfreich wäre. Wie alle Signale sind diese Handicaps also für weniger qualitätsvolle Tiere eine größere Last als für hochqualifizierte.

Zusammengefaßt verbreiten sich unserer Meinung nach jene Markierungen, die Unterschiede in der Qualität oder Motivation ähnlicher Individuen am besten anzeigen, aus genau diesem Grund auf die ganze Art oder auf eine Altersgruppe oder ein Geschlecht innerhalb der Art. Da verschiedene Arten unterschiedlich angepaßt sind, unterscheiden sich natürlich auch die für diese Arten angemessenen Schmuckzeichnungen. Daß andere Individuen diese Unterschiede dazu benutzen, die Gruppe zu identifizieren, zu der ein Tier gehört, ist eine Nebenwirkung des Wettbewerbs zwischen Individuen innerhalb der Gruppe.

Gibt es Signale ohne Handicaps? Hasson behauptet, daß einige Signale, die er »Verstärker« nennt – meistens schmückende Zeichnungen –, nicht an sich kostspielig sind, sondern einfach die Qualität des Signalgebers anzeigen, ohne ihm ein Handicap aufzuerlegen. So zeigen beispielsweise Linien entlang eines Fischkörpers oder einer Federkante klar und zuverlässig die Länge des Fisches oder der Feder an, ohne daß dem Fisch oder dem Vogel nennenswerte materielle Kosten entstehen.[32]

Unserer Meinung nach lassen sich die Kosten für Schmuckzeichnungen nicht getrennt sehen von dem Körperteil, den sie hervorheben, oder von anderen Botschaften, die sie vermitteln können. Die Seitenlinie entlang eines Fischkörpers zeigt, wie lang der Fisch ist; das ist ihre »Botschaft«. Sie vermittelt bei jedem Fisch eine andere quantitative Botschaft. Mit der Linie zeigt ein Fisch deutlich, wieviel länger er ist als ein kürzerer Fisch – aber wegen der Linie verdeutlicht er zugleich unvermeidlich, wieviel kürzer er ist als längere Individuen. Der Preis für die Schmuckzeichnung ist also eher unterschiedlich als einheitlich, und für minderwertige Individuen größer als für überlegene. Der Aufwand für die Linie mag derselbe und sogar unbedeutend sein, aber die Botschaft und ihre Kosten sind jeweils andere. Dieselben Markierungen, die den Vorteil ihres Trägers gegenüber minderwertigeren Artgenossen verdeutlichen, hindern das Tier auch daran, die Tatsachen zu »frisieren« und so zu tun, als ob es so gut wäre wie überlegene Tiere. Je höher die Qualität des Individuums, um so wahrscheinlicher ist es, daß jene, mit denen es verglichen wird, ihm unterlegen sind, und um so mehr profitiert es von den Markierungen; je geringer die Qualität des Individuums, um so wahrscheinlicher wird es zum eigenen Nachteil mit Individuen besserer Qualität verglichen, und um so kostspieliger ist die Markierung.

Gibt es konventionelle Signale, die keinerlei Wettbewerbscharakter haben? Maynard Smith[33] nahm an, daß bestimmte Signale, etwa jene, die angeben, daß ein Individuum zu einer bestimmten Art gehört und ein bestimmtes Geschlecht hat, Signale sind, die Information vermitteln, die nicht wettbewerbsorientiert ist; er verglich sie mit den Symbolen in den Fahrplänen der Eisenbahn und behauptete, im Fall dieser Signale gäbe es keinen Grund zu betrügen, und deshalb bestünde auch kein Grund, ihre Zuverlässigkeit zu beweisen, und der

Gibt es Signale, die reine Konventionen sind?

Signalgeber brauche nichts zu investieren. Auch Grafen, der ein mathematisches Modell entwickelte, das das Handicap-Prinzip stützt, nahm an, daß es einige Signale gibt, die nicht wettbewerbsorientiert sind. So könnten sich beispielsweise Verwandte mit Hilfe von konventionellen Signalen verständigen, auf die sie sich geeinigt haben, und er behauptete, in einem solchen Fall seien die Garantie der Zuverlässigkeit und der notwendige Aufwand kein Thema.[34] Viele der Wissenschaftler, die sich heute zu dem Prinzip bekennen, daß die Kosten eines Signals seine Zuverlässigkeit garantieren, stimmen uns nicht zu, wenn wir behaupten, daß *alle* Signale einen Preis haben – ein Handicap darstellen –, und daß gerade dieser Preis seine Zuverlässigkeit garantiert.

Signale in Fahrplänen sind in der Tat willkürlich und haben nichts mit der Botschaft oder mit den Kosten zu tun; das Signal muß nur klar und effizient sein, und man muß sich darauf geeinigt haben. Aber solche Signale können wir in der Natur nicht finden. Die Beispiele in diesem Kapitel lassen selbst bei kleinen, wenig aufdringlichen Signalen eine klare Beziehung zu den Merkmalen erkennen, die sie anpreisen; alle diese Signale verstärken die Fähigkeit des Beobachters, bei ihren Besitzern Überlegenheit oder Mängel zu entdecken. Je mangelhafter das Individuum ist, um so kostspieliger ist das Muster. Diese Ungleichheit der Kosten ist kennzeichnend für Signale, die sich durch Signalselektion ergeben und bei denen immer in die Zuverlässigkeit investiert werden muß.

Wie wir sehen werden, wenn wir über chemische Kommunikation sprechen, ist Verläßlichkeit selbst bei der Kommunikation in einem vielzelligen Körper nötig, bei der es keinen Konflikt zwischen kommunizierenden Zellen gibt. Die Zuverlässigkeit, die in diesem Fall nötig ist, damit Fehler vermieden werden, läßt sich überhaupt nur mit Hilfe von Handicaps erreichen. Soweit wir wissen, gibt es nur zwei biologische Systeme mit willkürlichen Signalen, die »vereinbart« wurden und bei denen nicht in Zuverlässigkeit investiert werden muß, nämlich die menschliche Sprache – über die wir in den Kapiteln 6 und 18 mehr sagen werden – und – nach der heute vorherrschenden Meinung – der genetische Code. Aber auch der genetische Code wird nicht immer für willkürlich gehalten.[35] Unsere Annahme jedoch, daß es in der Tierwelt keine willkürlich vereinbarten »gewöhnlichen« Signale gibt, steht immer noch im Gegensatz zur Meinung der meisten Forscher.

Was sind eigentlich Signale? Wir definieren *Signale* als Merkmale, deren Wert für den Signalgeber darin besteht, daß sie den Empfängern Information übermitteln. Es gibt einen Unterschied zwischen Merkmalen, die sich, wie Körpergröße oder Fortbewegungsart eines Känguruhs aus anderen Gründen entwickelt haben, als dazu, Information zu übermitteln, und Signalen, die sich einzig zum Zweck der Informationsübermittlung herausgebildet haben. Man kann beispielsweise die Blickrichtung eines anderen beurteilen, indem man seine Augen beobachtet – aber die Augenbewegung ist nicht primär ein Signal. Augenringe jedoch und Haar- oder Federbüschel, deren einzige Aufgabe es ist, einem Beobachter zweifelsfrei oder aus größerer Entfernung die Blickrichtung eines Individuums zu zeigen, *sind* Signale.

Die Definition von Signalen; Inflation als Möglichkeit zur Überprüfung der Theorie der Signalselektion

Die Fähigkeit, Signale zu beobachten und zu verstehen, ist eine Anpassung wie jede andere, die sich durch Nützlichkeitsselektion herausbildet. Ein Individuum, das auf Signale reagiert, die nicht zuverlässig sind, wird weniger erfolgreich sein – weniger Nachkommen haben – als eines, das nur zuverlässige Signale beachtet. Wie wir gesehen haben, erfordert Zuverlässigkeit ihrem Wesen nach einen Aufwand – die Investition des Signalgebers in das Signal garantiert seine Zuverlässigkeit.

Es ist nicht immer leicht zu beurteilen, ob ein bestimmtes Merkmal lediglich ein Signal ist oder ob es eine andere Funktion hat, aber diese Unterscheidung ist wichtig. Was ist dann der grundlegende Unterschied zwischen Signalen und anderen Merkmalen? Es ist die Beziehung zwischen dem Signal und seinen Kosten. Jedes Merkmal, ob Signal oder nicht, erfordert einen gewissen Aufwand, und jedes Merkmal wird durch ein Merkmal behindert, das andere Erfordernisse stellt. Insofern sind Signale Merkmale wie andere Merkmale. Veränderungen in der Umwelt können die Voraussetzungen für die Evolution von Merkmalen verändern und den dafür zu zahlenden Preis verringern oder erhöhen. Beispielsweise kann der Größe eines Tieres eine Grenze gesetzt sein, weil es klein und schnell sein muß, um Raubfeinden zu entkommen, aber wenn es diese Feinde nicht mehr gibt, kann es sich leisten, größer zu werden; damit kann es auch mehr Energie speichern, mehr Kälte ertragen und mehr Artgenossen besiegen. Die Art wird dann größer, weil der Preis für Körpergröße wesentlich gesunken ist.

Wenn andererseits die Kosten eines Signals so stark verringert werden, daß jedes Individuum gleichermaßen darüber verfügt, kann das Signal nicht länger Unterschiede in der Qualität oder Motivation von Individuen anzeigen. In einem solchen Fall verliert das Signal seinen Wert. Weil der Preis für das Signal wesentlich gesunken ist, ist es nicht mehr nützlich und verschwindet.[36] Die Evolution von Signalen – die Signalselektion – verläuft also grundlegend anders als die Evolution aller anderen Anpassungen.

Bei anderen Verhaltensweisen als Signalen ist der Preis ein unvermeidbarer Nebeneffekt. Bei Signalen kommt es aber gerade auf den Preis an; ein Signal muß etwas kosten. Wenn es nichts kostet, gibt es nichts, was Betrüger davon abhalten kann, ein Signal zu seinem Vorteil und zum Schaden des Empfängers einzusetzen, und dann verliert dieses Signal seinen Wert als Signal. In der Menschheitsgeschichte ist das nicht selten passiert. Wenn Geld leichter zu bekommen ist, verliert es seinen Wert durch Inflation. Schmuckgegenstände, die als Zeichen von Wohlstand galten, als sie selten waren, wurden wertlos, als sie leicht zu erhalten waren.

Als Spitze mit der Hand geklöppelt wurde und ihre Herstellung viel Erfahrung und Geschick brauchte, war sie sehr teuer. Die Reichen und Mächtigen, die sie trugen, um ihren Wohlstand zu zeigen, wogen Spitze mit Gold auf – und sie war es ihnen wert. Die Entwicklung von Maschinen, die Spitze billig erzeugen konnten, die sich von handgemachter nicht mehr unterscheiden ließ,[37] setzte der Verwendung von Spitze als einem Statussymbol ein Ende; heute wird sie fast gar nicht mehr verwendet.[38]

Verbrauchsgüter wie etwa Brot oder Eisen oder Salz, die unmittelbare Bedürfnisse erfüllen und nicht vor allem Signale sind, verlieren im Gegensatz dazu keineswegs ihre Nützlichkeit, wenn ihr Preis sinkt, sondern werden im Gegenteil um so mehr verwendet.[39] Trotz aller Unterschiede zwischen der kulturellen und wirtschaftlichen Entwicklung des Menschen und der Evolution biologischer Systeme haben beide doch eine sehr wichtige Gemeinsamkeit: Beide ergeben sich daraus, daß Konkurrenten ein Bedürfnis nach Zusammenarbeit und Verständigung haben.

Die Bedeutung, die dem Preis eines Signals zugemessen wird, ist ein Kennzeichen unserer Theorie der Signalselektion. Keine andere Theorie der Signalevolution – und sicherlich keine Theorie, die die Existenz konventioneller vereinbarter Signale annimmt – sagt vorher, daß ein Signal an Wert verliert, wenn es weniger kostet. Es sollte möglich sein, diese Hypothese zu überprüfen: Selbst wenn Versuche mit evolutionären Prozessen viele einzelne Subjekte und lange Zeiträume erfordern, sind sie doch mit Einzellern oder anderen sich rasch vermehrenden Organismen vorstellbar.

Inzwischen können wir unsere Theorie auch an Feldstudien bei Tieren überprüfen. Als dieses Buch in Druck ging, erfuhren wir von Erkenntnissen, die unsere Sicht bestätigen, daß die Inflation einen Einfluß auf die Effektivität eines Signals hat. In Australien zeigen männliche Seidenlaubenvögel eine besondere Vorliebe für blaue Dinge; in ihrem gewöhnlichen Habitat gibt es seltene blaue Federn und blaue Blumen, die immer ersetzt werden müssen. Borgia[40] fand im Mittel fünf blaue Federn pro Laube. In der Nähe von menschlichen Wohnungen und Picknickplätzen jedoch gibt es viele blaue Dinge – meistens blaue Plastiktüten –, und der Seidenlaubenvogel kann bis zu hundert pro Laube sammeln.

In den meisten Gebieten rivalisieren die Männchen dieser Vogelart sowohl, indem sie einander blaue Objekte stehlen als auch, indem sie die Lauben der Rivalen zerstören. Hunter und Dwyer[41] fanden jedoch vor kurzem, daß die Männchen sich dort, wo es reichlich blaue Dinge gibt, weniger Mühe geben, diese zu stehlen. Sie dagegen zerstören die Lauben der Rivalen häufiger als jene Vögel, in deren Umwelt diese Dinge selten sind. Blaue Objekte sind dort, wo sie reichlich sind, kein Qualitätsmerkmal mehr. Die Vögel sammeln sie zwar noch, aber sie messen ihnen offenbar ebenso wenig einen großen Wert bei wie wir Menschen billiger Spitze.

KAPITEL 5
Bewegungen und Ritualisation

Bewegungen können vieles anzeigen: Ein gescholtener Hund läßt die Ohren hängen und zieht den Schwanz ein, während er mit dem Schwanz wedelt, wenn er sich freut. Eine drohende Katze buckelt und sträubt das Fell; eine Ente zeigt durch Heben und Senken des Schnabels an, daß sie fliegen will; männliche Kampfläufer umwerben Weibchen, indem sie in Balzarenen tanzen. Das sind nur wenige Beispiele für eine endlose Reihe von Bewegungen, die als Signale dienen. Das Handicap-Prinzip eröffnet uns neue Möglichkeiten, solche Signale zu sehen, zu verstehen, wie sie sich herausgebildet haben und welche Botschaften sie enthalten.

Schwierige Bewegungen Männliche Balzbewegungen sind oft sehr kompliziert und schwierig auszuführen. Der wunderbare Paradiesvogel hängt bei der Balz kopfabwärts an einem Zweig, flattert mit den Flügeln und breitet seine Schmuckfedern aus. Das Überkopfhängen macht die Bewegungen nicht deutlicher erkennbar, erschwert aber ihre Ausführung und ist deshalb ein deutlicherer Beweis für seine körperlichen Fähigkeiten und die Ernsthaftigkeit seine Paarungsbereitschaft. Kampfläufer, Schnurrvögel und Trappen vollführen sehr komplizierte Tänze, bei denen ganz andere Bewegungen ablaufen als im Alltag. Tauben gehen gewöhnlich, wenn sie auf dem Erdboden sind, aber ein balzendes Taubenmännchen hüpft mit beiden Beinen. Das Hüpfen ist vermutlich schwieriger und demonstriert das Leistungsvermögen des Männchens.

Männliche Lerchen steigen beim Singen hoch in den Himmel. Am Ende seines Lieds fliegt das Lerchenmännchen nicht nach unten, sondern faltet die Flügel, läßt sich wie ein Stein fallen und öffnet erst am Ende des Sturzflugs die Flügel. Einige Tiere öffnen ihre Flügel mehrmals, bevor sie den Boden berühren, andere wagen einen atemberaubenden ununterbrochenen Sturzflug und breiten die Flügel erst in der letzten Sekunde aus. Der Sturzflug ist um so eindrucksvoller, je später die Flügel ausgebreitet werden. Der Vorgang hat auffallende Ähnlichkeit mit Wettbewerben im Fallschirmspringen; eine falsche Einschätzung kann zu einem verheerenden Aufprall führen. Die Unterschiede bei Sturzflügen eignen sich vermutlich gut dazu herauszufinden, über wieviel Erfahrung ein bestimmtes Lerchenmännchen im Vergleich mit seinen Rivalen verfügt. Dann dienen die Balzflüge also dazu, Weibchen und Männchen gleichermaßen von den Fähigkeiten des Lerchenmännchens als Partner oder Rivale zu überzeugen.

Nicht alle Bewegungssignale sind dazu bestimmt, Information zu übermitteln, die so wichtig ist für die Tauglichkeit eines Tiers als Partner oder Rivale; der Aufwand, der für solche Signale betrieben wird, kann entsprechend bescheidener sein. Ein Hund, der Freundschaft signalisiert, wedelt mit dem Schwanz; das ist ein zuverlässiger Freundschaftsbeweis, weil der wedelnde Schwanz mit Angriff oder Flucht unverträglich wäre.

Ein hungriger Nestling reckt seinen Hals und sperrt den Schnabel weit auf, ein gesättigter nicht. Die Eltern ziehen es vor, sich nicht zu überanstrengen, indem sie Nahrung bringen, die nicht benötigt wird; sie fordern, daß ein Nestling seinen Wunsch nach Nahrung anzeigt, indem er eine Anstrengung unternimmt, die sich erst dann lohnt, wenn der Nestling wirklich hungrig ist.[1]

Ein großer Teil der Kämpfe, die sich zwischen Rivalen **Kampfspiele** derselben Art abspielen, hat rituellen Charakter. Das Ziel ist nicht, den Gegner zu verletzen oder zu töten, sondern ihn und andere davon zu überzeugen, daß er schwächer ist und sich zurückziehen sollte. Der Herausforderer versucht nicht einmal, seinen Gegner zu überraschen, sondern signalisiert deutlich, daß eine Begegnung bevorsteht, und gibt dem Gegner dadurch Gelegenheit, sich darauf einzustellen; erst wenn der Gegner die angemessene Haltung angenommen hat, greift der Herausforderer an – und auch dann sieht er es nur auf ein wohlgeschütztes und »erlaubtes« Ziel ab, etwa das Geweih.

Die Hörner einer männlichen Gazelle sind starke, scharfe und tödliche Waffen. Ein Gazellenmännchen, das gegen seinen Rivalen kämpft, könnte diesen überraschen und erdolchen, aber statt dessen geht es langsam auf seinen Gegner zu und läßt ihn Kampfhaltung annehmen, bevor es seine Hörner mit denen des Gegners verhakt und in einem Kräftemessen stößt und rammt. Eine solche zermürbende Auseinandersetzung kommt gewöhnlich erst dann zum Ende, wenn einer der Gegner aufgibt.

Es wäre ein Fehler, eine solche Auseinandersetzung einen Kampf zu nennen. Sie ähnelt vielmehr einem sportlichen Wettbewerb, bei dem die Teilnehmer versuchen, unter Beachtung festgelegter Regeln ihre Überlegenheit unter Beweis zu stellen. Im Grunde geht es um Drohungen, die die Form eines körperlichen Wettbewerbs annehmen. Der Gewinner verfolgt den Verlierer nicht und tötet ihn nicht, sondern ist befriedigt, wenn sein Rivale aufgibt. In den seltenen Fällen, in denen einer der Rivalen zu Tode kommt, hat dieser sich nicht rechtzeitig zurückgezogen.[2] Männliche Gazellen, die von Menschen aufgezogen wurden, behandeln Menschen wie Artgenossen, und es kommt vor, daß sie, wenn sie erwachsen sind, ihre Pfleger zu einem Wettbewerb auffordern. Der erkennt womöglich nicht, daß der Stoß der Gazelle eine Einladung zu einer rituellen Auseinandersetzung darstellt, und da ihm die Hörner fehlen, um dem Angriff zu begegnen, kann er tödlich verletzt werden.

Die rituellen Auseinandersetzungen von Steinböcken und Dickhornschafen bieten ein erstaunliches Schauspiel. Die Rivalen stellen sich auf die Hinterbeine und werfen sich mit aller Macht auf ihre Gegner – die ihnen mit ähnlicher Wucht begegnen. Diese Zusammenstöße werden mehrere dutzendmal wiederholt. Keiner der beiden versucht, den Körper des Rivalen zu treffen. Der ganze Schwung zielt auf die starken Hörner des Gegners ab und wird von ihnen aufgefangen.

Diese sogenannten Turnier- oder Kommentkämpfe täuschen nicht etwa einen Kampf vor, sondern sie sind dazu bestimmt, Kraft und Wendigkeit der Gegner unter Beweis zu stellen, die am Ende der Auseinandersetzung völlig erschöpft sind. Wenn ein Steinbock seinen Rivalen erledigen wollte, wie es ein Beutegreifer tut, würde er sich ihm beherzt nähern und versuchen, seinen Körper mit den Hörnern zu durchbohren. Wenn ein Steinbock oder eine Gazelle aber einen Imponierkampf beginnen, nähern sie sich langsam und geben ihre Absicht durch das Senken der Hörner kund. Der Bock wartet, bis sein Rivale kampfbereit ist; wenn der Rivale keine Anstalten macht, darauf einzugehen, stößt ihn der Herausforderer sogar sanft an, um seine Aufmerksamkeit zu erregen. Wenn der Steinbock seinem Rivalen Gelegenheit bietet, sich auf den Kampf vorzubereiten, nimmt er also ein Handicap in Kauf, das sich für den Gewinner lohnt, weil es seinen eigentlichen Rivalen und auch etwaige Zuschauer von seiner Überlegenheit überzeugt. Damit ersparen sich beide Tiere das Risiko eines Kampfes auf Leben und Tod, und zugleich können einer oder beide der Teilnehmer eine Stärke unter Beweis stellen, die ihnen Auseinandersetzungen mit weiteren Rivalen erspart.

Kräftemessen bedeutet nicht unbedingt Körperkontakt. Möwen drohen, indem sie Gras herausreißen, Schimpansen brechen Zweige ab, Rhinozeros und Stiere wirbeln mit ihren Hufen Staub auf. Pfaue stellen ihre Rückenfedern zum Fächer auf und halten sie unter Schütteln aufrecht, was viel Kraft erfordert. Da alle Männchen dieser Arten sich gleich verhalten, können sie und andere zuverlässig beurteilen, welcher der Rivalen stärker ist; damit bleibt den Gegnern ein Kampf erspart.

Ritualisation: Verringert sie die Menge der übermittelten Information? Nach einem Vorschlag von Huxley,[3] der das Balzverhalten des Haubentauchers erforschte, nennt man den Prozeß, durch den Verhaltensweisen, die ursprünglich andere Funktionen hatten, in den Dienst der Signalbildung gestellt werden, Ritualisation. Der balzende Haubentaucher berührt wiederholt die Seiten seines Körpers mit seinem Schnabel, als ob er die Federn putzen wollte, putzt sich aber nicht wirklich, denn Haubentaucher kämmen beim Putzen jede Feder von der Basis bis zur Spitze. Das Balzverhalten ist viel stilisierter: Dieselben Federn werden wiederholt berührt, aber nicht gekämmt. Diese formalisierte Bewegung erinnerte Huxley an die formalisierten Gebärden, die Menschen benutzen, wenn sie ein Ritual durchführen, daher der Ausdruck *Ritualisation*.

Huxley meinte, die Ritualisation habe sich entwickelt, um zwischen der ursprünglichen Bewegung – dem Putzen – und jener unterscheiden zu können, die zum Signalisieren benutzt wird. Er vermutete, die wichtigste Funktion der Ritualisation bestehe darin, die Deutlichkeit des Signals zu vergrößern, erlaube also besser zwischen dem Signal und der ursprünglichen funktionalen Bewegung und zwischen diesem Signal und anderen Signalen zu unterscheiden. Noch immer schließen sich die meisten Forscher dieser Meinung an.[4]

Obwohl Bewegungssignale einheitlich sind, werden sie von verschiedenen Individuen nicht auf genau identische Weise ausgeführt, und auch ein und dasselbe Tier führt sie je nach den Umständen anders aus. Dieser Unterschied ist kein Zufall, denn er zeigt oft die Intensität des Signals an. Wenn beispielsweise ein gestreckter Hals Furcht anzeigt, ist das Ausmaß der Streckung ein Anzeichen für die Stärke der Furcht. Morris[5] meinte, Bewegungssignale hätten sich durch zwei widerstreitende Prozesse herausgebildet: Einer führte dazu, daß die Bewegung einheitlicher wurde, der Empfänger des Signals die Botschaft also erkennt, während der andere zu Variationen führte, um die Ausprägung anzuzeigen. Diese beiden widerstreitenden Tendenzen ergaben seiner Meinung nach einen Kompromiß, der es nötig machte, Bewegungssignale stärker zu formalisieren als die Verhaltensweisen, aus denen sie sich entwickelt haben, aber genug Variabilität zuließ, um quantitative Unterschiede zu zeigen.

Die Überlegung ist folgerichtig, geht aber nicht auf die Zuverlässigkeit von Bewegungssignalen ein und erklärt nicht, warum gewisse Bewegungen für eine bestimmte Botschaft ausgewählt wurden und nicht andere. Diese beiden Erklärungen kann das Handicap-Prinzip liefern.[6] Wenn Bewegungen, die sich zu Signalen entwickeln, soviel Anstrengung erfordern, daß Betrüger sie nicht verwenden können oder sie nicht lohnend finden, werden Tiere mit unterschiedlichen Fähigkeiten oder mit mehr oder weniger Motivation sie unterschiedlich ausführen. Der Unterschied in der Ausführung ist ein Hinweis auf diejenigen Unterschiede zwischen den Ausführenden, an denen die Beobachter interessiert sind. Die Auswahl zuverlässiger Signale durch ihre Empfänger führt zur Ritualisation, und der Preis für die Ausführung formalisierter Bewegungen führt zu Variabilität; es ist nicht nötig, zwei Formen des Selektionsdrucks anzunehmen, die einander widersprechen. Ritualisation und Variabilität sind vielmehr komplementäre Ergebnisse der Signalselektion.

Morris nahm an, daß die Ritualisation – die Standardisierung von Bewegungen um der Deutlichkeit willen – die Information verringert, die in den Bewegungssignalen steckt. Aber geht dabei wirklich Information verloren? Wir meinen nicht. Die Standardisierung beruht vielmehr auf der Notwendigkeit, zwei oder mehrere Ausführende zu vergleichen und die Unterschiede zwischen ihnen wahrzunehmen.

Während wir an diesem Kapitel arbeiteten, sahen wir gelegentlich Fernsehberichte von den Olympischen Spielen in Barcelona. Der Grad der Standardisierung, den Läufer erreicht haben, ist eindrucksvoll: Sie laufen im selben Augenblick los und kommen mit weniger als einer Hundertstel Sekunde Unterschied am Ziel an. 123

Sportliche Wettbewerbe laufen nach festen Regeln ab. Alle Teilnehmer führen dieselben Aufgaben durch. Nicht eingeweihte Zuschauer haben möglicherweise Mühe zu  entscheiden, welcher von mehreren Spitzenturnern der beste ist. Erfahrene Kampfrichter konzentrieren sich auf Einzelheiten, die dem Laien fast unwichtig erscheinen. So hängt ein großer Teil des Erfolgs eines Turners von dem Abgang ab: Im Idealfall landen sie im vollkommenen Gleichgewicht, die Füße parallel und genau nebeneinander. Für einen Laien könnte das wie drakonische Willkür der Kampfrichter aussehen, aber die genauere Betrachtung zeigt, daß der glatte, rasche Übergang von der Bewegung zur vollkommenen Haltung am Ende einer anstrengenden Vorführung tatsächlich einer der schwierigsten Teile der Übung ist. Wenn man lediglich zwischen guten und schlechten Turnern unterscheiden will, fällt das Urteil leicht. Wettkampfrichter wenden außerordentlich genaue Maßstäbe an, weil sie mehrere herausragende Spitzensportler vergleichen müssen.

Tiere, die Bewegungssignale geben, haben Ähnlichkeit mit den Wettkampfteilnehmern bei einem Gymnastikwettbewerb. Die Signalgeber zeigen ihre Fähigkeit, eine gewisse Bewegung auszuführen, während die Beobachter die Richter sind, die die Darbietung bewerten. Der Richter kann ein Weibchen sein, das nach einem besonders guten Vater für seine Kinder sucht, ein Beutegreifer, der nach Nahrung Ausschau hält, die er auch fangen kann, ein Rivale, der herausfinden will, ob er gegen diesen Rivalen eine Chance hat, oder ein fütterndes Elterntier, das entscheidet, ob sein Nachwuchs wirklich mehr Nahrung bekommen sollte. Diese »Richter« zwingen die Teilnehmer, in einer standardisierten Weise am Wettbewerb teilzunehmen, damit sie die Unterschiede zwischen ihnen besser beurteilen können. Eben diese Standardisierung bringt die entscheidenden Unterschiede bei der Darbietung heraus, die wiederum die Fähigkeiten und Motivation der Teilnehmer reflektieren.

Unerfahrene Beobachter übersehen womöglich feine Unterschiede in der Darbietung und nehmen an, alle Signalgeber würden dieselbe Botschaft auf dieselbe Art und Weise senden, aber das ist nicht der Fall. Simpson bemerkt, daß erfahrene Beobachter die Ergebnisse eines Kampfes zwischen zwei siamesischen Kampffischen vorhersagen können: Der wahrscheinlichste Gewinner ist derjenige, der seine Kiemendeckel gegen Ende der Auseinandersetzung die meiste Zeit aufrecht hält.[7] Diese scheinbar winzige und triviale Geste bedeutet bei einem Kampf, daß der Fisch auf den vollen Einsatz seiner Flossen verzichtet und sich selbst benachteiligt, indem er weniger Sauerstoff aufnimmt, als ihm möglich wäre. Das wiederum gibt einen verläßlichen Hinweis auf seine Ausdauer und seine Siegeschancen. Genau wie bei den Olympischen Spielen führen scheinbar vernachlässigbare Unterschiede zu höchst unterschiedlichen Ergebnissen. Bei den Olympischen Spielen erhält der Läufer, der als erster durchs Ziel geht, eine Goldmedaille, während der vierte überhaupt keine Medaille erhält, obwohl der Unterschied zwischen beiden so gering sein kann, daß er sich nur mit Hilfe elektronischer Geräte ausmachen läßt. In Arten, bei denen sich die Männchen nicht an der Brutpflege beteiligen, zeugen nur sehr wenige Spitzenkönner den allergrößten Teil der nächsten Generation, während viele Männchen überhaupt keine Nachkommen haben.

Wie sich ein Wie kommt es zur Ritualisation? Wie entwickeln sich
ritualisiertes Bewegungssignale aus Bewegungen, die gewöhnlich ei-
Signal nen anderen Zweck hatten?
herausbildet Der Wert eines Signals besteht für den Signalgeber darin,
daß es einem anderen Individuum Information über-
mitteln kann. Aber die Botschaft kann nur dann übermittelt werden, wenn das andere Individuum an der Botschaft interessiert ist und sie versteht. Der Vorgang kann
deshalb nicht mit einer Mutation beim Signalgeber beginnen, weil das zwei gleichzeitige, koordinierte Mutationen erfordern würde, nämlich eine, die den Signalgeber veranlaßt, das Signal zu geben, und eine andere, die
den Beobachter veranlaßt, sich dafür zu interessieren und
die Bedeutung des Signals zu verstehen. Selbst in dem
höchst unwahrscheinlichen Fall, daß zwei solche Mutationen gleichzeitig eintreten, ist die Wahrscheinlichkeit,
daß die beiden Mutanten einander begegnen, praktisch
Null.[8]

Aber Tiere sammeln fortwährend
Information, auch über das Verhalten anderer, also ihrer Kinder, Partner, Rivalen, Beutegreifer und Opfer. Ein Grund dafür ist, daß sie in
der Lage sein müssen, vorwegzuneh-
men, was andere Individuen tun
werden. Die meisten Handlungen

müssen vorbereitet werden: Ein Beutegreifer muß beob-
achten und zielen, bevor er zuschlägt, ein grasendes Reh
muß seine Haltung verändern, bevor es flieht, ein Vogel
muß abflugbereit sein. Beobachter können deshalb oft die
Handlungen von Tieren voraussehen. Katzen, die sich an
ihre Beute heranschleichen, und Hunde, die zum Sprung
ansetzen, beobachten die Aktivität ihrer Beute. Ein erfahrener Vogelkundler – oder ein Raubfeind – erstarrt,
wenn der Vogel aufhört zu fressen und in seine Richtung
blickt. Die Tatsache, daß der Vogel aufgehört hat zu
fressen und den Hals reckt, bedeutet, daß er den Beobachter bemerkt hat und wegfliegen könnte. Entsprechend

kann ein Tier, das einen Feind bemerkt, der ihn intensiv anstarrt, den Angriff vorwegnehmen und fliehen. Die beobachteten Bewegungen sind keine »Signale« – sie können Information übermitteln, aber sie werden nicht zu diesem Zweck durchgeführt. Krebs und Dawkins[9] nannten dieses Stadium in der Evolution von Signalen »Gedankenlesen«.

Solche Vorbereitungen werden unabhängig davon durchgeführt, ob jemand zuschaut oder nicht, weil sie in sich nützlich sind, und nicht, um eine Botschaft zu vermitteln. Die Fähigkeit, auf bestimmte Bewegungen zu achten, die noch keine Signale sind, kann sich dann weiterentwickeln und in einer Population auf dieselbe Weise ausbreiten wie jede andere einzelne nützliche Mutation.

Wenn Beobachter einmal auf bestimmte beobachtete Bewegungen reagieren, können sich bei den beobachteten Tieren Mutationen ausbreiten, die diese Bewegungen übertreiben. Diese Mutationen sind vorteilhaft für ihre Besitzer, weil sie die Bewegungen in den Augen von Beobachtern verstärken, *die ihre Bedeutung schon verstehen.* An diesem Punkt nun wird die Bewegung ein Bewegungssignal.

Das aber hat einen Preis: Sobald eine Bewegung übertrieben wird, ist sie nicht mehr die für den ursprünglichen Zweck optimale Bewegung. Für den Signalgeber aber, der sicher sein will, daß seine Handlungen bemerkt werden, lohnt sich der Aufwand. Wenn ein Vogel seinen Hals übertrieben reckt, um sicherzustellen, daß der Beutegreifer – oder Vogelfreund – weiß, daß er ihn bemerkt hat, muß er für einen Augenblick mit dem Fressen aufhören und ist weniger abflugbereit, denn dazu muß er seinen Hals einziehen. Aber gleichzeitig verringert der Vogel damit die Wahrscheinlichkeit, daß er tatsächlich wegfliegen und seinen Futterplatz verlassen muß. Die mögliche Beute macht dem Beobachter damit klar, daß er gesehen wurde und daß eine Annäherung Zeitvergeudung wäre. Beide, Vogel und Beutegreifer, haben also Nutzen von dem Signal: Der Jäger kann seine Energie für andere, leichter erreichbare Beute aufsparen, und der Vogel braucht seinen Futter- oder Ruheplatz nicht zu verlassen.

Aber warum werden Bewegungen, die sich zu Signalen entwickeln, auf die eine Art übertrieben und nicht auf eine andere? Hier kommt das Handicap-Prinzip ins Spiel. Kehren wir zu der Interaktion zwischen Wolf und Gazelle zurück, mit der dieses Buch begann. Noch bevor Gazellen begannen, Wölfen Signale zu geben, reagierten einzelne Gazellen anders auf die Gegenwart eines Wolfs – sie machten sich je nachdem, wieviel Vertrauen sie in ihre Fähigkeit setzten, dem Wolf zu entkommen, zur Flucht bereit. Schwache Tiere flohen sofort, während zuversichtliche Gazellen, die sich ihrer Stärke bewußt waren, es sich leisten konnten, stehen zu bleiben und den Wolf zu beobachten oder sogar weiter zu grasen. Kruuk beschreibt, wie ein Gepard in eine Herde von Thompson-Gazellen einbricht und eine von ihnen fängt. Er betont, daß der Gepard die Gazelle fing, die sich als erste zur Flucht wendete, als der Gepard zum Angriff ansetzte.[10]

Ein Wolf könnte aus Erfahrung lernen, daß seine Chancen besser stehen, wenn er eine Gazelle jagt, die sofort flieht, als eine, die verharrt. Es könnte sich für den Wolf sogar lohnen, sich den Gazellen langsam zu nähern und ihre Reaktion abzuwarten, um die Schwächeren entdecken und jagen zu können. Eine zuversichtliche Gazelle erleichtert es dem Wolf – und sich selbst –, eine vergebliche Jagd zu vermeiden, indem sie ihre Flucht demonstrativ hinausschiebt oder indem sie Bewegungen übertreibt – etwa ihre Prellsprünge –, die ihre Tauglichkeit und ihr Selbstvertrauen beweisen. Jede Gazelle führt die Signale anders aus. Die Unterschiede der Ausführung sind größer als die der Reaktion auf die Gegenwart des Wolfs, die kein Signal sind, denn der Wolf achtet am meisten auf jene Bewegungen, die am verläßlichsten zeigen, wie gut das Tier in der Lage ist, ihm zu entkommen. Und genau diese Bewegungen – jene, die sich als zuverlässiges Mittel der Verständigung erweisen – wurden zu formalisierten, ritualisierten Bewegungssignalen.

Auch übertriebene Bewegungen, die als Signal eingesetzt werden, unterliegen der natürlichen Auslese und damit immer neuer Überprüfung. Das Signal entwickelt sich und erfüllt seine Aufgabe nur so lange, wie Beobachter ihm verläßliche Information entnehmen können, die für sie vorteilhaft ist, und so lange der erforderliche Aufwand für den Sender nicht zu groß ist. Weil die gegenseitige Beobachtung es erlaubt, Handlungen vorherzusehen, fördert sie die Herausbildung von Bewegungssignalen. Zu welcher Bewegung das führt, hängt davon ab, welcher Aufwand dafür erforderlich ist, also von ihrem Preis. Beispielsweise wurde eine Bewegung zu einem Rivalen hin eine Bedrohung, obwohl eine Bewegung zur Seite hin genau so viel körperliche Anstrengung bedeutet hätte und dem Rivalen ein besseres Gefühl für die Einzelheiten der Bewegung vermitteln könnte. In diesem Fall zeigt das Risiko zuverlässig den Grad der Bedrohung an, denn die Annäherung an den Rivalen ist gefährlich, obwohl sie wenig körperliche Mühe erfordert.

Die Standardisierung und der zunehmende Schwierigkeitsgrad von Bewegungen, die als Signale verwendet werden – ihre Ritualisation – erleichtert es Beobachtern, sowohl Unterschiede zwischen mehreren Tieren, die sie zur Schau stellen, zu erkennen als auch die Reaktionen eines einzigen Individuums unter verschiedenen Um-

ständen zu bewerten. Wenn jeder Signalgeber sich auf seine eigene Weise zur Schau stellte, würden Beobachter es schwierig finden, sie zu vergleichen. Bewegungssignale werden also nicht ritualisiert, damit sie von den Verhaltensweisen unterschieden werden können, die eine Funktion haben und aus denen sie hervorgingen, sondern um

Beobachtern einen genauen Vergleich zwischen den Signalgebern zu ermöglichen. Für diese Bewegungssignale gilt dasselbe wie für die artspezifischen Farb- und Formmuster: *Einheitlichkeit* innerhalb einer Art – Ritualisation – entwickelt sich aus dem Wettbewerb zwischen Artgenossen, um ihre *Unterschiede* aufzuzeigen. In beiden Fällen sind es die Beobachter, also jene, für die ein Signal bestimmt ist, die die Evolution zuverlässiger und einheitlicher Signale fördern, indem sie zwischen ihnen wählen.[11]

KAPITEL 6
Lautäußerungen

V iele Tiere treffen Entscheidungen aufgrund von Informationen, die auf Lautäußerungen anderer – Partnern, Helfern, Rivalen, auch artfremden Tieren – beruhen. Was bringt Tiere dazu, der Information zu vertrauen, die sie Stimmen entnehmen? Und warum werden Lautäußerungen nicht dazu benutzt, andere in die Irre zu führen? Es scheint einfach zu sein, mit der Stimme etwas vorzutäuschen, aber Beobachtungen und Experimente zeigen, daß Rufe die Absicht des Rufers gewöhnlich zuverlässig mitteilen. Hunde und Katzenbesitzer können das Verhalten ihrer Tiere oft vorhersagen, wenn sie ihnen zuhören, und wir wissen von keinem Fall, in dem ein Hund versucht hat, mit Hilfe seiner Stimme etwas vorzutäuschen.

Die Überein- Wir fanden den Schlüssel für die Zuverlässigkeit von
stimmung von Lautäußerungen, als wir eines Abends bemerkten, daß
Stimmgebung es uns weder gelang, erleichtert aufzuatmen, während wir
mit Haltung gerade aufstehen wollten, noch einen überzeugend ängst-
und Spannung lichen Laut von uns zu geben, während wir bequem
saßen. Wenn man einen Laut von sich geben will, der
Furcht verrät, muß man seine Muskeln anspannen – und
das geht einfach nicht, während man bequem im Sessel
sitzt. Andererseits muß man die Muskeln locker lassen,
um entspannt auszuatmen, und das wiederum kann man
nicht, wenn man gerade aufsteht. Dieser einfache Versuch
ließ uns erkennen, daß Lautäußerungen ein getreues Ab-
bild des Körperzustands sein können, in dem sie hervorgebracht werden.[1]

Wie wir sagten, als wir über Rivalität sprachen, können
Schauspieler überzeugend liebevoll, gehässig, bedrohlich
oder niedergeschlagen klingen, ohne verzweifelt zu sein
oder ihre Schauspielerkollegen wirklich zu lieben oder zu
hassen. Sie brauchen dazu nur die Haltung einzunehmen
und die Bewegungen nachzuahmen, die typisch sind für
das Gefühl, das sie vermitteln möchten. Auch Opern-
sänger wissen, daß ihre Bewegungen auf der Bühne Einfluß auf ihre Stimme haben, und lernen deshalb, sich so zu
bewegen, daß die Stimme auch so klingt, wie sie es sich
wünschen.

Wenn wir den Körper als Resonator oder Resonanzbo-
den sehen, ist klar, daß die Lautäußerungen vom Körperzustand beeinflußt werden. Auch die Stimmhöhe spiegelt die Spannung der Muskeln in Körper und Gesicht
wider.[2] Wegen dieser Beziehung zwischen Lautäußerung
und dem sie erzeugenden Klangkörper lassen sich Lautäußerungen schwer fälschen. Wenn man jemanden mit
einem Ausruf täuschen will, muß man die Haltung einnehmen, die nötig ist, um die falsche Botschaft zu erzeugen; da aber jede Handlung ihre eigene optimale Aus-
gangsstellung hat, kann es sehr schwierig sein, die eigentlich beabsichtigte Handlung durchzuführen, wenn man
zuvor seine Haltung verändert, um die falsche Botschaft

zu erzeugen. Der Gewinn, den die Täuschung bringt, entschädigt also nicht für den Verlust, den eine unangemessene Haltung bedeutet– und deshalb ist der Betrug seinen Preis nicht wert.

In einem Delphin-Forschungszentrum auf Hawaii lernen Delphine, auf Anforderung bestimmte Laute von sich zu geben. Als die Delphine gebeten wurden, einen Drohruf zu äußern, unterschied sich ihre Lautäußerung aber irgendwie von einem wirklichen Drohruf. Als sie aufgefordert wurden, den Ruf zu verbessern, gaben sie einen Laut von sich, der einem wirklichen Drohruf glich – und nahmen zugleich den Gesichtsausdruck an, den Delphine zeigen, die wütend sind und bereit zuzubeißen. Die Delphine waren nicht wütend; ihr Pfleger, der nicht im Traum daran denken würde, seine Hand in das Maul eines wütenden Delphins zu stecken, konnte das jetzt ungestraft tun. Aber die Delphine mußten die *Haltung* eines wütenden Delphins einnehmen, um den *Ruf* eines wütenden Delphins von sich geben zu können.

Interessanterweise beobachtete Darwin, daß wir dann, wenn wir Musik und Gesang hören, die Töne entsprechend der Muskelbewegungen deuten, durch die sie erzeugt werden.[3] Darwin interessierte sich jedoch nicht für die Zuverlässigkeit der Kommunikation. Auch andere Forscher haben Bemerkungen über den Zusammenhang zwischen Körperzustand und Stimme gemacht; so wies Scherer[4] darauf hin, daß Lautäußerungen die Motivation ihrer Erzeuger ausdrücken, weil ihre Tonqualität durch die für diese Motivation typische Körperhaltung beeinflußt wird.[5] Aber in dieser Verbindung wurde niemals ein Schlüssel für die Zuverlässigkeit der Verständigung durch Lautäußerungen im allgemeinen gesehen.

Die durch akustische Signale übermittelte Information Oft merkt man, was andere gerade tun, wenn man nur zuhört. Das gilt gleichermaßen für Menschen und für Tiere. Rowell[6] fand, daß sie allein durch Zuhören herausfinden konnte, um was es bei einer Auseinandersetzung zwischen Affen ging. Und vor einigen Jahren hörten wir in einer Radiosendung, daß die Säuglingsschwestern der Intensivstation des Soroka-Hospitals im israelischen Beersheba allein aufgrund der Klangfarbe des Weinens angeben können, welcher Körperteil einem Neugeborenen weh tut. Anscheinend führen Schmerzen in unterschiedlichen Körperteilen zur Anspannung jeweils anderer Muskeln, und diese Muskeln beeinflussen den Klang des Weinens auf eine Weise, die geschulte Beobachter deuten können.

Kleinere Unterschiede in den Lautäußerungen können also eine wesentliche Informationsquelle sein, wie ein Experiment verdeutlicht, das Gaioni und Evans mit Entenküken durchführten.[7] Wenn ein Entenküken Mutter und Geschwister verloren hat, piepst es. Wenn es das Piepsen einer anderen Ente hört, hält es inne und horcht. Weil die Stimmführungslaute etwas unterschiedlich sind, verglichen Forscher, die herausfinden wollten, welche Komponenten am wirksamsten sind, eine Reihe natürlicher Piepslaute mit einem idealisierten, im  Computer erzeugten Klang, bei dem ein einzelner Piepston oft wiederholt wurde. Zu ihrer Überraschung verloren die Entlein rasch das Interesse an der idealisierten Serie, die keinerlei Verzerrung und Variation aufwies. Die natürliche Lautfolge aber ließ die Küken erneut innehalten und aufhorchen.

Ein verlorenes Entenküken hört vermutlich auf zu piepsen, um sich auf das Hören zu konzentrieren und so den Piepstönen, die es hört, möglichst viel Information zu entnehmen. Es ist dabei vor allem an den Variationen, den stetigen Veränderungen in der Situation des Geschwisters interessiert. Hat das Geschwister die Mutter gesehen, und ist es schon auf dem Weg zu ihr? Zögert es noch? Hat es Angst? Eine künstliche, gleichförmige Reihe von Piepstönen weist keinerlei Veränderung auf und vermittelt deshalb kaum Information, die für das Entenküken interessant ist. Das anhaltende Piepsen informiert nicht nur darüber, daß sich ein Entenküken verlaufen hat und welches Küken das ist, sondern es teilt auch die stetigen Veränderungen in seinem Zustand und seinen Handlungen mit.

Ähnliches gilt für die Worte, mit denen wir uns tagtäglich begrüßen. Müssen unsere Mitarbeiter wirklich vergewissert werden, daß ein guter Tag ist und kein schlechter? Die Begrüßung ermöglicht es unseren Kollegen, am Klang unserer Stimme feine Unterschiede in unserer täglichen »Stimmungslage« aufzuspüren. Für Menschen, die zusammenarbeiten müssen, ist sehr wichtig, in welcher Stimmung die Kollegen sind – sie müssen wissen, was sie an diesem Tag von ihnen zu erwarten haben. Wie wir »gestimmt« sind, wirkt sich auf unsere Körperhaltung und -spannung aus, deshalb erkennen wir schon am Ton der Stimme, in welcher Stimmung unsere Bekannten sind. Gerade die standardisierte Grußformel läßt uns die feinen Unterschiede in der Stimmung erkennen – und das bringt Grüßenden und Hörern Vorteile. Diese einfache Methode scheint viel wirksamer und zuverlässiger zu sein als lange, genaue, wortreiche tägliche Stimmungsschilderungen. In der Tat lautet ja die Reaktion auf den Gruß »Guten Tag« gelegentlich »Was ist los? Ist was passiert?«

Der Wort- Warum verwenden Tiere bestimmte Lautäußerungen,
schatz wenn doch jeder Laut, den ein Tier von sich gibt, den
der Tiere: Zustand seines Körpers getreulich wiedergibt? Offen-
der Zusam- sichtlich spiegelt sich jede Stimmung – Furcht, Freude,
menhang Glück, Trauer – in allen unseren Lautäußerungen. Aber
zwischen feine Unterschiede in einer bestimmten Stimmungslage –
Botschaft und genau die Schwankungen, an denen der Zuhörer inter-
Stimmlage essiert ist – lassen sich anscheinend an manchen Vokalisa-
tionsmustern besser erkennen als an anderen. Veränderungen in Körperspannung und -haltung wirken sich auf unterschiedliche Lautmuster unterschiedlich aus. Es leuchtet ein, daß die Stimmlage, die sich am besten dazu eignet, feine Abstufungen von Wut anzuzeigen, nicht dieselbe ist wie die, die anzeigt, wie entspannt man ist. Einige Lautäußerungen verdeutlichen den Unterschied zwischen traurig und sehr traurig, andere den zwischen Wohlbefinden und überschäumender Freude. Ein Seufzer der Entspannung zeigt Unterschiede im Grad des Wohlbehagens an, während der spitze Schrei, der gelegentlich einen Sprung begleitet, zeigt, wie gut ein Sprung gelang.

Man nimmt gewöhnlich an, daß das für eine Stimmung typische Lautmuster den Zuhörern Information über die Gesamtstimmung dessen übermitteln soll, der die Äußerung macht, also mitteilen soll: »Ich bin traurig«, »Ich bin wütend«, »Ich bin froh«. Man kann sogar »Wörterbücher« zusammenzustellen, die das zu einer Stimmung – Freude, Verzagtheit, Langeweile, Wachsamkeit, Beschwichtigung, Aggressivität – gehörige Lautmuster beschreiben.[8] Aber daraus folgt nicht, daß sich Lautmuster herausgebildet haben, um diese Information nach Art eines Wörterbuchs zu übermitteln. Oft läßt sich die Information den Umständen entnehmen, ohne irgendwelche Lautäußerung. Die Information, die dem Hörer fehlt, ist der Grad oder die Nuance der Stimmung. Beispielsweise muß jemand, der droht, nicht die offensichtliche Tatsache zu vermitteln, daß seine Äußerung eine Drohung darstellt, sondern wie ernst er die Drohung meint. Der Grad der

Drohung ist nicht im voraus bekannt und kann sich auch von einem Augenblick zum nächsten ändern. Das Lautmuster, das sich am besten eignet, feine Unterschiede im Grad der Drohung anzuzeigen, ist dann das, was sich auch am besten zum Drohen eignet.

Wenn sich solche Lautäußerungen, die besonders gut geeignet sind, feine Unterschiede der Stimmungslagen anzuzeigen, erst einmal herausgebildet haben, kann man mit ihrer Hilfe natürlich auch die Art der Stimmung herausfinden. Wir wissen, daß Weinen gewöhnlich Trauer oder Schmerz anzeigt, Lachen Fröhlichkeit, Schreien Wut oder Erschrecken. Unserer Meinung nach spielte diese Funktion jedoch bei der Evolution der Lautmuster keine Rolle, sondern hier besteht, so vermuten wir, eine Parallele dazu, wie artspezifische Muster zur Identifizierung der Mitglieder einer Gruppe verwendet werden können, nachdem sich diese Muster herausgebildet haben, um Unterschiede zwischen Individuen *innerhalb* der Gruppe hervorzuheben.

Wie wir in Kapitel 3 sahen, bemerkten Lambrechts und **Rhythmus**
Dhont,[9] daß die Lieder der erfolgreicheren Kohlmeisen – jener, die mehr Nachkommen hatten – mehr »Silben« enthielten und rhythmischer waren als der Territorialgesang anderer Kohlmeisen. Beim Menschen wirken stark rhythmisierte Drohungen angsteinflößend; in Filmen und auf der Bühne kündigt betont rhythmische Musik oft wichtige oder schreckliche Vorgänge an.

Welcher Zusammenhang besteht zwischen Rhythmus und Drohung? Man kann nicht gleichzeitig Information aufnehmen und eine genaue und präzise Lautäußerung von sich geben. Beides erfordert Konzentration; zum Sammeln von Information muß man sich auf das Hören, Sehen, Unterscheiden und Herstellen von Zusammenhängen konzentrieren, während die genaue Lautäußerung erfordert, daß man sich auf ihre Ausführung konzentriert. Menschen schließen oft die Augen, wenn sie sich bemühen, einen schwachen oder undeutlichen Klang zu hören; auch viele Musiker schließen die Augen oder sehen verträumt aus, wenn sie sich auf ihr Spiel konzentrieren; sie isolieren sich dadurch von ihrer Umwelt.

Dagegen spricht jemand, der versucht, gleichzeitig zu hören und zu sprechen, eher unrhythmisch – ein Verhaspeln verrät geteilte Aufmerksamkeit. Deshalb zeigt ein präzise eingehaltener Rhythmus an, daß man nicht vorrangig Information sammelt. Jemand, der sicher ist, daß er gewinnen wird, oder entschlossen ist, nicht nachzugeben, ist auf keine zusätzliche Information angewiesen. Aber jemand, der weniger sicher ist und sich noch nicht entschieden hat, wie er handeln will, braucht alle Information, die er nur bekommen kann. Eine rhythmische Drohung läßt diesen Unterschied zwischem Zuversicht und Schwanken deutlich erkennen.[10]

Anava untersuchte die Triller der Graudroßlinge, wenn sie auf Beutegreifer hassen, die in einem Baum hocken.[11] Ein solcher Triller besteht aus einer rhythmischen Folge von kurzen Noten und Pausen. Solange ein hassender Graudroßling ungestört ist, zetert er gewöhnlich laut und lange und trillert gleichförmig und vielsilbig. Sein Gesang ändert sich jedoch, wenn er durch andere Graudroßlinge gestört wird. Sowie sich ein dominanter Vogel dem Rufenden nähert, wird der Rhythmus des Rufenden deutlich weniger gleichmäßig, und er verändert sich auch, aber weniger, wenn sich der hassende Graudroßling rangtieferen Gruppenmitgliedern nähert. Der Unterschied ist für Menschen hörbar und in aufgezeichneten Analysen deutlich zu erkennen (siehe Diagramm 6-1). Interessanterweise verstummen Graudroßlinge, wenn sie dem sitzenden Beutegreifer nahekommen. Vermutlich würde sie die Körperhaltung – erhobene Flügel und gespreizter Schwanz –, in der sie auf einen Feind hassen, an einer raschen Flucht hindern, falls der sitzende Beutegreifer versuchen sollte zuzuschlagen. Der hassende Graudroßling kann es sich also nicht leisten zu rufen, weil das seine

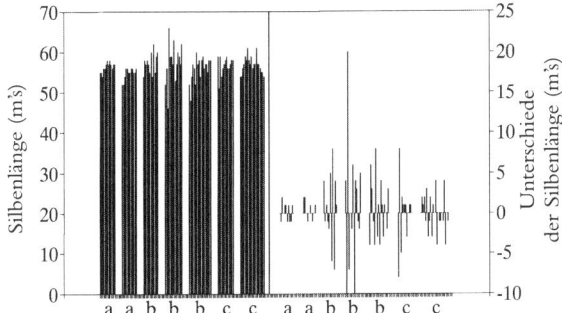

Diagramm 6-1. Haßtriller des männlichen Graudroßlings TTZL, wenn er allein ist (a), wenn das dominante Männchen seiner Gruppe ihn stört (b) und wenn er ein rangtieferes Tier stört (c). Daten von Anava, 1992. Die linke Seite des Diagramms zeigt die Länge jeder Silbe in jedem Triller an, die rechte den Unterschied zwischen der Länge einer Silbe und der vorangehenden. Die Unterschiede zwischen den Zuständen a, b und c im linken Diagramm mögen unbedeutend erscheinen, aber wenn man sich, wie im rechten Diagramm, auf die Unterschiede konzentriert, treten sie deutlich hervor. Diese Unterschiede sind für das menschliche Ohr deutlich wahrnehmbar – für Graudroßlinge sicher erst recht.

Aufmerksamkeit vom Beutegreifer ablenken würde. Graudroßlinge nehmen in der Nähe von Schlangen, auf die sie hassen, zwar eine ähnliche Haltung ein, stoßen aber noch kurze *Tzwick*-Rufe aus; anscheinend sind Schlangen für Graudroßlinge etwas weniger gefährlich als im Baum wartende Feinde.

Einer der wichtigsten Faktoren, die Lautäußerungen beeinflussen, ist die Entfernung. Graudroßlinge verständigen sich über kürzere Entfernungen gewöhnlich mit einsilbigen Lauten, während ihre Verständigung über größere Entfernungen die Form von lauten, vielsilbigen Rufen hat. Hindernisse wie Bäume, Steine, Wasser, Nebel verzerren komplizierte Lautäußerungen und auch die Lautstärke, die nötig ist, damit die Rufe über große Entfernungen hinweg hörbar sind. Bei einem sehr lauten Ruf gehen oft gerade jene Unterschiede verloren, die der Ruf vermitteln soll, und deshalb erfolgt die Verständigung mit

Lautmuster, die Entfernungen überbrücken

139

Hilfe der Stimme über größere Entfernungen hinweg gewöhnlich mit Hilfe einer Reihe von Silben, bei der viel Information im Rhythmus und in Veränderungen der Lautstärke steckt. Eine solche Lautfolge läßt dem Zuhörer Zeit, die Schallquelle zu finden, sich ihr zuzuwenden und dann kleine Unterschiede besser wahrzunehmen. Katsir zeigte sogar, daß sich die Rufe der Graudroßlinge je nach der Entfernung, die sie überbrücken sollen, unterscheiden: Je größer die Entfernung, um so konstanter ist die Frequenz, und um so stärker schwankt die Dauer der Silben.[12]

Wozu dienen laute Rufe? Es ist nicht immer leicht herauszufinden, für wen eine Lautäußerung bestimmt ist. Wie wir schon sagten, begriffen wir, daß die Rufe des Wächters dem fernen Beutegreifer gelten, als uns auffiel, wie unnötig laut die »Warnrufe« des Wächters waren, wenn man bedachte, wie nah seine Familie beisammen war. Aber manchmal rufen Graudroßlinge selbst dann laut, wenn sie sich offensichtlich mit Vögeln verständigen, die in ihrer Nähe sind. Auch Menschen sprechen gelegentlich sehr laut, obwohl ihre Zuhörer in der Nähe sind.

Wie jeder weiß, gibt es oft einen Zusammenhang zwischen der Lautstärke und dem Grad des Ärgers oder der Drohung – je lauter die Stimme, um so größer auch die Wut oder die Drohung. Wir vermuten,[13] daß das Schreien auch in diesen Fällen nicht dem mutmaßlichen Zuhörer gilt, sondern vielmehr anderen Graudroßlingen – oder Menschen –, die weiter entfernt sind und nichts mit dem Konflikt zu tun haben, aber dadurch zu Zeugen werden. Wenn jemand einen anderen unter vier Augen bedroht und die Drohung dann nicht ausführt, hat er nur in den Augen dieser Person etwas zu verlieren. Wenn es aber Zeugen gibt, verliert der Drohende nicht nur in den Augen des Bedrohten an Ansehen, sondern auch in den Augen der Zeugen. Durch das Schreien erhöht der Drohende den Einsatz und damit die Glaubwürdigkeit der

Drohung; nur selbstsichere Individuen können es sich leisten, ihre Drohung vor einer Menge herauszuschreien. Dieses Prinzip ist in der Politik wohlbekannt: Eine öffentliche Absichtserklärung wird mit größerer Wahrscheinlichkeit ausgeführt als eine, auf die man sich insgeheim geeinigt hat.

Wie die Lautstärke oder der Rhythmus hängt auch die Dauer einer Lautäußerung mit ihrer Botschaft zusammen. Je überzeugender ein Bittsteller sein will, um so länger dauert seine Anfrage. Das ist in allen Sprachen so: »Bitte«, »Könntest du bitte«, »Könntest du bitte, falls es dir nichts ausmacht«, und so weiter. Ähnlich verstehen Vogeleltern das Betteln ihrer Kinder als um so dringlicher, je häufiger die Nestlinge es wiederholen. Aber was hat die Dauer mit der Bitte zu tun? **Die Dauer der Lautäußerung: Bitten und Befehle**

Wenn man um etwas bittet, möchte man etwas erhalten, das wertvoll ist oder auf seiten des Gebers eine Anstrengung erfordert. Wenn ein Ding für seinen Besitzer wertlos wäre, könnte es ja ohne Umstände entwendet werden. Der Geber wird natürlich erst dann bereit sein, das begehrte Objekt aufzugeben oder sich die erforderliche Mühe zu machen, wenn ihm entweder der Bittsteller wichtig ist oder wenn er aus dem Geben einen Vorteil ziehen kann. Der potentielle Geber kennt seine eigenen Gefühle in bezug auf den Bittsteller und das erbetene Objekt, nicht aber, wie wichtig das begehrte Ding oder die erbetene Handlung dem Bittsteller sind. Je mehr der Bittsteller den Gegenstand oder die Handlung schätzt, um so mehr gewinnt der Geber, wenn er ihm das Gewünschte gibt.

Die größere Länge der Bitte kann den Geber davon überzeugen, daß der Bittsteller das erbetene Ding oder die gewünschte Handlung wirklich begehrt, weil der Akt des Bittens den Bittsteller etwas kostet. Er erfordert Energie und Zeit und setzt den Bittsteller Beutegreifern oder Rivalen aus. Er vermindert zwar den Status oder das

Prestige des Bittstellers, erhöht aber in den Augen der Zeugen den Status der Gebenden – die mit größerer Wahrscheinlichkeit eine Bitte bemerken und ihre Bedeutung erkennen, wenn diese länger andauert. Je länger die Bitte, um so höher ist der Preis, den der Bittsteller für das gewünschte Objekt gezahlt hat.

Ein Befehl andererseits sollte am besten kurzgefaßt sein. Wenn ein kurzer Befehl sein Ziel erreicht, hat der, der den Befehl erhielt, auf den Befehlsgeber gehört und ist bereit, ihm zu gehorchen. Deshalb gewinnt der an Prestige, dessen kurzer Befehl befolgt wird.

Dialoge und ihre Bedeutung Ein Dialog kann die Beziehung zwischen den Teilnehmern zuverlässig widerspiegeln. Man hat gezeigt, daß ein Vogelmännchen, das den Gesang eines anderen durch seinen eigenen Gesang unterbricht, den anderen bedroht.[14] Wer wartet, bis der andere geendet hat, bevor er selbst zu singen beginnt, zeigt entweder Unterordnung oder Bereitschaft zur Zusammenarbeit. Wieder ist der Grund offenbar der inhärente Konflikt zwischen dem eigenen Vokalisieren und dem Zuhören. Wenn der eine Vogel nicht wartet, bis der andere fertig ist, zeigt er, daß er die Information, die der andere liefert, zur Planung seines eigenen Vorgehens nicht braucht. Jemand aber, der nicht in der Lage ist, andere zu konfrontieren oder lieber auf eine Auseinandersetzung verzichtet und Zusammenarbeit anstrebt, sollte jede Information beachten, die der andere bietet. Sie könnte wesentlich sein, wenn ein Konflikt vermieden werden soll. Hultsch und Todt[15] bemerken, daß Nachtigallen das Lied eines Nachbarn entweder gutmütig oder als Rivale beantworten können. Wenn die Wechselwirkung freundlich ist, beginnt die Nachtigall dann zu singen, wenn der Nachbar eine Pause macht, und ahmt seinen Gesang nach. Wenn sie Rivalität signalisiert, beginnt sie mit ihrem Kontergesang früher und fällt dem Rivalen sozusagen »ins Wort«. Etablierte Männchen reagieren nicht auf den Gesang ihrer Nachbarn –

vermutlich zeigen sie sich damit so gleichgültig, wie es ihrem überlegenen Status gebührt.

Auch die komplizierten »Duette« vieler tropischer Singvögel erfordern ein hohes Maß an Aufmerksamkeit.

Dieser Gesang ist außerordentlich gut koordiniert; als Zuhörer kann man sich schwer vorstellen, daß zwei Vögel singen und nicht nur einer. Das Duett hat eine feste Form. Sowie ein Partner zu singen beginnt, muß der andere augenblicklich mitsingen. Damit zeigt er sein Interesse am Partner und die Bereitschaft, in die Partnerschaft zu investieren. Häherlinge, Verwandte der Graudroßlinge, die ebenfalls in Gruppen leben, stellen den Zusammenhalt durch koordiniertes Gruppensingen an den Grenzen zwischen ihren Revieren und denen anderer Trupps unter Beweis. Auch bei Menschen ist das gemeinsame Singen oft ein Zeichen der Zusammengehörigkeit und der Zuneigung, die sie für die Gruppe hegen – ob es sich um Gottesdienstbesucher handelt oder um einen Schulchor, um Kinder im Ferienlager, um marschierende Soldaten oder einfach um Menschen, die gern gemeinsam singen.

Tiere, insbesondere Vögel, ahmen oft die Rufe von Artgenossen oder Artfremden und sogar Hintergrundgeräusche nach. Payne[16] und McGregor[17] fanden heraus, daß Ammern und Meisen den Gesang ihrer Nachbarn nachahmen. Wir haben uns in Hatzeva schon oft von Haubenlerchen täuschen lassen und angehalten, um nach den von ihnen nachgeahmten Graudroßlingen zu suchen; einer unserer Freunde ist oft vergeblich zum Telefon gelaufen, weil ein Häher dessen Klingeln nachzuahmen verstand. Der Preis für das beste Nachahmen gebührt den Papageien und den Beos, die menschliche Stimmen nachahmen und Worte und Sätze den Umständen entspre-

Mimikry

chend anwenden können.[18] Es wäre faszinierend, die
Verwendung und den Nutzen der Imitationsfähigkeit
von Papageien und Beos in der Natur zu untersuchen.
Anscheinend erfüllt Mimikry mehrere Aufgaben. Eine
davon besteht, wie wir in Kapitel 1 sahen, darin, den
Zuhörer davon zu überzeugen, daß die Kommunikation
genau auf ihn gemünzt ist. Ofer Hochberg[19] erzählte uns
von einem Häher in der Nähe seines Hauses, der wie eine
Katze miaute, wenn er eine Katze sah. In Südafrika beobachtete Alan Kemp mehrmals einen Drongo, der auf
einen Silberadler haßte, indem er den Ruf des Adlers
nachahmte und mit seinen eigenen Warnrufen ver-
mischte. Der Drongo in der Nähe von Kemps Haus
kannte die Rufe mehrerer Falkenarten und ahmte sie
richtig nach, wenn diese vorbeiflogen.[20] Möglicherweise
wollten sowohl der Drongo als auch der Häher diese
Beutegreifer davon überzeugen, daß sie wirklich von
ihnen gesehen worden waren.

Unter anderem verkündet ein Vogel mit seinem Gesang
seine Bereitschaft zur Revierverteidigung. Ein Vogel, der
den Gesang eines Nachbarn nachahmt, richtet seine Drohung speziell gegen diesen Nachbarn. Meisen, Nachtigallen und die Männchen vieler anderer Reviervogelarten
ahmen oft die von ihnen angesprochenen Rivalen nach.[21]
Wenn sie älter werden, erweitern die Männchen vieler
Arten, beispielsweise Leierschwanz, Laubenvogel[22] und
Nachtigall, ihr Repertoire um nachgeahmte Laute und
Lieder. Vielleicht demonstrieren sie mit Hilfe ihrer immer vielfältigeren Mimikry ihre Erfahrung, ihr Alter, ihre
Lernfähigkeit und ihr Gedächtnis. Auch Menschen ah-
men gern und oft Laute nach; Darwin sah in dieser
Fähigkeit sogar die Grundlage der Sprechfähigkeit.[23] Un-
serer Meinung nach spielt Nachahmung noch heute eine
wichtige Rolle bei Veränderungen, wie sie sich bei der
Entwicklung von Sprachen ergeben, beispielsweise bei
Vokalverschiebungen, bei der Aufnahme neuer Wörter
und Phrasen, bei Bedeutungsverschiebungen bestehender
Begriffe und so weiter.

In letzter Zeit hat es erfolgreiche Versuche gegeben, Affen die Verwendung einer Zeichensprache und Papageien den Gebrauch von Wörtern zu lehren. Anschließend versuchten Forscher, Rufe von Tieren als Worte zu deuten. Die bekannteste dieser Bemühungen ist die Untersuchung grüner Meerkatzen in Amboseli in Kenia.[24] Es stellte sich heraus, daß diese Affen einen bestimmten Ruf verwenden, wenn Adler näherkommen, einen anderen, wenn sich ihnen Leoparden nähern und noch einen anderen bei Schlangen. Die Forscher fanden auch, daß diese Rufe bei anderen Affen selbst dann Reaktionen bewirkten, die dem jeweiligen Feind angemessen waren, wenn die Rufe von einem Kassettenrecorder kamen.

Verfügen Tiere über ein System von Bezeichnungen?

Wie wir in Kapitel 1 sagten, ist der »Warnruf« von Graudroß- lingen unserer Meinung nach nicht für die anderen Mitglieder der Gruppe bestimmt, sondern an den Beutegreifer gerichtet. Beweist die Reaktion der Affen

auf die Rufe, daß diese Rufe Warnrufe sein sollen? Und lassen sich die Rufe mit Worten vergleichen? Worte – Lautmuster, die als *Symbole* dienen, denen eine bestimmte Bedeutung zukommt – haben keinen inneren *Zusammenhang* mit diesen Bedeutungen; die Symbole sind beliebig. Aber wir sind davon überzeugt, daß bei allen nichtmenschlichen Stimmäußerungen eine logische Verbindung zwischen der Lautäußerung und ihrer Botschaft besteht.

Auch Graudroßlinge reagieren auf ihre Raubfeinde mit unterschiedlichen Rufen, die anscheinend unmittelbar mit dem körperlichen Zustand des rufenden Graudroß- lings zusammenhängen. Die Rufe sind nicht so sehr Symbole für einen bestimmten Beutegreifer, sondern Ausdruck der körperlichen Reaktionen der Graudroß- linge, die jeweils bestimmten Feinden oder Umständen angemessen sind.

Wenn ein Beutegreifer in der Ferne auftaucht, lassen

145

Graudroßlinge einen lauten, abrupten Ruf ertönen, der wie ein modulierter Pfiff klingt. Der so rufende Graudroßling hat keine Angst; er fliegt gewöhnlich hoch auf einen Baum hinauf und verfolgt den Beutegreifer mit den Augen. Um diesen lauten Ruf zu erzeugen, muß er viel Luft aus seinen Lungen pressen. Als wir versuchten, selbst ähnliche Geräusche zu erzeugen, fanden wir, daß wir zwischen den Rufen unsere Muskeln jeweils entspannen mußten, den Ruf also nicht wiederholen konnten, ohne die Lungen vorher erneut mit Luft zu füllen. Wenn das Pfeifen im Körper eines Graudroßlings eine ähnliche Entspannung voraussetzt – was einleuchtend erscheint –, entleert er also die Lungen, und das würde ihn daran hindern, bei einem Angriff schnell auszuweichen oder Schutz zu suchen. Der Ruf verrät auch den Ort des Graudroßlings. Damit zeigt dieser Laut also zuverlässig, wie sehr der Graudroßling den Räuber verachtet und wieviel Vertrauen er hat, daß er einem Angriff entkommen kann. Wenn jedoch ein Graudroßling einen Beutegreifer sieht, der sich auf ihn stürzen will, ruft er ganz anders und schießt laut kreischend ins Gebüsch. Dieser »Angstschrei« spiegelt getreulich die Spannung der Muskeln, die bei der Flucht benötigt werden, und hält den Feind womöglich davon ab, diesen Vogel weiter zu jagen, denn der Graudroßling zeigt damit, wie rasch und gut er Schutz finden kann.

Wenn sich ein Beutegreifer, möglicherweise in der Hoffnung, die Aufmerksamkeit der Graudroßlinge werde im Lauf der Zeit nachlassen – auf einem nahen Busch niederläßt, stoßen die Graudroßlinge einen langgezogenen Trill-Laut aus, der dem einer  Grille ähnelt. Dieser Ruf kann über zehn Sekunden lang andauern und mehrmals wiederholt werden, also beträchtliche Zeit in Anspruch nehmen. Der Trill-Laut ist ein zuverlässiges Signal, mit dem die Graudroßlinge mitteilen, daß sie den Feind genau beobachten – denn jemand, der entspannt und unaufmerksam ist, kann nicht rhythmisch trillern. Andererseits gefährdet der Triller den Sänger nicht besonders, weil ein langgezogener Signallaut schwer zu lokalisieren ist – im Gegensatz zu einem Pfeiflaut, der den Ort des Rufers sofort verrät.[25] Und als ob die Graudroßlinge das ganz deutlich machen wollten, reagieren sie auf jede Bewegung des Beutegreifers mit einem scharfen *Tzwick*, bei dem sie die Muskeln anspannen müssen, was ihm erneut verrät, daß sie ihn immer im Auge haben.

Wenn Graudroßlinge auf eine Schlange hassen, geben sie kurze, scharfe Töne von sich, die die starke Spannung in ihren Körpern verraten. Von Zeit zu Zeit hebt einer der Graudroßlinge die Flügel; in diesem Augenblick macht er einen etwas anderen Laut. Diese Töne werden gewöhnlich »Schlangenwarnruf« genannt. Aber warum nähern sich die Graudroßlinge der Schlange und heben die Flügel, wenn diese Laute Warnrufe sind? Wir vermuten, daß Graudroßlinge, die sich einer Schlange nähern, den Mitgliedern ihrer Familie zeigen, wie mutig sie sind.[26] Die Veränderung in ihrer Haltung wirkt sich notwendigerweise auf ihre Rufe aus. Graudroßlinge, die einen Feind – einen Wolf oder eine Katze – auf dem Boden sehen, äußern eine Reihe von kurzen, rhythmischen *Tzwicks*, während sie von Baum zu Baum hüpfen, um dem Feind zu folgen. Auch diese Rufe spiegeln getreulich die Bewegungen des Graudroßlings.

Wie Meerkatzen rufen also auch Graudroßlinge als Reaktion auf Feinde auf ganz bestimmte Weise. Es läßt sich leicht ein Zusammenhang zwischen der Art und dem Verhalten des Beutegreifers und der Wahrscheinlichkeit herstellen, daß ein Graudroßling, der den Feind sieht, auf eine bestimmte Weise ruft und nicht auf eine andere. Wenn ein Graudroßling in der Ferne einen Beutegreifer erspäht, kläfft er gewöhnlich; er kreischt schrill, wenn er sich auf ihn stürzt, trillert, wenn der Feind auf einem

Baum sitzt, gibt »Schlangenalarm«, wenn ein Feind in der Ferne auf dem Erdboden sitzt, und richtet seine *Tzwicks* an Beutegreifer, die in der Nähe vorbeilaufen.

Genau wie Meerkatzen reagieren die Artgenossen auch bei den Graudroßlingen so, wie es diesen Rufen jeweils angemessen ist; sie gesellen sich zum Wächter auf der Spitze des Baums, wenn sie ihn pfeifen hören, schießen in Panik ins Gebüsch, wenn sie ein Kreischen hören, und sie kommen zusammen, um auf Schlangen oder im Baum sitzende Beutegreifer zu hassen. Aber unserer Meinung nach sind die unterschiedlichen Rufe nicht dazu bestimmt, anderen Graudroßlingen die Art der Gefahr anzukündigen. Die Rufe sind für den Feind bestimmt; die anderen Graudroßlinge wissen lediglich aus Erfahrung, welche Situation mit jedem der Rufe einhergeht.

Interessanterweise »irren« sich die Graudroßlinge bei ihren Rufen anscheinend gelegentlich: Sie pfeifen, wenn sich ein Beutegreifer auf dem Boden nähert, oder geben Schlangenalarm, wenn ein Raubfeind oder eine Menschenhand sich dem Nest nähern – wobei sie die Flügel heben, wie sie es tun, wenn sie auf Schlangen hassen. Es ist unwahrscheinlich, daß die Graudroßlinge den Räuber wirklich für eine Schlange halten, vielmehr scheint es, daß unter diesen besonderen Umständen andere Reaktionen als die üblichen der jeweiligen Situation angemessen sind, und daß die Rufe nicht anzeigen, wer sie bedrohte, sondern vielmehr, mit welchen Bewegungen der Graudroßling reagierte. In jedem Fall entspricht der Ruf der Bewegung – er geht sogar aus ihr hervor. Die Rufe sind eine getreue stimmliche Abbildung dessen, was der Graudroßling von einem Augenblick zum nächsten tut.

Auch von Grünen Meerkatzen wurde berichtet, daß sie gelegentlich auf einen bestimmten Beutegreifer »versehentlich« mit einem »unpassenden« Ruf reagieren. Man fragt sich, welche Umstände das in diesen Fällen waren, und was die Meerkatzen wohl »sagen« würden, wenn sie

Gefahren begegneten, mit denen sie nicht vertraut sind – beispielsweise einem Adler in einem am Boden stehenden Käfig. Die Annahme, daß die Meerkatzen ihre Raubfeinde benennen, scheint auf den Reaktionen der anderen Meerkatzen zu beruhen, die den Ruf hören. Aber mit der Reaktion ist nicht bewiesen, daß die Rufer beabsichtigen, andere wissen zu lassen, welche Gefahr sie bedroht. Natürlich kennen andere Tiere sehr wahrscheinlich den Zusammenhang zwischen bestimmten Rufen und bestimmten Gefahren: Viele Tiere reagieren angemessen selbst auf die Rufe artfremder Tiere, die ganz offensichtlich nicht für sie bestimmt sind. Aber unserer Meinung nach haben sich solche Rufe nicht *zu dem Zweck* herausgebildet, Aufschluß über den Feind zu geben.

Es ist wohlbekannt, daß Tiere Dinge mit speziellen Lauten in Zusammenhang bringen können, auch mit Worten. Diese Fähigkeit wird von Dompteuren eingesetzt, die Tiere lehren, auf Befehle – Worte – zu reagieren. Sie bringen dem Tier also Bruchstücke der eigenen menschlichen Sprache bei. Hunde, Delphine und Papageien können die Namen von Menschen lernen und auf Befehl sitzen, stehen, sich nach links oder rechts wenden, bestimmte Sachen holen und sie an bestimmte Orte bringen. Einige Tiere können einfache Begriffe verstehen, die in Worte gefaßt wurden, und auf Befehl bestimmte Laute äußern. Warum haben sie dann nicht wie die Menschen eine Wortsprache entwickelt, die es ihnen erlaubt, ihren Partnern mitzuteilen, wo sich die Nahrung befindet, welche Gefahr sie bedroht, bevor sie eingetreten ist, oder andere Information zu vermitteln, die sich am besten in Worten ausdrücken läßt?

Im letzten Kapitel werden wir die Eigenart der menschlichen Sprache mit ihren Vor- und Nachteilen erörtern. Hier sagen wir nur, daß die menschliche Sprache bei all ihren Möglichkeiten keine Komponente hat, die Zuverlässigkeit garantiert und Täuschung ausschließt; sie ist auch nicht dazu geeignet, von sich aus feine Abstufungen von Gefühl und Absicht zu vermitteln. Deshalb ersetzt die Sprache der Worte in keiner menschlichen Gesellschaft die wortlose Verständigung – die Verständigung durch nichtverbale Laute, Stimmgebung, Haltung und Bewegungen. Diese nichtverbale Kommunikation aber ist die einzige »Sprache« der Tiere.

KAPITEL 7

Körperteile, die als Signale dienen

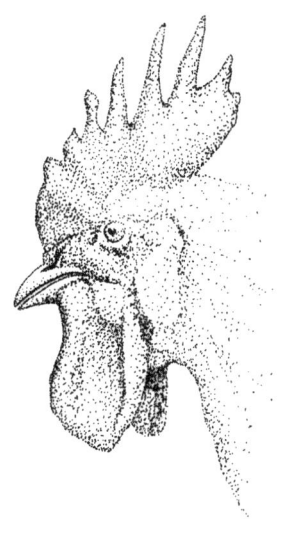

Gute Beispiele für Körperteile, die ausschließlich als Signale dienen, sind die Hautlappen auf dem Scheitel von Kammhühnern. Sie haben keinerlei praktischen Zweck. Der Kamm ist bei Hähnen größer als bei Hennen, bei älteren Männchen größer als bei jungen und bei dominanten Männchen gewöhnlich größer als bei rangtieferen.[1] Er ist ein empfindliches, ungeschütztes Organ voller Blutgefäße – das, wie wir gesehen haben, auf die Gesundheit des Vogels schließen läßt. Kein Wunder, daß Hähne bei ihren Kämpfen versuchen, die Kämme ihrer Rivalen zu verletzen: Wenn der Kamm stark blutet, ist der Kampf gewöhnlich beendet.

In der Natur ist ein großer, intakter Hahnenkamm ein Anzeichen, daß es trotz eines solchen Handicaps keinem Rivalen gelungen ist, den Hahn zu verletzen: Der Besitzer des Kamms ist offensichtlich in der Lage, Rivalen zu besiegen, ohne selbst verletzt zu werden. Ein Hahn mit einem größeren Kamm kann also Rivalen oft ohne Kampf abschrecken, weil sein großer unversehrter Kamm seinen Erfolg bei früheren Kämpfen bezeugt. Holder und Montgomerie beobachteten, daß Alpenschneehähne mit ihren Angriffen auf diese Wülste abzielen; sie fanden auch eine Beziehung zwischen dem Zustand des Wulstes eines Männchen und der Anzahl der Weibchen, die sich entschließen, sich mit ihnen zu verpaaren.[2] Früher schnitten Züchter ihren Kampfhähnen den Kamm und die Kopfanhänge gewöhnlich ab,[3] weil die gezüchteten Kampfhähne ihre Rivalen töten und nicht mit wirksamen Drohungen abschrecken sollten. Ein Hahn ohne Kamm ist ein so guter Kämpfer wie einer mit Kamm, aber da er nicht wirksam drohen kann, erringt er die Oberhand nicht ohne Kampf.

Sind lange Schwänze Signale? Wenn ein Körperteil nicht nur als Signal dient, sondern auch andere Aufgaben erfüllt, wirkt sich das auf seine Form aus. So stellt beispielsweise der Pfauenschwanz offensichtlich ein Handicap und damit ein Signal dar. Die beeindruckend lange Schleppe entwickelte sich aus den Rückenfedern[4] und behindert den Pfau sowohl beim Gehen wie auch beim Fliegen. Der kleinere Fächer der Schwanzfedern stützt die dekorativen Rückenfedern. Aber Pfaue benutzen ihre Schwänze nach wie vor auch als Ruder – obwohl sie sich als Ruder nicht besonders gut eignen.

Theoretisch läßt sich klar unterscheiden, ob etwas ein Signal ist oder nicht: Das Signal hat sich herausgebildet, um Information zu übermitteln und andere davon zu überzeugen, daß diese Information zuverlässig ist, während andere Merkmale sich entwickeln, weil sie dem Tier ganz unmittelbaren Nutzen bringen. Aber in der Praxis läßt sich manchmal schwer sagen, ob ein Merkmal ein Signal ist. Der lange Schwanz eines erwachsenen Vogelmännchens ist nicht unbedingt ein Signal; möglicherweise hat sich ein solcher Schwanz herausgebildet, weil er stärkeren Tieren beim Fliegen Vorteile bringt. Der Langbogen ermöglichte es den Bogenschützen des Mittelalters, mit großer Präzision über weite Entfernungen hinweg zu schießen – falls sie kräftige, muskulöse Arme hatten. Sie benutzten den Bogen, weil er eine wirksame Waffe war, nicht jedoch, um die Stärke des Benutzers unter Beweis zu stellen – obwohl er natürlich auch diesen Zweck erfüllte.

Weibchen tun gut daran, nach längeren Schwänzen Ausschau zu halten, denn sie erhalten damit einen Hinweis auf die Stärke eines Männchens, obwohl sich ein längerer Schwanz, der für stärkere Männchen wirklich nützlich ist, unter dem selektiven Druck der direkten Vorteile ent-

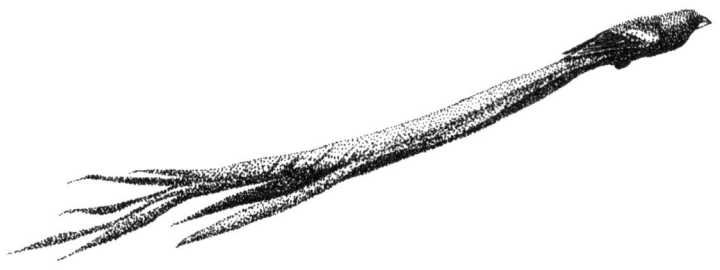

wickelt, die er mit sich bringt, und nicht als Signal. Wie Fisher bemerkte, müssen andere Tiere die Merkmale, die sich aus Gründen der Nützlichkeit herausgebildet haben, zunächst einmal beachten, bevor diese im Lauf der Evolution ihre Signalfunktion entwickeln können. In anderen Fällen sind lange Schwänze ganz offensichtlich Handicaps: Evans und Thomas[5] beobachteten kürzlich, daß ein Lobelien-Nektarvogel besser fliegen konnte, als ihm der Schwanz gekürzt wurde. Evans[6] stellte auch fest, daß die Länge des Schwanzes davon abhängt, unter welchen Bedingungen er sich entwickelte – wie wir es aufgrund unserer Erfahrungen bei Handicaps erwarten würden.

Bei vielen Vögeln, etwa bei Schwalben und Seeschwalben, sind die äußeren Schwanzfedern überlang, bei Vö-

153

geln wie Bienenfressern, Raubmöwen und Tropikvögeln sind die Federn in der Schwanzmitte Prachtfedern. Sie sind gewöhnlich bei Männchen länger als bei Weibchen und bei älteren Männchen länger als bei jüngeren. Dem erwachsenen Männchen der Hahnenschweifwida, einem spatzengroßen Singvogel der ostafrikanischen Savanne, wachsen zur Paarungszeit Federn von einem halben Meter Länge.[7] Wenn ein solches Männchen seine Federn im Flug zur Schau stellt, gleicht es einem langen schwarzen wehenden Band mit einem verdickten Vorderende – dem Vogelkörper. Männliche Wittwen müssen wie männliche Pfauen solche extremen Handicaps in Kauf nehmen, weil sie sich nicht an der Aufzucht der Jungen beteiligen: Sie geben der nächsten Generation nur ihr Sperma mit. Deshalb macht es den Weibchen nichts aus, wenn sie ein Männchen mit anderen teilen müssen, und sie können es sich leisten, nach den wenigen allerbesten Männchen zu suchen, die dann schließlich fast die ganze nächste Generation zeugen.

Gesträubtes Fell und aufgeplustertes Federkleid: Vortäuschung von Größe oder Handicap? Bei Reihern, Paradiesvögeln und einigen anderen Vogelarten haben sich einige der Deckfedern zu langen, fadenähnlichen Schmuckfedern entwickelt. Meistens sind diese Federn unter anderen, nützlicheren Federn verborgen, aber gelegentlich werden sie so hochgehalten, daß sie den Vogel einrahmen, und Partnern oder Rivalen so vorgeführt. Anscheinend sind die Kosten für die Entwicklung und das Tragen solcher Federn nicht übermäßig hoch, wohl aber bedeutet die *Zurschaustellung* dieser Federn ein Handicap. Vermutlich ist ihre Wirkung ähnlich wie die der langen Haare auf dem Rücken von Hyänen oder der langen weichen Stacheln auf dem Rücken von Stachelschweinen, die dann aufgestellt werden, wenn das Tier droht oder aufgeregt ist. Damit Federn, Fell oder Stacheln hochstehen, muß das Tier Muskeln anspannen, was bei einem Angriff oder bei der Flucht hinderlich sein könnte und damit die Drohung zuverlässiger macht.

Üblicherweise wird das Sträuben von Fell oder das Aufplustern der Federn damit erklärt, daß das Tier dadurch größer erscheint.[8] Aber wenn Körper oder Kopf eines Tieres von einer Mähne umgeben sind, sehen Körper oder Kopf eher kleiner aus als ohne einen solchen Rahmen. Wir kennen das aus dem Alltagsleben: Der Kopf eines glatzköpfigen Menschen erscheint uns größer als der eines Menschen mit vollem Haarschopf. Ähnlich sehen die Körper von Reihern, die ihre fadenartigen Federn aufplustern, oder von Stachelschweinen, die ihre langen Stacheln aufstellen, oder von Hyänen, die ihr Fell sträuben, eher kleiner aus, als sie sind. Tiere sträuben Fell oder Federn also nicht, um Größe *vorzutäuschen*, sondern um sie zuverlässig zu *zeigen*; nur ein großes Tier kann es sich leisten, in den Augen von Rivalen oder Helfern kleiner zu erscheinen, als es ist.

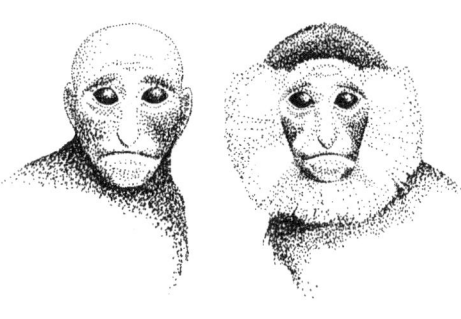

Mähnen werden herkömmlicherweise damit erklärt, daß sie Rivalen über die Größe des Kopfs eines Tieres täuschen sollen. Wenn aber Mähnen dazu bestimmt wären, Rivalen davon zu überzeugen, daß der Kopf eines Tieres größer ist als in Wirklichkeit, würde man erwarten, daß die Mähne dieselbe Farbe hätte wie der Kopf.[9] Das aber ist selten der Fall. Der Langur hat eine goldene Mähne und ein schwarzes Gesicht, deshalb läßt sich der Schädel mit dem Kiefer und den Kiefermuskeln, den Waffen dieses Schlankaffen, gut von der Mähne unterscheiden, die den sozialen Status des Männchens anzeigt. Außerdem: Warum betrügen nicht auch die Jungtiere, wenn die Mähne den Zweck hat, dem Tier das Betrügen zu ermöglichen? Sie würden viel gewinnen, wenn sie größer

Mähnen und Hauben

erscheinen könnten als ausgewachsene Tiere. Wenn andererseits die Mähne ein Handicap ist, können es sich nur Affen mit größerem Schädel leisten, ihren Kopf auf diese Weise kleiner aussehen zu lassen.[10]

Ähnlich lassen Federhauben den Schnabel kleiner erscheinen, besonders wenn die Haube wie bei einem Wiedehopf aufrecht steht. Der Schnabel ist für Vögel eine wichtige Waffe, und ein größerer Schnabel entspricht einer größeren Bedrohung als ein kleinerer. Wieder kann sich nur ein Vogel mit einem großen Schnabel eine große Haube leisten, die seinen Schnabel wesentlich kleiner erscheinen läßt. Sowohl Mähnen als auch Hauben stellen jedoch auch auf andere Weise ein Handicap dar: Hauben lassen die Blickrichtung eines Vogels erkennen, und Kopfmähnen beeinträchtigen die Sicht.

Handicaps, die die Sicht beeinträchtigen Der Gesichtssinn ist für viele Tierarten der wichtigste Sinn, und alles, was die Sehfähigkeit eines Tieres behindert, bedeutet ein schwerwiegendes Handicap. Man vergleiche beispielsweise das Gesichtsfeld eines jungen Orang-Utan mit dem eines erwachsenen Männchens: Das Gesicht des jungen Tiers ähnelt dem eines Menschenkindes und hat ein weites Gesichtsfeld. Die Augen der erwachsenen Tiere sind eingesunken, und eine fleischige Gesichtsumrahmung behindert seine periphere Sicht; je älter das Männchen ist, um so verengter ist sein Gesichtsfeld. Nur ein großes Männchen kann es sich leisten, seinen Sozialstatus mit einem Handicap anzuzeigen, das ihn hindert, Information aus der gesamten Umgebung aufzunehmen. Ein solches Handicap wäre für ein Jungtier zu riskant. Auch bei erwachsenen Löwen und männlichen

Languren, Pavianen und anderen Affen schränken die Mähnen das Gesichtsfeld ein.

Als wir über das Balzverhalten sprachen, erwähnten wir den Wulst, der dem Rosapelikan zur Paarungszeit zwischen den Augen wächst. Dieser Höcker versperrt dem Pelikan den Blick auf Fische in Nähe der Schnabelspitze und zeigt potentiellen Partnern damit, daß er als hervorragender Fischer selbst mit einem so großen Handicap Erfolg hat; der Wulst verschwindet, wenn der Pelikan für seine Jungen sorgen muß. Man findet sichtbehindernde Höcker auch bei einigen Kiebitzarten und bei Hokkos, großen Hühnervögeln, die in den Wipfeln tropischer Bäume Früchte sammeln. Doppelhornvögel leben in den Baumkronen tropischer Wälder. Mit Hilfe ihrer riesigen Schnäbel pflücken sie Früchte von den Enden der Äste. Einige Arten aber haben große hornähnliche Schnabelaufsätze, die fast wie ein zweiter Schnabel vor ihren Augen sitzen und ihnen nicht nur die Sicht auf Beutegreifer versperren, die über ihnen fliegen, sondern sie auch daran hindern, Früchte zu pflücken, die genau vor ihnen hängen, und außerdem den Schnabel unnötig beschweren.

Kragentrappen gehören zur Ordnung der Kranichvögel und leben in der offenen Wüste und Savanne. Der Hahn streckt seinen mit langen Federn bedeckten Hals bei der Balz weit nach hinten, bis die Halsfedern aufrecht stehen und eine große Kugel bilden, die seine Sicht so behindern, daß er blind tanzen muß. Nur ein Männchen, das sich in seiner Umgebung gut auskennt und Vertrauen hat in seine Fähigkeit, Raubfeinde und Rivalen besiegen zu können, kann es sich leisten, minutenlang blind zu tanzen, während es selbst für alle Anwesenden sichtbar ist. Dieser blinde Tanz eines Kragentrappenmännchens könnte sogar ein allzu großes Handicap bedeuten, wenn das Tier nicht in der offenen Steppe seiner natürlichen Umwelt tanzt; der Vogel im Zoo der Universität von Tel Aviv stieß bei seinem Tanz wiederholt gegen den Zaun.

Körperteile, die die Blickrichtung betonen Signale betonen oft auch einen anderen Aspekt, der mit dem Sehen zu tun hat, indem sie anzeigen, in welche Richtung ein Tier schaut. Der kalifornische Wachtelhahn hat einen langen, schwarzen, nach vorn gebogenen Schopf. Wir wunderten uns dar-  über, denn die uns vertraute europäische Wachtel verbringt praktisch ihr ganzes Leben im bodennahen dichten Buschwerk. Was könnte ein solcher Vogel mit einer Federhaube anzeigen? Das Rätsel war gelöst, als wir die Schopfwachtel in ihrer natürlichen Umwelt sahen. Anders als die europäische Wachtel ruft der Schopfwachtelhahn von hohen Warten aus, also Felsen oder Büschen. Seine von weitem sichtbare schwarze Haube verrät die Blickrichtung, denn wenn der Schopf einer geraden Linie gleicht, die sich vom Kopf nach oben erstreckt, schaut die Wachtel einen Beobachter frontal an; wenn der Schopf gebogen aussieht, blickt der Hahn zur Seite. Der Beobachter erkennt also auch, wohin der Vogel nicht schaut. Die Form des Schopfes zeigt also an, wie sicher sich der Vogel fühlt. Möglicherweise erfüllten die Federn auf der Mütze eines Wachpostens oder auf dem Helm eines römischen Centurio dieselbe Funktion.

In Israel gibt es nur eine Haubenlerchenart; sie ist die einzige israelische Lerche, die nicht nur im Flug singt, sondern auch von einer Erhebung, einem Pfahl, einem Zaun oder einem Busch aus. Die Haube zeigt deutlich ihre Blickrichtung an; beim Flug ist eine Haube nicht sichtbar, deshalb hat sie dann keine Signalfunktion. Beim Menschen und bei einigen Affen zeigt die Nase die Blickrichtung an. Nasen sind bei Männern größer als bei Frauen und bei Erwachsenen größer als bei Kindern – ein Hinweis darauf, daß sie zur Schau gestellt werden. Auch kleine Federbüschel an beiden Seiten des Kopfes, wie sie Eulen und andere Vögeln haben, und kurze Hörner, etwa die knöchrigen Wulste auf den Köpfen von Giraffen, lassen einen Beobachter ebenfalls schon aus der Ferne erkennen, in welche Richtung das Tier den Kopf gewendet hat.

Ebenso zeigen die gebogenen Hörner von Antilopen und ähnlichen Tieren die Blickrichtung an, wie wir im Hluhlui-Naturreservat in Südafrika erkannten. Bislang hatten wir die südafrikanischen Reservate immer mit dem Auto besucht. In Hluhlui bot ein Forschungsstudent Amotz an, das Reservat zu Fuß zu besichtigen. Ungeschützt und unbewaffnet unter Löwen, Nashörnern und Büffeln konnte Amotz gar nicht anders, als auf jedes Geräusch zu achten und die Umgebung immer aufmerksam zu beobachten. Die Tiere waren den Anblick gehender Menschen nicht gewöhnt; Antilopen bellten bei ihrem Anblick. Aus der großen Entfernung ließen sich weder ihre Augen noch die Zeichnungen ihrer Gesichter erkennen, aber Amotz und seine Führer wußten, daß die Antilopen ihnen folgten und sie anblickten, weil sie deren Hörner immer nebeneinander und auf gleicher Höhe sahen.

Das eigentliche Abenteuer dieser Exkursion war eine Begegnung mit einem Breitmaulnashorn. Diese Nashörner haben zwei Hörner; das große Vorderhorn dient  offensichtlich als Waffe, die Funktion des dahinterliegenden kleineren Horns jedoch blieb Amotz unerklärlich – bis die Rhinozeroskuh angriff.

Der Führer hatte Amotz versichert, daß Breitmaulnashörner gewöhnlich friedlich sind und daß man selbst angreifende Tiere noch in der letzten Minute abschrecken oder aber selbst hinter einen Baum entkommen kann. Die beiden näherten sich einer Kuh und ihrem kleinen Kalb bis auf weniger als hundert Meter. Der Führer, der wahrscheinlich etwas angeben wollte, schlug vor, noch näher zu gehen. Amotz blieb keine andere Wahl als mitzugehen, denn die Aussicht, allein zu bleiben, war noch unangenehmer als die einer Begegnung mit den Nashörnern.

Die Nashornkuh schnaubte, stampfte und griff an. Amotz und sein Führer klatschten in die Hände, um sie abzuschrecken, und wirklich wich sie zur Seite aus, als sie bis auf etwa 15 Meter herangekommen war. In dem Augenblick, in dem sie sich abwandte, war das kleine Horn zu sehen, das bis dahin vom bedrohlichen großen vorderen Horn verdeckt gewesen war. Erst damit war klar, daß das kleinere Horn die Aufgabe hat, die Blickrichtung seines Besitzers anzuzeigen.

Das kleine Horn läßt erkennen, ob ein Rhinozeros entschlossen ist oder zögert. Ein Nashorn mit einem wohlentwickelten hinteren Horn kann seine Absichten nicht verbergen. Jedes Zögern, jede Veränderung der Blickrichtung und jeder Seitenblick sind unmißverständlich. Solche Hörner erfüllen ihre Aufgabe nur in einer offenen Landschaft, wo sie von weither sichtbar sind. Die Hörner der in dichter Vegetation lebenden asiatischen Nashörner zeigen die Blickrichtung nicht auf ähnliche Weise an; tatsächlich haben sich ihre hinteren Hörner zu kleinen hornigen Beulen zurückgebildet.

Körperteile, die beim Kampf ein Handicap darstellen Der Rüssel männlicher See-Elefanten hängt vor dem Gesicht nach unten und hindert ausgewachsene Männchen daran, das zu sehen, was sich genau vor ihrem Maul befindet; sie können weder fressen noch Rivalen beißen, ohne ihn vorher zur Seite zu schwingen. Ein Rivale kann den Rüssel des See-Elefanten fassen und zerreißen, ähnlich wie bei Hähnen. Je größer der Rüssel, um so höher ist der Status des Männchens; nur ein großes, starkes und erfahrenes Tier kann kämpfen, wenn es von einem solch lästigen Rüssel behindert wird.

Der Papageientaucher und einige andere Mitglieder der Familie der Alken nisten in Höhlen und bilden während der Brutzeit eine spezielle hornige Schicht um ihre

Schnäbel. Wagner, der den Tordalk – ein Mitglied dieser Familie – beobachtete, fand, daß der Höhlenbewohner sie von innen schützt, indem er einem Rivalen den  Schabel so hinhält, daß der Eindringling ihn fassen kann.[11] Die Vertiefungen in der rauhen Hornschicht des Schnabels geben dem Rivalen einen guten Angriffspunkt. Wenn die Schnäbel glatt wären, wie sie es außerhalb der Brutzeit sind, könnten die Rivalen den Schnabel dieses Papageientauchers in seiner Höhle weniger gut festhalten. Nur ein Vogel, der sich seiner Stärke sicher ist, kann es sich leisten, seinen Rivalen eine solche Angriffsfläche zu bieten. Die Größe der Hornschicht des Schnabels, die Anzahl der Rillen und die Zeichnung, die ihn möglichst gut hervorhebt, nehmen alle mit dem Alter zu. Alken, die nicht in Höhlen leben, haben keine solchen Hornschichten.

Wir haben uns viele Jahre lang darüber den Kopf zerbrochen, welche Aufgabe der Bart des Steinbocks haben könnte. Er ist offensichtlich ein Signal: Erwachsene Männchen haben ihn, aber Weibchen und Junge nicht. Aber was signalisiert er? Er wiegt nicht viel; er verändert das Aussehen seines Besitzers nur wenig, viel weniger als das riesige Gehörn des erwachsenen männlichen Tieres. Die Lösung kam aus einer völlig unerwarteten Richtung. Giora Ilani bemerkte, als sie im Ein Gedi-Naturreservat Leoparden beobachtete, daß der Steinbock einen wichtigen Teil des Speisezettels von Leoparden ausmacht. Ein Leopard kann sogar einen großen Steinbock besiegen, indem er ihn im Gesicht faßt, Nase und Maul mit seinem eigenen

Maul bedeckt und erstickt.[12] Alles, was es dem Leoparden erleichtert, den Steinbock zu fassen – etwa der Bart –, erschwert dem Steinbock das Entkommen. Wenn ein Steinbock sich einen Bart wachsen läßt, zeigt er damit seine Verachtung für Leoparden an und sein Vertrauen in seine Fähigkeit, ihnen zu entkommen.[13] Ein anderer solcher Körperteil ist die lose Haut am Unterkiefer erwachsener männlicher Elche; wenn Wölfe Elche angreifen, schnappen sie nach dieser Haut.

Das schwere verzweigte Hirschgeweih und das gebogene oder gewundene Gehörn von Ziegen und Steinböcken sind keine besonders guten Waffen. Tatsächlich ist, nach Darling,[14] der Hufschlag eines Hirsches viel gefährlicher als sein Geweih. Aber es ist klar, daß Hirsche für weibliche Tiere um so attraktiver und für männliche Tiere um so abschreckender sind, je größer und verzweigter ihr Geweih ist.[15]

Gelegentlich findet man Wild ohne Geweih oder mit geraden Hörnern (Gabelböcke). Darling bemerkt, daß ein gerades, scharfes Geweih in einem Kampf großen Schaden anrichten kann. Aber solche Tiere verschwinden aus der natürlichen Population, denn wenn auch das gerade Geweih eine bessere Waffe sein mag, taugt es weniger gut zum Drohen und Imponieren, demonstriert also nicht so gut die Stärke. Es könnte wohl sein, daß sich schwere, lästige Hörner und Geweihe nicht so sehr als Waffen entwickelten, sondern vielmehr als Handicaps, die anzeigen, wie stark die Tiere sind, die sie tragen. Weibchen halten anscheinend Ausschau nach Männchen, die insgesamt stärker sind, nicht nach Männchen, die besser töten können.

Nach dem Handicap-Prinzip kostet jedes Signal den Signalgeber einen Preis – und das trifft auch für die gerade erwähnten Körperteile zu. Aber läßt sich die Evolution von Körperteilen dadurch erklären, daß damit die Signale weniger kostspielig werden? Während der Brutzeit führen männliche Feldlerchen bis zu zehn Singflüge in der Stunde durch. Møller[16] fand, daß sowohl die Anzahl als auch die Dauer dieser Flüge stark schwankt. Ein Flug kann zwischen einer halben Minute und zwanzig Minuten andauern. Møller fand auch eine umgekehrte Beziehung zwischen der Flügellast – dem Verhältnis von Körpergewicht und Flügelfläche eines Vogels – und der Dauer seines Singflugs. Männchen, denen Møller ein Stück der Flügelfedern abgeschnitten und damit ihre Flügelfläche um 20% reduziert hatte, was ihre Flügellast deutlich vergrößerte, unternahmen weniger und kürzere Singflüge als andere. Lerchenmännchen entwickeln deshalb seiner Meinung nach größere Flügel, um die »Kosten zu reduzieren« und die Flügellast zu verringern und also leichter Singflüge unternehmen zu können.

Es fragt sich, ob große Flügel und kleinere Flügellast nicht auch unter anderen Umständen für Vögel vorteilhaft sind, etwa beim Vogelzug oder bei der Flucht vor Beutegreifern. In dem Fall wären die Flügel das Äquivalent des Langbogens – zugleich ein gutes Werkzeug und ein guter Indikator der Gesamtstärke –, und Singflüge könnten die größeren Flügel vorteilhaft zur Schau stellen: Nach dem Handicap-Prinzip können sich stärkere Tiere Signale – wie es etwa Singflüge sind – besser leisten als schwächere.

Wenn andererseits die größeren Flügel nur bei Schauflügen vorteilhaft wären, sonst aber ein Handicap, wären sowohl die Flügel selbst als auch die Singflüge Signale. In diesem Fall steckte der Preis für die Schauflüge nicht nur in dem Aufwand, den der Vogel für die Flüge aufbringt, sondern auch darin, daß er längere Flügel wachsen läßt und die Stärke entwickelt, mit ihnen zu fliegen, und darin, daß größere Flügel beim normalen Flug eine Ge-

Kann die Evolution zu Körperteilen führen, die die Signale billiger machen?

163

fahr darstellen. In jedem dieser Fälle wirkt es sich sicherlich auf die Schauflüge aus, wenn ein Stück der Flügelfedern abgeschnitten wird, aber das sagt überhaupt nichts darüber aus, welchen Zweck die größeren Flügel männlicher Lerchen erfüllen.

Die Evolution von Hörnern und Geweihen Das Handicap-Prinzip kann eine der Fragen beantworten, die die ersten Stadien in der Evolution solcher Körperteile wie Hörner, Geweihe oder Federn betreffen. Nach den Gesetzen der natürlichen Auslese kann sich nur eine Mutation, die dem Individuum nutzt, auf die ganze Population ausbreiten. Aber wie können wir die Kette der Ereignisse erklären, die bei einem zuvor hornlosen Huftier zum Auftreten von Hörnern führt? Es scheint unwahrscheinlich, daß eine einzige Mutation genügt, um ein Paar scharfer, harter, symmetrischer Hörner entstehen zu lassen, die ihrem Träger gute Dienste tun.

Das erste Stadium in der Evolution von Hörnern und Geweihen könnte das Auftreten kleiner weicher Ausstülpungen gewesen sein, wie wir sie als Stirnhöcker bei der Giraffe finden und die als Signal dienen, das die Blickrichtung anzeigt. Das könnte sowohl die Lage der Hörner auf der Stirn als auch ihre allgemeine Form und Symmetrie erklären. In diesem frühen Stadium wären Hörner bei einem Kampf nutzlos – oder sogar hinderlich. Weibliche Nilgau-Antilopen haben keine Hörner, sondern bekämpfen einander durch Aneinanderstoßen ihrer Köpfe. Die Männchen tragen kurze Spießhörner und bekämpfen ihre Rivalen, indem sie mit den Vorderbeinen schlagen. Wenn sie einander mit den Köpfen stoßen wollten, würden die zarten Hörner brechen. Solche empfindlichen Hörner sind offensichtlich keine Waffen, sondern vielmehr ein Signal, das als Qualitätsmerkmal dient. Als einmal Ansatzpunkt und Form der Hörner festlagen und sie als Signal dienen konnten, das die Blickrichtung anzeigt, konnten sie sich durch Mutationen, die ihre Stärke und

Schärfe verbesserten (Nützlichkeitsselektion), zu guten Waffen weiterentwickeln. Beispielsweise bewähren sich die geraden, harten und scharfen Hörner der Weibchen mehrerer Gazellenarten als nützliche und wirksame Waffen gegen kleine Räuber.

Für größere und stärkere männliche Tiere können größere, stärkere Hörner nützlich sein, und genau die hat die natürliche Auslese wie erwartet unter dem Nützlichkeitsaspekt hervorgebracht. Dann kam wieder die Signalselektion ins Spiel und führte zu schwereren und gewundeneren, gekrümmteren oder verzweigteren Hörnern, die Stärke und Ausdauer ihrer Träger signalisieren. Das Ergebnis waren die schweren, nach hinten gebogenen Hör-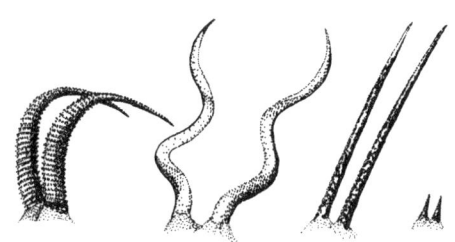ner des Steinbocks, die spiraligen Hörner des Großen Kudu, die Gabeln des Rehbocks. Solche schweren, gewundenen Hörner und Geweihe sind bessere Indikatoren der Gesamtqualität eines Männchens und ausgezeichnet bei Kampfspielen, bewähren sich aber gewöhnlich nicht besonders gut als herkömmliche Waffen.

Veränderungen in diesem späteren Stadium der Signalselektion waren auf Männchen beschränkt. Weibchen müssen, wie wir sahen, mehr in jedes ihrer Nachkommen investieren als Männchen, weil Eier größer und weniger zahlreich sind als Spermien; weibliche Säugetiere müssen für ihren Nachwuchs noch mehr leisten, weil Trächtigkeit und Säugezeit große Ansprüche stellen. Deshalb bleibt dem Weibchen weniger Kraft für Imponiergehabe übrig. Sie haben auch weniger zu gewinnen, denn die Anzahl der Nachkommen, die ein Weibchen austragen kann, ist stark begrenzt, während die Anzahl der Nachkommen eines Männchens weitgehend davon abhängt, wieviel Partnerinnen es begatten kann. Weibchen müssen also auf Qualität Wert legen und die Väter ihrer Nachkommen sorgfältig aussuchen. Damit ist natürlich die

Wahrscheinlichkeit, daß ein Männchen ganz ohne Nachkommen bleibt, viel größer als bei einem Weibchen. Deshalb preisen sich die Männchen den Weibchen viel mehr an als umgekehrt, besonders, wenn die Weibchen bei Pflege und Aufzucht der Jungtiere ohne männliche Hilfe auskommen. Das erklärt die enorme Größe und das Gewicht männlicher Hörner und die vielen komplizierten Formen, die sie annehmen können. Im Gegensatz dazu haben die Weibchen, wenn sie überhaupt Hörner haben, gewöhnlich kleine, scharfe, nützliche Hörner, mit denen sie sich vor Feinden schützen können.

Ein weiteres interessantes Stadium in der Evolution der Geweihe läßt sich beim Rentier aufzeigen: Ihre schweren verzweigten Geweihe haben einen zusätzlichen Ast, der sich als nützliches Werkzeug erweist, um den Schnee von den Flechten zu wischen, die ihre Winternahrung sind. Vermutlich deshalb tragen – im Gegensatz zu anderen Hirschkühen – auch weibliche Rentiere ein Geweih.

Die Evolution von Gehörn und Geweih verlief also in mehreren Stufen. Ursprünglich bildeten sich durch Signalselektion Strukturen, die die Blickrichtung eines Tieres anzeigten und deren Form und Stellung durch diese Funktion bestimmt wurde. Diese Auswüchse wurden immer kräftiger und entwickelten sich aufgrund der Nützlichkeitsselektion zu Waffen. Sie veränderten sich weiter und wurden größer und komplizierter, während sie zu Handicaps und Instrumenten für Ritualkämpfe wurden und nicht mehr als Kampfwaffen eingesetzt wurden. Bei Rentieren entwickelten sie sich noch weiter zu einem Werkzeug, das bei der Nahrungssuche nützlich ist. In allen unterschiedlichen Formen sind Gehörn und Geweih weiterhin Signale, die die Blickrichtung eines Tieres anzeigen.

Wie Gehörn und Geweih gibt auch das Gefieder den **Signalselektion** Evolutionsbiologen Rätsel auf. Vögel haben sich aus **und die** Reptilien entwickelt, und Federn aus Schuppen. Es ist **Evolution** jedoch unwahrscheinlich, daß eine einzige Mutation zu **des Gefieders** einem so komplexen, schönen und funktionalen Wunderwerk wie einer Feder führte. Aber wenn sich eine Veränderung in einer Population durchsetzen konnte, muß sie eine Verbesserung gewesen sein. Es läßt sich leicht nachvollziehen, wie ein Körperteil, das eine bestimmte Funktion oder Aufgabe erfüllt, sich im Lauf der Evolution verändert, um diesem Zweck besser zu dienen, aber wie wird ein Körperglied wie eine Reptilienschuppe allmählich zu etwas so Grundverschiedenem wie eine Feder? Die Umwandlung einer Schuppe in eine Feder kann nur durch eine Reihe zahlloser, winziger Veränderungen, eine nach der anderen, erfolgt sein; jede dieser Veränderungen konnte sich nur dann in der Population ausbreiten, wenn sie für sich genommen die Tauglichkeit des Tiers verbesserte, bei dem sie eintrat – also zu einer Zunahme der reproduzierenden Nachkommen führte. Offensichtlich aber wurde die veränderte Schuppe, bevor sie zu einer guten Feder wurde, zunächst zu einer weniger guten Schuppe.

Eines Tages stießen wir auf einen Aufsatz, der von der erstaunlichen Struktur der Feder handelte und verblüffende Aufnahmen zeigte, die mit einem Elektronenrastermikroskop gemacht worden waren. Wie kann es sein, so fragten die Verfasser, daß eine solche wunderbare Struktur durch allmähliche Veränderungen entstanden  ist? Hat nicht vielmehr eine höhere Vorsehung die Feder für die Funktion erschaffen, die sie heute hat? Es stellte sich heraus, daß der Artikel von einer fundamentalistischen Vereinigung veröffentlicht worden war, die die Evolution widerlegen wollte, um die sogenannte Schöpfungswissen-

schaft als wissenschaftlich gültiges Paradigma darzustellen. Natürlich lehnen heutige Naturforscher die Schöpfungswissenschaften ab, aber immer noch stellt sich die Frage: Wie wurde aus einer Schuppe eine Feder?

Die Signalselektion wirkt der Nützlichkeitsselektion entgegen, denn sie begünstigt Veränderungen, die die unmittelbare Nützlichkeit eines Körperteils eher verringern als vergrößern. Der selektive Vorteil jeder dieser Veränderungen liegt nicht in ihrem Nutzen, sondern darin, daß es als Signal effektiver ist und zuverlässige Information vermittelt. Die Annahme wäre völlig logisch, daß einige Schuppen sich allmählich zu einem komplexen federnähnlichen Schmuck entwickelt haben. Ein Reiher ist auch heute durchaus überlebensfähig, obwohl einige seiner Federn zu einem fadenförmigen Schmuck – einem Signal – geworden sind und ihn weder wärmen noch beim Fliegen nützen. Auf dieselbe Weise könnten sich einige der Schuppen auf den Vorderbeinen eines Urreptils in lose, lange, dekorative Platten verwandelt haben, die beim Gehen und Klettern hinderlich waren, von der Signalselektion aber gerade deshalb begünstigt wurden, weil ein solches Handicap einen zuverlässigen Hinweis auf die Fähigkeit des Reptils zum Gehen und Klettern gab. Solche dekorativen Schuppen könnten sich schließlich für das Gleiten von einem Baum zum anderen als nützlich erwiesen haben – und damit das Tor für die Evolution von Federn durch Nützlichkeitsselektion aufgestoßen haben.

Dieser Gedanke ist nicht neu. Vor uns haben schon viele Forscher die entscheidende Rolle der »sexuellen Selektion« für das Hervorbringen neuer Trends in der Evolution erkannt – und wir haben gesehen, daß das, was Darwin *sexuelle Selektion* nannte, ein Teil jenes Prozesses ist, den wir Signalselektion nennen. Wir haben nicht den Prozeß selbst entdeckt, sondern vielmehr seine Grundlagen aufgedeckt. Wir sagen, daß die Zuverlässigkeit, die für die Signalgebung nötig ist, ihrem Wesen nach ihrer Effizienz *entgegensteht*. Handicaps verbessern die Zuverlässigkeit von Signalen nicht, *obwohl* sie ein Tier weniger effizient machen, sondern eben *weil* sie das tun. Für jede Verbesserung eines Signals *muß* der Signalgeber einen Preis zahlen – das Signal muß die Anpassung des Signalgebers an seine Umwelt *verringern*.

Handicaps sind nicht willkürlich. Ein Handicap entwikkelt sich zum Signal, weil es zuverlässige Information über bestimmte Merkmale und Fähigkeiten geben kann, und dieser Kanal der natürlichen Auslese – die Signalselektion – steht einfachen Nützlichkeitsbetrachtungen – der Nützlichkeitsselektion – entgegen. Dieser Kanal kann zu den Anfangsstadien der Evolution neuer Körperteile führen, die zunächst als Signale dienen und später neue Funktionen übernehmen, wenn sie allmählich nach ihrer Nützlichkeit ausgelesen werden. Unserer Meinung nach führten diese sich abwechselnden Prozesse dazu, daß der Hirsch sein Geweih und der Vogel sein Gefieder erhielt.

KAPITEL 8

Die Rolle der Farbe
bei der Zurschaustellung

Farbe kann der Tarnung dienen; in dem Fall sind ihre
Vorteile offensichtlich und bedürfen keiner Erklärung. Farbe kann auch die Wärmeabsorption oder -re-
flektion beeinflussen. In manchen Fällen signalisiert die
Farbe auch Gesundheit. Das gilt bei Hähnen für das Rot
ihrer Kämme und bei Menschen für das Rot ihrer Lippen
und anderer Körperteile, die auf gute Blutzirkulation
schließen lassen, und es gilt bei Flamingos und anderen
Vögeln, wo die Rotfärbung auf dem Verzehr von Nahrung beruht, die reich ist an Karotinoiden.[1] Karotinoide
sind aktive Moleküle und können im Körper Schaden
anrichten; wir vermuten, daß ein Vogel, dessen Blut
gerade zur Zeit des Federnwachstums viel Karotin enthält, ein Handicap hat, das sich nur ein sehr qualitätsvoller
Vogel leisten kann.

Aber im Gegensatz zu den Schmuckzeichnungen vermittelt Farbe selten eine bestimmte Botschaft, sondern verdeutlicht vielmehr eher Botschaften, die durch Zeichnung, Schmuck, Form und Bewegung übermittelt wer-

den, indem sie sie auffälliger und präziser macht. Eine Botschaft kann ins Auge fallen und selbst aus der Entfernung eindeutig vermittelt werden, aber sie kann auch unauffällig und subtil und nur aus der Nähe verständlich sein.

Auf unseren Reisen durch mehrere Kontinente haben wir Tiere und Vögel in ihren jeweiligen Habitats, also in den unterschiedlichsten Umwelten, beobachtet und uns immer wieder gefragt: Was sehen wir bei jedem dieser Vögel? Was stellt das Tier zur Schau? Wie würden wir dieses bestimmte Wesen unter diesen bestimmten Umständen wahrnehmen, wenn es mit anderen Farben gezeichnet wäre? Wir versuchen zu verstehen, wie sich die Färbung des Körpers oder wichtiger Körperteile darauf auswirkt, aus welcher Entfernung eine Gestalt oder ein Muster sichtbar sind, und wie eindeutig die Botschaft ist.[2]

Schwarz in der Wüste Der Gedanke, es könne einen Grund dafür geben, daß ein bestimmter Vogel in bestimmter Weise gefärbt ist, kam uns zuerst, als wir eine 1950 veröffentlichte Arbeit der hervorragenden Ornithologen Mayr und Stresemann lasen.[3] Sie wiesen darauf hin, daß Schmätzer, die wie Wüstenschmätzer und Isabellschmätzer in offenen Habitats leben, unauffällig dunkel sind, Trauerschmätzer und Saharaschmätzer dagegen, die in hügeligem Gelände leben und tiefe Schluchten bewohnen, dagegen auffällig weiß oder schwarz, und daß Arten, die im offenem Habitat leben, gewöhnlich schwarze Schwänze haben, während die Schwänze der im Gebirge lebenden Tiere mehr Weiß aufweisen.

Wir bemerkten bald, daß auch bei anderen Wüstenvögeln solche Körperteile, die bei Vögeln mit gemäßigterem

Habitat gewöhnlich weiß sind, oft schwarz sind: Die
Schwänze der Feldlerchen etwa sind am Rand weiß,
während die der Wüstenlerchen am Rand zwar nicht
schwarz, aber doch sehr dunkel sind. Der Grauortolan
der israelitischen Mittelmeerküste hat weiße Schwanzfedern, während der Schwanz der Wüstenammer gar kein
Weiß aufweist.

Diese Regel gilt in der Wüste auch für Säugetiere. Männliche Steinböcke haben riesige schwarze Hörner und
schwarze Bärte, die sich beide deutlich von dem Gelbgrau
der Wüste abheben. Gelegentlich verraten nur die
schwarzen Hörner und der Bart die Gegenwart dieses
sonst sehr unauffällig gefärbten Tiers. Während der
Brunftzeit wächst dem Steinbock auf seiner Brust ein
wunderschöner schwarzer Pelz. Schwarz fällt in der Wüste bei jeder Beleuchtung auf, wenn nicht – was sehr
selten vorkommt – der Hintergrund selbst sehr dunkel ist.
Schwarz ist selbst mitten am Tag, wenn die heiße Luft die
Sicht verschwimmen läßt, besser zu erkennen als jede
andere Farbe. In der Dämmerung, wenn der graue Körper eines Grauschmätzers mit dem Zwielicht verschmilzt,
hebt sich der ausgebreitete schwarze Fächer seines
Schwanzes vom Hintergrund ab.

In den Wüsten des Negev und Sinai fallen
die schwarzen Gewänder und die schwarzen Ziegen der Beduinen schon von weitem
ins Auge; uns kam der Gedanke, daß diese
Menschen möglicherweise gerade deswegen schwarze Kleidung tragen und schwarze
Ziegen wählen. Als wir diese Möglichkeit
Fachleuten gegenüber erwähnten, die sich
mit dem physiologischen Zusammenhang
zwischen Farben und Temperaturen beschäftigten, wiesen sie schmunzelnd darauf
hin, daß die Beduinen in der Sahara helle Kleidung
tragen. Sei das nicht ein Hinweis darauf, daß der Farbe
der Beduinenkleidung keine solche Bedeutung zukommt?

Als es uns nach dem Friedensschluß mit Ägypten möglich wurde, den ägyptischen Teil der Sahara zu besuchen, fiel uns ein entscheidender Unterschied zwischen dieser Wüste und der Wüste in Israel und dem Sinai auf. Die Sahara ist viel trockener und erhält teilweise jahrelang überhaupt keinen Regen. Im Negev und im Sinai leben die Beduinen mit ihren Herden über die ganze Wüste verstreut, in der Sahara leben sie dagegen in überbevölkerten Oasen. Sie ziehen nur gelegentlich in die Wüste, um von einer Oase zur nächsten zu gelangen oder die Weidegründe zu nutzen, die sich nach unverhofften Regenfällen vorübergehend bilden, leben aber nicht dort.

Da die ökologischen und sozialen Bedingungen in der Sahara so anders sind als in den Wüsten des Negev und Sinai, unterscheiden sich auch die Farben des Hintergrunds, die Entfernungen, die eine Botschaft überbrükken muß, und womöglich auch die tatsächlichen Botschaften. Kurz, die Tatsache, daß die Bewohner dieser beiden Wüsten unterschiedliche Farben bevorzugen, bestätigt unsere Behauptung, daß zwischen der Umwelt und den zur Schau gestellten Farben tatsächlich eine Beziehung besteht. Man sollte wissen, wer eine Botschaft schickt, welche Botschaft vermittelt wird und unter welchen Bedingungen sie vermittelt wird, damit man nicht vorschnell ungerechtfertigte Schlußfolgerungen über die Verwendung bestimmter Farben zieht.

Schwarz und Weiß in offenem Gelände Im offenen Gelände – in der Wüste, in der Steppe, an der Küste, auf dem Meer und am Himmel über den Baumwipfeln tropischer Wälder – herrschen bei Vögeln die Farben Schwarz und Weiß vor. Man sieht dort nur selten rote, gelbe, blaue oder orangefarbene Vögel (obwohl es einige Ausnahmen gibt, wie Bienenfresser und Rakken). Sowohl Schwarz als auch Weiß finden Verwendung, wenn Information große Entfernungen überbrücken soll. Beide Farben haben ihre Vor- und Nachteile.

Was ist der Unterschied zwischen Schwarz und Weiß, und was sind die jeweiligen Vorzüge? Wir fanden die Antwort während einer Fahrt auf einer Autobahn. Entlang der Straße standen Telefonmasten mit kleinen Isolatoren aus Keramik. Einige dieser Isolatoren waren schwarz, andere weiß, ohne besondere Ordnung. Wir hatten also Gelegenheit, schwarze und weiße Gegenstände derselben Form und unter denselben Beleuchtungsverhältnissen zu betrachten.  Manchmal war der Hintergrund der Himmel, manchmal dunkles Gestein, manchmal grüne Wiesen und Wälder. Wir merkten bald, daß wir die weißen Isolatoren zwar aus größerer Entfernung sehen konnten, bei den schwarzen jedoch die Umrisse deutlicher erkannten. Eine weiße Fläche ist über größere Entfernungen sichtbar, weil sie den größten Teil des auffallenden Lichts reflektiert; aber anscheinend läßt gerade das den Rand eines weißen Körpers verschwimmen. Andererseits erscheint der Rand eines schwarzen Objekts  schärfer, was vermutlich daran liegt, daß er alles auftreffende Licht absorbiert, was den Gegensatz zwischen einem Objekt und seinem gewöhnlich etwas Licht reflektierenden Hintergrund besonders groß macht.

Als wir in Australien bei Freunden zu Besuch waren, kam die Tochter des Hauses gerade weinend von ihrer ersten Ballettstunde zurück. Die Lehrerin hatte sie getadelt, weil sie nicht das herkömmliche schwarze Trikot getragen hatte. Wie die Lehrerin erklärte, lassen sich Stellung und Körperhaltung in schwarzer Kleidung besonders gut erkennen und korrigieren. Bei einer Aufführung andererseits tragen Balletttänzer mit größerer Wahrscheinlichkeit weiße oder sehr helle Kleidung, denn dann sollen die Zuschauer nicht so sehr die einzelnen Stellungen, sondern die Bewegungen der Tänzer genießen.

Vögel, die wie Raben, Drongos, Steinadler, Kaffernadler

175

ihre Gegenwart anzeigen und lange auf hohen Sitzplätzen verharren, sind gewöhnlich schwarz. Da Schwarz vor fast jedem Hintergrund den größten Kontrast abgibt, ist die Form dieser Vögel ausgezeichnet zu erkennen. Vielleicht gibt es andererseits fast keine kleinen weißen Vögel, weil der Rand weißer Körper verschwimmt. Vermutlich hat ein geringes Verschwimmen ihrer Umrisse bei Schwänen oder Reihern und ähnlichen Vögeln deswegen keine Bedeutung, weil die Tiere so groß sind.

Weiß wiederum eignet sich besonders gut dazu, Bewegungen anzuzeigen. Man erkennt einen auffliegenden Schwarm von Pelikanen oder Möwen an dem Licht, das die weißen Flächen ihrer Flügel und Körper bei jeder ihrer Wendungen reflektieren. Das reflektierte Licht zeigt Geschwindigkeit, Flügelbewegung und andere Faktoren an. Tatsächlich haben viele Vögel auf ihren Flügeln oder Schwänzen weiße Markierungen, die nur beim Flug zu sehen sind. Beim Flug ist das durch Weiß verursachte Verschwimmen kein Problem, weil die Umrisse der Vögel durch die Bewegung unscharf werden.

Farben in Wäldern und auf Korallenriffs Im Regenwald sind viele Vögel rot, gelb und blau und nur wenige schwarz oder weiß. Gewöhnlich stellt sich heraus, daß diese wenigen viel Zeit über den Baumkronen oder auf dem Erdboden verbringen, außerhalb des Flickenteppichs von Licht und Schatten, der für das Blätterdach selbst charakteristisch ist. In der dichten Vegetation sehen Vögel einander nur über kurze Entfernungen, deshalb verlieren Weiß und Schwarz die meisten ihrer Vorzüge. Das Nebeneinander von gleißendem Sonnenlicht und tiefem Schatten innerhalb der Baumkronen verzerrt weiße, schwarze und schwarz-weiße Formen und Muster.

Trotzdem werden auch dort sowohl Form als auch Bewegung zur Schau gestellt. Gelb und Rot sind leicht sowohl von Lichtflecken als auch vom Schatten der Blätter und Zweige zu unterscheiden. Gelb reflektiert außer Blau alle Farben, wirkt also einerseits ähnlich wie Weiß, und ist andererseits so verschieden von Weiß, daß es nicht mit Sonnenlicht verwechselt werden kann. Im Wald betonen unterschiedliche Gelbschattierungen die Bewegung. Besonders gut hebt sich Rot vom grünen Blätterdach ab. Es reflektiert wenig Licht, läßt sich aber auch als Dunkelrot gut von Schattenflecken unterscheiden; Waldvögel, die auf Sitzwarten auf sich aufmerksam machen, sind rot. Auf dem Waldboden, wo das Licht schwach ist und wohin nur wenige Sonnenstrahlen gelangen, sind die Prachtkleider wieder überwiegend weiß und schwarz. Waldvögel sind auch sehr oft grün – aber obwohl diese Farbe im Zoo hell und auffällig wirkt, ist sie im natürlichen Habitat eher unauffällig und verbirgt den Vogel oft vor dem grünen Hintergrund der Bäume.

Der Einfluß der Umwelt auf die Farbwahl kann ein Phänomen erklären, das Diamond[4] bemerkte: In Tropenwäldern bestehen Trupps mit artverschiedenen Vögeln gewöhnlich aus Tieren mit ähnlicher Färbung. Diamond beschreibt Vogeltrupps auf dem Waldboden, die zumeist schwarz und braun sind, während Trupps mit grünen und gelben Vögeln, meistens Insektenfresser, bis in Höhen von drei bis sieben Metern fliegen. Jeder solche Trupp bevölkert so gleichsam ein eigenes »Stockwerk« des Dschungels; wir vermuten, daß die Farbe der Vögel jeweils dem Teil des Waldes – oberhalb des Blätterdachs, in mittlerer Höhe oder auf dem Waldboden – entspricht, in dem sie aktiv sind. Da sich die Vögel eines bestimmten »Stockwerks« unabhängig von der Art mit ähnlichen Licht- und Entfernungsverhältnissen abfinden müssen, ähneln sich auch ihre Farben.

Entsprechendes finden wir bei Fischen. Im offenen Gewässer sind die meisten Fische grau, schwarz, oder weiß; in Korallenriffen und in Tangwäldern, wo die Weitsicht behindert ist und es viel Licht und Schatten gibt, können sich bunte Fische über kurze Entfernungen hinweg zur Schau stellen.

Als wir diese »Regeln« einmal herausgefunden hatten, dachten wir uns ein Spiel aus, bei dem wir nach den

Beschreibungen der Vogelfarben in Vogelhandbüchern Habitat und Verhaltensweisen uns unbekannter Arten errieten. Gewöhnlich entsprechen unsere Vorhersagen dem Wissen lokaler Vogelkundler. Deshalb überraschte es uns, als wir erfuhren, daß der Säulengärtner seine Laube tief im Regenwald auf dem Erdboden baut, denn wir hätten erwartet, daß dieser hellgelbe Vogel seine Fähigkeiten in den lichtdurchfluteten oberen Teilen des grünen Blätterdachs zur Schau stellt.

Als wir das Glück hatten, Gerald Borgia in Australien an seinem Arbeitsplatz in der Nähe von Atherton zu besuchen, warteten wir lange in unserem Versteck in der Nähe einer Laube des Säulengärtners, wobei wir seine Rufe hörten, ihn aber nicht sehen konnten. Plötzlich wurde die Laube von einem Sonnenstrahl beleuchtet, das Männchen kam am Sonnenstrahl entlang heruntergeflogen, als ob es ein Teil des Lichtstrahls sei, und landete auf seiner Sitzwarte, einem waagerechten Zweig, der die beiden Stockpyramiden verband, die seine Laube bildeten. Hellgraue Flechten, die der Vogel auf denselben Zweig gelegt hatte, reflektierten das Licht zum Vogel hin. Jetzt machte die goldene Farbe des Laubenvogels Sinn; aber wie konnte Sonnenlicht so tief auf den Waldboden gelangen? Wir erfuhren später, daß die Säulengärtnermännchen die Blätter über ihren Lauben sorgfältig so abpflücken, daß das Licht genau in dem von ihnen gewünschten Winkel eindringen kann.

Die Rolle der Zweifarbigkeit

Amseln, Raben und manche Kormorane sind ganz schwarz, einige Reiher und Schwäne ganz weiß. Häufiger aber haben Vögel zwei oder mehr Farben. Zwei kontrastierende Farben nebeneinander – oft auf demselben Körperteil, etwa Schwanz oder Flügel – können – wie wir in Kapitel 5 sahen – Form und relative Größe anzeigen. Wenn ein Vogel auf seiner Warte sitzt, sieht man gewöhnlich nur schwarze Körperteile, denn die weißen und hellen Teile sind beim ruhenden Vogel oft verborgen und werden nur beim Flug gezeigt. Einige Arten haben jedoch zweifarbige Federzeichnungen, die auch beim ruhenden Vogel sichtbar sind. Damit kann der Vogel seine Vorzüge bei jedem Licht zur Schau stellen: Der weiße Bauch von Raubwürgern und Schmätzern leuchtet hell, wenn die Sonne im Rücken des Beobachters steht, wenn die Vögel aber auf einer Warte zwischen Sonne und Beobachter sitzen, läßt das Schwarz der Flügelränder die Umrisse deutlich erkennen. Manchmal sind die Botschaften nur für nahe Beobachter bestimmt: Die Streifen des Zebras, die die Körperformen betonen, verschmelzen aus der Entfernung zu einem unscheinbaren Grau.

Ein Körper mit zwei kontrastreichen Farben erscheint kleiner als ein einfarbiger und ist erst aus geringerer Entfernung deutlich zu sehen; gelegentlich verzerrt die Färbung auch die Form. Aus diesem Grund finden wir oft eine »Kompromißfarbe«, also eine, die dunkel genug ist, die Form des Tieres zu zeigen, aber mehr Licht reflektiert als Schwarz oder Dunkelrot. In offenen Habitats und über den Baumkronen tropischer Wälder ist die Kompromißfarbe meistens Grau, im Waldinneren Beige, Orange oder Braun. Auf dem Waldboden findet man viele vorwiegend rotbraun gefärbte Tiere, darunter viele Säugetiere wie Eichhörnchen und Fuchs, Rotwolf und, in den Tiefen des indischen Dschungels, den Sambarhirsch. Der »Spiegel« des Sambarhirsches ist hellbraun und nicht weiß, wie bei Wild, das im offenen Gelände lebt.

Oft findet man auch zwei ähnliche, aber nicht gleiche Farben, die über kurze Entfernungen hinweg eine andere Botschaft vermitteln als über große. Ein naher Beobachter erkennt Einzelheiten; aus der Entfernung verschmelzen beide Farben zu einer einzigen Botschaft. Die Reichweite der genauen Botschaft hängt von der Größe der Farbflecken und der Intensität der Kontraste ab. Der

179

dunkelrote Fleck auf dem Flügel des Rotschwingenstars ist aus der Nähe sehr auffällig, vermindert aber die Wirkung der Silhouette des Vogels nicht, wenn er aus der Ferne gesehen wird.

Glänzende Farben und Bewegung Bewegungen werden noch deutlicher erkennbar, wenn einfallendes Licht in einer einzigen Richtung reflektiert, also nicht stark gestreut wird, und dadurch ein Glänzen bewirkt. Glanzfarben werden nicht durch Pigmente erzeugt, sondern beruhen auf physikalischen Eigenschaften der Federn und Schuppen oder des Panzers. Aus physikalischen Gründen reflektieren Blau und Grün – die kürzesten Wellen im sichtbaren Spektrum – am besten. Da das Licht nur unter dem Einfallswinkel reflektiert wird, glänzt eine Fläche nur dann, wenn man sie aus einer geeigneten Richtung sieht, und ist aus den Richtungen dunkel, in die sie kein Licht streut. Aufgrund dieser Eigenschaft glänzender Flächen kann dieselbe Färbung sowohl Form als auch Bewegung anzeigen: Bei dem glänzenden dunklen Gefieder kleiner schnellfliegender Vögel wie Kolibris und Nektarvögeln läßt die dunkle Farbe deutlich ihre Körperform erkennen, während der Glanz Information über ihre Bewegung vermittelt.

Ausnahmen von den Regeln Es gibt Ausnahmen von den eben aufgestellten Regeln: Bienenfresser und Racken sind bunte Vögel, die in offenem Gelände leben; viele Finken und Ammern, die im offenen Habitats leben, sind rot und gelb, und es gibt Halsbandschnäpper, die in Wäldern leben. Oft lassen sich diese Ausnahmen erklären, wenn man den Vogel und seinen Lebensraum in allen Jahreszeiten kennt. So hat beispielsweise der Zügelammerfink (*Melanodera xanthogramma*), der in den Bergen des südamerikanischen Patagoniens in offenem Habitat lebt, ein schwarzes Kinn mit einem gelben und nicht weißen Umriß, wie man es sonst bei einem in offenem Gelände lebenden Vogel erwarten würde. Als wir diese Zugvögel zu Beginn des Frühjahrs beobachteten, als sie gerade ankamen und ihre Reviere abstecken, erkannten wir jedoch, daß die Vögel zu dieser entscheidenden Zeit oft auf Felsen standen und sangen, auf denen noch viele Schneefelder waren. Vor einem solchen Hintergrund fällt weiß wenig auf, gelb dagegen ist gut zu erkennen. Der verwandte Schwarzkehlammerfink (*M. melanodera*) lebt in geringeren Höhen, unterhalb der Schneegrenze, und hat ein schwarzes Kinn, das weiß umrahmt ist.

Ein anderes Beispiel sind die Halsbandschnäpper (*Picedula sqq.*), die in ihr Brutgebiet kommen, wenn Bäume und Büsche noch unbelaubt sind. Eine genauere Betrachtung ihrer Balzplätze zeigt, daß die Lichtverhältnisse zu Beginn der Brutzeit, wenn es auf die effektive Zurschaustellung ankommt, in ihrem Lebensraum ähnlich sind wie im offenen Gelände – deshalb also sind sie schwarz und weiß, obwohl sie Waldvögel sind.

Eine andere mögliche Komplikation ist die Wirkung von ultraviolettem Licht, für das einige Vögel empfindlich sind – anders als Menschen.[5] Es ist sehr gut möglich, daß Vögel, die für UV-Licht empfindlich sind, einige Farben anders sehen als für wir. Vielleicht erklärt das die Farben von Eisvögeln und Bienenfressern. Andererseits ist die Menge der UV-Strahlung besonders in Wäldern gewöhnlich sehr gering. Dieses Thema muß noch genauer untersucht werden.[6]

Die in diesem Kapitel aufgestellten Hypothesen beruhen auf dem subjektiven Eindruck, den wir von den von uns beobachteten Vögeln hatten. Die Suche nach logischen Erklärungen für die Farben bestimmter Tiere hat uns ihre Lebensweise und Lebensräume mit anderen Augen sehen lassen. Unsere Beobachtungen haben zu anderen Fragen geführt, als sie gewöhnlich in Untersuchungen zur Farbe gestellt werden; wir hoffen, daß unsere Überlegungen zu neuer und erfolgreiche Forschung anregen.

KAPITEL 9
Chemische Kommunikation

Viele Organismen, Einzeller wie Vielzeller, verständigen sich, indem sie chemische Moleküle absondern, und sie treffen Entscheidungen aufgrund der Molekülabsonderungen anderer Tiere. Solche chemische Stoffe, die von einem Individuum hergestellt werden und die Handlungen anderer beeinflussen, heißen Pheromone. Damit die übermittelten Botschaften zuverlässig sind, müssen Pheromone die drei für Signale kennzeichnenden Merkmale aufweisen: Sie müssen für das Individuum, das sie sendet, kostspielig sein, der Preis muß für einen Betrüger höher sein als für den ehrlichen Sender, und es muß eine Beziehung zwischen den Kosten für das Signal und der vom Signal vermittelten Botschaft geben.

Pheromone bei Schmetterlingen und Motten: Chemische Handicaps Wir erwähnten die chemische Kommunikation schon in Kapitel 3, als wir über Bärenspinner und Danaiden sprachen. Viele Schmetterlinge aus diesen Familien geben Pheromone ab, die – oft giftige – Chemikalien enthalten, deren Konzentration in ihren Körpern steigt, weil sie in den Pflanzen enthalten sind, von denen sie sich ernähren oder die sie sammeln, um sich mit ihrer Hilfe gegen Freßfeinde zu verteidigen.[1] Wenn solche giftigen Chemikalien oder ihre Verbindungen in den Pheromonen eines Männchens vorkommen, zeugen sie davon, daß das Tier das Gift verträgt und damit umzugehen weiß.

Männliche Pheromone unterscheiden sich sehr von einer Art zur anderen, was bis zu einem gewissen Grad widerspiegelt, welche Pflanzen sie fressen. Weibliche Pheromone dagegen sind einander viel ähnlicher.[2] Oft wird angenommen, daß weibliche Pheromone im Lauf der Evolution zu einem Mittel geworden sind, das den Männchen hilft, Artgenossinnen zu lokalisieren und zu erkennen, ob sie in Brutstimmung sind. Es wundert deshalb, daß die Unterschiede zwischen weiblichen Pheromonen so gering sind. Sie sollten doch zumindest so große Unterschiede aufweisen wie männliche.

Als wir in Kapitel 4 über artspezifische Feder- und Fellzeichnung nachdachten, haben wir unsere Gründe dafür angeführt, warum sich Schmuckzeichnungen, die bei allen Mitgliedern einer Gruppe ähnlich sind und deshalb für ein gruppenspezifisches Erkennungszeichen gehalten werden, aus dem *Wettbewerb* der Gruppenmitglieder entwickelt haben. Unserer Meinung nach gilt dasselbe Prinzip für Pheromone, die sich bei Weibchen einer bestimmten Art entwickeln. Es ist eine einleuchtende Annahme, daß Weibchen miteinander im Wettbewerb um Männchen sind, wobei jedes Weibchen versucht, Männchen anzulocken und sich mit den besten zu verpaaren. Da Männchen in der Tat Pheromonen folgen, um Weibchen zu finden, geben die Pheromon-Moleküle vermutlich zuverlässige Information über die Qualität des Weibchens, das sie abgibt. Dann muß es also eine Beziehung

zwischen der Qualität des Weibchens und der Qualität
oder Quantität des von ihm abgegebenen Pheromons
geben; der Preis für das Signal muß hoch genug sein,
um einen möglichen Betrüger von jedem Mißbrauch
abzuhalten. Das Pheromon muß also eine Chemikalie
sein, die einem Weibchen, das zuviel davon herstellt,
schaden würde, und die Menge, die ein Weibchen unge-
fährdet erzeugen kann, sollte etwas mit Eigenschaften zu
tun haben, die für Männchen interessant sind.

Welchen Schaden könnte eine Überproduktion von Pheromonen beim Weibchen anrichten? Wir untersuchen
diese Frage zur Zeit theoretisch und meinen, daß die
Pheromone sich um das Weibchen herum anreichern,
das sie erzeugt; es gelangt dann zu ihren Sinneszellen und
beeinträchtigt ihre Sinne.

Weibliche Pheromone sind Mischungen von Molekülen,
meistens langen Ketten von zehn bis zwanzig ungesättig-
ten Kohlenstoffatomen, die gewöhnlich an ihrem Ende
eine wasserlösliche aktive chemische Gruppe enthalten,
also ein Acetat, eine Säure, ein Alkohol oder ein Aldehyd.
Es ist anzunehmen, daß die langen Ketten fettlöslicher
Pheromone die aus Fettanteilen aufgebauten Membranen
der weiblichen Sinneszellen durchdringen können. Die
Sinnesrezeptoren auf diesen Membranen sind Proteine,
deren räumliche Anordnung auf einer präzisen Faltung
von Proteinketten beruht; wir vermuten, daß das aktive
Segment der Pheromone – die Säure, der Alkohol oder
das Aldehyd – die Rezeptoren schädigen kann, mit denen
das Weibchen die Chemikalien der Umgebung wahrnimmt, und damit die Fähigkeit des Weibchens beeinträchtigt, auf ihre Umgebung zu reagieren. Wenn das
Weibchen zu viele Pheromone abgibt, könnte das die
Sinne des Weibchens abstumpfen lassen und ihre Fähigkeit einschränken, seine Freier zu beurteilen – und wozu
sollte es Männchen anziehen, wenn es sie nicht unterscheiden kann? In der Tat fanden Ellis und seine Kollegen,
daß weibliche Motten in einer an weiblichen Pheromonen reichen Umwelt auf balzende Männchen nicht mehr

reagierten, worauf die Anzahl der Paarungen drastisch abnahm.[3] Die Aktivität der Männchen andererseits nahm unter ähnlichen Bedingungen zu.[4]

Welcher Zusammenhang besteht zwischen der Abgabe weiblicher Pheromone und der Qualität des Weibchens? Es könnte sehr wohl sein, daß ein Weibchen, das eine verletzte Membran besser als andere Weibchen durch eine neue ersetzen kann, auch mehr Pheromone abgeben kann. Die Fähigkeit eines Weibchens, eine Membran zu ersetzen, könnte auch damit zusammenhängen, wie viele Fettreserven im Körper angelegt sind, und das wiederum hängt mit der Fähigkeit zum Eierlegen zusammen. In diesem Fall würde das Weibchen seine Fähigkeit, Eier zu legen, zuverlässig unter Beweis stellen, wenn es mehr Pheromone oder Pheromone mit einer höheren Konzentration aktiver Moleküle produziert, und damit für Männchen anziehend sein.

Die Evolution der weiblichen Pheromone verläuft vermutlich ähnlich wie die Evolution aller anderen Signale: zunächst sonderten Weibchen, wie viele andere Organismen auch, auf der Epidermis fetthaltige Säuren oder verwandte fette Substanzen ab. Diese Chemikalien kosteten ihren Preis, was unter anderem daran lag, daß sie in lebenden Zellen Schaden anrichten konnten, aber der durch sie gebotene Schutz rechtfertigte den Aufwand. Die Mengen aber, die ein Weibchen problemlos abgeben konnte, waren nicht immer gleich, und deshalb ist die Annahme plausibel, daß es eine Beziehung zwischen der Menge dieser chemischen Absonderungen und der Qualität des abgebenden Weibchens gab. Sehr wahrscheinlich entwickelten Männchen Rezeptoren, die für diejenigen chemischen Mischungen empfindlich sind, die die Qualität eines Weibchens am besten wiedergeben. (Dieses Stadium wäre analog zum »Gedankenlesen« in der Entwicklung der Ritualisation, bei dem Beobachter auf funktionale Bewegungen oder Haltungen achten, die gewissen Handlungen vorausgehen, aber nicht beabsichtigen, diese Handlungen anzuzeigen.) Als das einmal passiert war, brachten Mutationen, die eine Überproduktion dieser Chemikalien verursachten, ihren Trägerinnen Vorteile. An diesem Punkt setzte die Signalselektion ein und wählte diejenigen Chemikalien als Pheromone aus, die die aufschlußreichsten Handicaps darstellen und damit am zuverlässigsten über die Qualität des Weibchens informieren.

Obwohl die Ähnlichkeit zwischen den Pheromonen artfremder Weibchen groß ist, läßt sich eine Art an ihrer arteigenen Mischung von Chemikalien erkennen. Das männliche Gehirn empfängt Information von Rezeptoren, die speziell an die für Weibchen seiner Art typischen Chemikalien angepaßt sind. Das Gehirn des Männchens reagiert schon auf wenige Moleküle dieses Stoffs. Man könnte darin einen Beleg dafür sehen, daß sich die Pheromone als Erkennungsmerkmal der Art, der das Weibchen angehört, herausgebildet haben, aber wir sind anderer Meinung. Schließlich haben auch die Weibchen Rezeptoren für jene Chemikalien, die von den Pflanzen abgesondert werden, auf denen sie ihre Eier ablegen und von denen sich ihre Nachkommen ernähren, aber es ist doch höchst unwahrscheinlich, daß die Pflanzen die Chemikalien abgeben, um denen ihre Gegenwart und ihre Identität *mitzuteilen*, die sie belästigen!

Wir meinen vielmehr, daß die typische Mischung von Pheromonen für jede Art ein Nebenprodukt des jeweiligen artspezifischen Metabolismus ist. Wir können das an einem Vergleich mit den von Menschen eingenommenen Alkoholika veranschaulichen. Viele Nationen haben einen für sie typischen Schnaps. Russen trinken gewöhnlich Wodka, Serben ziehen Slibowitz vor und Japaner mögen Sake. Aber niemand behauptet, daß die unterschiedlichen alkoholischen Getränke entwickelt wurden, *damit sich mit ihrer Hilfe die Nationalität ihrer Verbraucher bestimmen läßt*. Vielmehr beruht jedes auf dem einfachen Wunsche eines Volks nach einem alkoholischen Getränk; dessen Eigenart ist jeweils nur ein Nebenprodukt der zur Verfügung stehenden Rohstoffe und Herstellungsverfahren.[5]

Die Zusammensetzung der weiblichen Pheromone einer Art wird also durch die artspezifische Physiologie und Ernährung beeinflußt. Aber als Pheromon entwickelt sich diese Substanz auf dieselbe Weise wie andere Signale. Sie vergeben Information über die wahre Qualität des den Duftstoff absondernden Individuums, die sich nur um einen hohen Preis vortäuschen läßt. Wir nehmen an, daß männliche Motten ihre Partnerinnen nach ihrer Fähigkeit auswählen, schädliche Bestandteile ihres Pheromons auszuscheiden – also ein Handicap auf sich zu nehmen. Offensichtlich verlassen sich auch Motten bei der Partnerwahl nicht allein auf die Zusammensetzung von Pheromonen; wahrscheinlich haben auch andere Faktoren wie die Geschwindigkeit und der Ablauf der Pheromonabsonderung und die Bewegungen der Weibchen Einfluß darauf, welches Weibchen gewählt wird.

Sexualpheromone der Hefe und Propheromone; die Rolle der Glykoproteine Pheromone sind also vor allem ein Qualitätsmerkmal eines Individuums und nicht so sehr eine Hilfe für die Zuordnung dieses Individuums zu einer speziellen Gruppe. Diese Überlegung verhalf uns in Zusammenarbeit mit Edna Nahon, Daniella Atzmony und David Granot zu einem neuen Verständnis der Sexualpheromone in Hefen.[6] Diese Deutung ist noch stark spekulativ, verdient es jedoch, hier zur Diskussion gestellt zu werden, weil sie veranschaulicht, daß das Handicap-Prinzip möglicherweise für die Kommunikation unter Einzellern genauso gilt wie für Signale unter komplexeren Tieren.

Hefen sind Einzeller. Hefen der Art *Saccharomyces cerevisiae* (Bäckerhefe) sind zweigeschlechtlich; die beiden Geschlechtsformen Formen α und *a* paaren sich miteinander. Jede gibt ein spezielles Peptid ab und hat einen speziellen Rezeptor für das von dem anderen abgegebene Peptid. Wenn die Zelle das Peptid des anderen Geschlechts wahrnimmt, hört sie auf zu wachsen und beginnt mit den Vorbereitungen für die Paarung. Zur Paarung gehört das Verschmelzen der beiden Zellen. Bei der

Paarung von Hefezellen geht es wie bei anderen Einzellern um alles oder nichts, denn jede Zelle hat in ihrem Leben höchstens einmal Gelegenheit dazu.

Bis jetzt wurde angenommen, daß das Peptid lediglich die Gegenwart einer paarungsbereiten Zelle des einen oder anderen Geschlechts anzeigt. Neuerdings aber fanden Jackson und Hartwell,[7] daß Hefen die Zelle auswählt, mit denen sie sich verpaart, und sich lieber mit der verpaaren, die mehr Pheromone abgibt. Sie vermuten deshalb, daß die Menge des von jeder Hefezelle abgegebenen Pheromons ein Qualitätsmerkmal ist.

Die Tatsache, daß die Zellen ihre Partner auswählen und sich nicht zufällig paaren, bestätigt unsere Ansicht, daß jeder Organismus seine Qualität und nicht seine Identität anpreist. Wir bezweifeln jedoch, daß die *Menge* des Peptids ein zuverlässiges Qualitätsmerkmal darstellt. Das kurze Peptid, das das Pheromon enthält, ist nicht giftig, sein Rohmaterial ist leicht verfügbar, jede Hefezelle ist genetisch auf seine Herstellung programmiert und verfügt über die dazu nötige Information. In der Zelle wird unablässig Protein hergestellt, und das Pheromonpeptid macht nur einen winzigen Teil der Gesamtproduktion der Hefezelle aus.

Es ist deshalb nur schwer vorstellbar, wie ein kurzes, einfaches Peptid die phänotypische Qualität einer Zelle anzeigen kann, die sich einem Partner anbietet. Die Konzentration eines chemischen Stoffes kann auch deshalb kein gutes Qualitätsmerkmal sein, weil eine benachbarte Zelle, die kleine Mengen davon herstellt, dann als genau so gut wahrgenommen würde wie eine entferntere, die viel mehr erzeugt. Wir suchten deshalb nach Anzeichen dafür, daß andere Moleküle an der Verständigung zwischen Hefezellen beteiligt sind – solchen Molekülen, die die phänotypische Qualität der Zelle mit anderen Mitteln als der reinen Quantität bezeugen können.

Es stellte sich bei der Durchsicht der existierenden Literatur heraus, daß das Hefepheromon – das Peptid – von einem großen Eiweißmolekül, einem sogenannten *Pro-*

peptid oder *Propheromon*, abgespalten wird. Das Propeptid der α-Form ist ein Glykoprotein – ein Eiweiß mit einem Kohlenhydratanteil. Unserer Meinung nach sind Glyko-proteine für eine Zelle bessere Qualitätsmerkmale als einfache Proteine oder Peptide. Anders als die Herstel-lung derjenigen Aminosäuren, die ein bestimmtes Protein bilden und die alle von denselben Enzymen erzeugt werden, erfolgt die Synthese der Zucker der Glykopro-teine mittels spezieller enzymatischer Pfade, die nur unter bestimmten Bedingungen aktiviert werden, die vom phy-siologischen Zustand der Zelle abhängen. So schwankt beispielsweise bei Menschen die Zusammensetzung der verschiedenen Zucker am gonadotrophen Hormon FSH, einem Glykoprotein, mit dem weiblichen Menstruations-zyklus.[8] Auch die Zusammensetzung der Zucker an ei-nem bestimmten Glykoprotein und die Anzahl der Zuk-kereinheiten ist variabel. Diese sogenannte Mikrovaria-tion kann bestimmte Zustände auf andere Weise widerspiegeln als reine Proteine. Anders gesagt können die Zuckereinheiten an einem bestimmten Glykoprotein den Zustand einer Zelle verläßlich wiedergeben.

Bei Hefen erweist sich das α-Propheromon nicht nur für die Herstellung des Pheromons, sondern auch für den Paarungsprozeß als wesentlich: Bei Laborexperimenten wurden Hefezellen so manipuliert, daß sie das α-Prophe-romon erzeugten, das Pheromon aber nicht davon ab-spalten konnten. Diese Zellen konnten sich jedoch ver-paaren, falls das Pheromon zur Mischung hinzugefügt wurde. Wenn aber die Hefezellen an der Produktion des Propheromons gehindert wurden, konnten sie sich auch dann nicht verpaaren, wenn ihnen das α-Pheromon zur Verfügung gestellt wurde.[9]

Die α-Propheromone werden von zwei Genen herge-stellt, die jedes eine andere Version erzeugen: Von einer Version werden vier Pheromonmoleküle abgespalten, von der anderen ein genau gleich gebautes und ein etwas anderes. Alle natürlichen Hefepopulationen haben beide Gene, obwohl das Pheromon, das beide Versionen des

Propheromons abspalten, fast identisch ist. Anscheinend sind Anordnung und Anzahl der Pheromonmoleküle in jeder der beiden Varianten des α-Propheromons wesentlich und wichtig und nicht willkürlich.

Welche Rolle spielen die α-Propheromone bei der Kommunikation, die der Paarung von Hefezellen vorangeht? Ein Ende des Propheromons hat ein hydrophobes Segment – es ist also fettlöslich, aber nicht wasserlöslich. Das andere Ende enthält die Pheromonsegmente. Die Zucker des Glykoproteins sind mit einem mittleren Abschnitt verbunden. Die Pheromonsegmente werden durch Enzyme vom Propheromon abgespalten und von der Zelle abgesondert. Die Pheromonmoleküle werden von den Rezeptoren der anderen Geschlechtsform wahrgenommen und regen die empfangende Zelle an, einen kopulierenden Sprößling zu der Zelle zu schicken, die das Pheromon absondert.

Es gibt indirekte Hinweise darauf, daß in der Außenhaut der Hefezelle, die das Pheromon abgibt, vollständige Moleküle des Propheromons – also Propheromone, die noch mit den Pheromonsegmenten verbunden sind – gefunden werden können. Vermutlich wird das α-Propheromon durch das hydrophobe Segment so in der Zellmembran verankert, daß die mit ihr verbundenen Pheromonsegmente über die Zellmembran hinausragen und in einer bestimmten räumlichen Konfiguration stabil gehalten werden – bei der vermutlich die Zucker im mittleren Abschnitt des Moleküls eine gewisse Rolle spielen.

Unserer Meinung nach können sich diese Pheromonsegmente, genau wie freie Pheromone, an Rezeptoren der Ausstülpungen der anderen Zelle binden. Möglicherweise sind für eine gute Bindung sogar beide Arten des α-Pheromons erforderlich: Zunächst verbinden sich die beiden α-Propheromone (zu einem Heterodimer), und dann docken ihre Peptide an einer Gruppe von Rezeptoren auf der Membran der empfangenden Zelle an. Das würde erklären, warum das Pheromon von zwei Genen und nicht nur einem hergestellt wird. Es scheint plausibel, daß Beeinträchtigungen der genotypischen oder phänotypischen Eigenschaften der sich anbietenden Zelle die Anzahl der Zuckermoleküle beeinflussen, die an dem Propheromon hängen, und damit die räumliche Konfiguration des Propheromons in der Membran dieser einzelnen Hefezelle. Eine Veränderung in der räumlichen Konfiguration könnte sehr wohl die Stärke der Bindung zwischen den Propheromonen auf der signalgebenden Hefezelle und den Rezeptoren auf der anderen Hefezelle und so die Bevorzugung eines Partners beeinflussen: Eine einzelne Zelle, die schwach an einen möglichen Partner gebunden ist, könnte sich von ihm lösen, um sich stark an einen besseren Partner zu binden.

Wenn sich diese Vermutung bestätigt, hätte das Pheromonpeptid – ein relativ kleines, bewegliches Molekül – lediglich die Aufgabe, die Aufmerksamkeit von Zellen der anderen Geschlechtsform auf die Zelle zu lenken, von der es abgesondert wurde, damit sie sie »auf die Probe stellen« können, indem sie einen paarenden Sprößling zu seiner Membran schicken. Die kritische »Entscheidung«, ob sich die Zelle mit diesem Partner paaren soll, würde dann nicht vom Pheromon abhängen, sondern von der Wechselwirkung zwischen dem Propheromon auf der Membran der einen und den Rezeptoren auf der Membran der anderen Hefezelle.

Wir haben unsere Deutung der Kommunikation zwischen den geschlechtsverschiedenen Hefeformen ausführlich dargestellt, weil wir darin ein allgemeines Modell sehen, das veranschaulicht, wie Zellen ihre phänotypische Qualität mit Hilfe von Peptiden und ihren propeptidischen Vorläufern anzeigen können, die sie in bestimmten räumlichen Konformationen stabil halten. In der Tat zeigen neuere Ergebnisse, daß auch die Propeptide andere der Verständigung dienende Peptide an dieselben Rezeptoren binden, an die sich die Peptide heften.[10]

Wir meinen, daß die meiste, wenn nicht alle, chemische Kommunikation zwischen Individuen ein zuverlässiges

Qualitätsmerkmal für den Phänotyp des Signalgebers darstellt. Diesem Zweck können molekulare Strukturen genau so gut dienen wie körperliche Anpassungen bei hochentwickelten Organismen wie Säugetieren und Vögeln. Selbstverständlich behaupten wir nicht, daß Hefen bewußte Entscheidungen treffen; aber der Vorgang der natürlichen Auslese hat dafür gesorgt, daß Individuen, die bessere Lebensstrategien verfolgten, irgendwie überlebt haben und sich vermehren konnten, während die anderen ausstarben.

Chemische Kommunikation bei Vielzellern

Anders als bei Einzellern verfolgen in einem vielzelligen Körper alle Zellen dasselbe Ziel. Es sieht deshalb auf den ersten Blick so aus, als bestünde innerhalb solcher vielzelliger Lebewesen gar nicht die Notwendigkeit, die Verläßlichkeit der Kommunikation zwischen Zellen zu überprüfen, weil jede solche Kommunikation lediglich klar und wirksam sein muß. Aber es stellt sich heraus, daß die Moleküle, die der Kommunikation zwischen Körperzellen dienen – Hormone, Wachstumsfaktoren und Neurotransmitter – viel Ähnlichkeit haben mit den Pheromonmolekülen, die bei der chemischen Verständigung zwischen Organismen benutzt werden und manchmal sogar identisch sind. Viele dieser Hormone sind Glykoproteine oder gefährliche Gifte – dieselben chemischen Stoffe, die unserer Meinung nach die Handicaps darstellen, die die Verläßlichkeit der chemischen Verständigung zwischen Lebewesen garantieren. Die Frage ist, welche Rolle solche Handicaps für die Verständigung innerhalb des Vielzellers spielen.[11]

Im vielzelligen Körper herrscht Arbeitsteilung: Einige Zellen haben die Aufgabe, Information aus ihrer Umgebung aufzunehmen, zu verarbeiten und Anweisungen weiterzugeben, die das Verhalten anderer Körperzellen verändern. Diese Anweisungen werden durch chemische Signale vermittelt – durch Hormone. Wenn diese Anweisungen aus irgendeinem Grund falsch sind, beeinflußt der sich daraus ergebende Schaden alle Körperzellen, auch Sender und Empfänger des Signals.

Die Gene sind natürlich in allen Körperzellen eines Lebewesens grundsätzlich identisch; in jeder einzelnen Körperzelle finden sich deshalb die Gene zur Herstellung aller chemischen Signale, die es im Körper gibt. Die gewöhnlichen Zellen unterscheiden sich nicht im Genotyp von jenen, deren Aufgabe es ist, das Signal zu senden – der Genotyp ist für alle Zellen im Körper derselbe – sondern im Phänotyp – also darin, wo im Körper eine Zelle ist und in welchem Zustand sie ist. Ein Fehler bei der Wahrnehmung, bei einer Entscheidungsfindung oder bei der Weiterleitung könnte eine Zelle veranlassen, das falsche chemische Signal herzustellen oder das Signal zur falschen Zeit abzuschicken. Um Fehler zu vermeiden, sollte das Signal also selbst den Phänotyp der signalisierenden Zelle verläßlich angeben. Ein Signal kann nur dann verläßlich sein, wenn es nicht von Zellen mit dem falschen Phänotyp hergestellt werden kann. Anders gesagt findet das Handicap-Prinzip auch innerhalb des Vielzellers Anwendung.

Man hat vor kurzem entdeckt, daß hochgiftige freie Radikale wie Stickstoff- und Kohlenstoffmonoxid bei der Verständigung zwischen Körperzellen Verwendung finden und von Nervenzellen in wichtigen Organen wie Gehirn und Herz abgegeben werden.[12] Diese Verwendung hochgiftiger Chemikalien bei den wichtigsten Körperbotschaften bestätigt unsere Auffassung. Andererseits scheint die Tatsache, daß viele Hormone und viele Neuropeptide, die Signale innerhalb des Gehirns senden, kurze Peptide sind, dem Handicap-Prinzip zu widersprechen. Wie wir im Zusammenhang mit der Hefe sagten, können unserer Meinung nach kurze Peptide die Zuverlässigkeit der Kommunikation nicht garantieren.

Es könnte jedoch sein, daß zumindest bei einigen der Peptidsignale im Körper die Zuverlässigkeit nicht durch das kurze Peptid selbst, sondern vielmehr durch das Prohormon (Propeptid) gewährleistet wird, an das es gebunden ist.[13] Das Propeptid könnte, anders gesagt, gut auf dieselbe Weise für Zuverlässigkeit sorgen, wie − unserer Meinung nach − das Propheromon bei der Verständigung zwischen Hefezellen.

Ein anderes Verfahren, das die Zuverlässigkeit von Signalen garantiert, benutzt das EGF-System. EGF ist ein Peptid, das die Zellteilung in den Wänden der Blutgefäße fördert. Diese Zellen teilen sich, wenn ein beschädigtes Blutgefäß repariert werden muß. Es hat sich gezeigt, daß EGF die Zellen nur dann zur Teilung veranlaßt, wenn es an spezielle Zucker gebunden ist. EGF und die Zucker binden sich in der intrazellulären Matrix in den Wänden der Blutgefäße aneinander; wenn das Gewebe verletzt wird, werden EGF und die Zucker zugleich losgelassen. Wenn im Blut an Zucker gebundenes EGF vorhanden ist, weist das zuverlässig darauf hin, daß Blutgefäße verletzt wurden und repariert werden müssen.

Wie alle Signale müssen chemische Signale zwischen konkurrierenden Organismen zuverlässig sein − sonst werden sie von ihren potentiellen Empfängern nicht akzeptiert. Auch chemische Signale in einem Vielzeller setzen Zuverlässigkeit voraus, nicht, weil es Interessenkonflikte gibt, sondern um Fehler zu verhindern.[14] Wenn wir recht haben, gehorchen alle chemischen Signale − auch die Signale im Körperinneren − dem Handicap-Prinzip. Es sollte deshalb möglich sein, eine logische Beziehung zwischen der Struktur der Moleküle zu finden, die bei der Signalgebung Verwendung finden, und den von ihnen übermittelten Botschaften. Diese Prämisse ist der Leitfaden für unsere aktuellen Forschungen zu den in Molekülen verschlüsselten Botschaften, die bei der chemischen Kommunikation eingesetzt werden.

TEIL III

Das Handicap-Prinzip in sozialen Systemen

KAPITEL 10

Wie Bindungen
auf die Probe gestellt
werden

Wenn wir damals, als unsere Töchter noch klein waren, am Ende eines Arbeitstages nach Haus kamen, liefen sie uns gewöhnlich zur Begrüßung entgegen, sprangen uns in die Arme und gaben selbst dann, wenn wir sehr erschöpft waren, keine Ruhe, bis wir mit ihnen gespielt oder ihnen wenigstens eine Geschichte erzählt hatten. Gleichzeitig sprang uns unser Hund an und wollte gestreichelt werden. Morgens, vor der Arbeit, war uns der Hund ziemlich im Wege, weil er sich vor die Tür legte und uns zwang, jedesmal, wenn wir von der Küche ins Eßzimmer gelangen wollen, entweder um ihn herumzugehen oder ihn zur Seite zu stoßen.

Wir alle, auch der Hund, wußten, daß wir zusammengehörten und bereit waren, viel füreinander zu tun. Aber selbst in der liebevollsten Familie kann sich der Grad der Kooperationsbereitschaft und -fähigkeit von einem Tag zum anderen ändern, und deshalb ist es für jeden, der zu einer Gemeinschaft gehört, außerordentlich wichtig zu wissen, wie weit seine Partner bereit sind, dem anderen zu jeder Zeit etwas Gutes zu tun. Die unaufhörliche Fragerei »Hast du mich auch lieb?« und »Wie lieb hast du mich?« war besonders dringlich, wenn einer der Partner eine Weile abwesend gewesen war oder gerade weggehen wollte. Unsere Kinder und unser Hund verdeutlichten uns, daß es Verhaltensweisen gibt, die einem Individuum Information über die sozialen Bindungen zwischen ihm und den Partnern vermitteln.[1]

Belastungs- Wie kann man verläßliche Information über die Qualität **proben** und Stärke einer sozialen Bindung erhalten? Handlungen, die einem anderen nutzen, werden vom Empfänger mit großer Wahrscheinlichkeit ohne weiteres akzeptiert. Zuverlässige Information darüber, wie weit sich ein anderer uns verpflichtet fühlt, erhalten wir jedoch nur, wenn wir ihm lästig fallen – uns also so verhalten, daß es den anderen stört oder ihm unangenehm ist. Wir sind alle bereit, das Verhalten eines anderen zu akzeptieren, wenn es uns zum Vorteil gereicht, aber wir können nur dann wirklich sehen, wieviel einem anderen an der Partnerschaft liegt, wenn der bereit ist, Zumutungen in Kauf zu nehmen. Wie wir sehen werden, sind solche Belastungsproben Teil all jener Verhaltensweisen, die dazu dienen, die Stärke der sozialen Bindung zu überprüfen.

Menschen, die keine Hunde mögen, haben es nicht gern, wenn ein Hund sie anspringt oder ihre Hände ableckt. Wohl niemand läßt sich gern von einem großen Hund anspringen. Solche Hunde stellen die Haltbarkeit der Bindung mit Hilfe ihres Gewichts auf die Probe: Sie nähern sich freundlich, lehnen sich gegen die Beine des Besuchers und verlagern allmählich das Gewicht, bis sie schließlich weggestoßen werden. Der Hund kann die Einstellung eines Besuchers zu ihm danach einschätzen, wieviel er sich gefallen läßt, bevor er ihn abweist. Wenn sich ein Hund morgens seinen Besitzern in den Weg legt, erhält er die gesuchte Information aus der Art, wie er zur Seite geschoben oder umgangen wird, wenn die Zeit knapp ist. Und am Ende des Arbeitstages kann ein Hund in wenigen Sekunden zuverlässig herleiten, wieviel Aufmerksamkeit sein Besitzer gerade dann zu widmen bereit ist, wenn er auf dessen Reaktionen beim Anspringen achtet.

Es ist in mehrfacher Hinsicht nützlich, wenn man weiß, wieviel eine Partnerschaft jedem der Partner bedeutet. Im Extremfall kann Information zum Abbruch der Beziehung führen. In den meisten Fällen jedoch hilft sie bei der Entscheidung, wieviel man in die Partnerschaft investieren will und wieviel vernünftigerweise vom anderen Partner zu erwarten ist. Offensichtlich ist es nicht ratsam, etwas von einem Partner zu erbitten, dem nichts an der Beziehung liegt.

Aber selbst bei gutwilligen Partnern bestehen oft Interessenkonflikte. Das Stück Kuchen, das der eine Partner ißt, kann der andere nicht haben. Ein Augenblick der Aufmerksamkeit, der einem Partner gewidmet wird, steht einem dritten nicht zur Verfügung. Und selbst wenn alle Mitglieder der Partnerschaft gleicherweise von einer Handlung profitieren, läßt sich die Tatsache, daß ein Partner etwas tut, was ein anderer getan haben könnte, als Verlust für den einen und als Gewinn für den anderen sehen.

Wie bedeutungsvoll eine Partnerschaft für die Partner und für die Beziehung zwischen den Partnern ist, hängt von vielen rasch veränderlichen Faktoren ab. Die soziale Bindung muß deshalb oft überprüft werden, denn es ist für jeden Partner wichtig, jederzeit die Einstellung der anderen Partner zu kennen. Es kann teuer zu stehen kommen, wenn man zur falschen Zeit um etwas bittet, weil eine einmal abgelehnte Bitte später mit noch weniger Wahrscheinlichkeit gewährt wird. Es ist besser, zunächst die Lage einzuschätzen und zu warten, bis die Chancen günstig stehen.

Aggression bei der Balz Die Haltbarkeit sozialer Bindungen läßt sich nur durch Belastungsproben überprüfen. Wie stark die Belastung ist, hängt von der Wichtigkeit der gewünschten Information und vom Zustand der Bindung ab. Wenn man den Partner gerade erst kennengelernt hat, ist das Risiko, das die Entscheidung birgt, sich auf Dauer zu binden, sehr hoch, aber es wurde noch nicht viel in die Beziehung investiert. Unter solchen Bedingungen ist die Belastung in der Regel gewöhnlich groß.

Einige Tiere verhalten sich bei der Balz Weibchen gegenüber aggressiv. Darauf reagieren die meisten Weibchen, indem sie weggehen, und dadurch kann das Männchen herausfinden, welche Weibchen wirklich an ihm interessiert sind. Solche Aggression ist besonders bei Vögeln verbreitet, bei denen sich beide Geschlechter um die Brutpflege kümmern. Bei vielen solcher Arten sichert das Männchen zunächst das Revier, um dort auf Weibchen zu warten, die es jedoch angreift, wenn sie in das Revier kommen. Die Weibchen fliegen dann weg, einige aber kommen immer wieder. Allmählich läßt die Aggression des Männchens gegenüber einem der Weibchen nach und verschwindet für die Dauer ihres gemeinsamen Lebens vollständig oder fast vollständig. Stelzen, kleine europäische Singvögel, die in Israel überwintern, machen diesen Prozeß in jedem Herbst durch, obwohl sie nicht zusammen brüten, sondern nur gemeinsam ihr Futterrevier verteidigen;[2] jeder Vogel fliegt im Frühling allein nach Europa, wo er mit einem neuen Partner brütet.

Aus unserer Sicht ermöglicht dieser hohe Grad an Aggression dem Männchen schon zu Beginn der Bekanntschaft, auf einfachste Weise zu prüfen, wie ernsthaft die Absichten des Weibchens sind, das bereit zu sein scheint, seinen Besitz (sein Revier) und seine Zukunft mit ihm zu teilen. Vielleicht findet ein Weibchen es nur bequem, sich vorübergehend in einem Revier niederzulassen, um einen sicheren Futterplatz und Wohnort zu haben, während es noch unter den Männchen in der Nachbarschaft nach einem ständigen Partner Ausschau hält. Ein solches vorübergehendes Arrangement mag dem Weibchen nützen, könnte jedoch dem Männchen beträchtlich schaden, weil ihm während dieser Zeit andere begehrenswerte Weibchen, die ihn sonst auserwählen könnten, gar nicht erst näher kommen. Ein Männchen, das ein neuankommendes Weibchen verjagt, prüft also die Ernsthaftigkeit der Absichten, denn ein Weibchen, das ein Männchen als Übergangslösung betrachtet, läßt sich sicher schneller verjagen als ein Weibchen, das beschlossen hat, sich diesem Revier und diesem Männchen dauerhaft zu verbinden.

In Lehrbüchern wird diese Aggression der Männchen gegenüber den Weibchen als eine Folge der Tatsache erklärt, daß Männchen sehr aggressiv sein müssen, um Rivalen aus ihrem Revier zu vertreiben.[3] Es sei für das Männchen zu riskant, Weibchen zu akzeptieren, die männlichen Rivalen auffallend ähnlich sehen. Im Lauf der Zeit lernen sie ein bestimmtes Weibchen kennen und hören auf, es anzugreifen. Aber das ist lediglich eine als »Erklärung« getarnte Tatsachenbeschreibung, die zudem die Wahrnehmungsfähigkeit der Vögel unterschätzt. Auch bei Graudroßlingen verjagen die Männchen Weibchen, die versuchen, sich ihren Familien zuzugesellen, und ihre Angriffslust Weibchen gegenüber nimmt im Lauf eines langen gemeinsamen Lebens ab, aber sie greifen kaum je erwachsene Männchen ihrer eigenen Gruppe an.[4] Die Annahme, ein Männchen sei unfähig, zwischen Männchen und Weibchen zu unterscheiden und seine Aggression auf Männchen zu beschränken, ist völlig unbegründet. Tatsächlich ist die Aggression bei nichtmonogamen Arten, in denen Männchen untereinander besonders angriffslustig sind, sehr selten gegen Weibchen gerichtet.[5]

Versteckspiele: Belastungs- proben des Geschlechts- partners bei der Balz Bei einigen Vogelarten beschränkt sich die Zusammen- arbeit der Geschlechter allein auf die Paarung, und bei ihnen sind die Männchen besuchenden Weibchen gegen- über fast niemals aggressiv. Weil sich die Männchen mit vielen Weibchen verpaaren, brauchen sie in bezug auf ihre Partnerinnen nicht sehr wählerisch zu sein – aber selbst dann müssen sie eine Auswahl treffen. Nicht jedes Weib- chen, das zum Balzplatz eines Männchens kommt, ent- schließt sich für diesen Geschlechtspartner. Einige Weib- chen kommen nur, um das Männchen in Augenschein zu nehmen und es mit anderen zu vergleichen. Besonders wenn ein Männchen bei Weibchen begehrt ist, muß es sorgfältig darauf achten, nicht zuviel Zeit mit einem Weibchen zu verbringen, das nicht an der Verpaarung mit ihm interessiert ist; die Aggression könnte jedoch auch paarungsbereite Weibchen abschrecken, und des- halb muß sich das Männchen einigermaßen friedlich geben, wenn es mögliche Auserwählte auf die Probe stellen will.

Ein solches behutsames Vorgehen gehört auch zur Balz der Pfauen: Wenn eine Henne sich einem Hahn nähert,

 wendet er ihr den Rücken zu und zeigt ihr die schmucklose Rückseite seiner Rückenfedern. Zur Paarung muß das Weibchen um das Männchen herum nach vorn gehen. Wir vermuten, daß dies eine Prüfung ist, mit der das Männchen das Ausmaß des weiblichen Interesses bestimmt. Ein Weibchen, das sich nicht die Mühe macht, um das Männchen herumzugehen, ist nicht an der Betrach- tung seines Federfächers interessiert – und also vermutlich auch nicht an ihm als Partner.

Bekanntlich gehören die von Laubenvögeln gebauten Lauben zum Imponiergehabe der Männchen.[6] Größe und Dekoration der Lauben sind deutlich ein Qualitäts- beweis des Männchens. Aber was hat zur Entwicklung einer bestimmten Bauweise der Laube geführt? Nach

unseren Gesprächen mit Gerald Borgia und der Betrachtung seiner Videoaufnahmen[7] wurde uns klar, daß für die Bauweise der Laube wohl vor allem der Gesichtspunkt ausschlaggebend war, wie das Männchen möglichst gut herausfinden kann, ob ein Weibchen sich mit ihm verpaaren will oder nicht. Wenn ein Weibchen zur Laube kommt, versteckt sich das Männchen hinter oder in der Laube und beobachtet das Weibchen, um zu sehen, ob es ihm zu folgen versucht. Während des gesamten Balzvorgangs schaut das Männchen immer einmal hervor und verbirgt sich wieder. Ein interessiertes Weibchen folgt ihm wie bei einem Tanz, läßt ihn also seine Absichten wissen. Vielleicht erklärt das, wie sich aus einem kahlem Balzplatz die Laube entwickelte; schon der erste Stock, den das Männchen in den Tanzboden steckte, ermöglichte es ihm, sich zu verbergen und so das Interesse der Weibchen zuverlässiger auf die Probe zu stellen. Natürlich konnten die Anzahl der Pfeiler, ihre Größe, Anordnung und die Ausschmückung einen zusätzlichen Zweck erfüllen, als das Gebilde raffinierter wurde – sie ermöglichten es dem Männchen, seine Qualität zur Schau zu stellen.

Bei vielen Vogelarten halten die Männchen ihren Balzplatz sorgfältig in Ordnung. Ein gepflegter Balzplatz ist ein Zeichen, daß sein Besitzer Muße hat, Zeit auf dem Platz zu verbringen und sich um ihn zu kümmern. Es gibt einen Laubenvogel, der keine Laube baut, sondern statt dessen einen Balzplatz sauber hält. Im Gegensatz zu anderen Laubenvögeln sind Männchen dieser Art besuchenden Weibchen gegenüber ziemlich aggressiv. Möglicherweise zeigt dieser Laubenvogel seine Stärke mit Hilfe seines aggressiven Verhaltens und stellt auch die Absichten des Weibchens durch Aggressivität auf die Probe, weil er beides nicht mit Hilfe einer Laube tun kann.

In Familien mit Kleinkindern dient oft ein Versteckspiel dazu, festzustellen, wie viel Interesse Mensch und Kind gerade aneinander haben. Wenn wir als Besucher nicht wissen, ob ein Kleinkind an unserer Gesellschaft interessiert ist, verbergen wir gern das Gesicht hinter einem Gegenstand und beobachten die Reaktion des Kindes. Ein Kind, das an dem Gast interessiert ist, versucht dann, das Gesicht des Besuchers wiederzusehen, und findet auf diese Weise seinerseits heraus, wie interessiert dieser an

ihm ist. Dieses »Kukkuck-Spiel« ist bei Kindern und Erwachsenen gleichermaßen beliebt; in der Regel ist keinem Teilnehmer bewußt, daß sie damit Informationen sammeln.

Zusammen-hocken und gegenseitiges Putzen Eine andere Belastungsprobe für die Bindung läßt sich bei Graudroßlingen beobachten. Für Graudroßlinge ist es außerordentlich wichtig, daß sie sich jederzeit auf ihre Partner verlassen können, weil ein Kampf der Gruppen gegeneinander nicht ungefährlich ist. Zwar gehen die meisten Grenzzusammenstöße zwischen den Gruppen nicht über den Austausch von Drohrufen und eine gelegentliche Jagd hinaus, aber gelegentlich arten sie doch zu richtigen Kämpfen aus, bei denen Teilnehmer verwundet und gelegentlich sogar getötet werden.

Solche Gruppenkämpfe sind viel gefährlicher als die Einzelkämpfe alleinlebender Vögel, bei denen ein Vogel den anderen nur schwer töten kann. Der Sieger ist gewöhnlich zufrieden, wenn der Verlierer flieht. Gruppenkämpfe sind anders. Wenn ein Graudroßling einem anderen ins Gehege kommt, ihn packt und gepackt wird, können seine Gruppenmitglieder ihm zu Hilfe kommen – und Graudroßlinge, die sich als Gruppe auf einen einzelnen Vogel stürzen, können einen Feind leicht töten, ohne selbst ein großes Risiko einzugehen. Ein Graudroßling, der eine feindliche Gruppe angreift, setzt sein Leben aufs Spiel; er muß sich dann darauf verlassen, daß Mitglieder seiner Gruppe bereit sind, ihm zu Hilfe zu kommen.

Konfrontationen zwischen benachbarten Gruppen sind häufig, gelegentlich finden sie mehrmals am Tag statt. Man weiß niemals, ob eine Konfrontation mit einem Austausch von Drohrufen enden wird oder ob sich rivalisierende Gruppen zu einem ernsthaften Kampf entschließen. Ein Graudroßling muß also jederzeit kampfbereit sein. Die Einsatzbereitschaft der Gruppe ist nicht immer gleich und ändert sich, wenn neue Graudroßlinge im Revier ankommen, interne Konflikte ausbrechen und so weiter. Deshalb ist es für Graudroßlinge wichtig, zu wissen, wie die Mitglieder seiner Familie zu ihm stehen. Genau diesem Zweck dient ein großer Teil des alltäglichen Verhaltens der Graudroßlinge. Zusammenhocken, Putzen und Gruppentänze haben sich alle herausgebildet, damit die Graudroßlinge die Stärke der sozialen Bindung zwischen den Gruppenmitgliedern auf die Probe stellen und sich ihrer vergewissern können.

Graudroßlinge hocken oft nahe zusammen; das ist bei Vögeln nicht die Regel, denn bei den meisten Arten halten die Vögel einen gewissen Abstand voneinander. Schwalben oder Stare sitzen auf einer Hochspannungsleitung immer etwas auseinander, wie Noten auf einer Notenlinie. Sie hassen, wenn sie sich einem rangtieferen Tier nähern, räumen aber ihren Platz für ein ranghöheres Tier. Vögel bestehen mit gutem Grund auf ihrer Bewegungsfreiheit, denn sie brauchen einen gewissen Raum, um die Flügel ausbreiten und wegfliegen zu können. Wer keinen Abstand vom Nachbarn hält, kann nicht sofort auffliegen, um einem Beutegreifer auszuweichen oder Beute zu fangen. Vögel, die so zusammenhocken, wie es die Graudroßlinge und andere Arten tun, die auf starke soziale Bindungen angewiesen sind, verzichten auf diese Freiheit.

Viele gesellig lebende Tiere pflegen soziale Bindungen durch Zusammenhocken. Bülbüls, Papageien und Gimpel, die alle eine starke Paarbindung haben, sitzen paarweise. Unserer Meinung nach zeigt das Zusammenhokken zuverlässig an, wieviel die Tiere in die Partnerbeziehung zu investieren bereit sind, weil es die Bewegungsfreiheit einschränkt. Nicht zufällig schmiegt sich ein Mädchen immer dann an ihren Freund an, wenn der gerade mit einem anderen Mädchen spricht, denn genau dann kommt es darauf an, daß er ihm beweist, wie sehr er an der Beziehung interessiert ist.

Graudroßlinge festigen ihre sozialen Bindungen auch, indem sie das Gefieder ihrer Artgenossen putzen. Der Graudroßling, der gerade geputzt wird, stellt sich mit aufgeplustertem Gefieder und oft geschlossenen Augen vor den Schnabel des Putzers und läßt sich von ihm das Gefieder am Kopf putzen. Der Geputzte kann in diesem Zustand kaum sehen und gewiß nicht auffliegen oder fliehen. Der Putzer stellt so den Willen des anderen zur Zusammenarbeit auf die Probe, und der geputzte Vogel zeigt, wie sehr er darauf vertraut, daß der andere ihn bei Gefahr warnen wird. Beide nehmen durch ihr Zusammenhocken und das Putzverhalten ein größeres Risiko auf sich als Vögel, die alleine sitzen.

Gewöhnlich wurde angenommen, dieses Putzen habe die Aufgabe, Federn, beispielsweise die Kopffedern, zu pflegen, die ein Vogel sich nicht selbst putzen kann. Aber das erklärt nicht, warum nur gesellig lebende Vögel einander putzen und warum sie auch solche Körperteile putzen, die jeder Vogel leicht selbst erreichen kann. Das Putzen der Kopffedern ist einfach ein nützlicher zusätzlicher Vorteil eines Verhaltens, das vor allem der Erprobung der sozialen Bindung dient.

Die eindrucksvollste soziale Aktivität von Gruppen von **Gruppentänze** Graudroßlingen ist der Morgentanz, der in Hatzeva von **und ähnliche** Roni Osztreiher untersucht wurde.[8] Wir halten dieses **Rituale** Ritual für ein weiteres Mittel, mit dem Graudroßlinge die soziale Bindung der Gruppenmitglieder auf die Probe stellen. Der Morgentanz spielt sich fast ausschließlich in der Morgendämmerung ab und findet nur alle paar Tage statt. Es ist noch nicht klar, was die Graudroßlinge bewegt, an einem bestimmten Tag zu tanzen. Ein Graudroßling bleibt plötzlich an einem geeigneten »Tanzplatz« stehen und beginnt, sich nervös zu putzen oder sich, mit der Kehle am Boden, flach hinzulegen. Gelegentlich reagiert kein anderer Vogel; dann gibt der Graudroßling auf und begibt sich auf Nahrungssuche.

Wenn jedoch ein anderer Graudroßling dazukommt, sich zum ersten hockt und sich putzt, ist die von diesen beiden zusammenhockenden und sich putzenden Graudroßlingen ausgesprochene Einladung offenbar fast unwiderstehlich, denn in den meisten Fällen schließt sich die übrige Familie ihnen bald an. Der Tanz kann eine halbe Stunde dauern und gelegentlich sogar noch länger. Beim Tanz pressen sich die Graudroßlinge aneinander und drängen sich über, unter und zwischen ihre Partner. Sie tanzen auf offenem Gebiet, in der Nähe von Gebüsch, obwohl sie sicherer wären, wenn sie unter einem Baum tanzen würden.

Sie tanzen fast immer vor Sonnenaufgang, wenn die Gefahr besonders groß ist, weil Beutegreifer die Dämmerung ausnutzen und sie leicht überraschen können. Diese Zeit eignet sich auch besonders gut zur Nahrungssuche, weil noch viele Nachttiere aktiv sind – auch Termiten, eine der Leibspeisen der Graudroßlinge. Kurz, die Vögel tanzen nicht zur günstigsten Zeit und nicht am geschütztesten Ort, sondern im Gegenteil an einem unbequemen Ort und und zu einer unpassenden Zeit mit unbequemen Bewegungen. Ein Tier, das bereit ist, mit seinen Partnern zusammen all dieses auf sich zu nehmen, zeigt zuverlässig, wie sehr es sich der Gruppe verbunden fühlt. Das Tanzen

209

der Graudroßlinge erinnerte uns an die Geschichten, die wir aus der Generation unserer Eltern über das Tanzen von Mitgliedern der ersten Kibbutzim in Israel in den ersten, schwierigsten und anstrengendsten Jahren gehört haben: »Monatelang hatten wir nichts zu essen, aber wir haben die ganze Nacht getanzt . . .«.[9]

Gruppenrituale, die die soziale Bindung auf die Probe stellen, gibt es nicht nur bei Graudroßlingen, sondern gehen auch bei anderen gesellig lebenden Tieren oft anderen Gruppenaktivitäten voraus. Afrikanische Wildhunde springen aufeinander, bevor sie mit der Jagd beginnen.[10] Die Jagd ist für den Jäger riskant: Wenn er das Bein oder den Hals eines großen Beutetiers zu fassen bekommt, hängt seine Sicherheit von der Mitarbeit seiner Partner ab. Ähnliche Rituale kennen wir von den afrikanischen Zwergmangusten.[11] Vielleicht erklärt dieses Bedürfnis, die Bindung auf die Probe zu stellen, sogar, warum Hunde um ihre Besitzer herumspringen, wenn sie sich auf ihren täglichen Spaziergang freuen. Und wir alle kennen die täglichen Begrüßungen zwischen Menschen, und wissen, wie uns Küsse, Händeschütteln, Kopfnicken und der Austausch von Grußworten helfen, die Einstellung unserer Partner, Freunde, Mitarbeiter und Kollegen schon in den ersten Augenblicken einer Begegnung einzuschätzen. In Kapitel 18 werden wir sehen, wie bei mehreren Tierarten auch der Geschlechtsakt zu einem Mittel wurde, die Bindung zwischen Partnern auf die Probe zu stellen.

KAPITEL 11

Eltern und Kinder

Das einfachste reproduktive Bündnis besteht aus einem Elternteil und seinem Kind. Auf den ersten Blick scheint offensichtlich, daß es beiden, Eltern und Kind, um dasselbe geht, nämlich das Wohl des Kindes. Aber warum gibt es dann so viele Konflikte zwischen Eltern und Kindern?

Nach Trivers[1] ist das Bild nicht ganz so einfach, wie es zunächst aussieht. Es liegt im Interesse des Kindes, für sein eigenes Wohlbefinden zu sorgen, die Eltern aber haben auch andere Nachkommen zu versorgen. Das Kind möchte von den Eltern soviel wie möglich bekommen, selbst wenn es die Eltern dabei ausnutzt und sie möglicherweise deswegen sogar andere Nachkommen verlieren. Die Eltern möchten, daß das Kind zu einem fortpflanzungsfähigen Erwachsenen heranwächst, solange ihr Einsatz für dieses eine Kind nicht auf Kosten der Gesamtzahl ihrer erfolgreichen, fortpflanzungsfähigen Nachkommen geht.

Ein gutes Beispiel für einen Mutter-Kind-Konflikt ist das Säugen und Entwöhnen bei Säugetieren. Trivers sieht im Weinen eines Säuglings, der gestillt werden möchte, eine psychologische Waffe, die das Ziel hat, die Mutter dazu zu bringen, es gegen ihren Willen zu nähren. Er behauptet, das Kind tue alles, was in seiner Macht steht, um die Mutter zum Stillen zu zwingen, während die Mutter versucht, das Stillen zu vermeiden, wenn es ihren eigenen Interessen widerspricht.

Jeder weiß, daß ein schreiender Säugling eine Mutter dazu bringen kann, etwas zu tun, was sie sonst nicht tun würde. Aber was bewegt die Mutter eigentlich dazu, auf das Weinen eines Säuglings zu reagieren? Wenn man sein Schreien als »psychologische Waffe« bezeichnet, hat man damit noch nicht erklärt, worauf seine Wirkung beruht. Trivers berücksichtigte nicht, daß sich auch die Verhaltensweisen durch natürliche Auslese herausbilden.[2] Die Neigung, nicht zu reagieren, hätte sich in der Population ausgebreitet, und die »psychologische Waffe« hätte ihre Wirksamkeit verloren, wenn Mütter, die nicht, oder nicht besonders stark, auf Geschrei reagierten, erfolgreicheren Nachwuchs hätten als andere. Verhaltensmechanismen sind nur einer von mehreren Faktoren, die bei der Evolution von Merkmalen eine Rolle spielen; letztlich ist der für die Evolution ausschlaggebende Faktor die erfolgreiche Fortpflanzung.

Die Androhung der Selbstgefährdung: die Waffen des schwächeren Partners Genau wie menschliche Säuglinge schreien auch junge Graudroßlinge, wenn sie Hunger haben. Als Beobachter meint man zu spüren, daß sie schreien, um gefüttert zu werden, und es hat lange gedauert, bis wir merkten, daß diese Erklärung nicht zutraf. Mit ihrem Geschrei bringen sich die Graudroßlinge wirklich in Gefahr, denn es ist weithin – Hunderte von Metern weit – vernehmbar und verrät den Feinden, wo die Jungen sind, die in diesem Alter kaum fliegen oder auch nur hüpfen können. Auch wir haben das Versteck der Nestlinge oft mit Hilfe dieser lauten Schreie gefunden.

Üblicherweise wird das Schreien damit erklärt, daß es den Eltern verrät, wo die Jungvögel sind und daß sie Hunger haben. Aber die Schreie sind oft am lautesten, wenn die Eltern in der Nähe sind und genau wissen, wo sich die Kleinen befinden. Diese auffallende Tatsache gab uns einen Hinweis darauf, wem die Rufe eigentlich gelten und warum sie die Eltern zwingen, sich um die Jungen zu kümmern: Unserer Meinung nach sind die Schreie dazu bestimmt, von Feinden gehört zu werden. Die Jungvögel sagen sozusagen: »Katze, bitte komm und hol mich! Ich bin hier, und es ist mir ganz egal, wer davon erfährt, solange meine Eltern mich nicht füttern.« Sowie sie gefüttert sind, hört das Rufen auf. Die Jungvögel zwingen ihre Eltern, sie zu füttern, indem sie sich selbst in Gefahr bringen.

Die schwächeren Mitglieder einer Partnerschaft können also die stärkeren erpressen, indem sie drohen, sich selbst zu gefährden.[3] Natürlich hat diese Drohung nur dann eine Wirkung, wenn der stärkere Partner am Wohlbefinden des schwächeren interessiert ist. Genau das ist bei Mutter und Kind der Fall. Wenn die Mutter schreienden Nachwuchs besonders gut umsorgt, riskiert sie zwar, die Gesamtzahl ihrer zukünftigen Nachkommen ein wenig zu verringern, wenn sie aber den Schreihals zum Schweigen bringt, verbessert sie die Chancen, daß ein Nachkomme, in den sie schon viel investiert hat, überlebt. Gleichzeitig vermindert sie das Risiko, ihn und seine Geschwister alle zugleich an einen Beutegreifer zu verlieren. Das Weinen ihres Kindes berührt die Mutter, weil seine Schreie ihre eigenen Interessen gefährden.

Wohl jeder hat schon einmal ein »verlassenes« Kätzchen gehört, das hoch oben auf einen Baum geklettert ist und dort die ganze Nacht jammert. Nette Nachbarn versuchen, ihm zu helfen, weil sie annehmen, es habe seine Mutter verloren. Unserer Meinung nach versucht das Kätzchen, seine Mutter zu erpressen, damit sie es weiter säugt und daran hindert, sich in Gefahr zu begeben. Die Gefahr, daß das Kätzchen sich selbst Feinden preisgibt, ist größer als der mögliche Nutzen, den es der Mutter bringt, wenn sie ihr Kind zu früh entwöhnt. Solange der Vorteil der zusätzlichen Nahrung größer ist als das Risiko, gefressen zu werden, liegt es im Interesse des Nachwuchses, laut zu schreien.

Das Risiko, das im Schreien liegt, muß jedoch real sein – sonst würde die Mutter sich nicht erpressen lassen. Von Zeit zu Zeit werden Jungvögel oder Kätzchen ja wirklich gefressen. Junge Hasen und Gazellen, die viele Feinde haben, können es sich nicht leisten, Schreien als Waffe zu benutzen, denn für sie wäre das Risiko zu groß. Diese Jungen liegen vielmehr still in einem Versteck, wo sie die Mutter von Zeit zu Zeit säugt. Offensichtlich findet die Mutter ihre Kinder auch ohne deren Geschrei. Vielleicht haben auch junge Hasen und Gazellen eine Möglichkeit, ihre Mütter zu erpressen, die wir nicht kennen.

Nicht nur die Gefährdung der Nachkommen durch Beutegreifer beeinflußt das Verhalten der Eltern, denn auch Menschen, die weit von Raubfeinden entfernt leben, reagieren auf das Schreien ihrer Kinder. Natürlich ist es einem Menschenkind »erlaubt«, nach Belieben und ohne Risiko zu schreien, weil es nicht durch Freß- und Raubfeinde gefährdet ist. Nach dem Handicap-Prinzip sollte das den Wert des Weinens als Signal wesentlich mindern. Warum reagieren Eltern trotzdem? Ein Kind, das längere Zeit schreit, schadet dem Ansehen der mit der Pflege betrauten Person, denn das Geschrei hinterläßt bei Partnern, Nachbarn und Freunden einen schlechten Eindruck; Prestige ist ein hoher Wert, wie wir in einem späteren Kapitel sehen werden. Es könnte also sehr wohl im Interesse der Mutter liegen, dem Kind lieber nachzugeben als an Ansehen zu verlieren.

Andere Formen der Erpressung Schreien ist nur eines der Mittel, mit denen Kinder die Fürsorge ihrer Eltern erzwingen können. Bei manchen Arten sind die Jungtiere auffälliger gefärbt als ihre Eltern: Pavianbabies sind dunkel, während die helleren Farben ihrer Eltern besser mit ihrem Lebensraum verschmelzen. Frischlinge sind auffällig gestreift, während ihre Eltern

gräulich braun sind, wie ihre Umgebung. Auch junge
Graudroßlinge sind viel auffälliger gefärbt als ihre Eltern:
Ihre Schnäbel sind schwarz, was in der Wüste hervor-
sticht, die Unterseite gelblich, und ihre Brust ist braun
gezeichnet. In Verbindung mit so
auffälligem Verhalten wie Flügel-
schwingen erleichtern diese Farben das Auffinden junger Graudroßlinge. Wie das Geschrei lassen sich auch Färbung und Verhalten dadurch erklären, daß der
Jungvogel seine Eltern und Pfleger
zwingt, ihm Aufmerksamkeit zu
schenken, indem er sich Gefahren
aussetzt.

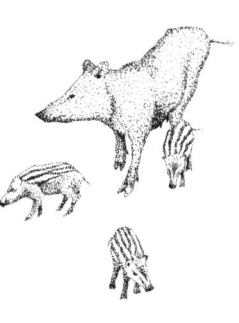

Die smaragdgrünen Eier der Graudroßlinge heben sich
deutlich von den graubraunen Zweigen ab, aus denen das
Nest gebaut ist. Vielleicht ist auch das eine Erpressung,
falls die Mutter die Farbe der Eier dazu »benutzt«, die
Familienmitglieder dazu zu bringen, ihr bei der Brutpflege zu helfen. Unbedeckte helle Eier können leicht
Opfer von Nesträubern werden, wenn sie nicht bebrütet
werden – genau deswegen werden sie von den Familienmitgliedern ununterbrochen bebrütet; von der Färbung
profitieren also sowohl Mutter als auch Kinder.
Haubentaucher verbringen ihre gesamte Zeit auf dem
Wasser, Enten dagegen einen Teil ihrer Zeit auf dem Land.
Dazu scheint es wenig zu passen, daß die Entenküken ein
dickes Federkleid tragen, das es ihnen erlaubt, sich lange
in kaltem Wasser aufzuhalten, die jungen Haubentaucher
aber ein dünnes Gefieder haben.[4] Nun tragen Haubentaucher aber ihre Nachkommen auf dem Rücken. Vielleicht lassen die Haubentaucher ihre Jungen gerade wegen ihres dünnen Gefieders nicht einmal für kurze Zeit
im Wasser. Die Jungen könnten im Wasser nicht lange
überleben, profitieren aber von der Fürsorge, die sie
gerade deshalb erhalten. Ähnlich veranlaßt der nackte
Bauch eines Schimpansenbabys die Mutter und andere

215

Pfleger, es nah am Körper zu halten. Vielleicht erklärt dieses Prinzip auch die totale Hilflosigkeit menschlicher Säuglinge.

Feldman und Eshel behaupten, es sei wenig einsichtig, wie es dazu kommen konnte, daß sich die Eltern erpressen lassen, weil Nachkommen, die diese Verhaltensweise zeigen, später selbst darunter zu leiden haben – sie geben sie ja an die Nachkommen weiter, die sie, die früheren Erpresser, später ihrerseits erpressen.[5] Aber das ist nur dann ein Problem, wenn man annimmt, daß sowohl das Ausmaß der Erpressung als auch die Reaktion der Eltern festliegen. Wir meinen, daß die Fähigkeit, Hilfe von Eltern zu erzwingen, Vorteile bringt, wenn sie »klug« und den jeweiligen Umständen entsprechend eingesetzt wird. Ein Verhaltensmechanismus, wie wir ihn beschreiben, ist nur dann sinnvoll, wenn er äußere Bedingungen berücksichtigt – wenn die Jungen sich nur dann gefährden, wenn die zusätzliche Fürsorge, die sie dadurch erhalten, das eingegangene Risiko wert ist. Und in der Tat erstarren junge Graudroßlinge, wenn sie den Alarmruf ihrer Eltern hören, der einen nahen Feind ankündigt, und geben keinen Laut mehr von sich.

Wenn andererseits der Nachwuchs glaubwürdig zeigt, daß er Zuwendung benötigt, bringt das auch den Eltern unmittelbare Vorteile, denn sonst würden sie unnötige Mühe darauf verschwenden, beispielsweise mehr Nahrung herbeizuschaffen als notwendig. Natürlich wäre es den Eltern wohl lieber, wenn der Nachwuchs seine Forderungen auf eine Weise äußern würde, die ihn nicht gefährdet, denn dann hätten sie mehr Freiheit, selbst zu entscheiden, wie sie ihre Kräfte einsetzen. Aber es gibt keine klare Grenze zwischen dem Bedürfnis der Jungen, ihre Eltern zuverlässig darüber zu informieren, wieviel Fürsorge sie brauchen, und ihrer Fähigkeit, mit Hilfe der gleichen Verhaltensweisen zu viel Fürsorge zu erpressen.[6] Sinnvollerweise sollten Eltern nachgeben, wenn sie wissen, daß ihr Nachwuchs wirklich Hilfe braucht – und das zeigen ihnen die Jungen gerade dadurch, daß sie ein

Risiko eingehen, wenn sie diese Hilfe lautstark fordern –, und sinnvollerweise sollten sie den Jungen etwas mehr Fürsorge zukommen lassen als nötig, um das Risiko möglichst klein zu halten. Die natürliche Auslese sorgt für ein Gleichgewicht zwischen der Erpressung und der Reaktion der Eltern darauf. Zu diesem Gleichgewicht gehört der Nutzen, den die zusätzliche Fürsorge für die Nachkommen bedeutet, nämlich eine größere Überlebens- und Fortpflanzungswahrscheinlichkeit; dazu gehört aber auch die Auswirkung, die die zusätzliche elterliche Fürsorge hat, mit der sie den Forderungen ihrer Kinder genügen. Diese Fürsorge trägt ja dazu bei, daß die Nachkommen selbst wieder erfolgreiche Nachkommen haben können.

Genauso interessant wie diese Fälle sind jene, in denen Eltern ihre Macht darauf verwenden, ihren Nachwuchs zu ihrem eigenen Nutzen auszubeuten. Aus der Sicht der Evolution besteht der Gewinn in der Zunahme der Anzahl der sich reproduzierenden Nachkommen: *Evolution* und *natürliche Auslese* bedeuten im Grunde, daß einige Individuen mehr Nachkommen haben als andere, und die sich wiederum erfolgreicher fortpflanzen als andere, und daß deshalb in späteren Generationen die Merkmale dieser Eltern vorherrschen. Aus Sicht der Evolution läuft die Ausbeutung der Nachkommen also darauf hinaus, daß einige Nachkommen dazu dienen müssen, die Chancen zu vergrößern, daß andere erwachsen werden und sich erfolgreich fortpflanzen können.

Die Ausbeutung der Nachkommen durch die Eltern

Bei Tieren, die Brutpflege betreiben, hängt die Lebensqualität der Nachkommen davon ab, daß

die Eltern sie schützen, wärmen und ernähren. Eltern ziehen oft ein Geschwister anderen vor. Viele Vögel – etwa Eulen, Reiher und Papageien – beginnen mit dem

Brüten, sowie das erste Ei gelegt ist. Dieses Ei ist als erstes ausgebrütet, und der Nestling, der aus ihm schlüpft, ist natürlich größer und stärker als seine jüngeren Geschwister. Wenn die Nahrung knapp ist, kann der als erster geschlüpfte Nestling seinen Geschwistern Nahrung wegschnappen. Dieser Wettbewerb um Nahrung kann zum Tod eines oder mehrerer der jüngeren Nestlinge führen, ohne daß die Eltern eingreifen.[7] Unter Umständen ist es für die Eltern besser, weniger, aber stärkere Nachkommen zu haben als eine größere Anzahl schwächerer, die sich nicht gegen die Nachkommen anderer Artgenossen durchsetzen können. Ähnlich behauptet Diamond[8] in seinem Buch *The Rise and Fall of the Third Chimpanzee*, daß es zur Menopause kam, damit Frauen sich besser um die schon vorhandenen Nachkommen kümmern können, die zum Überleben noch auf ihre Fürsorge angewiesen sind, statt in Austragen und Aufzucht zusätzlicher Nachkommen zu investieren, deren Überlebenschancen nach dem Tod der Mutter nur sehr gering wären.

Auch manche jetzigen und früheren Erbfolgeregeln gehen in diese Richtung: Der größte Teil des Familienvermögens wird an einen Nachkommen weitergegeben, um sicherzustellen, daß zumindest ein Nachkomme erfolgreich ist. Wenn die Erbschaft gleichmäßig aufgeteilt würde, erhielten alle Erben nur einen kleinen Teil, und folglich könnten alle versagen. Gewöhnlich wird der erstgeborene Sohn, der von Anfang an in der besseren Position ist, auch beim Erbe bevorzugt, aber gelegentlich erhält auch der Jüngste den größten Anteil. In diesem Fall kann es sein, daß die Aussichten der Eltern, Kinder aufzuziehen, besser sind, wenn der erste Sohn das Elternhaus verläßt und sein Glück woanders sucht, weil er dann nicht mit Eltern um Ressourcen wetteifert, die noch weitere Kinder aufziehen können.

Bei den Makaken, einer Affenart, erbt die jüngste Tochter die soziale Stellung ihrer Mutter. Ältere Töchter sind der jüngsten untergeordnet.[9] Die Vorzugsstellung der jüngsten Tochter beruht nicht auf ihren eigenen Fähigkeiten, sondern darauf, daß die Mutter und gelegentlich auch andere ranghöhere Frauen bei Konflikten zwischen Töchtern zugunsten der Jüngsten eingreifen. Diese Bevorzugung der Jüngsten könnte die Lebensaussichten der älteren Töchter etwas verringern, hält aber auch die älteren Töchter von einem Wettbewerb mit ihrer Mutter oder der jüngeren Schwester ab und vergrößert so insgesamt den Fortpflanzungserfolg der Mutter.

Solche Ausbeutung ist am weitesten verbreitet bei gesellig lebenden Insekten, über die wir in Kapitel 13 mehr sagen werden. Aber auch in weniger extremen Fällen kombinieren sich in jeder Kind-Eltern-Situation Konflikte und gemeinsame Interessen. Das Kind möchte einen möglichst guten Start ins Leben haben, und die Eltern sind darin interessiert, die Ressourcen möglichst effektiv einzusetzen. Ihnen liegt nicht unbedingt daran, so viele Nachkommen wie möglich zu zeugen, vielmehr möchten sie, daß sich möglichst viele ihrer Nachkommen ihrerseits erfolgreich fortpflanzen können.

Jedes Kind versucht, seine Eltern dazu zu bringen, es seinen Geschwistern vorzuziehen; Eltern möchten dagegen eine möglichst gute Nutzung der Ressourcen sichern. Sie tun das entweder dadurch, daß sie sich am meisten um den Nachkommen kümmern, der die besten Überlebenschancen hat, oder dem helfen, bei dem diese Hilfe am meisten bewirkt, oder auch, indem sie eines ihrer Kinder zum Vorteil seines Geschwisters ausnutzen. Im dem Fall versucht natürlich jedes der Geschwister zu erreichen, daß es Nutznießer einer solchen Behandlung ist und nicht Opfer.

Die Einzelheiten hängen jeweils von der Lebensstrategie einer Art und von den jeweiligen Umständen ab. In den meisten Fällen besteht eine Möglichkeit zur Verständigung zwischen den Parteien: Eltern schätzen die Bedürfnisse und die Lebensfähigkeit eines jeden ihrer Nachkommen ein, und die Nachkommen tun ihr Bestes, um ihre Eltern von ihrer Vitalität zu überzeugen, damit sie soviel Hilfe wie nur möglich bekommen. In der Tat

219

bietet die Beziehung zwischen Kindern und Eltern viele Gelegenheiten zur Verständigung. Zuverlässigkeit ist dabei nicht weniger notwendig als bei jeder anderen Kommunikation zwischen Individuen. Und wie schon gesagt: Wir kennen nur ein Mittel, das diese Zuverlässigkeit garantiert: das Handicap.

KAPITEL 12

Graudroßlinge, der Wettbewerb um Prestige und die Evolution des Altruismus

Wir erforschen Graudroßlinge seit 1970 und wollen das auch weiterhin tun. Unseres Wissens leben in Israel außer ihnen keine anderen Singvögel dauerhaft in Gruppen. Zu einem solchen Verband gehören in der Regel drei bis zwölf Tiere, aber wir kennen auch Gruppen mit zwanzig Mitgliedern. Graudroßlinge leben das ganze Jahr über in Revieren, die sie gemeinsam gegen benachbarte Gruppen und revierlose Einzeltiere verteidigen. Während der Brutzeit versorgen alle Angehörige – brütende Erwachsene, nichtbrütende Erwachsene und Jungvögel – in diesem Revier ein einziges Nest.

Beim Umgang der Vögel untereinander ist sehr viel Hilfsbereitschaft zu beobachten. Solcher Altruismus, der bei gesellig lebenden Organismen häufig vorkommt, stellt für die Evolutionstheorie ein großes Problem dar, weil er anscheinend der Darwinschen These widerspricht, wonach ein Individuum von seinem Trieb zur Selbsterhaltung und zur Fortpflanzung bestimmt ist. Auf der Grundlage unserer Beschäftigung mit Graudroßlingen haben wir eine andere Lösung dieses Rätsels der Evolution formuliert, die unser Verständnis der Signalselektion und des Handicap-Prinzips berücksichtigt.

Graudroßlinge sind Singvögel der artenreichen Gruppe *Timaliidae*. Die Graudroßlinge in Israel gehören zu einem Zweig dieser Familie, der sich von Indien aus nach Nordwesten über Wüstengebiete bis nach Marokko erstreckt. Die von uns untersuchte Art *Turdoides squamiceps* lebt außer auf der arabischen Halbinsel und in der Sinaiwüste auch in Israel im Aravatal am Toten Meer und in den warmen Wadis (ausgetrockneten Flußbetten, die in jedem Jahr nur an einigen wenigen Regentagen Wasser führen) der angrenzenden Hügel.

Graudroßlinge sind etwa amselgroß und wiegen 70 bis 85g; ihr Schwanz ist mit 150 bis 160 mm Länge etwas länger als der Körper. Die Vögel sind so graubraun wie die Wüste, in der sie leben. Mit ihren kurzen Flügeln fliegen sie nur langsam, finden sich aber mit ihren starken Beinen und ihrem langen Schwanz sehr gut in der Deckungsvegetation zurecht. In offenem Gelände können Beutegreifer wie Habicht und Falke sie leicht fangen, deshalb bleiben die Graudroßlinge gern in der Nähe von Bäumen und Büschen, die ihnen Deckung bieten. Sie finden ihre Nahrung gewöhnlich in der Nähe von Buschwerk, auf oder unter dem Boden und unter Baumrinden und fressen jedes Lebewesen, das sie verschlucken oder in Stücke reißen können: Insekten, Schnecken, Skorpione, kleine Schlangen und Eidechsen. Wir haben zweimal beobachtet, daß Graudroßlinge kleine Vögel töteten, aber nicht fressen konnten. Ihre langen, stumpfen Schnäbel eignen sich gut zum Graben im Boden, nicht aber zum Zerreißen von Vögeln. Gelegentlich trinken Graudroßlinge Nektar und fressen Blüten, häufiger auch die saftigen Beeren mancher Wüstenpflanzen.

Das Shezaf-Natur-Reservat, in dem wir die Graudroßlinge beobachten, liegt in der Nähe des Hatzeva-Feld-

studienzentrums, das von der Gesellschaft für Naturschutz in Israel (SPNI) unterhalten wird. Dort leben
auf einem Gebiet von etwa 50 Quadratkilometern etwa
30 Graudroßlingstrupps. Jeder dieser Droßlinge – zur Zeit
leben dort etwa 250 – ist mit drei farbigen und einem
numerierten Ring markiert und leicht zu identifizieren.
Graudroßlinge gewöhnen sich rasch an die Gegenwart
von Menschen, die sich ruhig verhalten und ihnen Nah-
rungsbrocken geben; solche Gaben sind besonders im
Winter willkommen, wenn Nahrung knapp ist. Die Vögel erinnern sich jedoch auch gut an unangenehme Erfahrungen und halten eine große Fluchtdistanz vom Ver-
ursacher ein.

Die Graudroßlinge im Forschungsgebiet haben sich an
unsere Gegenwart gewöhnt. Obwohl die winzigen Mengen an Brotkrumen, die wir ihnen gelegentlich geben,
praktisch keinen Einfluß auf ihren Nahrungsvorrat haben, haben sie wegen dieser »Spenden« vor uns keine
Angst. Wir können uns deshalb in ihrem Revier frei
bewegen, um ihr Treiben aus der Nähe zu beobachten,
und hören die leisen, sehr vielfältigen Rufe, mit denen sie
sich verständigen und die nur wenige Meter Reichweite
haben. Einige Tiere sind eher schweigsam, andere aber
geschwätzig, und wieder andere brummeln den ganzen
Tag. Wenn ein ranghöheres Tier sich einem rangtieferen
nähert, gibt dieses oft einen leisen Laut von sich, als ob es
mit einem »Jawohl, mein Herr!« wissen lassen wollte, daß
jenes bemerkt wurde. Wenn erwachsene Graudroßlinge
Wache stehen, schweigen sie, aber Jungtiere, die sich
dabei versuchen, geben leise Laute von sich, als ob sie
ihre Kameraden in der Nachbarschaft auf ihre Bemühungen aufmerksam machen wollten.

In der kargen Wüstengegend von Hatzeva können wir die
Graudroßlinge gut beobachten; wir sehen, wohin sie
blicken und können auf ihre Absichten schließen. Bei-
spielsweise schluckt ein Graudroßling die gefundene
Nahrung oft nicht sofort hinunter, sondern hält sie im
Schnabel und sucht nach jemandem, den er füttern kann.

Wenn er nur ranghöhere Tiere sieht, verharrt er oft kurz, um die Nahrung dann zu verschlucken. Wir haben häufig beobachtet, wie das Alphatier, der ranghöchste Vogel der Gruppe, dann, wenn das Betatier, das zweithöchste Männchen, auf einen Baum fliegt, um dort zu wachen, geschäftig nach Nahrung sucht. Diese Nahrung übergibt er dann vor den Augen der ganzen Gruppe dem Wächter und übernimmt selbst die Wache. In vielen Fällen können wir der Blickrichtung des Wächters ablesen, daß er die Absicht des Alphatiers, ihn zu füttern, bemerkt hat; oft verläßt der Wächter seinen luftigen Wachposten sogar, bevor das Alphamännchen zur Ablösung kommt.

Unsere Forschergruppe beobachtet jede Gruppe von Graudroßlingen im Forschungsgebiet mindestens einmal in der Woche, meistens häufiger. Dadurch können wir Veränderungen in der Zusammensetzung und dem alltäglichen Tun des Trupps genau verfolgen. Im Lauf der Jahre wurden uns die Lebensgeschichten und Gesellschaftsstrukturen dieser Graudroßlinge vertraut. Wir haben uns bei genauen Untersuchungen auf die folgenden speziellen Aspekte ihres Verhaltens konzentriert: Wache (Tirza Zahavi, Tony Larkman, Nir Faran), Revierverhalten (Arnon Lotem), das Füttern der Jungen (Thamsi Carlisle), gegenseitiges Füttern bei Erwachsenen (Amir Kalishov), Spielverhalten (die verstorbene Orit Pozis), Hassen (Zahava Carmeli, Avner Anava), gegenseitige Gefiederpflege (der verstorbene Andres Gutman), Morgentanz und Fütterungsverhalten am Nest (Roni Osztreiher), Schreie (Zohar Katsir), Trinkverhalten (Avner Anava) und Wettbewerb beim Paarungsverhalten (Yoel Perl.).[1] Kim Lundi und Patricia Parker führten DNA-Untersuchungen durch; Dietmar Todt vom Institut für Verhaltensbiologie an der Freien Universität Berlin und seine Studenten beobachten die Lautäußerungen und Jonathan Wright das Fütterungsverhalten am Nest.[2]

Jede Gruppe von Graudroßlingen hat ein eigenes Revier. An den Reviergrenzen verteidigt eine Gruppe ihr Revier gegenüber benachbarten Gruppen bei täglichen oder fast täglichen Begegnungen, die gelegentlich zu Auseinandersetzungen führen, die manchmal sogar zu Überfällen auf benachbarte Reviere eskalieren. Die Gruppen verteidigen ihr Revier auch gegenüber revierlosen Tieren – solchen Graudroßlingen, die aus einer Gruppe verstoßen wurden oder deren Gruppe kein Revier hat.

Reviere, Gruppen und nicht reviergebundene Individuen

In der Regel ist jedes Gebiet, das Graudroßlingen ausreichend Nahrung und Schutz bieten kann, von einer Gruppe besetzt. Graudroßlinge, die nicht zu einer territorialen Gruppe gehören, haben es nicht nur bei der Suche nach Nahrung und Unterschlupf schwer, sondern vor allem bei der Aufzucht ihrer Jungen, weil die Revierbesitzer sie sofort angreifen, wenn sie ihrer ansichtig werden. Für Graudroßlinge ohne eigenes Territorium stellen nicht die Beutegreifer die größte Gefahr dar – ihnen können sie ausweichen, indem sie ins Buschwerk tauchen –, sondern die revierbesitzenden Graudroßlinge, die sich im Gebüsch genauso gut zurechtfinden und denen sie nur durch die Flucht in die offene Wüste entkommen können, die ihnen dann aber keinen Schutz bietet.

Revierlose Tiere machen niemals einen großen Teil der Population aus, den wir zu jedem Zeitpunkt auf höchstens 5 Prozent schätzen. Für sie ist das Risiko groß, erbeutet zu werden, und deshalb leben die meisten nicht sehr lange. Trotz aller Schwierigkeiten und Gefahren ist das Leben eines nichtterritorialen Graudroßlings jedoch nicht völlig hoffnungslos. Gelegentlich lebt einer von ihnen Monate oder sogar Jahre lang in der Nähe seines alten Territoriums und schafft es, sich vor den Revierbesitzern zu verbergen, bis ihn endlich eine Gruppe als Mitglied akzeptiert, oder bis es ihm gelingt, ein verlassenes Gebiet zu finden und dort mit anderen Nichtterritorialen eine neue Gruppe zu gründen.

Graudroßlinge sind langlebig und können bis zu 12 oder 14 Jahre alt werden. In Dürrezeiten, wenn die Nahrung knapp ist, brüten sie nicht, in regenreichen Jahren aber, wenn die Arava-Wüste in den richtigen Zeitabständen einige Zentimeter Regen erhält, brütet eine Gruppe gelegentlich zwei- oder dreimal. Wenn Bruterfolg und langes Leben zusammenkommen, bleiben viele Vögel, die kein eigenes Brutrevier finden, im Revier ihrer Eltern. Das elterliche Revier bietet ihnen genug Nahrung, und die Eltern können weiterhin erfolgreich Nachkommen aufziehen. Dieses Arrangement verbessert die Überlebenschancen aller Beteiligten. Großfamilien, in denen Eltern und Nachkommen zusammenleben, sind stärker als kinderlose Paare, deshalb müssen sich Neuankömmlinge selbst in unbesetzten Revieren zu Gruppen zusammenfinden, wenn sie sich vor ihren Artgenossen in ihrer Nachbarschaft schützen wollen. In der Regel gehören zu einer neugebildeten Gruppe mindestens drei erwachsene Graudroßlinge.

Rang, Vermeidung von Inzest und Überlebensstrategien von Männchen und Weibchen

Innerhalb jeder Gruppe gibt es eine klare Rangordnung. Ältere Männchen sind ranghöher als junge Männchen und ältere Weibchen ranghöher als junge Weibchen. Alle erwachsenen Männchen sind ranghöher als Weibchen, besonders als Weibchen, die zur Gruppe hinzukommen, um dort zu brüten. Jungtiere, die das Nest gleichzeitig verlassen, kämpfen miteinander und erstellen eine vom Geschlecht unabhängige Rangordnung. Diese Ordnung steht in der Regel nach einer Woche fest, aber es kommt bei ihnen gelegentlich noch monatelang zu Positionskämpfen und, wenn auch nur selten, zu einer Verschiebung der Rangordnung. Nach diesen allerersten Monaten bleibt die Rangfolge für Vögel innerhalb jedes Geschlechts, die derselben Brut entstammen, unverändert. Gelegentlich überholen junge Männchen im Alter von ein oder zwei Jahren ihre Schwestern im Rang. Es läßt sich schwer sagen, ob die Überlegenheit der Männchen –

die ihre Schwestern jetzt auch manchmal stoßen oder schikanieren – auf ihrer eigenen größeren Macht beruht oder darauf, daß die Weibchen sich ihnen gegenüber nicht behaupten wollen. Weibchen haben ja in der väterlichen Gruppe keine Zukunft, sondern müssen sich anderen Gruppen anschließen, wenn sie sich fortpflanzen wollen. Deshalb gibt es keinen großen Interessenkonflikt zwischen weiblichen und männlichen Nachkommen einer Gruppe, die nur als Heranwachsende Grund zur Rivalität um Nahrung hatten.

Graudroßlinge verpaaren sich nicht mit ihren Eltern oder anderen Graudroßlingen, die zu ihrer Gruppe gehörten, als sie schlüpften. Diese Regel hat sich in über 25 Jahren als fast allgemeingültig erwiesen, denn wir kennen nur vier Ausnahmen. Obwohl Graudroßlinge schon als Zweijährige fortpflanzungsfähig sind, kennen wir Vögel, die bis zu sechs und in einem Fall bis zu acht Jahren in der elterlichen Gruppe lebten, ohne sich zu verpaaren. Normalerweise bleiben die Männchen im elterlichen Revier und versuchen ihr Glück oft ihr Leben lang nur dort. Wir kennen Reviere, in denen seit Beginn unserer Beobachtung die fünfte Generation derselben männlichen Linie lebt, die sich immer noch gut behauptet. Wenn genug erwachsene Männchen zu einer Gruppe gehören und die Männchen einer Nachbargruppe geschwächt sind, erobert gelegentlich die größere Gruppe das Revier der schwächeren Nachbarn und spaltet sich in zwei Gruppen auf. Etwa die Hälfte der Männchen, die sich schließlich fortpflanzen, bleibt in ihrem Geburtsrevier, während etwa ein Drittel in ein angrenzendes Revier zieht – gewöhnlich nachdem die Männchen es erobert haben – und etwa ein Fünftel verpaart sich sozusagen im übernächsten Revier.

Weibchen verpaaren sich nicht mit ihrem Vater und ihren Brüdern und müssen also die Herkunftgruppe verlassen, wenn sie sich fortpflanzen wollen. Einige werden schon als einjährige Vögel, also vor der Geschlechtsreife, von einer Nachbargruppe aufgenommen, während an-

227

dere bis zum Alter von vier Jahren und in seltenen Fällen sogar fünf oder sechs Jahre bei ihren Eltern bleiben. Gelegentlich verpaart sich ein Weibchen im elterlichen Revier, aber nur, wenn dieses Revier von Männchen übernommen wurde, die aus einem anderen Revier stammen. Etwa die Hälfte der Weibchen brütet in einem Revier, das an das elterliche Territorium angrenzt, die übrigen Weibchen ziehen nicht mehr als drei Reviere weiter.

Die Zusammensetzung der Gruppen; Koalitionen von Männchen und Weibchen Die einfachste Graudroßlingsgruppe besteht aus einem Elternpaar und seinen Nachkommen. In einer solchen Familie brüten nur zwei Tiere. Andere Gruppen sind komplizierter zusammengesetzt. Wenn eine Mutter stirbt, gesellen sich Weibchen aus anderen Gruppen zu dem Vater, der sich nicht mit seinen Töchtern verpaaren kann. Ein hinzukommendes Weibchen kann sich mit allen erwachsenen Männchen der Gruppe verpaaren, der Vater muß also mit seinen Söhnen und allen anderen erwachsenen Männchen der Gruppe um eine Gelegenheit zur Reproduktion wetteifern. Das dominante Männchen kopuliert am häufigsten, deshalb sind seine Chancen, gerade dann zu kopulieren, wenn das Weibchen einen Eisprung hat, und damit Vater zu werden, besser als die der anderen Männchen. Aber auch die anderen können ihr Glück versuchen und sind gelegentlich erfolgreich.

Die Weibchen einer Gruppe – es können zwei, drei und gelegentlich auch vier gleichzeitig sein – legen ihre Eier in ein einziges Gemeinschaftsnest. Sie wetteifern sowohl um das Eierlegen als auch darum, wer das erste Ei legt. Die zuerst schlüpfenden Jungvögel haben einen Vorsprung vor ihren Nestgeschwistern, was nicht nur ihre Überlebenschancen verbessert, sondern auch ihre Chancen, innerhalb der Brut einen höherer Rang zu erlangen.[3] Solche Wettbewerbe sind komplex und faszinierend. Die einzigartigen Geschichten, die sich dabei abspielen,

erinnern an Historiendramen, Shakespearesche Schau-
spiele und biblische Szenen. In einem Fall kopulierten
drei Männchen mit vier Weibchen, die alle Eier legten.
Weder wir Menschen noch die Graudroßlinge konnten
wissen, welcher Jungvogel im gemeinsamen Nest wessen
Nachkomme war; wir hätten es mit Hilfe einer DNA-
Analyse herausfinden können – die Graudroßlinge nie.
In der Regel währt eine sol-
che Partnerschaft zwischen den
Weibchen, die sich gemeinsam
einer Gruppe anschließen, nur
so lange, bis sie eine erfolgreiche Brut aufgezogen haben.
Danach brütet nur das dominante Weibchen, das seine Rivalinnen verjagt und sogar tötet, falls sie sich nicht unter-
werfen und auf die Fortpflanzung verzichten. Gelegentlich

verstößt eine Rivalin das dominante Weibchen – oder
tötet es – und nimmt den ersten Platz ein. Die Männchen
brüten oft über mehrere Brutzeiten und sogar Jahre hinweg, aber gleichzeitig geht der Wettbewerb um das Recht
zur Fortpflanzung weiter, bis die Verlierer die Gruppe
verlassen haben oder hinausgeworfen oder sogar getötet
wurden und nur einer übrigblieb. Das eine verbleibende
Männchen ist dann der Erzeuger der Nachkommen des
Weibchens, das im Kampf mit den anderen Weibchen
überlebte; dieses Elternpaar wiederum wird nun von
immer mehr erwachsenen Nachkommen unterstützt,
die sich weder mit ihren Eltern noch untereinander verpaaren dürfen.

(Fast) aggressions- freie Auseinander- setzungen Ein besonders faszinierender Aspekt dieser intensiven internen Auseinandersetzungen ist, daß sie fast immer ohne jede Aggression ablaufen. Wirkliche Kämpfe sind sehr selten, und selbst ritualisierte Aggression zwischen zwei erwachsenen Männchen oder Weibchen derselben Gruppe ist sehr ungewöhnlich. Wir haben in den über 25 Jahren unserer Feldstudien nur einige Dutzend solcher Auseinandersetzungen beobachtet, während es fast täglich zu Grenzkonflikten mit anderen Gruppen kommt, Revierlose immer wieder gewalttätig verjagt werden, Männchen Weibchen angreifen und die Jungvögel in den ersten Monaten ihres Lebens fortwährend Streitereien ausfechten.

Ein erwachsener Vogel kämpft mit einem anderen Erwachsenen seines Trupps höchstens einmal; bei diesem Kampf geht es um alles oder nichts: Der Verlierer wird entweder getötet oder er flieht und muß als Revierloser leben. Es überrascht nicht, wenn solche Kämpfe fast immer zwischen dem dominanten Männchen oder Weibchen und dem rangnächsten ausgefochten werden, denn ein so hoher Einsatz lohnt sich nur, wenn es um die Spitzenstellung geht. Ein solcher Kampf ist grausam. Er beginnt plötzlich, in der Regel ohne für Beobachter wahrnehmbare Vorzeichen. Anscheinend werden alle Mißstimmungen und alle unterdrückte Feindschaft zwischen zwei Brüdern oder zwischen Vater und Sohn, die jahrelang friedlich zusammengelebt haben, in diesem einen Kampf auf Leben und Tod ausgefochten. Der Kampf spielt sich nur zwischen den beiden Rivalen ab; obwohl die anderen Gruppenangehörigen ihn genau beobachten, hat sich unseres Wissens niemals ein anderer Vogel eingemischt. Das unterscheidet ihn deutlich von Kämpfen zwischen Gruppen, bei denen sich oft alle Gruppenmitglieder an einem Angriff gegen einen Fremden beteiligen oder einem Gruppenmitglied zu Hilfe kommen.

Die Mitglieder einer Gruppe helfen einander bei der **Theorien, die** Revierverteidigung und bei der Aufzucht der Jungen. **den Altruismus** Auf den ersten Blick scheint die Annahme vernünftig **erklären: die** zu sein, daß Graudroßlinge deshalb bei der Revierver- **Theorie der** teidigung helfen, weil dieses Revier ja auch ihr Überleben **Gruppenselek-** gewährleistet. Aber jeder Graudroßling könnte doch ver- **tion und ihre** suchen, andere für sich kämpfen zu lassen. Und warum **Mängel** investieren diese Vögel in die Aufzucht von Nachwuchs, der nicht ihr eigener ist? Diese Fragen, die sich ähnlich auch bei anderen Arten stellen, haben in den letzten zwanzig Jahren zu einer Welle von Untersuchungen an Tieren geführt, die in Gruppen brüten.

Das Brüten in Gruppen gibt es also nicht nur bei Vögeln, die wie die Graudroßlinge in Verbänden leben,[4] sondern in fast allen Ordnungen, von Säugetieren wie Löwen, Schimpansen,[5] Tüpfelhyänen,[6] afrikanischen Wildhunden,[7] Zwergmangusten[8] und Nacktmullen[9] bis zu Insekten, Schleimpilzen[10] und koloniebildenden Bakterien[11]. Die natürliche Auslese sorgt für die Verbreitung von Merkmalen, die den Individuen dazu verhelfen, mehr Nachkommen zu erzeugen als andere. Bei diesem Wettbewerb gibt es kein anderes Maß für den Erfolg eines Individuums als erfolgreicher Nachwuchs. Wenn ein Lebewesen in die Aufzucht der Nachkommen anderer investiert, behindert das, so scheint es, seinen eigenen Fortpflanzungserfolg, und das widerspricht der natürlichen Auslese. Wie läßt sich dieser Widerspruch erklären?

Man meinte früher, das Verhalten gesellig lebender Tiere wie der Graudroßlinge ließe sich mit Hilfe des Modells der Evolution erklären, das als *Gruppenselektion* bekannt wurde. Die Anhänger der Gruppenselektion gehen von einer Tatsache aus, die auch wir akzeptieren: Große Gruppen können ihr eigenes Revier besser verteidigen als kleine, und sie können die Reviere kleinerer Gruppen übernehmen. Aber die Anhänger der Gruppenselektion gehen noch weiter und sagen, deshalb liege es im Interesse eines jeden Gruppenmitglieds, seinen Eltern dabei zu helfen, mehr Nachkommen zu haben. Indem das Individuum zum Wachstum der Gruppe beiträgt, verbessert es, so wird gesagt, die Wahrscheinlichkeit, daß es selbst überleben wird und sich fortpflanzen kann.

In der Tat haben Angehörige größerer Gruppen bessere Überlebens- und Fortpflanzungschancen als die Angehörigen kleinerer Gruppen. Aber wie alle Erklärungen, die auf Gruppenselektion beruhen, ist auch diese Erklärung nicht stichhaltig. Der Fehler steckt in der Logik der Gruppenselektion selbst: Was verhindert, daß einige Mitglieder der Gruppe zu sozialen Schmarotzern werden? Die Gruppenselektion würde, anders gesagt, Individuen begünstigen, die die Bereitschaft ihrer Artgenossen, die Gruppe zu stärken und zu vergrößern, ausbeuten und die eigene Kraft aufsparen, um selbst besser für den Kampf um die Fortpflanzung gerüstet zu sein. Es würden also genau jene bestraft, die sich am meisten für das Wohl der Gruppe einsetzen. Die Schmarotzer hätten einen weiteren Vorteil: Sie würden sich die Mühe ersparen, für die Nachkommen anderer zu sorgen.[12]

Als einmal erkannt worden war, daß die Gruppenselektion das Rätsel des Altruismus bei gesellig lebenden Tieren nicht lösen kann, wurden zwei andere Theorien aufgestellt, nämlich die im nächsten Kapitel zu erörternde Theorie der *Verwandtenselektion*[13] und die Theorie des *reziproken Altruismus*.[14] Die Theorie des reziproken Altruismus ist die allgemeinere, denn sie setzt keine genetische Ähnlichkeit zwischen Helfer und Nutznießer voraus. Tatsächlich findet man bei Graudroßlingen und bei anderen gesellig lebenden Tieren oft Gruppen, deren Mitglieder nicht miteinander verwandt sind.

Trivers behauptet mit seiner Theorie des reziproken Altruismus, daß es für ein Individuum nur dann sinnvoll ist,
einem anderen etwas Gutes zu tun, wenn die gute Tat des
einen schließlich durch eine Wohltat erwidert wird, die
das zweite dem ersten oder seinen Nachkommen erweist.
Ihm war klar, daß reziproker Altruismus nur dann Bestand
haben kann, wenn irgendwie Gegenseitigkeit gesichert
ist. Reziproker Altruismus wäre nicht von Gruppenselektion zu unterscheiden, wenn es keinen Mechanismus
gibt, der die Durchsetzung sichert, – die Theorie würde
also nicht mehr beweisen, als daß eine Gruppe, deren
Mitglieder einander helfen, erfolgreicher ist als eine,
deren Mitglieder das nicht tun. Deshalb spielt es für die
Überlegungen von Trivers eine entscheidende Rolle, daß
die Gegenseitigkeit garantiert ist, aber er sagt nicht, wie
sie in der Tierwelt garantiert werden kann.

Betrachten wir ein sehr einfaches Beispiel für dieses Problem der Durchsetzung, das den meisten von uns aus dem
Alltagsleben bekannt ist, nämlich die tägliche Umwelt-
verschmutzung. Wer ein Bonbonpapier oder eine leere
Limodose in einen Mülleimer wirft, ist ein Altruist, denn
er nimmt zusätzliche Mühe auf sich, um die Umwelt für
alle zu schützen. Wer die leere Limodose einfach auf die
Straße wirft, ist egoistisch und erspart sich auf Kosten aller
eine kleine Unannehmlichkeit.

Folglich leistet jemand, der einen Umweltverschmut-
zer tadelt, der Öffentlichkeit einen Dienst – wofür er
jedoch oft einen Preis zahlen muß, denn er wird möglicherweise beschimpft oder sogar geohrfeigt. Die meisten Menschen vermeiden es, andere zu tadeln, weil es
ihnen »peinlich« ist, oder weil sie befürchten, beschimpft
oder angegriffen zu werden. Wer altruistisches Verhalten
fordert, ist selbst ein Altruist; man muß selbst Altruist sein,
wenn man bei anderen altruistisches Verhalten durchsetzen will.

Trivers meinte, bei Menschen, Affen und anderen Tieren
mit gut ausgebildetem Gehirn würden solche Individuen
diskriminiert, die altruistisches Verhalten nicht mit eben-

**Die Theorie
des reziproken
Altruismus
und das Problem
der Durch-
setzung**

233

solchem vergelten, und diese Diskriminierung sichere die Gegenseitigkeit. Nun dient aber jede Handlung, die Gruppenmitglieder gegen jene unternehmen, die Altruismus nicht mit Altruismus erwidern, selbst dem Wohl der Gruppe – ist also wiederum eine altruistische Handlung. Trivers Lösung für das Problem des Altruismus geht deshalb am Problem vorbei, weil sein Durchsetzungsmechanismus Altruismus voraussetzt.

Axelrod[15] fand mit einer Computersimulation, daß es nur dann sinnvoll ist, Individuen zu bestrafen, die sich nicht altruistisch verhalten, solange auch solche Individuen bestraft werden, die selbst nicht strafen. Das Problem liegt darin, daß das Strafen selbst wieder Mühe erfordert. Axelrod schloß daraus, daß soziale Normen am wirksamsten durchgesetzt werden, wenn ihre Einhaltung von Menschen überwacht wird, die das zu ihrem Beruf gemacht haben, wenn also Polizisten, Inspektoren und Richter dafür bezahlt werden, daß sie strafen. Natürlich gibt es in der Natur keine solchen professionellen Vollzugsbeamten.

Trivers Theorie des reziproken Altruismus wurde von Wissenschaftlern allgemein als wichtige Erklärung des Altruismus nichtverwandter Individuen begrüßt. Aus zwei Gründen: Erstens kannte man keine andere Theorie,  die die vielen Fälle erklärt, in denen sich Gruppenmitglieder ganz offensichtlich für das Wohl anderer einsetzen, mit denen sie nicht verwandt sind, und zweitens wird Trivers Theorie anscheinend durch die vielen Fälle bestätigt, bei denen in der Natur in der Tat Uneigennutz mit Uneigennutz vergolten wird.

Die Theorie des reziproken Altruismus führte zur Entwicklung komplexer mathematischer Modelle wie dem »Tit-for-Tat«-Modell.[16] Diese Modelle erforschten mit Hilfe von Computersimulationen, unter welchen Bedingungen reziproker Altruismus wünschenswert ist. Obwohl diese Modelle sehr raffiniert sind, konnte keines von ihnen das größte Problem lösen, das die Theorie des reziproken Altruismus stellt: Wie kann jemand, der einem anderen einen Gefallen tut, sicher stellen, daß dieser Gefallen erwidert wird?[17]

Die Beobachtung des Verhaltens von Graudroßlingen wirft weitere Fragen zur Theorie des reziproken Altruismus auf. Graudroßlinge tun vieles, was wir als uneigennützig bezeichnen würden. Wenn sie fressen, hält ein Gruppenmitglied Wache. Dieser Wächter ist offensichtlich selbst hungrig – wenn menschliche Beobachter ihm Nahrung anbieten, nimmt er sie oft begierig –, trotzdem wacht er, wenn er fressen könnte. Graudroßlinge geben Nahrung oft an andere Erwachsene ihrer Gruppe weiter, und zwar offensichtlich wiederum, bevor sie selbst gesättigt sind, denn wenn man ihnen einen Brotkrümel anbietet, nachdem sie eben ihre Gefährten mit einem ähnlichen Brösel gefüttert haben, verzehren sie ihn mit Genuß – das tun gesättigte Graudroßlinge nicht. Sie bringen sich in Gefahr, indem sie auf Beutegreifer und Schlangen hassen, und sie gefährden sich, indem sie Gruppenmitgliedern beistehen und solche retten, die in ein Netz gerieten oder von einem Beutegreifer oder während eines Kampfes von feindlichen Graudroßlingen gefangen wurden. Sie beteiligen sich auch an der Brutpflege der Jungen anderer Gruppenmitglieder.

Der Wettbewerb um altruistisches Handeln bei Graudroßlingen

Nicht nur sind Graudroßlinge in jeder Hinsicht mindestens so altruistisch wie andere Vögel, die in Gruppen brüten,[18] sondern genaue und detaillierte Beobachtungen haben gezeigt, daß sie um das »Recht«, uneigennützig zu handeln, geradezu *wetteifern*. Sie warten offenbar nicht darauf, daß ihre Partner Gleiches mit Gleichem vergelten, sondern sie versuchen eher, andere daran zu *hindern*, ihren Anteil zu tun. Die Theorie des reziproken Altruismus kann nicht erklären, warum Individuen um die Gelegenheit *wetteifern*, anderen Mitgliedern der Gruppe zu helfen, und schon gar nicht, warum sie andere davon abhalten, ihnen ihrerseits zu helfen.

Wenn wir annehmen, daß der Altruismus die Aufgabe hat, anderen Gutes zu tun, kommt es nicht darauf an, wer der Altruist ist, und ein *Wettbewerb* um das »Recht« zu helfen, ist unsinnig. Im Gegenteil sollte der Helfer es vorziehen, wenn jemand anders als er eine gute Tat vollbringt, denn die, denen geholfen wird, haben den gleichen Vorteil, er aber kann sich Mühe sparen. Wenn der Helfer jedoch aus dem *Akt des Helfens* Nutzen zieht und der Nutzen für andere nur zufällig – eine Nebensache – ist, wird ein Wetteifern um Gelegenheiten zum Helfen sinnvoll. Wir behaupten, daß der Helfer – der »Altruist« – aus seinem Uneigennutz unmittelbaren Nutzen zieht: Er gewinnt an Ansehen.

Wachehalten Als ein Beispiel betrachten wir die Tätigkeit der Wächter bei Graudroßlingen. Wenn Graudroßlinge am Morgen fressen, sitzt oft einer aus der Gruppe auf einem hohen Zweig oder einer Baumspitze. Wenn dieser Wachposten eine Gefahr bemerkt, schlägt er »Alarm«[19] – diese Rufe sind, wie gesagt, an den sich nähernden Beutegreifer gerichtet, alarmieren aber auch die Gruppe. Wer Wache hält, gefährdet sich selbst und muß auf Nahrung verzichten, bis die Wache vorüber ist. Einzelne Graudroßlinge verbringen bis zu zwei bis drei Stunden am Tag als Wachposten. Alle Gruppenmitglieder beteiligen sich an der Wache, was die Theorie des reziproken Altruismus zunächst zu bestätigen scheint. Aber eine genauere Betrachtung zeigt, daß die Graudroßlinge überhaupt nicht daran interessiert sind, daß andere ihren gerechten Teil tun – sie wollen also gar keine Gegenseitigkeit.

Tirza Zahavi[20] fand, daß ranghöhere Graudroßlinge häufiger Wache stehen als rangtiefere und daß sie sich in die Wache der rangtieferen einmischen; oft vertreiben sie untergeordnete Vögel vom Wachposten und nehmen ihren Platz ein. Wenn sich ein rangtieferer Vogel weigert,

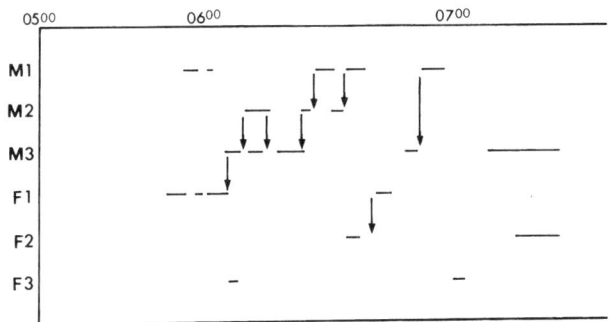

Diagramm 12-1. Ein typischer Ablauf der morgendlichen Wachaktivität in einer Gruppe; ein Pfeil nach unten zeigt eine Ablösung an. Das dominante Männchen (M1) und das dominante Weibchen (F1) hielten beide als erste Wache. Das dritte Männchen (M3) ersetzte das dominante Weibchen erst, als M1 heruntergeflogen war; es wurde mehrmals vom Betamännchen, M2, und einmal vom Alphamännchen, M1, ersetzt. M2 wiederum wurde wiederholt von M1 abgelöst. Als das zweite Weibchen (F2) versuchte, auf einem anderen Baum Wache zu halten, wurde es sofort vom Spitzenweibchen (F1) ersetzt. Während dieser Zeit hielt gelegentlich ein junges Weibchen (F3) Wache. Niemand unternahm etwas, um es abzulösen.

seinen Posten zu verlassen, schubst ihn ein ranghöherer Graudroßling, der ihn ablösen will, unter Umständen zur Seite oder schlägt ihn sogar. Wenn andererseits ein Graudroßling einen ranghöheren Wachposten ablösen will, setzt er sich auf einen tieferen Zweig – gelegentlich auch auf einen tieferen Zweig in einem anderen Baum – und wartet darauf, daß der Wachposten wegfliegt; erst dann nimmt der rangtiefere Wachposten den Platz des dominanten Graudroßlings ein (siehe Diagramm 12-1).

In der Regel kann der Wachposten den, der ihn zu ersetzen versucht, deutlich sehen. Man kann beobachten, wie er das Gefieder putzt, herumhüpft und gelegentlich sogar auf einen noch höheren Zweig klettert. Der Wachposten hat es offensichtlich keineswegs eilig, das Angebot des anderen anzunehmen und seinen Posten zu verlassen. Ganz gewiß aber opfert sich der dominante Graudroßling nicht auf, wie ein romantisches Gemüt es gern denken möchte, um dem jüngeren, müden und unerfahrenen Kameraden freiwillig eine Aufgabe abzunehmen, denn genauere Beobachtungen zeigen, daß sich jeder Vogel die größte Mühe gibt, den Vogel zu ersetzen, der im Rang genau unter ihm und vermutlich auch etwa gleichaltrig ist; wesentlich jüngere Gruppenmitglieder werden mit viel geringerer Wahrscheinlichkeit ersetzt.

Wenn das Wachehalten auf Gegenseitigkeit beruhte, wäre es sinnlos, falls ein Vogel sich bemühte, länger Wache zu halten als ein anderer. Selbst wenn man behauptet, solcher Wettbewerb sei nötig, damit die Gruppe niemals unbewacht ist, müßte man doch erklären, warum jeder Vogel die Wache dessen unterbricht, der ihm im Rang am nächsten ist, statt zu versuchen, jüngere, weniger erfahrene Graudroßlinge zu ersetzen. Das Alphamännchen kann die Wache des Rangzweiten so deutlich stören, daß dieser, das Betamännchen, schließlich viel weniger

Wache steht als der Rangdritte, der nur selten vom dominanten Vogel gestört wird (siehe Diagramm 12-2).

Dabei ist es nicht etwa so, daß dem Betamännchen nicht daran liegt, Wache zu stehen; das Betamännchen ist sogar häufiger zur Wachablösung bereit als das dritthöchste; es steht nur deswegen nicht soviel Wache, weil das Alphamännchen ihn bei seinem Wachdienst immer wieder ablöst. In zwei der Gruppen, in denen das Wachestehen sorgfältig beobachtet wurde, verschwanden während der Beobachtung zufällig die dominanten Männchen. In beiden Fällen übernahm sofort das rangnächste – das nach dem Verschwinden des dominanten Männchens ranghöchste Tier – viel mehr Wachen als zuvor (siehe Diagramm 12-3, Gruppen G' und H'). Bevor die dominanten Männchen verschwanden, hatten die Betamännchen in diesen Gruppen weniger gewacht als die rangdritten; nachdem jedoch die Spitzenmännchen verschwunden waren, die das Betamännchen unterdrückt

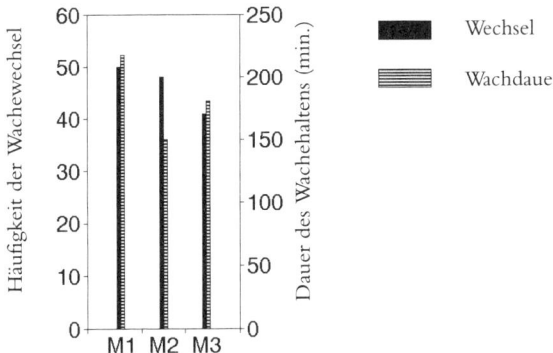

Diagramm 12-2. Anzahl Wechsel beim Wachehalten und Dauer dieses Verhaltens bei den Männchen M1, M2 und M3 in einer Gruppe. M2 kam häufiger als M3, um Wache zu stehen (M2 übernahm mehr Schichten), aber insgesamt wachte es weniger, weil es oft vom Alphamännchen abgelöst wurde.

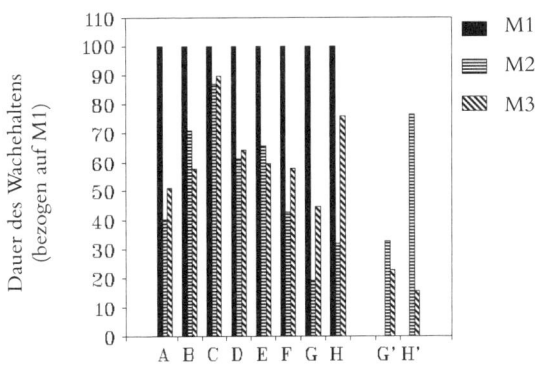

Diagramm 12-3. Wachdauer der Männchen M2 und M3 in mehreren Gruppen bezogen auf die Wachdauer des Alphamännchens (M1); man beachte die Umkehrung der Wachdauer in den Gruppen G und H nach dem Verschwinden ihrer Alphamännchen (G' und H'). M1 = 100%. Höchstdauer: 2,5 Stunden pro Tag in Gruppe H. Mindestdauer: 0,5 Stunden pro Tag in Gruppe C.

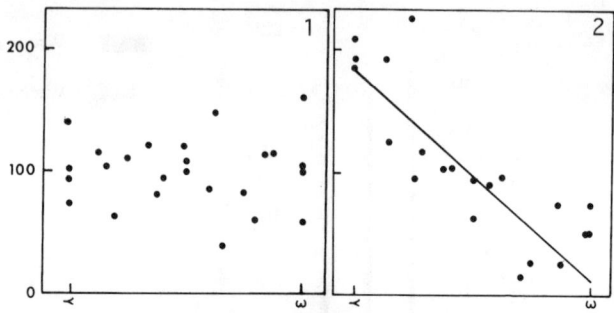

Diagramm 12-4. Besuche am Nest durch einjährige Helfer in Prozent der mittleren Besuchshäufigkeit. Daten und Diagramm von Thamsi Carlisle (Carlisle und Zahavi, 1986). Links: Besuche unbewachter Nester. Zusammenfassung von 598 Besuchen von vier Nestern durch 3-9 einjährige Helfer. Wenn kein anderer Vogel am Nest war, bestand anscheinend keine Beziehung zwischen der Häufigkeit der Besuche und dem Rang des Helfers. Rechts: Besuche von Nestern, bei denen der ankommende Helfer einen anderen ablösen mußte. Zusammenfassung von 187 Besuchen von drei Nestern durch 3-9 einjährige Helfer. Die durchgezogene Linie deutet an, daß rangtiefere Vögel um so seltener zu einem Nest kamen, bei dem schon ein Helfer war, je niedriger ihr Rang war.

hatten, hielten diese Vögel viel mehr Wache als die zuvor rangdritten (Siehe Diagramm 12-3).

Füttern der Graudroßlinge wetteifern auch beim Füttern der Nest-
Nestlinge linge. Thamsi Carlisle[21] fand, daß ranghöhere einjährige Graudroßlinge anderen Graudroßlingen derselben Altersgruppe regelrecht ins Gehege kommen, wenn diese Vögel versuchen, für die Jungen zu sorgen. Das kann überraschende Ausmaße annehmen: Carlisle beobachtete Fälle, in denen eine Gruppe von zwölf Graudroßlingen nur einen überlebenden Nestling hatte, aber vier oder fünf Graudroßlinge gleichzeitig mit Futter im Schnabel zum Nest kamen. Jeder Vogel mußte – mit Futter im Schnabel – warten, bis alle Ranghöheren den einzigen Nestling gefüttert hatten. Manchmal trauten sich die rangtiefen Tiere nicht einmal, sich dem Nest zu nähern

240

(siehe Diagramm 12-4). Warum nur sollten Graudroßlinge andere Graudroßlinge daran hindern, Nestlinge zu
füttern, wenn die einzige Funktion des Fütterns darin
besteht, die Nestlinge mit Nahrung zu versorgen?

Auch erwachsene Graudroßlinge füttern einander. Ge- *Füttern anderer*
wöhnlich verläuft dieses Füttern innerhalb jeden Ge- *Erwachsener*
schlechts nur in eine Richtung: Ein dominantes Tier füttert ein untergebenes. Ausnahmen von dieser Regel sind,
besonders bei Männchen, selten. Gelegentlich läßt sich
das dominante Männchen von dem dominanten Weibchen füttern, ohne darin eine Herauszuforderung zu
sehen, und auch andere Weibchen können andere Männchen ohne schlimme Folgen füttern. Aber wir haben
Fälle gesehen, in denen rangtiefe Tiere, die versuchten,
gleichgeschlechtliche ranghöhere zu füttern, dafür Prü-
gel einstecken mußten. In mindestens einem Fall war
dieser Fütterungsversuch der Beginn einer offenen aggressiven Revolte – ein nach unseren Beobachtungen
äußerst seltenes Ereignis, soweit wir es sehen –, die damit
endete, daß der rangtiefere Rebell aus der Gruppe verjagt
wurde.

Wenn Graudroßlinge andere füttern, lenken sie die Aufmerksamkeit auf sich selbst: Sie stoßen einen bestimmten
Triller aus und heben ihren Schnabel höher als den
Schnabel dessen, den sie füttern. Bei einem großen Al-
tersunterschied zwischen Fütterndem und Gefütterten ist
der Gefütterte oft geradezu begierig auf das Gefüttert-
werden und nähert sich dem Fütternden mit Bettellauten.
Aber in etwa 15 Prozent der Fälle vermeiden es Graudroßlinge, von einem anderen Vogel gefüttert zu werden.[22] Wenn ein Wachposten sieht, daß sich ihm ein
Ranghöherer nähert, um ihn zu füttern und bei der
Wache abzulösen, gibt er unter Umständen seinen Wachposten auf, um sich nicht füttern lassen zu müssen. In
anderen Fällen schließt der Wachposten den Schnabel
und weigert sich, die angebotene Nahrung anzunehmen,
obwohl er offenbar hungrig ist, denn er nimmt gierig

einen trockenen Brotkrumen, den wir ihm anbieten, nachdem er eben ein saftiges Insekt verweigerte, das ihm der andere Graudroßling anbot. Warum sollten Graudroßlinge versuchen, andere zu füttern, die nicht gefüttert werden wollen, und warum sollten diese das Futter verweigern, wenn das gegenseitige Füttern dazu dient, schwächeren Gruppenmitglieder zu helfen?

Junge Graudroßlinge sind in den ersten Lebensmonaten aggressiv und stoßen einander häufig; während ihres ersten Lebensjahrs vertauschen sie sogar manchmal den Rang. Thamsi Carlisle[23] verzeichnete 94 Fälle, in denen Jungvögel und Einjährige einander fütterten. In 86 Fällen bot ein Einjähriger einem rangtieferen Vogel Nahrung an. In 25 dieser Fälle – mehr als einem Viertel – verweigerte der Rangtiefere die angebotene Nahrung oder kostete lediglich davon. Bei 7 dieser 25 Verweigerungen jagte der Möchtegern-Fütterer den Rangtieferen, und gelegentlich pickte er nach ihm. Nur in 8 Fällen bot ein Einjähriger einem Ranghöheren Nahrung an. In 6 dieser 8 Fälle verweigerte der dominante Einjährige die Nahrung und griff den Anbieter an.

In den von Carlisle geleiteten Untersuchungen wurden die Vögel zumeist mit Brotkrumen gefüttert, die die Vögel von den Beobachtern erhielten. In neueren Untersuchungen beobachtete Amir Kalishov das Fütterungsverhalten erwachsener Graudroßlinge, ohne ihnen Brotkrumen anzubieten; seine Ergebnisse gleichen jenen von Carlisle.[24]

Carlisle berichtet von einem Fall, bei dem ein acht Monate altes Weibchen versuchte, seine zwei Monate ältere Schwester zu füttern, die daraufhin aufstand, die Nahrung aus dem Schnabel der jüngeren Schwester schnappte, sie zwang, sich zu ducken wie jemand, der um Nahrung bettelt, und ihr die Nahrung in den Hals stopfte. Als die jüngere Schwester die Nahrung geschluckt hatte, pickte die ranghöhere Schwester so lange nach ihr, bis sie floh. Die frustrierte jüngere Schwester nahm einen anderen Brotkrümel und fütterte damit ihren rangtieferen jüngeren Bruder, der in etwa zehn Metern Entfernung friedlich nach Nahrung suchte.

In einem anderen Fall – einem der beiden von Carlisle beobachteten Fälle, bei denen die Nahrung von einem Vogel angenommen wurde, dessen Rang höher war als der des Fütternden – nahm der dominante Jungvogel die Nahrung, griff den Fütternden dann aber an und stieß ihm ins Gesicht, als ob er sagen wollte: »Ich nehme die Nahrung, aber ich habe trotzdem einen höheren Rang als du.« Graudroßlinge sind also weit davon entfernt, altruistisches Verhalten zu belohnen und Gleiches mit Gleichem zu vergelten, sondern bestrafen Rangtiefere sogar, wenn sie ihnen etwas anbieten. Warum sollten die Empfänger der Wohltat ihre Wohltäter bestrafen, wenn das Füttern anderer wirklich dazu dient, dem Gefütterten etwas Gutes zu tun? Graudroßlinge verhalten sich, als ob es auf den Akt des Gebens ankommt und nicht auf das, was gegeben wird.

Das Hassen (»Mobbing«) der Graudroßlinge hat Ähnlichkeit mit dem anderer Wirbeltiere. Ein Graudroßling, der eine Schlange oder ein Raubtier bemerkt, gibt zu- *Hassen auf Artfeinde*

nächst einen *Tzwick*-Laut von sich und macht dann kläffende und trillernde Geräusche. Damit erregt er die Aufmerksamkeit der anderen Gruppenmitglieder, die dann zu ihm kommen und sich dem Beutegreifer nähern. Wenn ein Graudroßling dem Raubfeind auf etwa ein bis zwei Meter nahe gekommen ist, breitet er seinen Schwanz aus und stellt die Flügel fächerförmig auf. In dieser Stellung verharrt er oft mehrere Sekunden lang; gelegentlich dreht er sich auch zur Seite und umkreist den Beutegreifer mit ausgebreitetem Schwanz und Flügeln.

Dieses Imponiergehabe dauert gewöhnlich ein oder zwei Minuten an, wobei sich die Bewegungen der Graudroßlinge je nach dem Grad der Gefahr verändern. Zahava Carmeli beobachtete Graudroßlinge, die auf Schlangen haßten, und bemerkte, daß die Graudroßlinge sich des Risikos genau bewußt waren, denn die hassenden Graudroßlinge hielten immer 25 bis 35 cm Abstand vom Schwanz, aber etwa 50 cm Abstand vom Kopf, was darauf hinweist, daß sie sehr wohl wußten, welches Ende der Schlange eine Gefahr darstellte.[25] Wenn die Graudroßlinge die Schlange überhaupt angriffen, zielten sie auf ihren Kopf. Das Verhalten hassender Vögel kann sehr unterschiedlich sein; einige stürzen sich kopfüber in die Gefahr, andere halten sich zurück. Einzelne Graudroßlinge kommen dem Beutegreifer sehr nahe, andere halten großen Abstand.

Wie sehr ein Graudroßling zum Hassen auf Beutegreifer neigt, hat mit der Zusammensetzung seiner Gruppe zu tun. Avner Anava untersuchte das Verhalten von Graudroßlingen gegenüber Raubvögeln oft mit Hilfe ausgestopfter Modelle. In zwei der untersuchten Gruppen lebte ein erwachsenes Männchen mit mehreren Weibchen und einjährigen Jungen zusammen. In diesen Gruppen beteiligte sich das dominante Männchen nicht sehr am Hassen (siehe Diagramm 12-5, Gruppe HAK). In Gruppen mit mehreren erwachsenen Männchen beteiligten sich alle Männchen stärker am Hassen, wobei das dominante Männchen immer länger haßte als die anderen Männchen. Es kam dem Beutegreifer zudem näher, stand öfter Wache, während die anderen haßten, und behinderte die anderen erwachsenen Männchen beim Hassen (siehe Diagramm 12-5, Gruppen ZEH und MZR).

Die Aktivität der zweit- und drittrangigen Männchen hing vor allem von der Beziehung zwischen ihnen und dem Alphamännchen ab. Wenn sie die Position des dominanten Männchens nicht in Frage stellten – wenn sie beispielsweise kaum einen Versuch unternahmen, mit dem Weibchen zu kopulieren, während es in Produktion

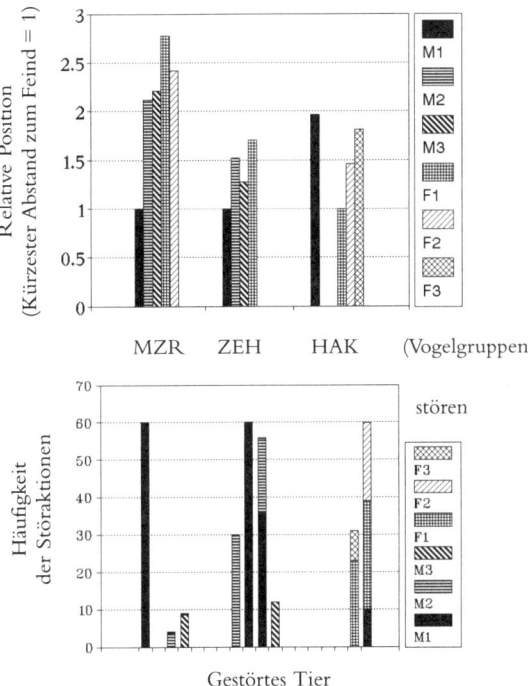

Diagramm 12-5 (oben): Position relativ zum Beutegreifer: kleinste Entfernung 1, größte 4. In den Gruppen MZR und ZEH waren fast immer die dominanten Männchen dem Beutegreifer am nächsten, während die dominanten Weibchen, die in ihrer Gruppe die einzigen erwachsenen Weibchen waren, den größten Abstand hielten. In der Gruppe HAK, die aus einem erwachsenen Männchen und drei erwachsenen Weibchen bestand, hielt das dominante Männchen den größten Abstand zum Beutegreifer, das dominante Weibchen den geringsten.

Diagramm 12-6 (unten): Störungen beim Hassen – wer stört wen. In der MZR-Gruppe wurde das dominante Männchen (M1) von niemandem behindert. Das dominante Männchen selbst mischte sich stark in das Hassen von M2 ein. Keiner störte M3, aber M2 störte das dominante Weibchen (F1), und M3 störte seine Schwester, F2. In der Gruppe ZEH störte M1 M2 sehr, aber M2 störte auch M1. Sowohl M1 als auch M2 störten M3 – M1 mehr als M2. M3 störte nur das Weibchen. In der Gruppe HAK störte M1 F1 nicht, wohl aber das fremde Weibchen F3. Keines dieser beiden Weibchen störte F1. Sowohl F1 als auch F3 störten F2, und sowohl F1 als auch F2 störten F3 sehr.

war –, haßten sie weniger als es: Sie hielten größeren Abstand vom Beutegreifer, haßten nicht so lange, standen während des Hassens kürzere Zeit Wache und trillerten seltener und weniger regelmäßig (siehe Diagramm 12-5, Gruppe MZR).

Am anderen Extrem befanden sich zwei Gruppen, in denen Alpha- und Betamännchen scharfe Auseinandersetzungen um die Kopulation austrugen. In beiden Fällen beteiligten sich das dominante und das zweitrangige Männchen etwa gleich stark am Hassen, und das erste mischte sich oft in das Hassen des zweiten ein. Die Störung war so stark, daß das Betamännchen in einer Gruppe schließlich weniger haßte als das rangdritte. Nur in einer dieser Gruppen wagte es das Betamännchen, sich in das Hassen des Ranghöchsten einzumischen (siehe Diagramm 12-6, Gruppe ZEH). In beiden Gruppen verschwand das erste Männchen schließlich, vermutlich, weil der Rangzweite ihn hinausgeworfen hatte, um seinen Platz einzunehmen. Im einen Fall passierte das während der Untersuchung, im anderen gleich nach ihrem Abschluß. Auch das unterschiedliche Haßverhalten der Weibchen hatte mit Konkurrenz zu tun.

Der dominante Graudroßling mischte sich gewöhnlich nicht unmittelbar in das Haßverhalten rangtieferer Männchen ein, sondern näherte sich dem Untergebenen zunächst, ließ sich dann genau neben ihm nieder, putzte dessen Gefieder oder stupste ihn leicht an. Dann ließ der Rangtiefere eine Weile lang nicht mehr die Trillerlaute hören, die Graudroßlinge während des Hassens von sich geben, sondern er duckte sich oder zog sich zurück. Gelegentlich wurde der dominante Vogel auch grob, drängte seinen Rivalen abrupt zur Seite, lief ihm über den Weg oder landete genau vor oder neben ihm. Der andere reagierte darauf mit einem erschreckten, von einem *Tzwick* begleiteten Sprung und hörte zeitweise oder auch ganz mit dem Hassen auf. Wieder störte das dominante Männchen das Hassen des zweitrangigen Männchens, das gewöhnlich ein erfahrener Erwachsener war, viel stärker als das von Jungvögeln. Das Einmischen des dominanten Vogels dient also sicher nicht dazu, unerfahrene Gruppenmitglieder zu schützen.

Übrigens hat man auch bei hassenden Krähen einen Wettbewerb um Prestige beobachtet. Slagsvold[26] zeigte, daß ranghöhere Tiere mehr haßten als andere und dabei sogar rangtiefere Tiere angriffen und verjagten. Er vermutet wie wir, daß die ranghöheren Krähen auf diese Weise ihre Kontrolle über andere Gruppenmitglieder unter Beweis stellen.

Kurzum, Graudroßlinge wetteifern also geradezu darum, sich altruistisch zu verhalten, und oft versuchen sie sogar, ihre rangtieferen Kameraden daran zu hindern, zum Wohl der Gruppe zu handeln. Offensichtlich geht es Graudroßlingen mehr darum, *Gutes zu tun*, als darum, der Gruppe einen Vorteil zu verschaffen. Wenn wir das uneigennützige Verhalten der Graudroßlinge verstehen wollen, müssen wir herausfinden, was der Geber – der »Altruist« – vom Akt des Gebens hat, und nicht so sehr, was die Gruppe als Ganzes gewinnt.

Altruismus als Ersatz für Drohungen

Es ist wichtig zu bedenken, daß gleichgeschlechtliche Gruppenmitglieder miteinander um die ureigenste biologische Notwendigkeit konkurrieren – um Gelegenheit zur Fortpflanzung. Trotz dieser Rivalität kämpfen sie kaum je gegeneinander. In den allermeisten Fällen werden Konflikte innerhalb der Gruppe vor allem durch den Wettbewerb um Altruismus entschieden.

Wie kann Altruismus körperliche Angriffe ersetzen? Das bringt uns zurück zu der Tatsache, daß Drohungen Kämpfe ersetzen können (siehe Kapitel 3 über Rivalität). Weil ein Kampf für Sieger und Verlierer Gefahren und Kosten mit sich bringt, haben sich andere Möglichkeiten der Konfliktlösung herausgebildet, bei denen tätliche Auseinandersetzungen durch Drohungen ersetzt werden, die einigermaßen zuverlässig zeigen, mit welcher Wahrscheinlichkeit der Drohende einen wirklichen Kampf gewinnen würde.

Aber Drohungen kosten auch ihren Preis. Wenn Drohungen nicht wirksam sind, muß der Drohende kämpfen – oder aufgeben. Ein Tier hat am meisten zu verlieren, wenn es in Gegenwart von Zeugen droht; wenn eine Drohung ihren Zweck nicht erreicht, schreckt sie womöglich weder den Rivalen noch die Zeugen ab. Die Gegenwart von Zeugen macht Drohende also in der Regel weniger kompromißbereit. Außerdem können Zeugen, die sehen, daß einer der Beteiligten verletzt wird, oder die bei einem von ihnen eine Schwäche bemerken, vielleicht die Gelegenheit ergreifen und selbst die Führung übernehmen. Dies gilt insbesondere bei so stark vergesellschafteten Tieren wie den Graudroßlingen, die immer zusammen sind. Jede Drohung, der keine Handlung folgt, jeder ungelöste Konflikt, jedes Versagen eines dominanten Mitglieds wird von der ganzen Gruppe bemerkt – von Kameraden, die auch mögliche Rivalen sind.

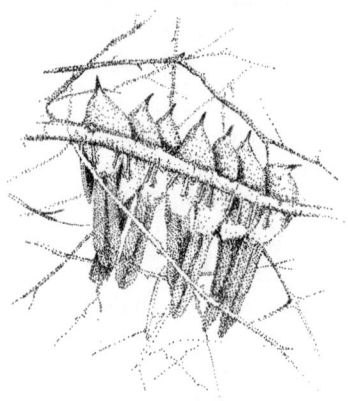

Aber es gibt Konflikte, und sie müssen gelöst werden, deshalb ist ein Ersatz für Drohungen – die sich ihrerseits als Ersatz für Kämpfe herausgebildet haben – höchst wünschenswert. Drohungen lassen sich durch Handlungen ersetzen, die keine direkte Drohungen sind, aber eng mit der Fähigkeit eines Individuums verknüpft sind, eine Auseinandersetzung für sich zu entscheiden. Indem Graudroßlinge zeigen, wieviel Energie sie auf das Wächteramt, das Füttern ihrer Kameraden, das Eingehen von Risiken und andere uneigennützige Handlungen verwenden können, zeigen sie, wie gut sie einen Kampf bestehen würden und wie begehrenswert sie als Gruppenmitglieder sind. Was der Selbstlose in die Selbstlosigkeit investiert, ist ein zuverlässiges und konkretes Maß für seine Fähigkeiten.

Altruistische Handlungen haben noch einen weiteren Vorteil, denn sie zeigen, wie interessiert der Gebende am Empfänger ist, während sie zugleich seine Dominanz bezeugen. Wenn das dominante Männchen etwas zum Wohl der Gruppe tut, zeigt es sowohl seine Überlegenheit als auch seine Bereitschaft, seinem Untergeordneten etwas zu geben. Wahrscheinlich hält das Rangtiefere bei der Stange und hilft so dem dominanten Vogel, das Oberhaupt einer großen, starken Gruppe zu bleiben.

Die anderen Gruppenmitglieder tun gut daran, auf das zu achten, was ein Individuum zum Vorteil der Gruppe tut, denn was sie dadurch über dieses Tier erfahren, hilft ihnen, einen hochriskanten Kampf gegen einen Rivalen zu vermeiden, der stärker ist als sie. Alle Gruppenmitglieder müssen ihre Chancen fortwährend neu beurteilen. Schließlich muß jeder Vogel entscheiden, ob er als Untergebener Teil der Gruppe bleiben oder ob er sie verlassen und sein Glück woanders suchen oder in einem Kampf um die Spitzenstellung alles aufs Spiel setzen will. Altruistische Handlungen, die der Gruppe nützen, können jedem einzelnen Graudroßling helfen, genau diese Fragen zu beantworten.

Der Rang innerhalb der Gruppe ist für das Leben der **Rang** Graudroßlinge sehr wichtig. Jede soziale Handlung, vom **und Prestige** Kampf gegen andere Gruppen bis zu Tanzen und Hassen, wird vom Rang beeinflußt und zeigt ihrerseits den Rang an. Graudroßlinge schlafen zusammengekuschelt auf einem Ast: Immer schläft das dominante Männchen am einen Ende und gewöhnlich schläft das rangnächste am anderen Ende. Dominante Vögel halten gewöhnlich öfter Wache als andere. Sie übernehmen die Wache häufig von ihren Untergebenen, während rangtiefere Tiere es vermeiden, ihrerseits die Wache abzulösen. Jeder Graudroßling füttert Rangtiefere, aber nur sehr selten Ranghöhere. Rangtiefere geben gelegentlich einen besonderen Laute von sich, wenn ein Ranghöherer an ihnen vorbeihüpft. Dominante Tiere dürfen außer Schwanz auch Rücken und andere Körperteile von rangtieferen Tieren putzen, rangtiefere Graudroßlinge dagegen putzen bei ranghöheren fast niemals Rücken oder Schwanz. Warum wird der Rang so deutlich herausgekehrt, wenn er sich für alle praktischen Zwecke nicht ändert, solange ein Graudroßling in seiner ursprünglichen Gruppe bleibt?

Im Lauf der Zeit haben wir herausgefunden, daß die Beziehung zwischen den Alpha- und Betamännchen nicht in allen Gruppen gleich ist. Sie hängt zu einem großen Teil von der jeweiligen Zusammensetzung der Gruppe ab. Selbst wenn Alpha- und Betamännchen, was oft vorkommt, Brüder sind, ist ihre Beziehung von einer Gruppe zur anderen sehr verschieden. Am einen Ende des Spektrums ist das Alphamännchen ein alter, erfahrener Graudroßling, und der Rangzweite ist fünf oder sechs Jahre jünger. In einem solchen Fall wagt es der jüngere Vogel nicht, den Ranghöchsten während der Wache zu füttern, gibt immer den Beschwichtigungslaut von sich, wenn sich der dominante Vogel nähert, und sperrt den Schnabel auf, um den Überlegenen um Nahrung zu bitten. Im anderen Extrem stammt der Rangzweite aus derselben Brut wie der erste, unterlag ihm aber bei kindlichen Streitereien. In diesem Fall hält der Rangzweite oft Wache und läßt sich nur selten vom ersten füttern, weist ihn aber häufig ab; bei seltenen Gelegenheiten füttert sogar der Rangzweite den Rangersten. Der soziale Rang ist in beiden Fällen gleich – einer ist offensichtlich der erste und der andere offensichtlich der zweite –, aber der Unterschied im Ausmaß der Kontrolle über die Rivalen ist doch sehr bedeutsam.

Wir verwenden den Ausdruck *Prestige*, um diese Unterschiede in der Qualität der Beziehungen innerhalb eines

Verbands widerzuspiegeln. Damit meinen wir nicht dasselbe wie mit Rang, sondern etwas, das eher komplementär dazu ist. (In früheren Arbeiten sprachen wir vom *Sozialstatus*.)[27] Mit Prestige meinen wir den Respekt, den andere einem Individuum zollen. In Gesellschaftssystemen, in denen die Starken wenig Interesse am Wohlbefinden der anderen haben, kann Prestige durch unprovozierte Aggression gewonnen werden, etwa durch Angriffe oder Drohungen. Solche Aggression ist so verbreitet, daß die soziale Rangordnung auch »Hackordnung« genannt wird.[28] Auch »verschwenderische« Zurschaustellung kann zu einem Prestigegewinn führen: Das Rad des Pfaus, das Geweih der Hirsche und die Lauben der Laubenvögel sind Beispiele für solches Imponiergehabe, das anderen weder nützt noch schadet. Graudroßlinge und andere altruistische Tiere gewinnen Prestige, wenn sie in das Wohlbefinden ihrer Gruppenmitglieder investieren. Den Nutzen haben ihre Partner, aber der eigentliche Grund für ihren Altruismus liegt woanders – mit ihrem Altruismus bezeugen sie glaubwürdig ihre Fähigkeiten.

Der Sozialstatus ist leicht zu erkennen, während das Prestige komplex und nur schwer zu messen ist. Prestige zeigt den *Grad* der Dominanz eines ranghöheren Individuums an, wie er ihm von rangtieferen Gruppenmitgliedern gezollt wird. Anders gesagt: Prestige wird von anderen beurteilt. Das dominante Individuum kann Prestige für sich in Anspruch nehmen, hat es aber nur dann, wenn seine Untergeordneten es ihm gewähren, und letztlich bestimmt die Anerkennung durch die anderen, wieviel Prestige ein Individuum hat.

Prestige hat realen Wert: Ein dominantes Männchen mit höherem Prestige bekommt mit Leichtigkeit, was ein dominantes Männchen mit weniger Prestige nur mit Mühe oder gar nicht erhält. Ein Graudroßling bemüht sich andauernd und unaufhörlich, seine Qualitäten zu betonen; er tut das nicht, um im Rang zu steigen – ein erwachsener Graudroßling kann sich selbst nur »befördern«, indem er einen Ranghöheren tötet oder aus der Gruppe verjagt oder indem er selbst die Gruppe verläßt –, sondern weil er seine Kameraden davon überzeugen will, daß ihm wegen dieser Qualitäten Anerkennung gebührt und ihm deshalb Prestige zukommt. Ein Graudroßling, der länger Wache stehen kann als seine Kameraden, der ihnen einen Teil seiner Nahrung abgeben kann, der sich einem Beutegreifer nähern kann, der das Risiko eingehen kann, am ungeschützten Ende der Reihe zu schlafen – und der auch andere davon abhalten kann, genau diese Taten zu vollbringen –, beweist seinen Kameraden jeden Tag aufs Neue seine Überlegenheit. Indem er das tut, gewinnt er an Prestige und kann leichter Kontrolle auszuüben.

Je größer das Prestige eines Tieres ist, um so stärker werden Untergeordnete es vermeiden, einen Kampf um die höhere Position anzuzetteln. Je mehr Prestige das dominante Männchen hat, um so überzeugter wird ein Weibchen ihm treu bleiben und sich nicht mit Rangtieferen verpaaren. Kurz, mit seiner Uneigennützigkeit investiert ein Graudroßling in sein Prestige, und dieses Prestige hat einen realen, konkreten Wert. Die Schwierigkeit – die Kosten oder das Handicap – dieser altruistischen Zurschaustellung, ob der Vogel nun dabei Nahrung opfert oder sich einer Gefahr aussetzt, macht die Uneigennützigkeit zu einem zuverlässigen Indikator für seine Fähigkeiten.

Rangtiefere können eigenes Prestige haben, das sich zeigt, wenn sie Ranghöheren Widerstand leisten und sich ihrerseits gegenüber Rangtieferen behaupten. Graudroßlinge, die während ihrer Wache abgelöst werden oder von einem dominanten Tier gefüttert werden, versuchen soviel Prestige wie möglich wiederzuerlangen,  indem sie ihrerseits einen rangtieferen Wachposten ersetzen oder einen artfremden Vogel, etwa einen Bülbül oder einen Grauschmätzer, angreifen. Die Häufigkeit dieser Verhaltensweisen zeigt deutlich sowohl, daß die einzelnen Graudroßlinge wissen, wieviel Prestige sie haben, als auch, daß viele ihrer Handlungen, insbesondere altruistische, dem Prestigegewinn dienen.

Wir finden überreichlich Hinweise darauf, daß andere Gruppenmitglieder sich der Ansprüche, die ihre Kameraden auf Prestige erheben, wohl gewahr sind. Rangtiefe Männchen nähern sich häufig einem Weibchen oder einem noch rangtieferen Männchen, das Wache hält, füttern es und übernehmen seinen Platz als Wachposten; in einigen Gruppen ruft das fast immer eine Reaktion des dominanten Männchens hervor, das sich dann beeilt, den untergeordneten Wachposten zu füttern und abzulösen. Gelegentlich steht das dominante Männchen nur einen Augenblick Wache, bevor es den Posten wieder verläßt – als ob es sagen wollte, es habe nur seinen Rivalen veranlassen wollen, beiseite zu treten und seine eigene Überlegenheit anzuerkennen, die ein wenig gelitten haben könnte, falls das untergeordnete Männchen zuviel Prestige gewann.

Auch die Paarungsrituale der Graudroßlinge sind Proben und Beweise dafür, wieviel Prestige das dominante Männchen hat. Die meisten Tiere kopulieren ungeniert in Gegenwart anderer Artgenossen. Graudroßlinge dagegen, die ja den größten Teil ihres Leben in Sichtweite ihrer Gruppenmitglieder verbringen, paaren sich nicht in Gegenwart anderer, sondern ziehen sich dazu unter oder hinter Buschwerk zurück.

»Scheu« bei der Kopulation als Zeichen von männlichem Prestige

Die anderen Gruppenmitglieder wissen, was das Paar in seinem Versteck tut, weil die Einladung dazu gewöhnlich in aller Öffentlichkeit ergeht: Ein Männchen, das ein Weibchen zur Kopulation einlädt, nähert sich ihm mit einem Bissen Nahrung oder einem Zweig im Schnabel, füttert es aber nicht, sondern hebt seine Gabe hoch und entfernt sich von der Gruppe. Wenn das Weibchen kopulieren möchte, folgt es ihm. Falls es nicht folgt, kann das Männchen sie unter Umständen stoßen und jagen, aber das ist gewöhnlich ritualisierte und nur zur Schau getragene Aggression. Wir haben bis heute keinen einzigen Fall gesehen, in dem ein Weibchen aus einer Gruppe verstoßen wurde, weil es sich weigerte, mit dem dominanten Männchen zu kopulieren, obwohl wir oft Weibchen sehen, die sich weigern und dann schikaniert werden.

Gelegentlich folgt eines der anderen Männchen dem Paar. In solchen Fällen bleibt das dominante Männchen stehen, dreht sich um, nähert sich dem untergeordneten, »tadelt« es vokal und umkreist es auch wohl. In den meisten Fällen bleibt das untergeordnete Männchen stehen, erkennt seinen geringeren Rang an und kehrt zur Gruppe zurück. In seltenen Fällen aber beachtet es die Warnungen des dominanten Männchens nicht. In einigen Fällen folgte das zweite Männchen dem Paar weiterhin und hielt das dominante Männchen dadurch einige Tage lang vom Kopulieren ab. Ein solcher Konflikt endet gelegentlich in einem richtigen Kampf, bei dem der Verlierer getötet oder aus der Gruppe verstoßen wird; wenn es nicht zu einem Kampf kommt, erhält das Weibchen dadurch Aufschluß darüber, daß dieses dominante Männchen nicht mit dem rangnächsten kämpfen will oder nicht zu kämpfen wagt, vermutlich, weil es sich nicht leisten kann, es als Gruppenmitglied zu verlieren. Daß sich das zweite Männchen die Einmischung leisten kann, ist ein deutlicher Hinweis auf sein Prestige. Wir finden in solchen Fällen oft, daß das Weibchen dann, wenn es in Produktion ist, später auch mit dem zweiten Männchen kopuliert.[29]

Die Fortpflanzungschancen eines Männchens hängen davon ab, wie weit die Weibchen zur Zusammenarbeit mit ihnen bereit sind. Das Weibchen muß so genau wie möglich beurteilen, wieviel Prestige seine Bewerber haben – und das ist keine einfache Aufgabe, weil der Wettbewerb um die Gunst des Weibchens vermutlich in den ersten Tagen seiner Zugehörigkeit zur Gruppe am stärksten ist; zu dieser Zeit kennt das neue Weibchen die

Gruppe kaum, außerdem sind die älteren untergeordneten Männchen in der Gruppe nicht seine Nachfahren, kommen also auch als mögliche Partner in Frage. Das neue Weibchen kann zwar die Rangordnung der Männchen rasch und leicht erkennen, aber der Rang allein sagt ihr nicht, wieviel Kontrolle das dominante Männchen über seine Untergebenen hat. Wie sehr braucht es sie? Wie sehr erkennen sie seine Dominanz an?

Das neue Weibchen muß seine Gunst entsprechend dem Kräftegleichgewicht seiner Freier unter ihnen aufteilen, aber wie kann es dieses Gleichgewicht herausfinden, wenn die Tiere friedlich und ohne offene Aggression zusammenleben? Wenn das Weibchen einen Fehler macht, indem es seine Zustimmung gibt oder verweigert, hat es am Ende vielleicht einen mächtigen, unzufriedenen männlichen Genossen, der sein Gelege zerstört. Wir haben mehrmals beobachtet, daß das Männchen unter solchen Umständen die Eier im Nest zerbrach. Das Opfer ist vor allem das Weibchen, das mehr in die Produktion von Eiern investiert als seine Partner.

Die »Scheu«, die das Weibchen davon abhält, sich in Gegenwart anderer Graudroßlinge zu verpaaren, hilft ihm, das Prestige der Männchen zu beurteilen – oder, genauer, es ermöglicht dem Weibchen zu sehen, wieviel Prestige die anderen Vögel jedem der Männchen zuschreiben. Daraufhin kann es seine Gunst seinen Partnern entsprechend ihrer Bedeutung schenken. Das dominante Männchen stellt sein Prestige unter Beweis, falls andere Männchen ihm nicht einmal aus der Entfernung folgen, wenn er sich mit seiner Partnerin zurückzieht. Graudroßlinge, die dem dominanten Männchen erlauben, sich mit dem Weibchen zurückzuziehen, ohne auch nur zu versuchen, das Paar aus der Entfernung zu beobachten, zeigen damit, daß sie das große Prestige des dominanten Männchens akzeptieren. Im Gegensatz dazu läßt ein Männchen, das dem Paar frech zu folgen wagt, das Weibchen wissen, wie groß sein Prestige sogar als Rangtieferer ist.

255

Wenn ein Weibchen in Produktion ist, beginnt das dominante Männchen, das Weibchen »zu bewachen«.[30] Dazu folgt es ihm auf Schritt und Tritt und läßt es nicht aus den Augen und bemüht sich, ihm zu jeder Tageszeit näher zu sein als jedes andere Gruppenmitglied. Sowie sich ein anderes Männchen nähert, eilt auch das dominante Männchen herbei. In den meisten Fällen beruhigt der Untergeordnete den Rivalen dann sofort mit dem Beschwichtigungslaut oder zeigt ihm durch Aufplustern und Putzen, wie unbehaglich es sich fühlt.

Das dominante Männchen kopuliert mit dem Weibchen häufiger als alle anderen Männchen, aber wenn das Weibchen dazu bereit ist, kopulieren auch andere Männchen mit ihm, die nicht ihre eigenen Nachkommen sind. Wenn ein Weibchen mit einem anderen Männchen kopulieren möchte, findet es dazu auch Gelegenheit, sobald das dominante Männchen ein oder zwei Minuten lang von etwas anderem in Anspruch genommen wird, etwa von einem Revierkonflikt oder dem Nestbau. In einigen Gruppen gelang es untergeordneten Männchen selbst an den fruchtbaren Tagen mit dem Weibchen zu kopulieren, sogar am Morgen, wenn die Zeit für die Befruchtung offenbar besonders günstig ist. Yoel Perl fand, daß das dominante Männchen in einigen Fällen wieder aufhört, das Weibchen zu bewachen, wenn sie noch in Produktion ist, also vor dem vierten Eisprung. Dann kopuliert der Rangzweite mit ihr und befruchtet vermutlich das Ei.[31] In anderen Gruppen kopulieren Männchen mit ähnlichem Rang überhaupt nicht. Die Chancen für die Fortpflanzung eines Tieres lassen sich also nicht allein aufgrund ihres Rangs vorhersagen.

Wenn das dominante Männchen Rangtieferen erlaubt, sich mit dem Weibchen zu verpaaren, tut es das, weil sie für den Verband wichtig sind und es ihnen deshalb Zugeständnisse macht. Wir meinen, daß die Stellung eines jeden Gruppenmitglieds sowohl vom Kräftegleichgewicht innerhalb der Gruppe als auch von den Nachbarn abhängt. Einige Gruppen haben starke Nachbarn und brauchen zu ihrem Schutz viele und gute Kämpfer, andere dagegen haben ungefährliche Nachbarn. Einige dominante Männchen sind stark und brauchen beim Kämpfen nicht viel Unterstützung, andere sind mehr auf ihre Untergeordneten angewiesen.

Das Kräftegleichgewicht in einer Gruppe wird auch dadurch beeinflußt, daß das dominante Männchen um so weniger von jedem einzelnen Partner abhängt, je mehr Partner es hat. Ein dominantes Männchen mit erwachsenen Söhnen des zur Zeit dominanten Weibchens – die sich nicht mit ihrer Mutter verpaaren – ist nicht sehr auf den Beistand anderer Männchen, die mit ihm um die Kopulation rivalisieren könnten, weniger angewiesen. Alle diese Faktoren beeinflussen die Kooperationsbereitschaft der Männchen. In jedem Clan von Graudroßlingen hat ein Männchen einen höheren Rang als alle anderen, aber während manche dominante Männchen es ihren Kameraden erlauben, sich zu verpaaren, bedrohen andere Rangtiefere, die es auch nur versuchen. Offenbar ist Rang nur ein Teil des Bildes; auch Prestige ist ein wesentliches Element.

Gründe für das Leben in Gruppen und die Folgen

Der Drang der Graudroßlinge zum Gruppenleben ist mächtig und wird auf viele Weise verstärkt. Die Graudroßlingsgruppen erschweren Einzelpaaren das Leben. Ein Einzelpaar, das in der Nähe einer großen Gruppe brüten will, wird oft von seinen Nachbarn schikaniert. Wir haben mehrere Überfälle beobachtet, die ein Paar, das in der Nähe einer großen Babbler Gruppe brüten wollte, zwangen, ihr Nest zu verlassen oder bei denen die Jungvögel getötet wurden. Selbst nach Jahren der Dürre, in denen die Graudroßlinge keine Jungvögel aufziehen konnten und einige Reviere verlassen sind, haben es untergeordnete erwachsene Graudroßlinge aus anderen Revieren gewöhnlich nicht eilig, das unbesetzte Land auf eigene Faust zu besiedeln. Vielmehr bleiben sie oft in ihrem Herkunftsrevier und wetteifern weiter mit ihren

Brüdern um die Gelegenheit zur Fortpflanzung. Vermutlich lebt es sich besser als zweites oder auch drittes oder viertes Männchen in einer großen sicheren Gruppe mit einem guten Revier denn als dominantes in einem kargen Revier oder ohne die Hilfe rangtieferer Tiere. Offenbar trennen sich männliche Graudroßlinge nur dann gern von ihrer Gruppe, um eine eigene zu bilden, wenn mindestens ein Helfer sie begleitet und wenn zwei oder mehr Weibchen von anderen Gruppen bereit sind, zu ihnen zu stoßen.

Es könnte gut sein, daß einige Organismen im Lauf der Evolution Merkmale erwerben, die ihnen das Leben in Gruppen erleichtern, während sie solche verlieren, die ihnen das Leben als Einzeltier oder als Paar erleichtern würden, das Leben in der Gruppe jedoch erschweren. Wer in einer Gruppe lebt, kann es sich beispielsweise in einer ungewohnten Situation leisten, nichts zu tun und seine erfahrenen Kameraden zu beobachten, statt etwas Neues auszuprobieren und damit womöglich zu scheitern. Graudroßlinge kommen in den Genuß mehrerer Lehrjahre, in denen sie sowohl die Fähigkeit zum Leben in einer Gruppe erwerben als auch die Fertigkeiten, die sie brauchen, um Nahrung zu finden, Beutegreifer zu vermeiden und mit fremden Graudroßlingen umzugehen. In einem Gruppenverband bringt die Bereitschaft, Kompromisse zu schließen, mehr Vorteile als die Bereitschaft, sofort um die eigenen Rechte zu kämpfen; und genau diese Bereitschaft zum Zusammenleben ist, wie wir sahen, für Graudroßlinge charakteristisch.

Anpassungen wie diese können die Nachteile des Gruppenlebens kompensieren; das erklärt vielleicht auch, warum alle der vielen indischen Graudroßlingsarten in Gruppen leben, obwohl ihre Lebensräume sehr unterschiedlich sind und auch erfolgreich von solitären Singvögeln bewohnt werden.[32] Außerdem sind einige Anpassungen vermutlich nicht umkehrbar, weil sie sich aus einer komplizierten Menge miteinander verwobener Veränderungen ergeben. Reptilien und Säugetiere, die das

Land verließen und ins Wasser zurückgingen, atmen weiter mit ihren Lungen, obwohl in ihrem neuen Lebensraum Kiemenatmung vorteilhafter wäre. Wenn Graudroßlinge auf einen Schlag die Merkmale wiedererlangen könnten, die sie im Verlauf der Anpassung ans Gruppenleben allmählich verloren, kämen sie in manchen Umwelten vielleicht als Paare besser zurecht, aber unter den heutigen Umständen geht es ihnen im Gruppenverband besser.

Einige Vogelarten leben je nach den Umweltbedingungen in Gruppen oder in Paaren. Einmal wurden Seychellen-Rohrsänger, die gewöhnlich in Gruppen leben, auf eine Insel gebracht, auf der es keine Rohrsänger gab. Sie verpaarten sich, nisteten und vermehrten sich, bis alle geeigneten Reviere besetzt waren, und dann kehrten sie zum Gruppenleben zurück.[33] Für diese Rohrsänger scheint das Leben in Gruppen eine relativ neue Entwick-

lung zu sein; im Gegensatz zu den Graudroßlingen haben sie anscheinend keine Verwandten, die in Verbänden leben. Wenn eine Tierart in einem Gruppenverband lebt, kann das sehr unterschiedliche Gründe haben, und entsprechend gibt es viele unterschiedliche Formen des Zusammenlebens. Einige bieten Vorteile in bezug auf den Wettbewerb mit anderen Arten oder mit anderen Gruppen derselben Art, wenn es um Ressourcen geht, andere bieten Vorteile im Schutz vor Beutegreifern oder ungünstigen Umweltbedingungen. Bei einigen Vögeln, wie dem in Arizona lebenden Buschlaubhäher können sich nur Eltern und erwachsene Nachkommen zusammenschließen; bei solchen Arten tragen die erwachsenen Nachkommen eines Elternpaars nichts zur Fortpflanzung bei.[34]

Andere Häher und einige afrikanische Stärlinge und Meisen bilden Bündnisse zum Schutz ihrer Reviere. Jeder Verband besteht aus mehreren Paaren, aber jedes Paar hat sein eigenes Nest. Einzeltiere, die nicht selbst nisten oder keinen Partner finden, helfen anderen Paaren bei der Brutpflege und beim Schutz des gemeinsamen Territoriums, pflanzen sich aber nicht selbst fort. Der mittelamerikanische Riefenschnabel-Ani geht jedes Jahr neue Koalitionen ein, bei denen sich mehrere Paare dasselbe Nest teilen.[35] Einfachere solche Verbände können aus mehreren Weibchen bestehen, die ihre Eier in das Nest eines einzigen Männchens legen, wie es beim Strauß der Fall ist, oder aus mehreren Männchen, die einem einzelnen Weibchen bei der Aufzucht ihrer Jungen helfen, wie es die Galapagos-Bussarde und die schottischen Weihen tun.[36]

Prestige und die Evolution des Altruismus: Altruismus als Handicap Bei allen gesellig lebenden Tieren werden Konflikte unter Partnern bis zu einem gewissen Grad durch den Wettbewerb um Prestige gelöst, unabhängig davon, aus welchem Grund sie sich zunächst zum Verband zusammenschlossen. Das Prestige eines Individuums spiegelt sich im Respekt, den die anderen ihm zollen – so ist es ja definiert. Weil das dominante Männchen diesen Respekt genießt, kann es andere als seine Partner behalten und die Gruppe kontrollieren, ohne sie zu bestrafen. Größeres Prestige sichert einem Individuum einen größeren Anteil am »Zugewinn« der Partnerschaft – also eine bessere Chance, sich erfolgreich fortzupflanzen. Der Prestigezuwachs eines Partners bedeutet den Prestigeverlust eines anderen. Es handelt sich hier, anders gesagt, um ein Gruppen-Nullsummenspiel.

Wissenschaftler erkennen immer deutlicher, daß sich viele der altruistischen Handlungen, die bei Tieren beobachtet werden, nicht durch die Theorien der Verwandtenselektion und des reziproken Altruismus erklären lassen. Kürzlich wurde behauptet, altruistisches Verhalten werde zwar nicht unmittelbar erwidert, wohl aber durch

»indirekte Gegenseitigkeit« belohnt: Die »Gegenseitig-keit« bestehe darin, daß dem Altruisten Status zugeschrie-ben wird.[37] Aber dieser Begriff weitet die Definition der Gegenseitigkeit bis zur Bedeutungslosigkeit aus. Wir be-haupten schon seit Jahren, daß der Altruist an Status oder Prestige gewinnt. Und wenn man akzeptiert, daß altrui-stische Handlungen jenen, die sie ausführen, einen Status-gewinn bringen, braucht man keine weitere Erklärung für den Altruismus. Der Begriff der »indirekten Gegensei-tigkeit« – bei dem es um einen Prestigegewinn geht – macht die Theorien der Verwandtenselektion und des reziproken Altruismus überflüssig.

Es braucht nicht gesagt zu werden, daß eine Gruppe, deren Mitglieder um Prestige wetteifern, indem sie Al-truismus demonstrieren, im Wettbewerb gegen andere Verbände erfolgreicher ist als eine, deren Mitglieder nach Prestige streben, indem sie Rangtiefere schikanieren oder ihre Energien auf verschwenderisches Imponierge-habe vergeuden. Aber man darf nicht vergessen, daß der Beweggrund für den Einzelnen nicht der Nutzen der Gruppe ist, sondern die Verbesserung des eigenen Pre-stiges; der Nutzen für die Gruppe ist ein Nebeneffekt. Wenn die Einzeltiere aus dem, was sie zum Wohl der Gruppe tun, nicht auf diese Weise unmittelbar Nutzen ziehen könnten, hätte die Entwicklung des Altruismus keine stabile Grundlage. Logischerweise nehmen wir an, daß der Altruismus trotz seiner Vorteile für die Gruppe verschwinden würde, wenn sich die Umstände in Zu-kunft einmal verändern und Graudroßlinge oder andere gesellig lebende Tiere es nützlicher fänden, Prestige zu gewinnen, indem sie verschwenderisch imponieren, in-nerhalb der Gruppe kämpfen oder andere bedrohen.

Sowohl der Wettbewerb um Altruismus als auch das Be-mühen, nicht Empfänger von Wohltaten sein zu müssen, die Altruisten zu verdanken sind, stehen im Widerspruch zur Theorie des »reziproken Altruismus«. Man kann al-truistische Handlungen sogar als versteckte Drohungen oder als Ersatz für Drohungen sehen, weil das durch

»selbstloses« Handeln erworbene Prestige es dem Altruisten ermöglicht, etwas zu erreichen, was andere Tiere durch Drohungen gewinnen. Die Beobachtungen legen nahe, daß der Altruismus ein zuverlässiges Anzeichen für die Qualität eines Individuums sowohl als Partner wie als Rivale ist – und ein geeigneter Ersatz für offene Drohungen.

Wenn man einmal altruistische Handlungen als Signale sieht, die die Fähigkeiten und die Absichten des Altruisten anzeigen, stellt der Altruismus nicht länger ein evolutionäres Rätsel dar. Der Aufwand für das altruistische Verhalten ist der Faktor, der die Zuverlässigkeit des Signals sichert.[38] Für den Altruisten sind die Kosten – die Verschwendung – des Altruismus nichts anderes als die Verschwendung, die es bedeutet, wenn beispielsweise der Pfau einen großen, schweren, schöngezeichneten Fächer trägt oder der Laubenvogel eine kunstvoll geschmückte Laube baut. Der Preis für diese und alle anderen Signale ist das Handicap, das die Zuverlässigkeit des Signals garantiert – der Sender also hält, was das Signal verspricht. Um die Evolution des Altruismus zu erklären, braucht man deshalb nicht nach einem besonderen Mechanismus der Evolution zu suchen. Im Gegenteil glauben wir, daß unsere Erklärung des Altruismus als Signal nicht nur für Graudroßlinge und andere Vögel gilt, sondern auch für Säugetiere,[39] einschließlich der Menschen, für soziale Insekten und selbst für Einzeller.

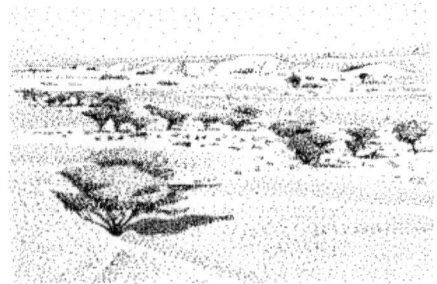

KAPITEL 13

Soziallebende Insekten:
Warum helfen sie der Königin?

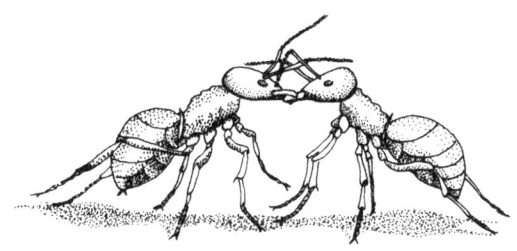

Bei der natürlichen Auslese ist »Erfolg« gleichbedeutend mit Erfolg bei der Fortpflanzung. Von Zehntausenden von Sämlingen auf einem Waldboden wächst nur eine Handvoll zu fruchttragenden Bäumen heran, und von Tausenden von Fischeiern entwickeln sich nur einige zu fortpflanzungsfähigen Fischen. Die meisten Individuen sterben, ohne je Gelegenheit zur Fortpflanzung gehabt zu haben. Diese winzige Überlebensrate widerspricht nicht der Theorie der natürlichen Auslese, sondern veranschaulicht vielmehr ihre Macht: Erfolglose Samen oder Fische, die nicht geschlechtsreif werden, sterben aus und verschwinden.

Auch bei Bienen hat unter Umständen nur eine von Zehntausenden von Bienen eines Stocks Nachkommen. Das ist an sich noch keiner besonderen Beachtung wert. Aber während Sämlinge oder Fischeier einfach verschwinden, konzentrieren die Arbeiterinnen in einem Bienenstock – letztlich die Verliererinnen beim Wettbewerb um die Fortpflanzung – ihre Bemühungen nicht auf ihr eigenes Überleben und ihre Fortpflanzung, sondern verwenden sogar noch Mühe darauf, der Königin bei der Fortpflanzung zu helfen. Wie konnte sich solches Verhalten durch natürliche Auslese herausbilden?

263

Diese Frage ist zu verschiedenen Zeiten unter immer wieder anderem Blickwinkel gesehen worden. Darwin interessierte sich für die Frage: Wie kann eine Königin, die so anders ist als Arbeiterinnen, ihren Nachkommen die Kennzeichen von Arbeiterinnen vererben? Schließlich hat eine Arbeiterbiene einen ganz anderen Körperbau und andere Verhaltensweisen als eine Königin, und bei Ameisen und Termiten unterscheiden sich die unterschiedlichen Arten von Arbeiterinnen nicht nur von der Königin, sondern auch untereinander. Darwin sah kein Problem in der Existenz unfruchtbarer Individuen, die der Gruppe helfen, denn er nahm einfach an, daß eine Königin, deren Töchter bessere Arbeiterinnen sind, gegenüber einer Königin im Vorteil ist, deren Töchter weniger gut an ihre Aufgaben angepaßt sind.[1] Aber Arbeiterinnen vieler Bienen-, Wespen- und Ameisenarten sind nicht von Natur aus unfruchtbar, und einige pflanzen sich auch wirklich fort. Deshalb hält man für die Evolution von Insektenkolonien jetzt eine andere Frage für entscheidend: Warum arbeiten die Arbeiterbienen, die die Fähigkeit zur Fortpflanzung behalten, für den Stock, statt ihre Bemühungen darauf zu richten, jede Chance wahrzunehmen, eigene Nachkommen zu haben?

Die Evolution sozialer Strukturen bei sozialen Insekten

Umstände, die die Zusammenarbeit begünstigen: Vorratshaltung und hilflose Nachkommen

Zunächst müssen wir herausfinden, warum die sozialen Hautflügler – Bienen, Wespen und Ameisen – überhaupt zusammenleben. Diese Lebensweise hängt damit zusammen, wie sie ihren Nachwuchs aufziehen. Die Larven von Schmetterlingen oder Grashüpfern können sich bewegen und Nahrung suchen, und überleben, wenn sie selbst Nahrung finden und Feinde vermeiden; Larven der staatenbildenden Hautflügler aber sind während ihres Wachstums darauf angewiesen, von ihrer Mutter oder anderen Artgenossen gefüttert zu werden. Dadurch wird ihnen Nahrung aus einem viel größeren Bereich zugänglich als jenen Larven, die zu ihrer Nahrung hinkriechen müssen – ihnen steht also vielfältigere Nahrung zur Verfügung.

Zudem brauchen sie sich nicht zu bewegen, und sie haben auch tatsächlich weder Augen noch Beine.

Es muß nicht unbedingt zur Entwicklung einer Sozialstruktur führen, wenn Nachkommen darauf angewiesen sind, daß sie von Erwachsenen mit Nahrung versorgt werden, spielte aber für die Entwicklung der Sozialstruktur der Hautflügler eine wesentliche Rolle. Sowohl die unbeweglichen Larven als auch die für sie gesammelte Nahrung ziehen Parasiten und artfremde und artgleiche Räuber an. Wegen dieser Gefahren bringt der Nestbau Vorteile, weil Eier und Larven darin geschützt sind. Auch Partnerschaften gewähren Schutz, denn während ein Partner Nahrung sucht, kann der andere das Nest bewachen. In der Geschichte der Evolution war das die Grundlage der Zusammenarbeit – gleichzeitig ermöglichte es aber stärkeren Partnern, schwächere auszubeuten.

Weil die Larven auf die Nahrung angewiesen sind, die die Erwachsenen ihnen zur Verfügung stellen, bestimmen die Erwachsenen wiederum Größe und Schicksal jeder einzelnen Larve. Die Eier, aus denen sich Königinnen und Arbeiterinnen entwickeln, gleichen sich. Damit sich Larven zu Arbeiterinnen entwickeln und nicht zu Königinnen, muß ihre Versorgung durch die »Ammen« gehemmt werden – durch Unterernährung, durch Pheromone oder körperliche Gewalt. Zukünftige Arbeiterinnen bekommen weniger und minderwertige Nahrung; Larven, die von den Erwachsenen dazu bestimmt sind, zu Königinnen zu werden, erhalten große Mengen hochwertiger Nahrung – wie das Gelée royale der Honigbiene. Die »Ammen« verteilen die Nahrungsvorräte also ungleichmäßig und beeinträchtigen bei einem Teil der Nachkommen durch diese Vernachlässigung die Fortpflanzungsfähigkeit. Die Eltern beuten somit einen Teil ihrer Nachkommen aus, indem sie sie zu Gehilfen machen, die ihnen oder ihren anderen Nachkommen später bei der Fortpflanzung helfen.

Die Theorie der »elterlichen Manipulation«, wie sie von Alexander[2] genannt wurde, nimmt an, daß es den Eltern um die Gesamtsumme ihres Fortpflanzungserfolgs geht – und nicht notwendig um das Schicksal des einen oder anderen Nachkommen.[3] Das erklärt, welche Vorteile die Ausbeutung einiger ihrer Nach-kommen den Eltern bringt, be-antwortet aber nicht die andere Seite der Frage: Warum hilft der ausgebeutete Nachkomme sei-nen Eltern? Alexander nahm an, die Theorien der Verwandt-tenselektion und des wechselsei-

tigen Altruismus lieferten angemessene Erklärungen da-für, warum die unterdrückten Arbeiterinnen ihren fort-pflanzungsfähigen Verwandten helfen. Wir stimmen ihm nicht zu.

Der haplodiploide Bei der Evolution der Sozialsysteme der Hautflügler
Mechanismus spielte noch ein weiterer Faktor eine Rolle, nämlich
der Geschlechts- die Haplodiploidie, die bei Hautflüglern (und auch bei
bestimmung einigen anderen Insektengruppen, aber nicht bei Termi-ten) das Geschlecht der Nachkommen bestimmt. Männ-chen schlüpfen aus unbefruchteten Eiern und sind ha-ploid – sie haben also nur einen einfachen Chromosomen-satz, den sie von ihrer Mutter geerbt haben. Weibchen schlüpfen aus befruchteten Eiern und haben einen di-ploiden (doppelten) Chromosomensatz, der zur einen Hälfte von der Mutter und zur anderen vom Vater stammt. Ein befruchtetes Weibchen – eine Königin – bewahrt die Spermien, die sie bekommt, in einem speziellen Behälter in der Nähe ihres Eileiters auf und kann entweder be-fruchtete Eier legen, aus denen Weibchen schlüpfen, oder unbefruchtete Eier, aus denen Männchen schlüpfen. Un-befruchtete Weibchen – Arbeiterinnen – können nur unbefruchtete Eier legen, aus denen Männchen schlüp-fen.

Wenn die Arbeiterinnen völlig unfruchtbar wären, könn- *Erfolgt die* ten sich ihre Merkmale nur ändern, wenn bei der Königin *Selektion allein* eine Mutation eintritt, die sie ihren Töchtern vererbt, *durch die Königin* und zwar sowohl den Arbeiterinnen, die das veränderte *oder auch durch* Merkmal aufweisen würden, als auch den neuen Köni- *Arbeiterinnen?* ginnen, die das Merkmal an ihre Töchter weitergeben würden. In diesem Fall könnte sich ein Bienenstock genau so entwickeln wie ein vielzelliger Körper, wobei die Königin dem Fortpflanzungsorgan entspräche und die Arbeiterinnen den anderen Körperteilen. Aber tatsächlich sind in allen Ordnungen der sozialen Hautflügler – Bienen, Wespen und Ameisen – sehr viele Fälle bekannt, in denen weibliche Arbeiterinnen Eier legen. Manchmal stammt sogar ein großer Prozentsatz der Männchen aus Eiern von Arbeiterinnen.[4] Die Tatsache, daß viele Arbeiterinnen Eier legen können, aus denen Männchen schlüpfen, und das auch tun, eröffnet eine weitere Möglichkeit: Leisten Arbeiterinnen vielleicht durch ihre Arbeit für den Stock das Bestmögliche, um eigene Söhne aufzuziehen?

Dieser Gedanke würde eine vollkommen andere Sicht der Evolution der Sozialstruktur des Bienenstocks eröffnen. Nehmen wir an, eine Arbeiterin könnte durch ihre Arbeit für den Stock ihre eigenen Chancen, erfolgreiche Söhne zu haben, verbessern. Wenn dann eine Mutation die Fähigkeit der Arbeiterin verbessert, für die Gruppe zu arbeiten, ermöglicht diese Mutation es ihr auch, zugleich mehr Söhne zu erzeugen und aufzuziehen, und die Mutation durch sie an die folgenden Generationen von Königinnen, Arbeiterinnen und Drohnen (Männchen) weiterzugeben.

Weil »Ammen« einerseits weibliche Larven manipulieren und wahlweise Königinnen und Arbeiterinnen aufziehen können, und weil andererseits die Arbeiterinnen Eier legen können, aus denen Männchen schlüpfen, konnten sich asymmetrische Partnerschaften zwischen großen, befruchteten Weibchen – den Königinnen – und unbefruchteten, meistens kleineren, weiblichen Arbeiterinnen entwickeln. Eine Arbeiterin kann nicht ihre eigene Kolonie gründen, weil sie keine befruchteten Eier legen und keine Töchter hervorbringen kann, die ihr beim Schutz der Kolonie und bei der Versorgung ihrer Nachkommen helfen würden. Aber sie kann in einer Kolonie bleiben, der Königin helfen, mehr Arbeiterinnen aufzuziehen, und versuchen, Eier zu legen, aus denen Männchen schlüpfen. Diese Kolonie kann die sein, in der sie selbst geboren wurde, oder auch eine andere; bei nichtstechenden Bienen gibt es allerdings auch Fälle, in denen Königinnen sich Kolonien anschließen, die von Arbeiterinnen aufgebaut wurden.

Unserer Meinung nach stellt die Tatsache, daß eine Arbeiterin sich innerhalb der Kolonie fortpflanzen kann, gleichsam ein Bindemittel dar; dieses Bindemittel ermöglicht die Schaffung von großen, stabilen Partnerschaften, die Tausende von Einzelwesen umfassen, in denen der Fortpflanzungserfolg der einzelnen Arbeiterinnen vom Erfolg der Königin abhängt. Gerade weil die Königin Töchter aufziehen kann, die kleiner und schwächer sind als sie selbst, kann sie sie auszunutzen; die Ungleichheit zwischen Königin und Arbeiterinnen schränkt die Möglichkeiten der Arbeiterinnen ein und verleiht der asymmetrischen Beziehung Beständigkeit.[5]

Wie sich Insektenkolonien bilden Kolonien von Hautflüglern bilden sich hauptsächlich auf drei Weisen, nämlich erstens durch Koalition gleichaltriger Königinnen, die gewöhnlich Schwestern oder jedenfalls Verwandte, gelegentlich aber auch Fremde sind, zweitens durch Koalitionen einer Mutter und ihrer Töchter, und drittens durch das Zerbrechen einer bestehenden Kolonie in mehrere Tochterkolonien. Um die Vorgänge in solchen Partnerschaften zu veranschaulichen, betrachten wir einige solche Fälle.

Bei vielen Wespen- und Ameisenarten schließen sich mehrere Königinnen zusammen und gründen eine neue Kolonie.[6] Zu Beginn sind die Partner aufeinander angewiesen, und oft legt mehr als eine Königin Eier. Aber wenn erst einmal kleinere Arbeiterbienen geschlüpft sind, kann es sich die Spitzenkönigin leisten, die rivalisierenden Partnerinnen loszuwerden. Tat-sächlich beginnen die Gründungs-königinnen zu dieser Zeit gewöhn-lich damit, sich untereinander zu bekämpfen, bis die Gewinnerin ihre früheren Partnerinnen schließ-lich tötet, verstößt oder versklavt. In den meisten Fällen hat die Kolonie am Ende nur noch eine Königin,

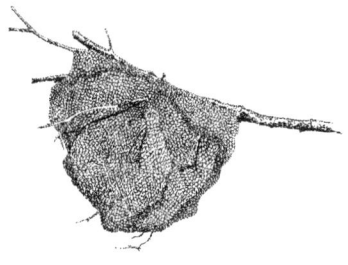

die weiterhin Eier legt, während ihre Töchter und die Töchter ihrer früheren Partnerinnen sich um die Nach-kommenschaft kümmern. Die unbefruchteten Arbeite-rinnen können nicht erfolgreich mit der Königin rivali-sieren, weil sie kleiner sind und weil die Königin die einzige ist, die befruchtete Eier legen kann, aus denen weitere Arbeiterinnen schlüpfen.

In den gemäßigten Zonen gibt es viele Arten von Haut-flüglern, die alljährlich im Frühling sogenannte Saison-kolonien gründen, die zu Beginn des Winters wieder aussterben. Bei diesen Arten sind die Kolonien also im Frühling nicht groß, und eine einzelne Königin kann allein ein neues Nest bauen. So schlüpfen beispielsweise die Königinnen der Wespe *Vespa orientalis* und ihrer Ver-wandten *Vespula germanica*[7] im Herbst und leben eine Weile in der Kolonie, in der sie geboren wurden. In dieser Zeit sind Fressen und Ruhen ihre einzigen Tätigkeiten. Später, wenn die Kolonie ihrem Ende entgegengeht, macht jede Königin einen Hochzeitsflug und verbringt den Winter danach, oft gemeinsam mit Geschwistern, im Winterschlaf in einer Erdritze. Im Frühling wacht sie auf und beginnt mit dem Nestbau, dem Eierlegen und dem Sammeln von Nahrung für ihre Nachkommen.

Die ersten Nachkommen solcher Königinnen sind Weib-chen. Sie können sich nicht verpaaren, weil es zu dieser Jahreszeit keine Männchen gibt, und sie helfen der Königin während des ganzen Sommers als Arbeiterinnen bei der Aufzucht weiterer Nachkommen. Das ändert sich im Spätsommer, denn dann legt die Königin unbefruchtete – »männliche« – Eier, während die Arbeiterinnen einigen der befruchteten Eier der Königin große Mengen von besonders reichhaltiger Nahrung geben; diese Eier entwickeln sich zu den Königinnen des nächsten Jahres. Gleichzeitig gelingt es einigen der dominanten Arbeiterinnen, Eier zu legen: Jede übernimmt mehrere Waben, die sie schützt und in die sie unbefruchtete (männliche) Eier legt. Einige der Männchen, die in dieser Kolonie schlüpfen, sind also nicht die Nachkommen der Königin, sondern von Arbeiterinnen. Die legenden Arbeiterinnen sind sehr aggressiv gegeneinander und gegenüber der Königin. Sie fressen die Eier, die von ihren Rivalinnen und von der Königin gelegt wurden, und zerstören die Waben ihrer Rivalinnen.

Warum bleiben diese Arbeiterinnen im Saisonstaat? Das hat zwei Gründe. Erstens hat eine kleine Arbeiterin allein gegen die anderen Kolonien in der Umgebung mit Königin und vielen Arbeiterinnen überhaupt keine Chance. Die Arbeiterinnen sind klein, weil sie so aufgezogen wurden, daß sie klein blieben, und die ersten Arbeiterinnen sind besonders klein, weil ihre Mutter sie selbst aufgezogen hat und viel Mühe hatte, genug Nahrung für ihre Larven heranzuschaffen. Zweitens kann eine Arbeiterin keine weiblichen Eier legen, also keine Töchter aufziehen, die ihr helfen könnten, ihr Nest zu schützen und zu versorgen. Eine Arbeiterin, die im Frühling schlüpft, hat keine andere Möglichkeit, lebensfähigen Nachwuchs aufzuziehen, als in einer etablierten Kolonie bis zum Herbst – der Zeit für die Aufzucht von Königinnen und Männchen – zu überleben und dann zu versuchen, männliche Eier zu legen. Da sie auf das Leben in einer Kolonie angewiesen ist, kann sie auch sehr wohl in der bleiben, die sie schon kennt, und hoffen, dann, wenn die Zeit dafür gekommen ist und die Bedingungen es ermöglichen, erfolgreiche Söhne aufzuziehen. Aber sie kann auch in eine andere Kolonie überwechseln, und tatsächlich ziehen Arbeiterinnen von einer Kolonie zur nächsten,[8] vermutlich, um einen Ort zu finden, an dem ihre Fortpflanzungschancen besser sind.

Wenn über Kolonien gesprochen wird, stehen gewöhnlich die Interessenkonflikte zwischen Arbeiterinnen und Königin im Vordergrund. Tatsächlich aber vertritt jede Arbeiterin ihre eigenen individuellen Interessen; ein großer Teil des Lebens einer Kolonie läßt sich nur verstehen, wenn die Konflikte zwischen einzelnen Arbeiterinnen berücksichtigt werden.[9] Es gibt eine Rangordnung unter den Arbeiterinnen. Wenn die oberste Arbeiterin die Königin töten und ihren Platz einnehmen würde, könnte diese Arbeiterin zwar vielleicht ohne Beschränkung ihre eigenen unbefruchteten männlichen Eier legen, die anderen Arbeiterinnen aber würden von diesem Emporkömmling unterdrückt werden. Außerdem würde die Kolonie geschwächt; nur die befruchtete Königin kann die Kolonie stärken, indem sie weibliche Eier legt und mehr Arbeiterinnen zeugt.

Die Chancen einer Arbeiterin, Söhne zu haben, und die Chancen dieser Söhne hängen vom Zustand der Kolonie ab, und die Kolonie kann nur durch die Königin gestärkt werden. Es ist deshalb für die meisten Arbeiterinnen besser, wenn eine Königin das Oberhaupt der Kolonie ist, und nicht eine andere Arbeiterin. Die Interessen einer Arbeiterin, die sich erfolgreich fortpflanzen will, sind also in stärkerem Konflikt mit den Interessen der anderen Arbeiterinnen als mit denen der Königin. Wenn die jungen Arbeiterinnen möglichst gute Aussichten auf erfolgreiche Söhne haben wollen, müssen sie also mit der Königin zusammenarbeiten und das Eierlegen durch die ranghöchsten Arbeiterinnen unterdrücken. Kein Wunder, daß die Kolonie den ganzen Sommer über durch die Aufzucht von weiteren Arbeiterinnen wächst, denn die Arbeiterinnen selbst hindern einander daran, Prinzessinnen (junge Königinnen) und Männchen aufzuziehen, und unterdrücken und töten Arbeiterinnen, die versuchen, Eier zu legen.

Im Herbst ist die Lage anders: Der Saisonstaat nähert sich seinem Lebensende. Die Zeit ist gekommen, neue Königinnen und Männchen aufzuziehen. Die Königin legt außer befruchteten weiblichen Eiern auch unbefruchtete männliche Eier, und die Arbeiterinnen lassen einigen der befruchteten Eier der Königin die Pflege angedeihen, die sie zu künftigen Königinnen macht. Zu dieser Zeit kommt es oft zwischen Arbeiterinnen untereinander und zwischen Königin und Arbeiterinnen zu Auseinandersetzungen darüber, wer die männlichen Eier legen darf. Die siegreichen Arbeiterinnen schaffen es, einige der männlichen Eier der Kolonie zu legen – manchmal sogar die meisten. Die Arbeiterinnen, denen es nicht gelingt, Eier zu legen, helfen der Königin und ihren eierlegenden Kameradinnen bei der Aufzucht der Jungen.

Ähnliches gilt, wenn existierenden Kolonien in neue zerbrechen. Um sich gegen benachbarte Kolonien zu behaupten, muß eine Wespenkolonie ein Zerbrechen vermeiden, wenn die neuen Kolonien zu schwach wären. In dieser Situation liegt es im Interesse der Arbeiterinnen, die Aufzucht von Prinzessinnen und das Legen männlicher Eier durch andere Arbeiterinnen zu unterdrücken – denn diese würden als Erwachsene ausschwärmen und die  Kolonie spalten. Aber wenn die Kolonie einmal so groß ist, daß aus ihr zwei lebensfähige Kolonien entstehen können, liegt eine Aufspaltung im Interesse sowohl der Königin als auch der Arbeiterinnen: Die Königin stellt damit sicher, daß mindestens eine ihrer Töchter eine eigene Kolonie haben wird, und gleichzeitig verbessern sich die Fortpflanzungsaussichten jeder der Arbeiterinnen, weil sie dann nur noch halb so viele Rivalinnen hat.

Warum kann sich eine Arbeiterin nicht selbständig machen, einige Waben bauen, Speisekammern anlegen und warten, bis die Zeit gekommen ist, männliche Eier zu legen? Weil dann die Gefahr bestünde, daß die kleinen Nester mit den Nahrungsvorräten, die die Hautflügler für ihre Nachkommen anlegen, von Mitgliedern benachbarter Kolonien zerstört würden, die die Vorräte stehlen und an ihre eigenen Larven verfüttern würden. Weil diese Gefahr Zusammenarbeit bei der Bewachung notwendig macht, erhalten so die Starken die Möglichkeit, die Schwachen auszubeuten. Die Gefahr von Diebstahl und Plünderung also hindert die Arbeiterinnen daran, sich außerhalb großer, von Königinnen regierter Kolonien fortzupflanzen.

Warum sind die Arbeiterinnen so emsig für ihre Kolonie tätig?

Wir haben gesehen, warum Arbeiterinnen in einer Kolonie bleiben und dort auf Gelegenheit zur Fortpflanzung warten; das erklärt jedoch nicht, warum sie auch wirklich für die Kolonie arbeiten. Es gibt viele Arbeiterinnen, und die meisten von ihnen sind bereit, etwas für die Gruppe zu tun. Warum überlassen sie diese Arbeit nicht anderen?[10] Die Kolonie würde darunter nicht wesentlich leiden, und die »faulen« Arbeiterinnen könnten ihre Kräfte für spätere Kämpfe und das Eierlegen aufsparen. Man sollte meinen, solche »sozialen« Parasiten hätten bei diesen Auseinandersetzungen eine bessere Ausgangsposition und würden mehr Söhne bekommen als ihre Rivalinnen, und daß ein solches Parasitentum sich folglich in der Population ausbreiten würde. Das aber beobachten wir nicht. Unserer Meinung nach verbessert eine Arbeiterin oder eine rangtiefere Königin ihre eigenen Chancen zur Fortpflanzung, indem sie für die Kolonie arbeitet.[11]

Altruismus und Prestige

Etwas Ähnliches haben wir schon bei den Graudroßlingen gefunden. Ein Graudroßling investiert unserer Meinung nach in Altruismus, weil er damit den Mitgliedern seiner Gruppe deutlich zeigt, welche Fähigkeiten er als Rivale und welchen Wert er als Partner hat. Der Gewinn für den »Altruisten« liegt nicht in dem Nutzen, den die Gruppe davon hat, sondern darin, daß andere Individuen ihn anerkennen – darin, daß sein Prestige zunimmt.

Wie wir im vorigen Kapitel sahen, werden die Fortpflanzungschancen eines Individuums zu einem großen Teil von seinem Prestige bestimmt. Je mehr ein Graudroßling für seine Gruppe tut, um so größer ist sein Prestige, weil seine Fähigkeit, etwas für die Gruppe zu tun, ganz allgemein seine Qualität beweist. Und hohes Prestige wiederum erspart ihm die Notwendigkeit zu kämpfen oder auch nur zu drohen, wenn die Zeit für den Wettstreit um das Recht zur Fortpflanzung gekommen ist.

Das »uneigennützige« Individuum dient also seinen eigenen Interessen – es verwendet Mühe darauf, seine Qualität verläßlich zu beweisen. Weil der Graußdroßling das tut, indem er altruistisch handelt und nicht nur wie ein Pfau mit seinem Fächer und ein Laubenvogel mit seiner Laube durch Prachtentfaltung beeindruckt, zeigt er gleichzeitig, daß er an weiterer Zusammenarbeit mit den Mitgliedern seiner Gruppe interessiert ist. Die Gruppenmitglieder wiederum beachten die doppelte Botschaft, denn diese Information hilft ihnen bei ihrer eigenen Entscheidungsfindung. Gleichzeitig kommt die ganze Gruppe in den Genuß der Vorteile, die die Handlungen des Altruisten übermitteln.

Sowohl in einer Gruppe von Graudroßlingen als auch in einer Insektenkolonie sichert Zusammenarbeit das Überleben; gleichzeitig wetteifern die Individuen mit anderen in der Gruppe oder in der Kolonie um das Recht zur Fortpflanzung. In solchen Situationen werden die Erfolgsaussichten eines Individuums nicht nur durch alles verbessert, was es ihm ermöglicht, die eigenen Fähigkeiten zu zeigen und die der anderen zu beurteilen, ohne daß es zu körperlichen Auseinandersetzungen oder direkten Drohungen kommt, sondern auch durch alles, was abzuschätzen erlaubt, wie groß das Interesse seines Partners an weiterer Zusammenarbeit ist.

Es gibt also ein Publikum, das ansprechbar ist für Botschaften, die zuverlässig sowohl zeigen, über welche Fähigkeiten ein Individuum verfügt – also das, was es aufgrund dieser Fähigkeiten tut – als auch, wie sehr es an weiterer Zusammenarbeit interessiert ist – was sich an seiner Bereitschaft zeigt, diese Fähigkeiten, mit denen es sich präsentiert, in den Dienst anderer zu stellen. Durch seine Hilfsbereitschaft demonstriert der Signalgeber seine Qualitäten, was von den anderen erkannt wird; diese Anerkennung läßt sich in Rang und Prestige umsetzen, und das ermöglicht es ihm, sich erfolgreicher fortzupflanzen als ein weniger geachtetes Individuum. Dieser Vorgang kann zu einer mächtigen Kraft werden und zu einer Auslese der Verhaltensweisen führen, die der Gruppe dienen; die Evolution dessen, was auf den ersten Blick wie schlichte Selbstlosigkeit aussieht, wird tatsächlich ausschließlich durch die Mechanismen der individuellen Signalselektion angetrieben.

Ein Verband von Graudroßlingen ist so klein, daß die Partner einander regelmäßig beobachten und alle wissen können, was jedes Mitglied zum Wohl der Allgemeinheit beiträgt. Das kann auch in kleinen Gruppen von sozialen Hautflüglern der Fall sein.[12] Alle Individuen kennen einander und wissen, welche Arbeit jedes tut und damit auch, welches Prestige jedes hat. Aber in einer Kolonie mit mehreren Tausend oder sogar Zehntausenden von Einzelwesen ist es sehr unwahrscheinlich, daß ein Individuum die Taten jedes anderen beobachten und sich daran erinnern könnte. Wenn Arbeiterinnen einer großen Kolonie wirklich dienen, um Prestige zu gewinnen und im Rang zu steigen, muß es auch einen Mechanismus geben, der die Fähigkeiten eines jeden Individuums zuverlässig anzeigt.

Diesem Zweck dienen unserer Meinung nach höchstwahrscheinlich die Pheromone.[13] Wir vermuten, daß in einer großen Kolonie die Qualität einer Arbeiterin – ihr Wert – an ihrem Vermögen gemessen werden, den Duftstoff der Königin – die Königinsubstanz – zu tragen. Unserer Meinung nach kann diese Fähigkeit zweierlei mitteilen, nämlich erstens, wieviel sie aufgrund ihrer

Königinsubstanz und Prestige

275

körperlichen Verfassung davon tragen kann – das Phero-mon ist schließlich ein gefährlicher Stoff – und zweitens, wieviel sie entweder durch Kraft oder als Lohn für ihre Dienste erwerben konnte. Die Lage wird komplexer und interessanter, falls sich unsere Vermutung bewahrheitet, daß eine Arbeiterin die Königinsubstanz nicht nur von der Königin oder von anderen Arbeiterinnen als Lohn für ihre Leistung erhält, sondern daß sie durch ihre Arbeit auch ihre Fähigkeit vergrößert, mehr von diesem Duft-stoff zu tragen, weil die Arbeit ihren Stoffwechsel an-regt.

Es ist bekannt, daß das von der Königin abgegebene Pheromon die Arbeiterinnen dazu motiviert, ihr zu die-nen. Bienen sind sehr begierig auf den Duftstoff und lek-ken ihn vom Körper der Königin ab. Arbeiterinnen können das Pheromon direkt vom Körper der Königin erhalten, indem sie ihr dienen, oder indirekt von Ar-beiterinnen, die der Königin gedient haben. Sie können das Pheromon auch von den Larven erhalten, die sie versorgen und die anscheinend ähnliche Pheromone er-zeugen.[14] Aber offenbar gibt es einen Faktor, der die Menge des Duftstoffs, den eine Arbeiterin sammeln kann, begrenzt. Wenn das Pheromon bei Versuchen

von Forschern zur Verfügung gestellt wird, werden alle Individuen davon angezogen, aber nur einige nehmen freizügig davon zu sich, während an-dere nichts oder nur sehr wenig ver-zehren.[15]

In gewisser Hinsicht läßt sich diese Königinsubstanz mit dem Geld in menschlichen Gesellschaften vergleichen. In einer großen Gesellschaft kennen die Individuen einander nicht per-sönlich, aber sie können den wirtschaftlichen Status eines anderen daran erkennen, über wieviel Geld er verfügt. Nur Wohlhabende können auf Dauer über große Geld-mengen verfügen. Wer Geld bei sich trägt, muß es auch vor Dieben und Räubern schützen – anders gesagt, zeigt

Geld nicht nur an, daß der Besitzer es durch Arbeit oder Gewalt zu erwerben wußte, sondern auch, daß er es bewahren und verteidigen konnte.

Es ist bekannt, daß eine Beziehung zwischen der Fähigkeit einer Königin zum Eierlegen und zur Pheromonerzeugung besteht.[16] Es ist auch bekannt, daß Arbeiterinnen Königinnen töten, die nur wenig Pheromon abgeben.[17] Wenn eine Königin das Eierlegen von der Pheromonabsonderung trennen und ihre Kräfte im Alter oder bei Krankheit auf das Absondern von Pheromonen beschränken könnte, um nicht getötet zu werden, würde sie das sicherlich tun. Anscheinend kann sie das nicht – und deshalb ist die Menge des von ihr abgegebenen Pheromons ein verläßlicher Indikator dafür, wieviel Eier sie legen kann.

Das Handicap in der Königinsubstanz

Nach dem Handicap-Prinzip kann die Königinsubstanz nur dann ein zuverlässiger Indikator für die Legefähigkeit sein, wenn eine Überproduktion – ein Betrug – der Königin mehr schaden als nützen würde. Wir glauben, anders gesagt, daß das Pheromon schädliche Stoffe enthält. Genau wie dieses Pheromon die Qualität einer Königin zuverlässig anzeigt, zeigen kleinere Mengen desselben schädlichen Pheromons auch zuverlässig die Fähigkeiten von Arbeiterinnen an. Die Artgenossen sollten also erkennen können, wie gut eine Arbeiterin mit dem Pheromon umgehen kann, das sie von der Königin erhält, und ihr dementsprechend Rang und Prestige zubilligen; dadurch wird es Arbeiterinnen möglich, ihre Konflikte über die Fortpflanzung beizulegen, ohne auf körperliche Auseinandersetzungen angewiesen zu sein.

Es ist wohlbekannt, daß die Königinsubstanz die Entwicklung der Eierstöcke der Arbeiterinnen hemmt. Wenn das Pheromon lediglich eine gewöhnliche Markierung wäre, ohne wesentliche eigene Kennzeichen, würde man erwarten, daß die Biene um so mehr Königinsubstanz tragen kann, je weniger ihre Eierstöcke entwickelt sind. Es stellt sich aber heraus, daß die Arbeiterbiene um

277

so besser ausgebildete Eierstöcke hat, je mehr Königinsubstanz sie trägt. Die Menge der Königinsubstanz, die ein Tier trägt, dient also nicht als gewöhnliche Markierung, sondern zeigt offenbar, wie widerstandsfähig es gegen ihre schädlichen Auswirkungen ist. Wir glauben, daß die Fähigkeit, die Königinsubstanz zu tolerieren, von der körperlichen Kondition abhängt, und das ist genau die Wirkungsweise, die das Handicap-Prinzip für ein chemisches Signal vorhersagt.

Roseler und Honk (1989) zeigen, daß in Hummelnestern die Eierstöcke der stärksten Arbeiterinnen, die der Königin am nächsten sind, gut entwickelt sind, obwohl ihre Nähe zur Königin sie einem hohen Grad an Königinsubstanz aussetzt. Die Forscher bemerken, daß diese Arbeiterinnen ihren hohen Rang offensichtlich nicht ihren gutentwickelten Eierstöcken verdanken, denn sie behielten ihren Rang auch nach einer chirurgischen Entfernung der Eierstöcke. Wir glauben, daß diese Arbeiterinnen ihren Kolleginnen körperlich überlegen sind, und daß diese Überlegenheit ihnen sowohl ihren hohen Rang verleiht als auch die Fähigkeit, ihre Eierstöcke zu entwikkeln, obwohl sie hohen Konzentrationen der Königinsubstanz ausgesetzt sind.[18]

Bei Honigbienen enthält diese Königinsubstanz ungesättigte Fettsäuren mit Ketogruppen. Bekanntlich sind insbesondere ungesättigte Fettsäuren mit Keto- und Alkoholgruppen aktive, schädliche Chemikalien. Ihre Struktur ähnelt den schon erörterten weiblichen Mottenpheromonen. Es könnte sein, daß die Königinsubstanz von den freiliegenden Sinneszellen der Biene absorbiert wird und eine Art Rauschzustand bewirkt, wie wir ihn in Kapitel 9 bei Motten vermuteten. Wenn wir annehmen, daß eine Arbeiterin, die die Königinsubstanz trägt, auf diese oder andere Weise Schaden davonträgt, dann wird die Menge, die eine Arbeiterin tragen kann, nicht nur durch ihre Fähigkeit begrenzt, die Substanz mit Gewalt oder im Austausch für Dienste zu erwerben und zu verteidigen, sondern auch durch ihre Fähigkeit, mit dieser Behinderung fertig zu werden.

Menschen geben gern damit an, daß sie schädliche Chemikalien wie Alkohol, Nikotin, Betel, Opium und ähnliches gut vertragen. In einigen Gesellschaften beweisen Männer ihre Stärke sogar, indem sie Kerosin trinken. Diamond erklärt dieses Phänomen mit Hilfe des Handicap-Prinzips.[19] Der Soziologe Veblen,[20] dem wir den Ausdruck »demonstrativer Konsum« verdanken, verglich Männer, die in Bars und Kneipen herumhängen, gemeinsam trinken und »einen ausgeben«, mit jenen Mäzenen, die ihre Macht zeigen, indem sie Universitäten, Krankenhäuser und Museen stiften oder großzügig unterstützen. Wer große Mengen Alkohol trinken kann, ohne unerwünschte Nebenwirkungen zu zeigen, trägt seine gute körperliche Verfassung zur Schau; wer nicht in guter Verfassung ist, wird als Betrunkener erkannt.

Wir meinen also, daß eine Arbeiterin, die etwas für die Kolonie tut, zum Lohn für ihre Dienste Königinsubstanz erhält. Da sie das Pheromon nur dann tragen kann, wenn sie in guter körperlicher Verfassung ist, gibt die Menge ihres Pheromons zuverlässig Aufschluß über ihre Verfassung. Ihre Artgenossen spüren, wie gut sie das Pheromon verträgt, und das wirkt wie eine Drohung; mit Hilfe des Pheromons stellt sie ihre Qualität zur Schau und erreicht ihr Ziel mit weniger Gewaltanwendung. Der Besitz des Pheromons macht im allgemeinen sogar offene Drohungen überflüssig. Außerdem fragen wir uns, ob nicht schon allein die Arbeit für den Bienenstock die Fähigkeit der Arbeiterin, das Pheromon zu tragen, steigern könnte, genau wie ein Student nach einem Jahr der Arbeit auf dem Bau Alkohol »besser verträgt« als in den Tagen der Studentenfeten.

Noch ist es nur eine Hypothese, daß die Königinsubstanz ein Signal ist, das ein Handicap darstellt und dadurch Rang und Prestige in einer großen Kolonie anzeigt, und daß die Fähigkeit einer Arbeiterin, die Königinsubstanz zu tragen, ihre Qualität als Partnerin und als Rivalin anzeigt. Diese Hypothese paßt zu den uns bekannten Tatsachen, aber das Bild ist noch lange nicht vollständig.

Heute gibt es Instrumente, die die Menge an Königinsubstanz messen können, die ein einzelnes Insekt trägt. Es sollte deshalb möglich sein, unsere Hypothese experimentell zu untersuchen.

Die Theorie der Verwandtenselektion und ihre Mängel Die meisten Evolutionsbiologen, die sich mit sozial lebenden Insekten beschäftigen, gehen selbstverständlich davon aus, daß Arbeiterinnen eine bessere Chance zur Fortpflanzung hätten, wenn sie ihre Energie nicht auf die Aufzucht anderer vergeuden würden. Das Wort *Altruismus* wird gewöhnlich so verstanden, als ob es das Wohl anderer bedeutet. Evolutionsbiologen jedoch definieren Altruismus als Verhalten, das einem anderen »*auf Kosten des Helfers*« hilft. Da Erfolg in der Evolutionsbiologie ausschließlich erfolgreiche Fortpflanzung bedeutet, werden die »Kosten« als eine Verminderung des eigenen Fortpflanzungserfolgs definiert. Anders gesagt nehmen die Evolutionstheorien, die bisher entwickelt wurden, um den Altruismus zu erklären, an, daß altruistisches Verhalten nach Definition die Fortpflanzung vermindert.[21]

Wie kann sich nun eine Eigenschaft herausbilden, die die Fortpflanzungsfähigkeit ihrer Träger vermindert, wenn die Evolution nach Merkmalen ausliest und fördert, die es den Individuen ermöglichen, mehr Nachkommen zu haben? Eine Erklärung der Evolution des Altruismus macht nur dann Sinn, wenn sie zeigt, daß uneigennütziges Verhalten die Fortpflanzungschancen ihrer Träger *verbessert*.[22] Anders gesagt muß *jede* Theorie, die die Evolution des Altruismus zu erklären versucht, einen Mechanismus aufdecken, der den Altruisten für den mutmaßlichen Verlust an reproduktiver »Tauglichkeit« entschädigt.

Auf den ersten Blick scheint die Gruppenselektion den Altruismus sozialer Insekten leicht erklären zu können. Nach dieser Theorie sterben Kolonien aus, bei denen die Arbeiterinnen der Königin nicht helfen, wenn beim Wettbewerb Kolonien, in denen Arbeiterinnen der Königin helfen, erfolgreicher sind; es überleben also nur Kolonien, in denen die Arbeiterinnen wirklich arbeiten. Es besteht kein Zweifel, daß diese erfolgreicher sind, aber das beantwortet nicht die Frage, ob das ausreicht, um die Evolution einer solchen »Uneigennützigkeit« zu fördern.

Logischerweise würde ein egoistisches Individuum in einer Gesellschaft, in der einige Individuen zum Helfen bereit sind, von seinem Egoismus profitieren – es würde sich des Wohlergehens der Kolonie erfreuen, das der Arbeit anderer zu verdanken ist, während es sich seine eigene Energie für die eigene Fortpflanzung aufspart. Schließlich würden immer mehr Gruppenmitglieder als Nachkommen solcher egoistischer Individuen vermutlich selbst egoistisch sein, obwohl das schließlich zum Zerbrechen der Kolonie führen würde. Da wie alle Mutationen auch jene für Eigennutz – also für die Neigung, nicht zu helfen – regelmäßig auftritt, würde man erwarten, Gruppen zu finden, die in unterschiedlichen Stadien dieses Vorgangs sind und in denen unterschiedliche Prozentsätze von Individuen auf Eigennutz bedacht sind. Aber die Beobachtung zeigt, daß das nicht der Fall ist.

Als Erklärungen, die auf der Gruppenselektion beruhten, nicht mehr aktuell waren, stellte sich erneut die Frage: Wie könnten sich Geschöpfe herausbilden, die ihre eigene Fortpflanzung behindern, indem sie anderen bei deren Fortpflanzung helfen? Diese Frage taucht bei jeder Untersuchung sozial lebender Tiere auf, und am deutlichsten bei der Untersuchung sozialer Insekten. Hamilton sah eine Lösung dieses Problems in der Theorie der Verwandtenselektion.[23]

Im Mittelpunkt der Theorie der Verwandtenselektion steht die Tatsache, daß die Evolution an Veränderungen der Häufigkeit der Gene gemessen werden kann, die für die Population charakteristisch sind. Dawkins ging sogar noch darüber hinaus, wenn er die Evolution als einen Wettbewerb zwischen Genen und nicht zwischen Individuen sah; das ist die entscheidende These seines bekannten Buchs *Das egoistische Gen*.[24] Die Theorie der Verwandtenselektion behauptet, daß man das Vorherrschen der eigenen Gene in späteren Generationen nicht nur durch die eigene Fortpflanzung verbessern kann, sondern auch, indem man seine Verwandten bei der Fortpflanzung unterstützt, weil jedes Gen, das man selbst trägt, mit größerer Wahrscheinlichkeit von den eigenen Verwandten getragen wird als von anderen Artgenossen. Selbst wenn ein Individuum die eigenen Aussichten auf Fortpflanzung vermindert, weil es diese Unterstützung gewährt, ist es nach Meinung der Theoretiker doch erfolgreich, solange sich dadurch die Chancen verbessern, daß die Gene, die es trägt, in der nächsten Generation auftreten werden.

Nach der Theorie der Verwandtenselektion vermacht ein Individuum, das seinen Geschwistern bei der Aufzucht von zwei zusätzlichen Kindern hilft, der folgenden Generation im Mittel genau so viele eigene Gene wie durch die Aufzucht eines eigenen Nachkommen.[25] So gesehen ist ein Individuum besser dran, wenn es durch seine Hilfe einem Geschwister ermöglicht, mehr als doppelt so viele Nachkommen aufzuziehen, wie ein Individuum allein haben kann, als wenn es sich um eigenen

Nachwuchs bemüht. Eine solche Überlegung, die die Auswirkung eines Merkmals nicht nur auf den Fortpflanzungserfolg seines Trägers, sondern auch auf den Fortpflanzungserfolg der Verwandten des Merkmalsträgers mißt, mißt die »inklusive Tauglichkeit«, die unterschieden wird von einfacher »Tauglichkeit«, die nur die eigenen Kinder berücksichtigt.[26]

Hamilton sah in der Verwandtenselektion eine Erklärung für die Evolution des Altruismus bei Tieren im allgemeinen und behauptete, Hautflügler verfügten über ein

Merkmal, das die Evolution sozialer Strukturen durch Verwandtenselektion fördert. Schließlich haben sich in dieser Gruppe einige Dutzend Mal unabhängig voneinander echte soziale (eusoziale) Systeme entwickelt, in denen die meisten oder alle Arbeiterinnen fast steril sind (mehrere Male unabhängig voneinander bei Bienen, bei Wespen und bei Ameisen); bei allen anderen Insektengruppen entwickelten sie sich nur bei Termiten[27] und einigen Schildläusen.

Nach Hamilton spielt die Haplodiploidie der Geschlechtsbestimmung bei Hautflüglern bei der Evolution ihrer sozialen Strukturen eine wichtige Rolle. Männliche Hautflügler haben nur einen Chromosomensatz, den sie von der Mutter geerbt haben, Weibchen dagegen haben zwei Chromosomensätze, von denen einer die Hälfte der mütterlichen Chromosomen umfaßt und der andere alle väterlichen. Die genetische Verwandtschaft einer weiblichen Biene, Wespe oder Ameise mit ihrer Schwester beträgt 75 Prozent, weil sie beide die Hälfte der Gene ihrer Mutter und alle ihres Vaters haben. Nach Hamilton erleichterte diese genetische Verwandtschaft die Evolution des Altruismus bei Hautflüglern: Arbeiterinnen, die sich um den Nachwuchs kümmern, ziehen Schwestern auf, die 75 Prozent ihrer Gene haben, während ihre eigenen Töchter nur 50 Prozent ihrer Gene hätten.

Die Theorie der Verwandtenselektion eroberte die wissenschaftliche Welt im Fluge.[28] Forscher, die sich mit dem Sozialverhalten von Tieren beschäftigten, begannen, den Verwandtschaftsgrad von Individuen zu messen. Aber bald stellte sich heraus, daß altruistisches Verhalten selbst dort vorkommt, wo keine genetische Verwandtschaft zwischen dem Altruisten und dem Nutznießer besteht, wie etwa bei solchen Ameisen-, Wespen- und Vogelarten, in denen nichtverwandte Tiere durch altruistische soziale Systeme verbunden sind. Mehr noch, es ist heute bekannt, daß gewöhnlich nicht nur ein Männchen eine Königin besamt,[29] und das verringert die genetische Verwandtschaft zwischen Arbeiterinnen und Königinnen in einem Stock ganz entscheidend: Schwesterbienen, die zwar dieselbe Mutter, aber nicht denselben Vater haben, sind im Mittel nur zu 25 Prozent miteinander verwandt.

Man fand auch, daß Arbeiterbienen und Ameisen gar nicht selten eine Kolonie verlassen und zu einer anderen ziehen, wo sie wie gewöhnlich arbeiten, obwohl die Königin und die anderen Arbeiterinnen gar nicht mit ihnen verwandt sind.[30] Das führte zur Suche nach einer anderen Erklärung für den Altruismus bei nichtverwandten Individuen – und damit zu Trivers Theorie des reziproken Altruismus, die wir in Kapitel 12 erörterten. Trotzdem wagte niemand, die Theorie der Verwandtenselektion als Grundlage der Evolution des Altruismus in Frage zu stellen. Es fiel schwer, auf den Zauber einer Theorie zu verzichten, die anscheinend ermöglichte, die Wünschbarkeit des Altruismus mathematisch zu berechnen.

Parasitentum unter Verwandten oder Haldanes andere Brüder Wir halten die Grundlagen der Theorie der Verwandtenselektion für genauso unbegründet wie die der Gruppenselektion. Der Gedanke der Verwandtenselektion wurde zuerst von Haldane 1932 in seinem Buch *The Causes of Evolution* aufgestellt.[31] Wenn ein altruistisches Merkmal den Nachkommen und Verwandten eines Individuums Nutzen bringt, schrieb Haldane, dann vermehrt dieses Merkmal die Tauglichkeit des Einzelnen (definiert als seine Produktion erfolgreicher Nachkommen); das Merkmal kann sich dann durch natürliche Auslese in der Population ausbreiten. Haldane führte darin das Beispiel von zwei Brüdern aus, die an einem Fluß spazierengehen. Einer der Brüder fällt ins Wasser und droht zu ertrinken, der andere springt ihm nach und kann ihn retten. Nach Haldane ist es, evolutionstheoretisch gedacht, vernünftig, wenn der am Ufer stehende Bruder in den Fluß springt, um seinen Bruder zu retten, obwohl das seine eigenen Überlebens- und Fortpflanzungschancen verringern könnte. Das Merkmal, sich selbst für andere zu opfern, kam nach dieser Theorie also durch Verwandtenselektion zustande. (Interessanterweise sagte Haldane selbst, er habe zweimal in seinem Leben möglicherweise ertrinkende Personen aus dem Wasser gezogen, und in keinem Fall Zeit für Berechnungen gehabt, wie unvernünftig sein Handeln wäre, weil der Gerettete mit großer Wahrscheinlichkeit nicht sein Verwandter war.)

Haldanes Beispiel hat jedoch dieselbe Schwäche wie die Theorie der Gruppenselektion: Es ist anfällig für soziales Parasitentum. Der wesentliche Denkfehler in Haldanes Überlegung läßt sich durch eine Variation seiner Geschichte mit dem ertrinkenden Bruder veranschaulichen. Nehmen wir an, daß nicht zwei Brüder am Ufer spazierengehen, sondern drei oder vier. Einer von ihnen fällt in den Fluß, einer springt hinein, um ihn zu retten, während die anderen dabeistehen und nichts tun. Alle Brüder haben denselben genetischen Gewinn, wenn die Rettung erfolgreich ist, aber der Retter riskiert Verletzungen oder sogar den Tod, während die Zuschauer nichts riskieren – sie gewinnen also insgesamt mehr. Der Altruist profitiert weniger als ein egoistischer Bruder, und im Mittel wird die Anzahl der altruistischen Gene in der nächsten Generation eher *abnehmen* als zunehmen.

Motro und Eshel haben ein mathematisches Modell aufgestellt, um dieses Problem zu lösen, aber sie haben dabei die unrealistische Voraussetzung eingeführt, wonach kein Bruder annehmen kann, daß ein anderer Bruder ins Wasser springen wird, wenn er es nicht selbst tun würde.[32] Nach der Theorie der Verwandtenselektion würden wir vorhersagen, daß jeder seine Brüder auffordern würde hineinzuspringen, statt selbst zu springen. In Wirklichkeit ist es, wie wir wissen, viel wahrscheinlicher, daß alle Brüder ins Wasser springen, um ihren ertrinkenden Bruder zu retten, und daß jeder alles ihm mögliche tun wird, um ihn zu retten. Kein Bruder wird darüber nachdenken, daß er seine Gene unnötig gefährdet, weil die anderen sich bemühen, dasselbe zu tun.

Die Theorien der Gruppen- und der Verwandtenselektion machen also denselben Fehler: Sie fordern zu sozialem Parasitentum auf. Tatsächlich ist Verwandtenselektion einfach Gruppenselektion unter Verwandten.[33] Wir finden es seltsam, daß dennoch viele Forscher, die die Gruppenselektion ablehnen, die Verwandtenselektion als einen genauso lebensfähigen, stabilen Mechanismus sehen wie die Individualselektion.[34]

Wenn Altruismus auf der Grundlage der Theorie der Verwandtenselektion erklärt wird, ergeben sich zwei weitere Probleme. Untersuchungen an Vögeln, die in Familien leben, zeigen, daß ein oder zwei Helfer in der Tat den Erfolg eines Brutpaars vermehren können, noch mehr Helfer aber keine weitere Auswirkung auf den Fortpflanzungserfolg haben.[35] Nach der Logik der Verwandtenselektion ist jede Investition in nicht benötigte Hilfe sowohl für die Helfer als auch für alle ihre Verwandten ein reiner Verlust. Nach derselben Überlegung hätten sogar alle Verwandten der Helfer Nutzen davon gehabt, wenn diese unnötigen Helfer ihre Bemühungen für ihre eigene Fortpflanzung aufgespart oder versucht hätten, neue Gruppen zu bilden. Aber bei Vögeln, die in Gruppen brüten, erhält das brütende Paar oft die Unterstützung von mehr Helfern, als es braucht.

Außerdem: Spricht nicht dieselbe Überlegung dagegen, daß es unter Verwandten Aggression geben könnte, wenn die treibende Kraft hinter der Evolution des Altruismus der Vorteil ist, den die Verwandten davon haben? Wir beobachten jedoch oft heftige Auseinandersetzungen zwischen blutsverwandten Familienmitgliedern. Diese Auseinandersetzungen enden häufig damit, daß einer oder mehrere der Partner verwundet oder sogar getötet werden. Die Theorie der Verwandtenselektion erklärt nicht, warum Verwandte es nicht vermeiden, einander bei ihren Auseinandersetzungen zu verletzen.

Gadagkar und Joshi beschreiben eine Kolonie von Wespen, die sich in zwei Kolonien aufspaltete; vor der Aufspaltung war die Aggression in der Kolonie so hoch, daß die Anzahl der Nachkommen stark abnahm. Erst nach der Spaltung wurde die Angriffslust geringer, und die Anzahl der Nachkommen nahm dann in beiden neuen Kolonien deutlich zu.[36] Wie Darwin bemerkte, sind gerade die sozialen Insekten für ihre übergroße Feindschaft gegenüber ihrer engsten Verwandtschaft bekannt: Mutter tötet Tochter, Schwester tötet Schwester.[37] In ihrem großartigen Buch über Ameisen bemerken Hölldobler und Wilson,[38] daß das Leben in einer Ameisenkolonie einen fortwährenden Kampf um Überlegenheit bedeutet.

Wie viele wissenschaftliche Debatten ist auch die Auseinandersetzung zwischen Anhängern und Kritikern der Theorie der Verwandtenselektion nicht frei von Emotionen und läßt sich nur sehr schwer rein verstandesgemäß führen. In der Hitze des Gefechts behauptete Dawkins,[39] die Kritiker der Verwandtenselektion weigerten sich, bei Berechnungen der Verwandtenselektion die Verwandtschaft von Nachwuchs und Eltern »mitzuzählen«; die Einbeziehung direkter Nachkommen, so behauptete Dawkins, verleihe der Theorie Glaubwürdigkeit. Natürlich gesteht jeder die offensichtliche Verwandtschaft von Eltern und Kindern ein, aber darum geht es doch gar nicht.

Sind Nachkommen »Verwandte«?

Die Auseinandersetzung über die Verwandtenselektion ist eine Debatte über den Unterschied zwischen zweierlei Maß für den Erfolg eines Individuums, nämlich der ganz direkten Darwinschen natürlichen Auslese, die den Erfolg oder die »Tauglichkeit« eines Individuums daran mißt, wie viele seiner Nachkommen sich erfolgreich fortpflanzen, und der Verwandtenselektion, die die »inklusive Tauglichkeit« mißt, indem sie die Bemühungen des Individuums um den Fortpflanzungserfolg seiner *Verwandten* hinzuzählt. Man braucht nicht über das zu streiten, worin die beiden Theorien übereinstimmen − also die eigenen Nachkommen eines Individuums. Der kritische Punkt ist der *Unterschied* zwischen den Theorien. Die

287

Frage ist, ob die Fortpflanzung jener Verwandten, die *nicht* direkte Nachkommen sind, eine Auswirkung auf die Evolution von Merkmalen hat.

Verwandte als Partner: Warum es vernünftig ist, in den Familienbetrieb einzusteigen Wie schon gesagt, glauben wir, daß Helfer im allgemeinen in ihrer heimatlichen Gruppe, ihrem Nest oder ihrer Kolonie bleiben, weil ihre eigenen Fortpflanzungschancen, so gering sie auch sein mögen, doch dort am größten sind – und weil diese Chancen um so besser werden, je mehr sie sich selbst beweisen, indem sie der Gruppe helfen. Warum arbeiten Tiere insbesondere mit ihren eigenen Verwandten zusammen? Weil sie sie kennen: Die Rangordnung zwischen ihnen liegt schon fest. Wenn die eigenen Aussichten aus irgendeinem Grund in einer Partnerschaft am besten sind, ist es oft vernünftig, sich mit Individuen zu verbünden, die man gut kennt und deren Rang relativ zum eigenen schon festliegt. West beschreibt die Bildung einer Kolonie der Wespe *Polistes canadensis* durch eine Gruppe von sieben Schwestern der Alpha-Königin.[40] Unserer Meinung nach zeigt ihre Beschreibung, welchen Nutzen jede Schwester von der anfänglichen Partnerschaft hat, und welchen Gewinn sie daraus zieht, wenn sie sich mit ihren Schwestern verbündet und nicht mit Fremden. Da sie Schwestern waren, lag die soziale Rangordnung schon seit dem vergangenen Herbst fest, als sie gemeinsam im mütterlichen Nest lebten.[41] Im neuen Nest ergab sich eine Arbeitsteilung: Die oberste Königin blieb im Nest, bewachte und versorgte es. Die drei rangnächsten Schwestern flogen aus, um Nahrung zu sammeln. Die drei rangniedrigsten Schwestern blieben beim Nest, ohne sich an irgendwelchen Tätigkeiten zu beteiligen. Als das oberste Weibchen verschwand, nahm die zweite ihren Platz ein und eine der inaktiven Schwestern schloß sich den Nahrungssammlern an.

Diese Aufteilung ermöglicht es jeder Schwester herauszufinden, wo ihre Erfolgschancen am besten sind. Die Rangzweite weiß schon aus Erfahrung, daß sie ihre ältere

Schwester nicht überholen kann. Wenn sie auf Nahrungssuche geht, begegnet sie Wespen aus anderen Bauten, die
ebenfalls Nahrung suchen. Wenn sie feststellt, daß sie
stärker ist als die meisten von ihnen, ist die Wahrscheinlichkeit groß, daß sie ein Nest effektiv bewachen könnte.
In diesem Fall ist es vernünftig, wenn sie sich selbständig
macht und ihr eigenes Nest aufbaut.

Wenn die zweite Schwester jedoch findet, daß sie schwächer ist als andere, denen sie bei der Futtersuche begegnet
– von denen jede eine noch stärkere Schwester hat, die das
Nest bewacht, aus dem sie kommt – ist es für sie besser,
wenn sie weiterhin Helferin bleibt und Nahrung zu ihrem
Heimatnest trägt. In diesem Fall sind ihre Chancen dann
am besten, wenn ihre älteste Schwester verschwindet und
sie ihren Platz in einem etablierten Nest einnehmen kann,
wo sie Helferinnen und möglicherweise auch Arbeiterinnen hat. Und was die schwächeren, untätigen Schwestern betrifft – so lange sie sehen, daß ihre stärkeren
Schwestern zum Nest zurückkommen und sich nicht
selbständig machen, ist die Wahrscheinlichkeit gering,
daß sie, da sie noch schwächer sind, es allein schaffen
könnten; sie brauchen ihr Glück gar nicht erst woanders
zu versuchen.

Die sieben von West untersuchten Schwestern kannten
einander, seit sie aus dem Ei geschlüpft waren und hatten
untereinander schon vor dem Nestbau eine Rangordnung
etabliert; sie brauchten also zu Beginn der Saison weder
Zeit noch Mühe auf die Erstellung einer Hierarchie zu
verwenden und auch keine Verletzungen zu riskieren.
Unserer Überzeugung nach werden im Tierreich so viele
Bündnisse unter Verwandten geschlossen, weil sie schon
miteinander vertraut sind und ihr Rang etabliert ist.

Der Verwandt-schafts-effekt Zweifellos kann sich ein Individuum, das zu einer Familie oder Kolonie gehört, besser fortpflanzen, wenn es zu einer Gruppe gehört, deren Mitglieder gut zusammenarbeiten, als wenn es – solange alle anderen Bedingungen gleich sind – zu einer Gruppe gehört, deren Angehörige sich untereinander bekämpfen. Das gilt selbst für Zusammenarbeit zwischen verschiedenen Arten, etwa bei der Symbiose. Es leuchtet auch ein, daß eine wissenschaftliche Erhebung in späteren Generationen manchmal eine Zunahme im Vorkommen der Gene dieser Verwandten innerhalb der allgemeinen Population zeigen wird, wenn es gute Gründe für die Zusammenarbeit mit Verwandten gibt. Wir schlagen vor, dieses Phänomen »Verwandteneffekt« zu nennen.[42]

Der Verwandteneffekt ist etwas anderes als die Verwandtenselektion. In der Theorie der Verwandtenselektion ist der *selektive Faktor*, der die Evolution altruistischer Merkmale antreibt, der Nutzen, den die Verwandten des Uneigennützigen von dem haben, was der Altruist in sie investiert. Im Gegensatz dazu sagen wir, daß altruistische Merkmale sich durch individuelle Auslese herausbilden; sie bilden sich deshalb heraus, weil sie die Fortpflanzungschancen eines altruistischen Individuums verbessern. Der Einsatz für die Gruppe verschafft dem Investor unmittelbare Vorteile: Oft gewinnt der Altruist an Prestige, und das verbessert seine Fortpflanzungschancen. Der Verwandten*effekt* – der Einfluß, den diese altruistischen Merkmale unter Umständen auf die Fortpflanzung der Verwandten haben – kann nicht der Faktor sein, der die *Selektion* der Neigung bestimmt, in uneigennützige Handlungen zu investieren.

KAPITEL 14

Das Elternpaar

Damit Tiere, die sich geschlechtlich fortpflanzen, Nachkommen haben, müssen zwei Individuen zusammenwirken. In Kapitel 3 haben wir uns mit dem Interessenkonflikt zwischen den Geschlechtern während der Werbung beschäftigt, wenn jedes Tier einen Partner wählen und davon überzeugen muß, daß er sich mit ihm verpaaren sollte. Aber nicht nur die Partnerwahl kann zu einem Konflikt zwischen den Geschlechtern führen,[1] denn danach muß das Paar zusammenarbeiten – sich verpaaren –, um Nachkommen zu haben. Einige Rollen sind von Natur aus unterschiedlich verteilt: Nur Weibchen können Eier legen, und bei Säugetieren können nur sie die Jungen austragen und säugen, nur Männchen können die Eier befruchten. Aber jedes Tier einzeln oder beide gemeinsam können die Nachkommenschaft versorgen, und diese Möglichkeit schafft weitere potentielle Konflikte.

Beide Partner profitieren gleich viel von der Fortpflanzung, investieren aber nicht unbedingt zu gleichen Teilen in die Nachkommenschaft. Oft sorgt ein erwachsenes Tier allein für die Jungen; jeder Partner jedoch kann vom Interesse des anderen am Nachwuchs profitieren und den anderen die Arbeit allein verrichten lassen. Ein Individuum kann die Anzahl seiner erfolgreichen Nachkommen maximieren, indem es den besten zur Verfügung stehenden Partner wählt oder sich mehrere Sexualpartner sucht oder beide Strategien vereint, was das Bild komplizierter macht.[2]

Bei vielen Arten überläßt einer der Partner die Brutpflege dem anderen Partner.[3] Gewöhnlich läßt das Männchen dann die Jungtiere in der Fürsorge des Weibchens[4] und geht auf die Suche nach einem anderen Weibchen – praktiziert also Polygamie, Vielweiberei. Gelegentlich jedoch, wenn auch seltener, verläßt das Weibchen den Nachwuchs, sucht sich ein anderes Männchen und überläßt die Brutpflege dem Vater – oder es paart sich mit mehreren Männchen, die ihm alle bei der Sorge für ihre gemeinsamen Nachkommen helfen, praktiziert also Polyandrie, Vielmännerei.

Selbst wenn sich beide Partner an der Aufzucht der Nachkommen beteiligen, kann ihr Einsatz dafür durchaus verschieden sein. Sicher, wenn einer sein Pensum nicht erledigt und die Nachkommen leiden, verlieren beide Partner; wenn aber einer der beiden Partner nur dann weitere Nachkommen zeugen kann, wenn er eine neue oder zusätzliche Partnerschaft eingeht, gewinnt er möglicherweise mehr, als er verliert.

Aber der Deserteur kann sich seines Gewinns nicht sicher sein. Im allgemeinen zieht ein Männchen die Brut mit größerer Wahrscheinlichkeit erfolgreich auf, wenn es mit einer Partnerin zusammenarbeitet, mit der er schon zuvor erfolgreiche Brutpflege betrieben hat, als wenn er mit einer anderen Partnerin neubeginnt.[5] Vertrauten Partnern bleibt vermutlich die Mühe erspart, einander auszuprobieren und die Handlungen zu koordinieren. Auch hat Forschung an Singvögeln gezeigt, daß früh im Jahr geschlüpfte Jungvögel gewöhnlich erfolgreicher sind als Nachwuchs aus einer späterer Brut.[6] Ein Tier, das seinen Partner im Stich läßt, verliert also in bezug auf den gesamten Fortpflanzungserfolg möglicherweise wesentlich mehr, als es in einer anderen Partnerbeziehung gewinnen kann; zudem ist nicht garantiert, daß der Deserteur eine andere Partnerin findet.[7]

Vaterschaft und Hüteverhalten

Gewöhnlich wählt das Weibchen die Väter seiner Nachkommen. Seit die Vaterschaft genetisch bestimmt werden kann, hat sich gezeigt, daß viele Nestlinge nicht von den Männchen gezeugt sind, die sie aufziehen. Dieser Befund erklärt, warum sich die Männchen soviel Mühe geben, ihre Partnerinnen zu bewachen, während sie in Produktion sind.[8] Wir schilderten in Kapitel 12, wie der dominante Graudroßling dem Weibchen einige Tage lang folgt, wenn sie in Produktion ist, und sie erst wieder aus den Augen läßt, wenn das letzte Ei befruchtet ist. Wenn das Weibchen morgens zum Nest fliegt und Eier legt, folgt ihm das dominante Männchen sofort, setzt sich auf den Nestrand oder in die Nähe und versucht anschließend, mit dem Weibchen zu kopulieren – vermutlich ist das die beste Zeit, um das Ei zu befruchten, das als nächstes gelegt werden wird. Selbstverständlich versucht das dominante Männchen während dieser Zeit jedes andere Männchen, und insbesondere das Rangnächste, daran zu hindern, sich dem Weibchen zu nähern.[9]
Bei einer eingehenden Untersuchung von Hausspatzen fand Møller,[10] daß ein Weibchen, das beim Eierlegen nicht von einem Männchen begleitet wird, mit einiger Wahrscheinlichkeit von einer Gruppe von Männchen angegriffen wird, die versuchen, es zu vergewaltigen – ein Phänomen, das auch von Enten bekannt ist. Der »Ehemann« versucht, seine Partnerin zu bewachen und alle Männchen zu vertreiben, die sich dem Weibchen oder dem Nest nähern. Aber wie Gentests zeigen, kann selbst enge Bewachung die Vaterschaft nicht gerantieren.

293

Møller berichtet auch, daß viele weibliche Spatzen bereitwillig mit Männchen kopulieren, die nicht ihre Partner sind. Der Auserwählte ist gewöhnlich ein hochrangiges Männchen mit einem großen schwarzen Brustlatz, einem »Statuszeichen«, das, wie wir früher sahen, einen verläßlichen Hinweis auf die Qualität seines Trägers gibt. Morton[11] beobachtete, daß ältere Purpurschwalbenpaare oft jüngeren Paaren gestatteten, sich in ihrer Nähe niederzulassen, und daß die jüngeren Weibchen nicht selten mit ihren älteren männlichen Nachbarn kopulierten. Zilberman[12] beobachtete in Israel Nektarvögel, die mit Männchen, gewöhnlich ihren Nachbarn, kopulierten, die nicht ihre Partner waren. Dieses »Fremdgehen« ist in der Natur offenbar weit verbreitet.

Warum kopuliert ein Weibchen mit anderen Männchen als dem eigenen Partner? Das könnte viele Gründe haben. Zum einen besteht die Gefahr, daß Männchen aus benachbarten Revieren oder revierlose Männchen ihr Nest zerstören oder seine Nachkommen töten und es so zwingen, noch einmal Eier zu legen, wobei sie hoffen, diese Eier dann befruchten zu dürfen.[13] Um das zu verhindern, kann das Weibchen versuchen, sich den Schutz starker Männchen zu sichern, die in seiner Nähe leben und bereit sein könnten, den Nachwuchs zu schützen, falls sie dafür einige seiner Eier befruchten dürfen. Dieses Phänomen des Tötens von Nachkommen wurde zuerst in Indien bei Languren beobachtet.[14] In Israel fanden Giora Ilani und Yotam Timna, daß weibliche Leoparden sich mit mehreren Männchen paaren und daß Männchen die Jungen der Weibchen töten, die nicht mit ihnen kopuliert haben.[15]

Es könnte auch sein, daß Weibchen sich vorsichtshalber mit weiteren Männchen paaren, falls die gewählten Partner unfruchtbar sind: Durch die Paarung mit einem anderen Männchen vergrößert ein Weibchen seine Chancen, fruchtbare Eier zu legen. Es könnte auch seine Nachkommenschaft verbessern, indem es sich mit einem besonders qualitätsvollen Männchen verpaart, der seine

Partnerin vielleicht nicht ihretwegen verlassen will, aber völlig willens ist, nebenher einige zusätzliche Nachkommen zu zeugen.

Wenn sich also ein Männchen mit einem Weibchen paart, ist es deswegen noch lange nicht der Vater aller Nachkommen seiner Partnerin. Ein Männchen, das sicher sein will, daß ihr Nachwuchs auch der seine ist, muß das Weibchen von seiner Qualität und seiner Bereitschaft überzeugen, in sie und ihren gemeinsamen Nachwuchs zu investieren, so daß sie von sich aus weder versuchen wird, mit anderen Männchen zu kopulieren, noch auf solche Angebote eingeht.

Es ist für Partner so wichtig, einander von der Ernsthaftigkeit der eigenen Absichten und von der eigenen Qualität zu überzeugen, daß die Partner oft sogar um die Sorge für den Nachwuchs wetteifern und oft auch den Nachwuchs anderer versorgen. **Die Sorge für die Jungen als Möglichkeit, Prestige zu gewinnen** Ein solcher Wettbewerb läßt sich bei Seidenreihern, Möwen, Regenpfeifern und anderen beobachten. Wenn beispielsweise ein Partner die Eier bebrütet und der andere zur Ablösung kommt, räumt der brütende Vogel den Platz nicht sofort, sondern erst, nachdem ihn der andere aus dem Nest stößt, damit der seinen Teil tun kann.

Nach Trivers[16] ist Altruismus als ein Verhalten definiert, das eine Aufgabe übernimmt, die sonst nur von einem anderen getan würde. Wie wir in Kapitel 12 sahen, können Theorien des gegenseitigen Altruismus jedoch nicht erklären,

warum einer der Partner den anderen sogar aus dem Nest stoßen sollte. Anscheinend soll dieser Wettbewerb um die Brutfürsorge die Qualität und die Motivation des Pflegers beweisen und die Beziehung zwischen dem Elternpaar stärken. Wir behaupten, wenn wir im Kapitel 16 über Parasiten sprechen, daß Krähen sich selbst als gute Partner darstellen, indem sie sich um Häherkuckucksjunge kümmern, um die Trennung des Paares zu verhindern.

Der Wettbewerb um die Brutfürsorge zeigt genau wie der wetteifernde Altruismus der Graudroßlinge sowohl, welche Qualitäten ein Tier hat, als auch, wieviel ihm an der Partnerschaft liegt. Aus ähnlichen Gründen helfen einzelne Männchen oft Witwen bei der Brutpflege; sie beweisen so ihre Qualität und die Ernsthaftigkeit ihrer Absichten und vergrößern zugleich ihre Aussichten, sich später mit den Witwen zu verpaaren. Witwen sind begehrenswerte Partner: Weil sie schon Nachwuchs hatten, steht ihre Qualität außer Frage. Gelegentlich hilft ein einzelnes Männchen einem Paar bei der Brutpflege, um seine Chancen zu vergrößern, sich mit dem Weibchen verpaaren zu können, falls sein Partner stirbt. Manchmal wird der Partner des Weibchens vom »Helfer« aus dem Nest geworfen – ein Phänomen, das nicht nur bei vielen monogamen Arten beobachtet wurde, sondern auch bei Arten, die in Gruppen leben.[17]

Ein extremes Beispiel für ein Tier, das seine Qualität unter Beweis stellt, indem es für den Nachwuchs von anderen sorgt, findet sich bei Fischen. Bei dem japanischen Fisch *Alcichthys alcicornis* werden die Eier im weiblichen Körper befruchtet. Nach der Befruchtung durch ein Männchen legt nun das 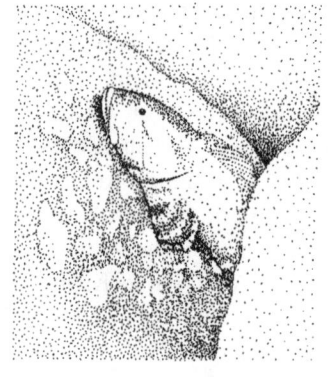 Weibchen den Laich im Nest eines anderen Männchens ab; danach kopuliert es mit dem Nestbesitzer und legt die von diesem befruchteten Eier in das Nest wieder eines anderen Männchens. Wie die DNA-Analyse der Nachkommen nachweisen konnte, kümmern sich also die meisten Männchen dieser Fischart um die Nachkommen anderer Männchen.[18] Die Weibchen ziehen Männchen vor, in deren Nestern schon große Eiablagen sind; ein Männchen ist also für ein Weibchen um so anziehender, je mehr es sich für die Nachkommen anderer einsetzt. Bei vielen Fischarten fühlen sich die Weibchen zu Männchen hingezogen, die sich um Nester kümmern, die viele Eier enthalten.[19]

Andere Möglichkeiten, sich vor seinem Partner zur Schau zu stellen

Nicht nur die Brutpflege stellt eine Möglichkeit dar, seinem Partner zu imponieren. Grauschmätzer nisten wie andere Schmätzer in kleinen Höhlen und Löchern in Felsen und pflastern den Eingang zum Nest mit kleinen Steinen – oft sind es viele Dutzend oder sogar Hunderte. Fishman, der im Sinai den Sahara-Schmätzer untersuchte, beobachtete Weibchen, die immer wieder versuchten, Steine zu heben, die sie wegen ihrer Größe nicht tragen konnten, und die schließlich mit den größten Steinen vorlieb nahmen, die sie bewältigen konnten.[20] Moreno und seine Kollegen haben das Steinesammeln von Trauerschmätzern in Spanien untersucht.[21] Bei dieser Art sammeln sowohl Männchen als auch Weibchen Steine und bringen in den Tagen vor dem Eierlegen 1,5 bis 2 Kilogramm kleiner Steine ans Nest. Die Forscher fanden einen eindeutigen statistischen Zusammenhang sowohl zwischen der Anzahl der Steine, die das Paar sammelt, und dem Anteil, den das Männchen später beim Füttern der Jungen übernimmt, als auch zwischen der Anzahl der Steine und dem Fortpflanzungserfolg des Paars. Sie überprüften auch, ob die Steine selbst einen Nutzen hatten – ob sie beispielsweise Räuber abschreckten oder das Mikroklima um das Nest veränderten, konnten aber keinen solchen Effekt finden. Sie schlossen, daß das Steinesammeln dazu dient, daß die Partner einander ihre Qualität zeigen und damit die Bindung zwischen ihnen zu stärken.

Leader, der Grauschmätzer untersuchte, fand, daß Weibchen Steine sammeln, mit denen sie die Eingänge zu ihren Nestern pflastern. Er fand keinen Zusammenhang zwischen der Anzahl der gesammelten Steine und der Qualität des Weibchens und vermutet, die Steine dienten in diesem Fall einem Zweck – vielleicht als Alarmsystem, das vor näherkommenden Beutegreifern warnt.[22] Vielleicht war dies der ursprüngliche, nützliche Zweck, der sich bei Grauschmätzern zu einem Signal und einem Qualitätsbeweis entwickelte.

Dominanz bei Partnern Wenn die Geschlechtspartner zusammenarbeiten, kann jeder Merkmale herausbilden. Wenn eine Beziehung zwischen einander ergänzenden Partnern erfolgreicher ist als eine zwischen zwei gleichen Partnern, muß natürlich jeder der beiden nach einem Partner suchen, der ihn ergänzt. Oft ist die Evolution eines Merkmals unverträglich mit der eines anderen: So erfordert ein Kampf beispielsweise einen muskulösen Körper, während das Eierlegen Fett- und Eiweißvorräte erfordert.

Eine weibliche Ente, die etwa zehn Eier in ihr Nest legt, verbringt während der Legezeit den größten Teil ihres Tages damit, Nahrung aus dem Wasser zu seihen, um die Nährstoffe anzusammeln, die sie für ihre Eier braucht. Wegen ihrer Art der Nahrungssuche und weil sie so viele Eier legt, kann sie keine gute Kämpferin sein und das Revier, das sie und ihre Jungen brauchen, nicht verteidigen. Außerdem ist sie beim Gründeln Raubfeinden ausgesetzt. Das Männchen, das nicht unter demselben Druck steht, Nahrung zu finden, kann es sich leisten, die Muskelmasse zu entwickeln, die es braucht, um bei Revierstreitereien Nachbarpaare zu bekämpfen, andere Männchen zu verjagen, die mit seiner Partnerin kopulieren wollen, und sie vor Beutegreifern zu schützen.

Der stärkere Partner – gewöhnlich das Männchen – hat einen Grad an Freiheit und Kontrolle über die gemeinsamen Ressourcen, den der schwächere Partner nicht hat. Aufgrund seiner Stärke kann er das beste ihm zugängliche Revier behaupten und das beste Weibchen wählen, das er finden kann; das schwächere Geschlecht muß entweder ein Revier mitsamt Männchen auswählen oder sich einen Partner suchen und sich mit dem Revier zufriedengeben, das dieser Partner behaupten kann. Das stärkere Geschlecht kann einen Partner wählen oder einen früheren Partner aus dem Revier hinauswerfen. Wenn das Männchen ein großes und hochwertiges Revier besetzen kann, kann es vielleicht sogar ein weiteres Weibchen gewinnen.[23] Oft ist es dominant, weil es kräftiger ist als das Weibchen.

Bei einigen Arten ist das Weibchen jedoch stärker und größer als das Männchen und ihm überlegen. Weibliche Dominanz setzt bestimmte Umweltbedingungen voraus, die beispielsweise erfüllt sind, wenn einerseits die Brutpflege zwei Erwachsene erfordert und andererseits der »Engpaß« bei der Fortpflanzung nicht in der Fähigkeit des Weibchens liegt, Junge auszutragen oder Eier zu legen, sondern sich erst in einem späteren Stadium des Brutzyklus zeigt. **Voraussetzungen für weibliche Dominanz**

Die Küken der Jassanas und einiger Schnepfen[24] fressen andere Nahrung als die erwachsenen Vögel dieser Arten. Erwachsene Tiere finden reichlich Nahrung, aber obwohl die Weibchen über reichhaltige Ressourcen verfügen, können sie sie nicht dazu benutzen, mehr Eier zu legen, denn die Nahrung, die sie für ihre *Jungen* brauchen, ist *nicht* reichlich, und dieser Engpaß schränkt die Fortpflanzung ein. Wenn die entscheidende Einschränkung für die Fortpflanzung erst nach dem Schlüpfen der Jungen eintritt, brauchen die Weibchen nicht die meisten ihrer Ressourcen auf die Produktion der Eier zu verwenden, sondern können es sich leisten, körperlich stark zu werden; manchmal übertreffen sie an Größe und Stärke sogar die Männchen.

Auch bei Greifvögeln sind oft die Weibchen dominant. Vögel, die ihre Beute im Flug fangen, müssen kräftig sein und schnell fliegen können – was sie wiederum zu guten Kämpfern macht. Ein Greifvogelweibchen braucht auch keineswegs seine ganze Zeit auf die Futtersuche zu verwenden, denn ihm genügt eine Taube oder ein Huhn für einen ganzen Tag, und deshalb ist die Nahrungssuche kein Hindernis bei der Revierverteidigung. Die Ernährung der Küken aber ist eine andere Sache. Viele Raubvogeljunge sterben schon als Nestlinge, und selten können die Eltern mehr als ein oder zwei erfolgreich aufziehen – ein Anzeichen dafür, daß auch in diesem Fall das Revier mehr als genug Nahrung für die Erwachsenen liefert, die Knappheit der Nahrung für die Jungen aber der Anzahl, die aufgezogen werden kann, eine Grenze setzt.

Das erklärt, warum ein weibliches Raubtier es sich leisten kann, groß und stark zu werden. Warum aber sollte das Männchen nicht genau so groß oder sogar noch größer und stärker werden? Bei vielen Arten gibt es schließlich einen breiten Bereich, in dem sich die Größen der Männchen und der Weibchen überlappen. Bei den meisten Vogelarten suchen große Weibchen noch größere Männchen, die mit einiger Wahrscheinlichkeit bessere Reviere haben, obwohl sie auch Partner wählen könnten, die kleiner sind als sie selbst, und denen sie dann überlegen wären. Bei Greifvögeln dagegen suchen größere Männchen noch größere Weibchen, obwohl sie kleinere Weibchen wählen und herumkommandieren könnten.

Wenn ein Greifvogelmännchen ein Weibchen wählt, das größer ist als es selbst, wählt es damit höchstwahrscheinlich eine Partnerin, die gut und erfolgreich jagen kann und sich gut ernährt – sichert sich also bessere Nachkommen. Das Weibchen trägt mehr zum Nachwuchs bei als das Männchen, da es nicht nur, wie das Männchen, die

Gene liefert, sondern auch das Ei, also die Umwelt, in der sich die Jungen entwickeln.[25] Unter solchen Bedingungen ist anscheinend die höhere Qualität des Weibchens ein Gegengewicht dafür, daß es die Dominanz und Kontrolle über das gemeinsame Eigentum, das Revier, aufgeben muß. Das Weibchen ist nicht nur bei Greifvögeln dominant, sondern auch bei mehreren Arten von Regenpfeifern und Fregattvögeln und bei sehr vielen Fischarten. Gelegentlich ist die Zurschaustellung der Dominanz aber wohl nicht ganz das, was sie zu sein scheint. Weibliche Finken dominieren vor dem Eierlegen über ihre Gatten, die Männchen dagegen dominieren zu allen anderen Zeiten. Es könnte sein, daß die gegen das Männchen gerichtete Aggressivität des Weibchens, die wie Dominanz aussieht, eigentlich dazu dient, die Ernsthaftigkeit seiner Absichten auf die Probe zu stellen. Das Männchen muß das Weibchen davon überzeugen, daß es ernsthaft an einer Partnerschaft mit ihm interessiert ist; wenn es sich seinen Wünschen nicht fügt, muß es vielleicht später die Nachkommen anderer aufziehen.

Die Eltern als Partner

Die Eltern bilden eine Partnerschaft. Wie bei jeder Partnerschaft hängt die Wahl eines Partners und die Beziehung zwischen den Partnern sowohl von äußeren Bedingungen als auch von den beteiligten Individuen ab. Ein Verzicht auf Überlegenheit kann beispielsweise dazu dienen, einen besseren Partner zu gewinnen und besseren Nachwuchs aufzuziehen. Und wie in jeder Partnerschaft haben die beiden Partner sowohl gemeinsame Interessen als auch solche, die zu Konflikten führen können.

Jeder Partner des Brutpaars kann davon profitieren, wenn er den anderen ausbeutet; gelegentlich nutzt ein brütender Partner das Interesse des anderen am gemeinsamen Nachwuchs wirklich aus und zwingt ihn zur Brutpflege. Aber gerade weil es einen Interessenkonflikt gibt – weil jeder der beiden etwas tun kann, was *nicht* im Interesse seines Partners liegt – sucht jeder von ihnen auch Informationen über die Fähigkeiten und die Ernsthaftigkeit der Absichten des anderen, und deshalb stellt jeder dem anderen Partner diese Information auch zuverlässig zur Verfügung.

KAPITEL 15

Soziale Amöben
(Zelluläre Schleimpilze)

Die meisten Naturwissenschaftler, die sich mit sozialen Systemen und mit der Kommunikation bei Vielzellern beschäftigen, berufen sich schon seit langem nicht mehr auf das Modell der Gruppenselektion – obwohl sie unwissentlich gelegentlich auf diese Theorie zurückgreifen. Mikrobiologen dagegen erklären das Verhalten einzelliger Organismen wie Bakterien und Viren routinemäßig mit Hilfe von Modellen der Gruppenselektion. Dieser Ansatz sei gerechtfertigt, sagen sie, weil die meisten Einzeller sich ungeschlechtlich durch Zellteilung fortpflanzen und in genetisch einheitlichen Gruppen leben; die Einheit der Auslese ist deshalb die Population, deren Mitglieder alle identische Interessen haben, und Merkmale, die dem Wohl der Gruppe dienen, florieren mit großer Wahrscheinlichkeit selbst dann, wenn sie einzelnen Individuen schaden.

Aber diese Überlegung ignoriert die Tatsache, daß die Vielzahl der Einzeller und ihre rasche Vermehrung natürlich zu Mutanten führt. Jede Mutante, die andere aus der Population in ihre Dienste stellen kann, vermehrt sich mit großer Wahrscheinlichkeit rascher als diese anderen Zellen. Wir sagen deshalb, daß auch Mikroorganismen aus der Sicht der Individualselektion zu sehen sind.

Der Lebens- Zelluläre Schleimpilze der Art *Dictyostelium* leben im
zyklus Erdboden als einzellige Organismen, jedes für sich.
der zellulären Wenn aber Nahrung knapp ist oder die Bedingungen
Schleimpilze sonst irgendwie schwierig sind, kommen diese Amöben
zu Hunderten oder auch Zehntausenden zu Aggregaten
zusammen. Einige wenige Stunden später beginnt die
Ansammlung zu wandern; in diesem Stadium sieht der
»Schleimpilz«, der einen Millimeter lang werden kann,
für das bloße Auge wie eine kleine, schleimige Nackt-
schnecke aus. Im Labor, in einer Petrischale, wo die
meisten Experimente mit Schleimpilzen durchgeführt
werden, kann diese Wanderung einige Stunden andauern; wenn sie aufhört, sammelt sich das Aggregat wieder,
und die »Wegschnecke« wird zu einem Sporenträger –
einer Stielzellensäule mit einer Sporenkugel an ihrer
Spitze.[1]

Bei diesem Vorgang differenzieren sich die meisten der
Amöben am vorderen Ende der »Wegschnecke« – nicht
ganz 20 Prozent aller Zellen – zu einem Vorstieltyp, bilden anschließend den Stiel und sterben. Die Amöben
weiter hinten – nicht ganz 80 Prozent der gesamten
»Wegschnecke« – differenzieren sich zu Vorsporen, klettern am Stiel hoch und werden zu Sporen; die Amöben
der letzten kleinen Gruppe, die bis jetzt ganz hinten am
»Schwanz« waren, verwandeln sich ebenfalls in den Vorstieltyp, bilden die Grundscheibe am Fuß des Stiels und
sterben. Der Vorgang, bei dem sich die Population in
zwei Zelltypen differenziert, wird als Modell für die
Differenzierung bei primitiven Vielzellern gesehen und
als solches in vielen Labors auf der ganzen Welt untersucht. Diese Untersuchungen haben genaue Informationen über den Vorgang selbst und über die chemischen
Signale zusammengetragen, die die Kommunikation zwischen den Amöben erleichtern und ihr Verhalten koordinieren.

Die Amöben, die bei der Bildung des Stiels sterben, werden altruistisch genannt, weil sie durch ihren Tod dem Rest der Population das Überleben ermöglichen. Der Stiel verbessert anscheinend die Chancen der Sporenkugel, von einem vorbeikommenden Insekt mitgenommen zu werden und so eine neue Nahrungsquelle zu erreichen. Möglicherweise schützt der Stiel die Sporenkugel vor Feinden, die in der Erde leben, und vielleicht überleben einzelne Sporen mit größerer Wahrscheinlichkeit in der Kugel, als wenn sie in der Erde auf sich gestellt wären.

Die Bildung des Stiels: Selbstmord aus Altruismus?

Aber warum »opfern« sich einige Amöben und bilden den Stiel? Wer an die Gruppenselektion glaubt, sieht darin kein Problem, aber wie wir schon sagten, sind Modelle der Gruppenselektion nicht haltbar. Falls der Mechanismus, der die Amöben veranlaßt, den Stiel zu bilden, wirklich deshalb entstand, weil der Stiel den Sporen einen Vorteil verschafft, stellt sich die Frage, was passiert, wenn eine zufällige Mutation auch nur eine Amöbe veranlaßt, den chemischen Befehl, sich in einen Vorstieltyp zu verwandeln, zu mißachten. Diese Amöbe verwandelt sich womöglich trotz des Befehls in eine Spore; vielleicht überlebt sie, im Gegensatz zu den anderen, und dann breitet sich dieser Ungehorsam in der Population aus. Aber in keiner der von uns untersuchten Populationen ist eine Ausbreitung eines solchen Merkmals zu finden.

Wenn wir jedoch versuchen, das Phänomen der Stielbildung im Rahmen der Individualselektion zu erklären, stehen wir vor einem anderen Problem: Warum entwickeln Amöben, die später im Stiel sind, Merkmale, die sie später töten? Warum versuchen sie nicht stattdessen, Sporen zu werden, um als solche weiterleben zu können? Diese Frage ist um so interessanter, weil Experimente zeigen, daß der Vorgang, durch den bestimmte Amöben zum Stiel werden, angehalten werden kann, ihr Schicksal also nicht unabänderlich ist. Wenn eine Schleimpilz-»Wegschnecke« durchschnitten wird, erzeugt gewöhnlich jedes Teil für sich einen kleinen Sporenträger, der dieselbe Form hat wie ein regulärer.

Wenn der Schleimpilz zerschnitten wird, werden die meisten der Amöben am Vorderteil der ursprünglichen Wegschnecke zu Sporen, obwohl sie sonst den Stiel gebildet hätten und gestorben wären. Andererseits werden 20 Prozent der Amöben des anderen Teils – Amöben, die in der ursprünglichen Wegschnecke im mittleren und hinteren Teil waren und in ihr alle zu Sporen geworden wären – schließlich zum Stiel, selbst wenn Anzeichen darauf hinweisen, daß sie schon dabei waren, sich in Sporen zu verwandeln, als die ursprüngliche Wegschnecke zerschnitten wurde.

Das Schicksal einer einzelnen Amöbe ist also bei der Bildung des Schleimpilzes noch nicht besiegelt. Wieder stellt sich die Frage: Warum geben fast ein Fünftel aller Amöben ihr Leben, um einen Stiel zu bilden, der ihren Kameraden das Überleben ermöglicht? Kann individuelle Selektion die Evolution der Sporenträger kollektiver Amöben erklären? Wir versuchten, dieses Problem gemeinsam mit Daniella Atzmony von der Universität Tel Aviv und Vidyanand Nanjundiah vom Nationalen Forschungsinstitut in Bangalore, Indien, zu erforschen.[2]

Die Hypothese der Individualselektion Wir haben zwei miteinander verwandte Hypothesen aufgestellt. Erstens behaupten wir, daß diese stielbildenden Amöben eine Strategie befolgen, die unter gewissen, wenn auch eingeschränkten Bedingungen ihre Überlebenschancen verbessert, und zweitens sagen wir, die Überlebenschancen wären noch geringer, wenn diese Amöben versucht hätten, Sporen zu werden. Diese Erklärung ist im wesentlichen die gleiche wie für den »Altruismus« bei Graudroßlingen und sozialen Insekten: Die Unterstützung, die nichtreproduzierende Individuen den reproduzierenden zugute kommen lassen, vergrößert ihre eigenen Fortpflanzungschancen.

Die Amöben finden sich zum Schleimpilz zusammen,

306

wenn Nahrung oder Wasser knapp werden und sie an ihrem Ort zu dieser Zeit auf sich allein gestellt keine oder wenig Überlebenschancen haben. Die Überlebenschancen der Aggregate – der Wegschnecken – sind besser: Sie können sich rasch bewegen, Lücken zwischen Erdkrumen überbrücken und dadurch eine neue Nahrungsquelle erreichen oder an die Erdoberfläche klettern, wo ihre Sporen mehr Möglichkeiten haben, eine bessere Umwelt zu finden. Wie Experimente zeigen, hängt die Wahrscheinlichkeit, daß eine bestimmte Amöbe zu einer Spore wird, davon ab, wieviel mehr Nährstoffe sie im Vergleich zu anderen in ihrem Aggregat gespeichert hat: Die Zellen, die die meisten Nährstoffe gespeichert haben, werden zu Sporen, und Amöben, die wenig Nährstoffe haben – beispielsweise weil sie sich gerade geteilt haben und ihre Ressourcen deshalb erschöpft sind – werden zum Vorstieltyp. Diese Wirkung ist sehr ausgeprägt, wenn man Populationen mischt, in denen die Amöben künstlich veränderte Nährstoffmengen gespeichert haben: Amöben, die mit Zucker ernährt wurden und darum reichlich Nährstoffe haben, werden mit viel größerer Wahrscheinlichkeit zu Sporen als Amöben, die mit nährstoffärmeren Bakterien aufgezogen wurden – obwohl fast 80 Prozent jeder Population zu Sporen geworden wären, wenn jede von ihnen einen eigenen Sporenträger hätte ausbilden dürfen.

Wir glauben also, daß Amöben, die einen Schleimpilz bilden, sich folgendermaßen differenzieren: Wenn Amöben sich zu einem Aggregat zusammenfinden, wissen sie noch nicht, wie sie im Vergleich mit anderen abschneiden werden. Deshalb verhalten sie sich alle gleich: Sie bezeugen ihr Interesse am Zusammenkommen mit Wellen eines chemischen Stoffs, der chemotaktisch durch Acresin anlockt und cAMP genannt wird,[3] und streben alle zur Hauptquelle dieser Wellen hin. Wenn sie erst einmal beisammen sind, ist es offensichtlich zu spät, den Kurs zu ändern. Sie können nicht weggehen und ein anderes Aggregat suchen, und anscheinend haben sie auf sich allein gestellt keinerlei Überlebenschancen mehr. Wenn Amöben einmal zu einem Aggregat gestoßen sind, sind ihre Chancen dort besser als woanders – selbst für jene, die sich als weniger gut ernährt erweisen als andere: Im Aggregat mögen ihre Chancen schlecht stehen, außerhalb sind sie noch schlechter.

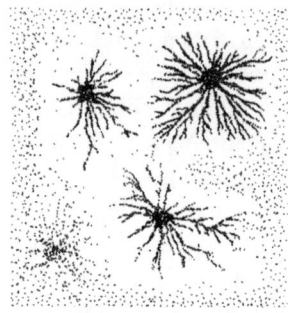

Wenn die einzige Möglichkeit zum Überleben dann, wenn die Nahrung knapp ist, darin bestünde, ein Sporenträger zu werden, wäre es für jede einzelne Amöbe sinnlos, wenn sie Teil des Vorstiels würde. Nährstoffarme Amöben haben jedoch noch andere, wenn auch recht unwahrscheinliche Chancen. Indem sie sich einer wandernden »Wegschnecke« anschließen, vergrößern sie ihre Überlebensaussichten, da die Schnecke etwas Schutz vor Austrocken gewährt und sich rascher bewegt als eine auf sich gestellte Amöbe. Eine Möglichkeit des Überlebens besteht darin, eine Spore zu werden, und in der Tat wurde kürzlich – nachdem wir unsere Hypothese aufgestellt hatten – entdeckt, daß einige wenige der Amöben, die als Vorstiel beginnen, später tatsächlich zu Sporen werden.[4]

Man kann sich weitere glückliche Ereignisse vorstellen, die einer Vorstiel-Amöbe das Überleben ermöglichen könnten. Die wandernde Wegschnecke kann einer anderen begegnen, die noch schwächere Amöben enthält. Wenn das passiert, sind die schwächsten Amöben in der ersten, die schon auf dem Weg zur Stielbildung waren, mit großer Wahrscheinlichkeit unter den fast 80 Prozent der kombinierten Wegschnecke, die stärker sind als der Rest und zu Sporen werden. Außerdem müssen die Amöben, die keine Sporen werden, nicht unbedingt sofort sterben, und solange sie leben, haben sie eine Überlebenschance, falls die Wegschnecke bald eine reichhaltige

Nahrungsquelle findet. Für stielbildende Amöben sind diese noch so geringen Überlebenschancen immer noch besser als die schlechten Aussichten, die sie gehabt hätten, wenn sie angesichts ihrer stärkeren Genossen von Beginn an Sporen hätten werden wollen. Offensichtlich erfordert dieses Thema weitere Forschung nicht nur in der künstlichen Umwelt von Petrischalen, sondern in der Natur.

Die Differenzierung von Amöben zum Vorstieltyp folgt **DIF als Gift** der Emission von DIF, einem chemischen Stoff, das von den Vorsporen-Amöben erzeugt wird. Damit wird für unsere Hypothese, daß der Schleimpilz ein Produkt der Individual- und nicht der Gruppenselektion ist, die Frage nach der Signalfunktion von DIF entscheidend.

Nach Meinung der meisten Wissenschaftler ist DIF ein »Signal«, das einigen der Amöben »sagt«, daß sie sich zum Vorstieltyp entwickeln müssen. Für Vertreter der Gruppenselektion ist das kein Problem: DIF, so sagen sie, veranlaßt einige Amöben dazu, zu Vorstiel-Amöben zu werden, und diese Vorstiel-Amöben unterstützen später Vorsporen-Amöben, was dem Wohl der Gruppe dient. Aber wenn man annimmt, daß sich der Vorgang durch Individualselektion entwickelte, stellen sich zwei Fragen. Erstens: Warum »gehorchen« die Vorstiel-Amöben dem Signal und differenzieren sich in die Vorstielform, wenn doch dieser Vorgang höchstwahrscheinlich zu ihrem Tod führt? Zweitens: Warum machen sich *alle* Vorsporen-Amöben die Mühe, DIF abzugeben? Wenn die Amöben in ihrer Umgebung schon DIF abgeben, hätte eine einzelne Amöbe von dieser Abgabe auch dann einen Nutzen, wenn sie den Stoff nicht selbst abgibt – und sie könnte sich die Kosten der Erzeugung und Aussendung von DIF ersparen. Welchen Vorteil bringt es einer *einzelnen* Vorsporen-Amöbe, wenn sie DIF abgibt? DIF führt letztlich zum Tod der Vorstiel-Amöben; aus diesem Grund vermuteten wir, daß es ein Schadstoff ist – ein Gift. Diese Vorhersage stellte sich als richtig heraus.[5]

Wir glauben, daß es DIF genau deshalb gibt, weil es giftig ist. Unserer Meinung nach ist DIF ein Gift, das die Sporen verwenden, um zu vermeiden, daß sie gefressen werden, und die Vorsporen-Amöben stellen es zu ihrem eigenen Nutzen her – wahrscheinlich um sich zu schützen.

Man sieht in Chemikalien, durch deren Abgabe andere Organismen ferngehalten werden sollen – (allelopatische Chemikalien, einschließlich der Antibiotika)[6] – gewöhnlich ein Mittel, das es einer gegen diese Chemikalien resistenten Populationen erlaubt, Populationen von Bakterien loszuwerden, die für die Chemikalie empfindlich sind. Dieses Denkmodell beruht wieder auf dem Gedankengut der Gruppenselektion, denn jedes einzelne Individuum in der Population könnte sich die Mühe ersparen, den Stoff selbst herzustellen, und sich stattdessen auf die Absonderungen anderer in der Population verlassen.

Wir fragen dagegen nach dem Vorteil, den eine einzelne Zelle von der Abgabe eines Antibiotikums oder eines Toxins hat. Vielleicht hilft das Antibiotikum der einzelnen Zelle, ihren Lebensraum oder ihre unmittelbare Umgebung vor anderen Individuen zu schützen, die sie erbeuten oder ihr Schaden zufügen könnten. Wenn das der Fall ist, können Antibiotika zwar einer ganzen Population im Kampf gegen eine andere helfen, aber das ist nicht der Antrieb für die Evolution von Antibiotika, sondern nur ein Nebeneffekt. In der Tat ist die Menge der von Zellen abgegebenen Antibiotika in natürlichen Populationen gering; sie reicht nicht, andere Populationen zu töten. Zellen, die große Mengen an Antibiotika herstellen, können nur durch einen mühevollen Ausleseprozeß erzeugt werden, der von Forschern im Labor durchgeführt wird.

Es ist nicht ungewöhnlich, daß Mikroorganismen Gifte verwenden, um dormante Sporen zu schützen, die sonst leichte Beute wären. Es erfordert einen großen Aufwand, Gifte herzustellen, und zudem stellen die Gifte für die Vorsporenzellen, die sie erzeugen, eine große Gefahr und Unannehmlichkeit dar, was jedoch durch den Schutz kompensiert wird, den die Gifte gewähren. Wir vermuten, daß dieses der Hauptgrund für die Herstellung und Abgabe von DIF ist; die Wirkung auf Amöben geringerer Qualität – jene, die weniger Nährstoffe gespeichert haben – ist sekundär. Wenn sich diese Hypothese als richtig herausstellt, ist DIF kein Signal, sondern vielmehr einfach ein Mittel. Ähnlich veranlaßt Regen Menschen dazu, Schutz zu suchen, aber niemand würde behaupten, Regen sei ein *Signal*, das *dazu bestimmt* ist, Menschen Schutz suchen zu lassen.

Seitdem wir diese Hypothese aufgestellt haben, haben Atzmony und Nanjundiah im Labor Hinweise darauf gefunden, daß in den Sporen tatsächlich DIF vorhanden ist.[7]

Da hohe DIF-Konzentrationen Amöben töten können, sind vermutlich auch geringere Konzentrationen schädlich. Wenn Amöben DIF abgeben, müssen sie ihre Ressourcen darauf verwenden, ihm zu widerstehen und es aufzuspalten. Diese Bemühungen lassen schwächere Amöben unserer Meinung nach zum Vorstiel-Phänotyp werden, der die Fähigkeit dieser Amöben kurzzeitig verbessert, dem Gift zu widerstehen. Wir vermuten, daß eine schwächere Amöbe ihre Überlebenschancen sogar verringert, wenn sie versucht, eine Spore zu werden, und diese nüchterne Tatsache wird mehr als durch alles andere durch das Vorhandensein von DIF geschaffen. Alle Amöben sind auf Zusammenarbeit angewiesen – wenn sie keine Wegschnecke bilden, überlebt keine von ihnen –, und das ermöglicht es den stärkeren, jenen, die dem Gift widerstehen und Sporen bilden können, die schwächeren auszunutzen.

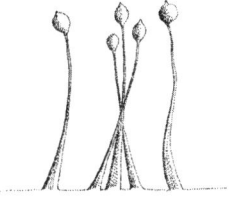

Zelluläre Schleimpilze sind nicht einzigartig. Auch Myxobakterien bilden gemeinsame Träger für ihre Sporen aus, wenn sie Hunger haben.[8] Bei der Bildung des Sporenträgers lassen die von den Bakterien selbst abgegebenen Fettsäuren etwa 80 Prozent der Zellen absterben; anscheinend geben die stärkeren Bakterien die Fettsäuren ab und töten damit die schwächeren, während sie selbst zu Sporen werden. Auch in diesem Fall können anscheinend stärkere Individuen schwächere ausnutzen, weil alle auf Zusammenarbeit angewiesen sind; wieder müssen wir, wenn wir den Prozeß verstehen wollen, verstehen, welchen Nutzen eine sporenbildende Bakterienzelle davon hat, daß sie die besonderen Fettsäuren abgibt, die ihre Kameraden töten.[9]

Der Unterschied zwischen Vorstiel- und Vorsporen-Amöben Was führt dazu, daß Vorsporen- und Vorstiel-Amöben so unterschiedlich auf DIF reagieren? Wie schon gesagt, liegt der Unterschied zwischen den beiden nicht im Genotyp, sondern im Phänotyp. Die Vorstiel-Amöben haben relativ wenig Nährstoffe gespeichert. Wir vermuten, daß sie zum Atmen Proteine aus ihrem eigenen Körper aufbrechen müssen, während ihre Vorsporen-Geschwister ihre Glykogenspeicher nutzen können. Könnte es sein, daß DIF irgendwie mit dem Aufbrechen der Proteine interferiert? Wir haben begonnen, diese Hypothese in Zusammenarbeit mit der Chemikerin Dorit Arad zu untersuchen, die die Beziehung zwischen der Struktur und der Aktivität eines Moleküls erforscht.

Während wir daran arbeiteten, fanden Shaulski und Loomis,[10] daß DIF die Aktivität der Mitochondrien stört – der Zellorganellen, die durch Atmen Energie erzeugen. Sie fanden auch, daß die Vorsporen-Amöben beim Vorgang der Differenzierung zum Vorsporentyp zusätzliche Mitochondrien erzeugen. Vielleicht entwickeln sich die neuen Mitochrondrien, um die durch DIF geschwächten zu ersetzen. Falls das der Fall ist, könnte es sein, daß DIF die schwächeren Amöben daran hindert, zu Sporen zu werden, weil ihnen die Ressourcen fehlen, neue Mitochrondrien aufzubauen. Es könnte dennoch sein, daß DIF auch mit dem Aufbrechen der Proteine interferiert. Wir warten noch auf schlüssige Beweise. Jedenfalls hat sich DIF tatsächlich als ein Gift erwiesen.

Wäre DIF lediglich ein beliebiges, herkömmliches Signal,

wäre eine Mutation, die dazu führt, daß eine einzelne Amöbe es ignoriert, für diese Amöbe nützlich. Wenn aber, wie wir meinen, DIF ein Gift ist, das tatsächlich schwächere Amöben daran hindert, sich in Sporen zu verwandeln, kann sich eine schwache Amöbe unter keinen Umständen den Versuch leisten, eine Spore zu bilden, solange das Gift wirkt. Solche schwächeren Amöben tun dann tatsächlich besser daran, die Vorstiel-Route einzuschlagen und so lange wie möglich so gut wie möglich zu überleben. Tatsächlich haben sich anscheinend einige der besonderen Eigenschaften von Vorstiel-Amöben genau dazu entwickelt, daß diese Zellen den giftigen Auswirkungen von DIF widerstehen können: Sie schicken ein Enzym aus, das DIF aufbricht, und sie entfernen sich von den Vorsporen-Amöben, die DIF abgeben, hin zum Vorderende der Wegschnecke, wo die DIF-Konzentration am geringsten ist. Die Aussendung von DIF vermittelt den schwächeren Amöben also Information; aber die *Evolution* der DIF-Emission fand nicht zu diesem Zweck statt, sondern um die Überlebenschancen jeder stärkeren Amöbe zu verbessern.

Wenn DIF ein Gift ist, würde das erklären, warum Vorstiel-Amöben versuchen, es aufzubrechen und sich von ihm fernzuhalten. Aber es erklärt nicht, warum die Vorstiel-Amöben so viel Mühe auf die Bewegung der Wegschnecke und den Bau des Stiels verwenden – also auf die Verhaltensweisen, die gewöhnlich »altruistisch« genannt werden. Die rasche Bewegung zur Erdoberfläche hin nutzt den Vorstiel-Amöben insgesamt, aber das ist kein ausreichender Grund für die Anstrengung, die jede einzelne Amöbe für die Bewegung aufbringen muß. Unser Modell wird erst vollständig sein, wenn wir diese Aspekte im Lebenszyklus der sozialen Amöben erklären können.
Zur Bewegung der Wegschnecke gehört auch die Aussendung von cAMP, das Amöben anzieht. Wenn die

Einige offene Fragen

313

Amöben zuerst zusammenkommen, reagiert jede Amöbe auf cAMP, indem sie selbst cAMP abgibt, und so bilden sich die großen Ansammlungen von Amöben. Aber wenn sich die Wegschnecke gebildet hat, geben die Vorsporen-Amöben anscheinend kein weiteres cAMP ab, während die Vorstiel-Amöben an der Vorderseite der Wegschnecke es weiter abgeben und damit alle übrigen Amöben veranlassen, ihnen zu folgen. Wenn man die Bewegung der Zellansammlung verstehen will, muß man nicht nur verstehen, wie cAMP auf die Amöben wirkt, die es aufnehmen und darauf reagieren, sondern, wichtiger noch, welchen Nutzen jede einzelne Amöbe aus der Abgabe von cAMP zieht. Leider können wir diese Fragen noch nicht beantworten, aber wir hoffen, daß wir einen nützlichen Beitrag leisten, indem wir sie stellen.

Wann ist eine Chemikalie ein Signal? Bisher wurde gewöhnlich versucht, den Wert eines chemischen »Signals« aufgrund der Wirkung zu erklären, die es auf die Individuen hat, die darauf reagieren. Der Wert eines Signals hat danach nichts damit zu tun, daß es dem Individuum, das diese Chemikalie abgibt, einen Vorteil bringt oder daß es verläßliche Information über dieses Individuum vermittelt. Das hat unserer Meinung nach dazu geführt, daß kein Unterschied gemacht wurde zwischen chemischen *Signalen* – Chemikalien, die sich entwickelt haben, um die Kommunikation zwischen Individuen oder zwischen Körperzellen zu erleichtern – und Chemikalien, die sich herausgebildet haben, weil sie ganz direkt nützlich sind und deren Wirkung auf andere Individuen entweder nebensächlich oder zwingend ist. Wenn man chemische Signale verstehen will, muß man zwischen diesen Kategorien unterscheiden.

Wir glauben, daß für chemikalische *Signale* die Regeln gelten, die in früheren Kapiteln für Signale überhaupt dargelegt wurden: Das Signal muß dem Sender und dem Empfänger nützen, das Signal muß verläßlich sein – es fordert also vom Sender einen Preis, der zu hoch ist, als daß ein Betrüger ihn zahlen würde –, und die Kosten des Signals müssen logisch mit dem Inhalt der vermittelten Botschaft zusammenhängen. Die unter Berücksichtigung dieser Grundsätze durchgeführte Untersuchung chemischer Signale bei Einzellern und chemischer Signale überhaupt könnte uns ein verblüffend neues Verständnis für die Wirkungsweise solcher Signale vermitteln.

KAPITEL 16

Parasit und Wirt

Wenn sich ein Schmarotzer einen neuen Wirt aussucht, entwickeln beide Arten rasch neue Merkmale heraus. Der Parasit versucht, den Wirt so gut wie möglich auszubeuten, und der Wirt versucht, sich vor dem Parasiten zu schützen. Dawkins und Krebs verglichen diese Beziehung mit einem Rüstungswettkampf zwischen zwei Supermächten, bei dem jeder Gegner immer neuere und raffiniertere Waffen herstellt, um dem anderen ebenbürtig zu sein,[1] und es ist üblich geworden, Wirte und Parasiten als Feinde zu schildern, die mitten in einem solchen Wettrüstens stecken.

Wir sehen die Dinge anders. Zweifellos gibt es »Rüstungswettkämpfe«, aber sie führen unserer Meinung nach rasch zu einem Patt. Solange wir keinen Grund haben, etwas anderes anzunehmen, gehen wir davon aus, daß die meisten heutigen Wirt-Parasit-Systeme in einem Gleichgewichtszustand sind: Der Wirt hat es trotz aller seiner Bemühungen nicht geschafft, den Parasiten

Rüstungswettkampf oder Kräftegleichgewicht?

loszuwerden, und offensichtlich hat der Schmarotzer den Wirt nicht ausgerottet. Um dieses Gleichgewicht in jedem Einzelfall zu verstehen, muß man die Lebensweisen von Wirt wie Parasit in allen Einzelheiten kennen. Was hält den Wirt davon ab, Fähigkeiten zu entwickeln, die den Parasiten hindern, ihn auszubeuten? Was hält den Parasiten davon ab, den Wirt so auszubeuten, daß er sich überhaupt nicht mehr fortpflanzen kann, und warum beutet er nicht mehr als einen bestimmten Bruchteil seiner möglichen Wirte aus?

Kuckuck und Drosselrohrsänger Als Beispiel betrachten wir den europäischen Kuckuck und den Drosselrohrsänger. Der Kuckuck legt Eier in die Nester von Drosselrohrsängern. Sofort nach dem Schlüpfen stößt der junge Kuckuck die Eier oder Nestlinge seines Wirts aus dem Nest; in einem von einem Kuckuck besetzten Nest wächst also kein einziger Drosselrohrsänger auf. Als Reaktion darauf erwarben die Drosselrohrsänger die Fähigkeit, das Kuckucksei zu erkennen und hinauszustemmen. Diese Fähigkeit, Kuckuckseier zu erkennen und hinauszuwerfen, hat sich anscheinend als unmittelbare Reaktion auf das Schmarotzertum des Kuckucks herausgebildet: In Australien, wo es keine europäischen Kuckucke gibt, warf keiner der Drosselrohrsänger Kuckuckseier aus dem Nest, die man zu Versuchszwecken hineingelegt hatte.

Als die Drosselrohrsänger nun ihre neue Art der Selbstverteidigung erworben hatten, entwickelten die Kuckucksvögel in Europa und Asien ihrerseits Eier, deren Größe und Farbe den Eiern der Drosselrohrsänger ähnelten. Europäische Kuckucke schmarotzen auch bei anderen Singvögeln. In den meisten Fällen ähneln Farbe, Größe und Form der Kuckuckseier jenen der Wirtsart.

In Gegenden, in denen Kuckucke wohnen, werfen einige Singvögelarten alle Kuckuckseier aus dem Nest, lassen sich also nicht vom Kuckuck parasitieren. Beim Drosselrohrsänger ist das anders: In fast allen Gebieten, in denen sowohl Drosselrohrsänger als auch Kuckucke leben, werfen einige Drosselrohrsänger Kuckuckseier aus dem Nest und andere nicht. Davies und Brook[2] nahmen an, daß die aktuelle Situation ein Übergangstadium innerhalb eines langen koevolutionären Prozesses ist – eines »Wettrüstens« –, an dessen Ende alle Drosselrohrsänger Kuckuckseier hinauswerfen werden, der Kuckuck also beim Drosselrohrsänger überhaupt nicht mehr schmarotzen wird.

Trifft das wirklich zu? Wie wir im Zusammenhang mit Beute und Beutegreifern im ersten Kapitel dieses Buchs ausführten, kann man so ziemlich alles erklären, indem man sagt, es sei noch nicht zu seinem logischen Ende gekommen. Es gibt jedoch in allen Populationen von Drosselrohrsängern in England und in Japan – und vermutlich überall dazwischen – einige Individuen, die Kukkuckseier hinauswerfen, und andere, die sie annehmen. Die »Mutation«, die Kuckuckseier erkennt und aus dem Nest stemmt, ist offenbar schon bei allen Drosselrohrsängern aufgetreten. Warum hat sich diese »Mutante« noch nicht durch die Population ausgebreitet, wenn der Vorteil des Hinausstemmens der Kuckuckseier so groß ist? Warum kennen wir in ganz Europa und Asien von England bis Japan nicht eine einzige Population von Drosselrohrsängern, bei der alle Artgenossen Kuckuckseier hinauswerfen? Was hindert einige Drosselrohrsänger, das zu tun?

Lotem, der in Japan mit Hiroshi Nakamura und uns Kukkucke und Drosselrohrsänger beobachtete, meinte, der Unterschied zwischen dem Verhalten von Drosselrohrsängern, die Kuckuckseier hinauswerfen, und jenen, die sie annehmen, sei kein genetisches Merkmal der ersteren, das sich »noch nicht« durch die Population ausgebreitet hat, sondern beruhe auf einem phänotypischen Unterschied – dem Alter. Die meisten Drosselrohrsänger, die ihre Brutgebiete früh erreichen, werfen Kuckuckseier aus dem Nest. Alle diese Vögel haben neue Schwanzfedern, was anzeigt, daß sie im vorigen Herbst gemausert haben und also mindestens zwei Jahre alt sind. Drosselrohrsänger dagegen, die später in ihrem Brutgebiet ankommen und die in den meisten Fällen die Kuckuckseier nicht hinauswerfen, haben sehr abgenutzte Schwanzfedern. Sowohl der Zustand ihrer Schwänze als auch ihre späte Ankunft lassen darauf schließen, daß sie jung sind und in diesem Jahr zum ersten Mal nisten.

Welchen Unterschied macht das Alter? Die Eier von Drosselrohrsängern sind wie bei vielen Vogelarten nicht alle gleich; jedes Weibchen legt Eier, deren Farbe, Muster und Form für sie charakteristisch sind. Einige Eier sind dunkler, andere heller, einige haben größere Punkte, andere kleinere. Kuckuckseier haben zwar ganz allgemein große Ähnlichkeit mit den Eiern von Drosselrohrsängern, können aber den Eiern eines bestimmten Drosselrohrsängerweibchens nicht haargenau gleichen.[3]

Lotem behauptet nun, ein Drosselrohrsängerweibchen, das schon einmal genistet hat, habe gelernt, ihre eigenen Eier zu erkennen und könne deshalb Kuckuckseier ohne Risiko verstoßen. Unerfahrene Drosselrohrsängerinnen aber können das nicht; wenn sie jedes Ei hinauswürfen, das ihnen verdächtig vorkommt, könnten sie versehentlich auch ihre eigenen Eier zerstören – und dieses Risiko ist offenbar größer als die 5-20prozentige Chance, daß sie beim ersten Nisten das Opfer eines Kuckucks werden. Lotem führte Experimente durch, die zeigten, daß Drosselrohrsänger in der Tat lernen, ihre eigenen Eier zu erkennen. Die Beziehung zwischen Drosselrohrsänger und Kuckuck ist also kein fortgesetzter Rüstungswettkampf, bei dem einige Drosselrohrsänger benachteiligt sind, weil ihnen »bisher noch« ein genetisches Merkmal fehlt, das es ihnen ermöglicht, Kuckuckseier zu verstoßen; vielmehr haben die Tiere ein Gleichgewicht erreicht, bei dem jedes Individuum sein Möglichstes tut, um sich erfolgreich fortzupflanzen.

Natürlich muß man immer noch erklären, warum Drosselrohrsänger, die Kuckuckseier nicht hinauswerfen, das Kuckucksjunge nach dem Schlüpfen versorgen.[4] Die Drosselrohrsänger füttern das Junge sowohl im Nest als auch außerhalb des Nests vier bis fünf Wochen lang; zu diesem Zeitpunkt unterscheidet sich ein junger Kuckuck in Größe, Form, Farbe und Ruf schon deutlich von einem jungen Drosselrohrsänger.

Im Gegensatz zu Drosselrohrsängern versuchen Krähen **Häherkuckuck** niemals, die Eier oder Nestlinge der bei ihnen schmarot- **und Krähen** zenden Häherkuckucke hinauszuwerfen.[5] Krähen verlieren nur einen Teil ihres Nachwuchses, wenn ihr Nest von einem Parasiten besetzt wird, denn das Kuckucksweibchen zerbricht gewöhnlich nur eines der Eier, wenn es die eigenen legt, und läßt die übrigen in Ruhe. Auch die Nestlinge des Häherkuckucks stemmen Krähenjunge nicht aus dem Nest, wetteifern aber mit ihnen um Nahrung und schaden ihnen dadurch beträchtlich. Yoram Shpirer, der Kuckucke und Krähen in Israel erforschte, fand, daß in einem Krähennest im Mittel zwei Nachkommen flügge werden, wenn in ihm kein Schmarotzer ist, in einem Nest mit einem Kuckuck aber nur eine Krähe.

Krähen haben den Ruf, besonders intelligente Vögel zu sein. Sie können sowohl Nahrungsmittel als auch Menschen unterscheiden und Feinde erkennen. Man würde denken, daß Krähen ihren Bruterfolg deutlich steigern könnten, wenn sie lernten, zwischen ihren eigenen Eiern und Häherkuckuckseiern zu unterscheiden und die letzteren loszuwerden. Aber das tun sie nicht. Eine verbreitete Erklärung lautet, Häherkuckucke hätten gerade erst begonnen, bei Krähen zu schmarotzen, und deshalb hätten die Krähen »bisher« noch nicht die Fähigkeit entwickelt, sie zu bekämpfen. Wir halten das für unwahrscheinlich. Häherkuckucke schmarotzen bei mehreren Populationen und Arten der Rabenvögel (*Corvidae*) in ganz Asien und Nordafrika, und in diesem großen Bereich bietet ihnen, mit einer einzigen Ausnahme, keine Population irgendwelchen Widerstand. Diese Ausnahme machen die Elstern in Spanien. Viele, aber nicht alle der spanischen Elstern stemmen die Eier des Häherkuckucks aus dem Nest.[6] Wir können uns zwei Modelle vorstellen, die erklären, warum die Krähen sich nicht gegen Kuckucke wehren, nämlich das Prestigemodell und das Mafiamodell.[7]

Das Prestige-modell Das Prestigemodell behauptet, daß der Wirt Mühe auf die Aufzucht des Schmarotzers verwendet, um in den Augen seines eigenen Partners an Ansehen zu gewinnen und um bei der gemeinsamen Arbeit Erfahrung zu sammeln. Es ist nicht besonders ungewöhnlich, daß Tiere bei den Nachkommen anderer Brutpflege betreiben, um ihre eigenen Fortpflanzungschancen zu verbessern.[8] Wir haben in Kapitel 14 mehrere solche Fälle kennengelernt. Wenn ein Individuum seine Fortpflanzungschancen verbessern kann, indem es den Nachwuchs seiner Artgenossen aufzieht, scheint die Annahme vernünftig, daß ihm auch die Aufzucht von Schmarotzern einen Prestigegewinn bringt.

Es ist bekannt, daß Paare, die schon erfolgreich gemeinsam Brutpflege betrieben haben, mit größerer Wahrscheinlichkeit erfolgreich sind als jene, denen diese Erfahrung fehlt. Das trifft zum Teil deshalb zu, weil Paare, die bei der Aufzucht von Nachkommen erfolglos waren, sich oft trennen.[9] Zwar kann eine neue Partnerschaft bessere Erfolgsaussichten bieten als eine, die versagt hat, aber gleichzeitig ist das Risiko geringer, wenn die Partner zusammenbleiben, deren Beziehung und Zusammenarbeit sich schon bewährt hat.

Die Forschung von Yom-Tov und anderen an Krähen[10] legt nahe, daß der Fortpflanzungserfolg von Krähen weitgehend von ihrer Fähigkeit abhängt, ein gutes Revier zu erobern und zu verteidigen, was vermutlich einem Paar leichter fällt und mit viel größerer Wahrscheinlichkeit  gelingt, wenn es gut zusammenarbeitet. Welche Möglichkeiten hat dann ein Krähenpaar, in dessen Nest eines der eigenen Eier durch das eines Häherkuckucks ersetzt wurde? Sobald das passiert ist, können die Krähen in diesem Nest nicht mehr so viele junge Krähen aufziehen, wie es ihnen sonst möglich gewesen wäre, denn eines ihrer eigenen Eier wurde ja schon zerstört. Weil sie bei der Aufzucht ihrer Jungen nicht voll erfolgreich waren, laufen sie zudem Gefahr, sich zu trennen. Wenn sie aber dem Häherkuckuck Pflege angedeihen lassen, gelingt es ihnen womöglich, einander von ihren Fähigkeiten als Eltern zu überzeugen und deshalb zusammenzubleiben. Wenn sie sich nicht trennen, haben sie eine gute Chance, das nächste Mal vollen Erfolg zu haben. Falls es jedoch zur »Scheidung« kommt, muß jeder Partner einen neuen Gatten finden und bleibt dann womöglich erfolglos; im bestmöglichen Fall hat dann jeder von ihnen auch im folgenden Jahr Schwierigkeiten bei der Aufzucht der Jungen.

Wenn Häherkuckucksjunge in einem Krähennest flügge werden, benehmen sie sich, als ob sie wüßten, daß ihre Wirte sie lediglich versorgen, um Prestige zu gewinnen. Die Jungvögel betteln sehr laut um Nahrung und verfolgen ihre Gasteltern viel aggressiver als ihre artfremden Nestgenossen. Sie ahmen also nicht das Verhalten der Krähenjungen nach, sondern fallen durch lärmende Belästigungen auf. Wir meinen, daß die Krähenjungen deshalb nicht so viel zu betteln brauchen, weil ihre Eltern natürlich einen unmittelbaren reproduktiven Vorteil daraus ziehen, wenn sie sie füttern. Von der Aufzucht ihrer

»Plage« jedoch haben die Pflegeeltern lediglich den Gewinn, daß sie anderen Krähen – auch ihren Partnern – zeigen, wie gut sie als Versorger sind. Der junge Häherkuckuck muß also die Aufmerksamkeit anderer auf die elterliche Fürsorge lenken, um gefüttert zu werden. Dieses lärmende Verhalten ist gefährlich, weil der junge Häherkuckuck dann viel leichter von Freßfeinden bemerkt wird, aber dieses Risiko ist der Preis, den er für seine Nahrung zahlen muß.

Wir würden natürlich nicht im Traum daran denken zu behaupten, der Häherkuckuck und die Krähen seien sich dieser Kosten-Nutzen-Rechnung bewußt. Jene Jungvögel aber, die das Gleichgewicht zwischen riskantem Betteln und Überleben ohne Betteln gefunden haben, haben bessere Aussichten, zu erfolgreichen Erwachsenen heranzuwachsen und Nachkommen zu haben, die ihre Merkmale in der Population verbreiten. Ähnlich werden erwachsene Krähen, die andere mit einem angemessenen Aufwand von ihrer Qualität als Versorger überzeugen können, mit größerer Wahrscheinlichkeit bessere Partner finden und behalten und erfolgreichere Nachkommen haben. Letztlich müssen, wie bei jedem Merkmal, Nutzen und Kosten ausgeglichen sein – und ein junger Häherkuckuck muß mehr in Betteln investieren als eine junge Krähe, um von den Gasteltern ausreichend versorgt zu werden.

Das Mafia- Das Mafiamodell unterscheidet sich deutlich sowohl vom
modell Modell des »Wettrüstens« als auch vom Prestigemodell. Nach diesem Modell versucht der Parasit nicht, seinen Wirt auszutricksen, sondern er zwingt ihn vielmehr, sich um seinen Nachwuchs zu kümmern. Es ist bekannt, daß Häherkuckucke die Eier und Nestlinge anderer Vögel fressen,[11] und anscheinend deshalb können sie ihren Willen so effektiv durchsetzen wie ein Mafioso. Nehmen wir an, ein Häherkuckuck würde nach der Eiablage die Nester inspizieren, in die er Eier gelegt hat, und jene in

Ruhe lassen, in denen sein Nachwuchs noch lebt, aber den Inhalt derjenigen Nester fressen, in denen sein Nachwuchs nicht versorgt wurde. In diesem Fall ist jener Wirt der Verlierer, der das Häherkuckucksei nicht versorgte; die Fähigkeit oder Tendenz, die eigenen Eier von Häherkuckuckseiern zu unterscheiden, wird sich in der Population nicht ausbreiten.[12]

Was würde ein Häherkuckucksweibchen gewinnen, wenn es einen Wirt »bestraft«, der seine Eier erkennt und hinauswirft? Den toten Nachwuchs kann es damit nicht mehr retten. Wenn wir nicht einen anderen unmittelbaren Vorteil für den einzelnen auf diese Weise strafenden Häherkuckuck finden, beruht das Mafiamodell auf Überlegungen zur Gruppenselektion − es wäre also gut für Häherkuckucke als Gruppe, würde aber davon ausgehen, daß der einzelne Vogel eine Anstrengung unternimmt, von der er selbst keinen Vorteil hat. Wir haben schon erklärt, warum Modelle, die auf dem Gedanken der Gruppenselektion beruhen, für uns unannehmbar sind. In diesem Fall jedoch liegen für den strafenden Häherkuckuck gleich mehrere unmittelbare Vorteile auf der Hand. Vielleicht zwingt das Häherkuckucksweibchen die Wirtin auf diese Weise dazu, noch einmal zu legen, was ihm eine weitere Gelegenheit gibt, ein Ei in ihr Nest zu legen. Vielleicht gewinnt es auch nur eine gute Mahlzeit.

Lotem fand bei europäischen Kuckucken in Japan keine Hinweise auf solches Verhalten; anscheinend bestrafen weder sie noch die Häherkuckucke, die in Israel bei Krähen schmarotzen, unbefriedigende Wirte nach dem Mafiamodell. Solers Forschung in Spanien aber weist genau in diese Richtung: In Spanien kehren Häherkuckucke zum Nest von Elstern zurück und verletzen die Nestlinge der Elstern, falls ihre Eier hinausgeworfen wurden.[13] Vermutlich wollen sie die in ihrem Revier nistenden Elstern lehren, keine Kuckuckseier hinauszuwerfen. Dieses faszinierende Phänomen wird zur Zeit von Soler und seinen Kollegen untersucht.

325

Die Beziehung zwischen der Schmarotzerbiene *Nomada marshamella* und ihrem Wirt, der Biene *Andrena sabuloae*,[14] veranschaulicht den folgerichtigen nächsten Schritt im Mafiamodell. Die Schmarotzerbiene gelangt in das Nest ihrer Wirtin, ohne auf den Widerstand der Besitzerin zu stoßen und legt ihr Ei neben die Puppen der Wirtin. Sehr wahrscheinlich kann die Wirtin das Ei der Schmarotzerin von ihrem eigenen unterscheiden, aber sie bringt weiterhin Nahrung zum Nest, kümmert sich um ihren eigenen Nachwuchs und versucht nicht, den Fremdkörper loszuwerden.

Warum wirft die Wirtin das Ei des Schmarotzers nicht hinaus? Anscheinend bleibt die Parasitin, die keine Nahrung zu sammeln braucht, fast immer in der Nähe des Nestes. Wenn sie ihre Eier in das Nest gelegt hat, lohnt es sich für sie, das Nest vor Freßfeinden und Parasiten zu schützen. Von Zeit zu Zeit bedroht es die Wirtin mit dem Stachel am Ende ihres Abdomens, den sie wie ein Skorpion nach vorne falten kann. Da die Parasitin keine Nahrung transportieren muß, kann sie ein Abdomen entwickeln, das wegen seiner Biegsamkeit in den Tunneln des Nests gut als Waffe dienen kann, während sich die Wirtsbiene, die Pollen und Nektar vom Feld zum Nest bringen muß, kein solches Abdomen leisten kann. Da die Parasitin besser kämpfen kann als die Nestbesitzerin, kann sie Artgenossen und auch Artfremde daran hindern, das Nest zu plündern. Die Wirtin akzeptiert den Schaden, den diese eine Parasitin anrichtet, und erhält dafür eine Partnerin, die sie gegen andere verteidigt.[15] Angeblich hat diese Beziehung Ähnlichkeit mit der zwischen der Mafia und ihren Klienten. Eine solche Beziehung bestand im Mittelalter zwischen Rittern und ihren Leibeigenen, wenn die Ritter oft sehr hohe

Abgaben eintrieben und viele Dienstleistungen forderten, aber zugleich die Leibeigenen vor dem noch größeren Schaden beschützten, den andere Ritter und Räuber hätten anrichten können.

Viele schmarotzende Vögel picken oder stoßen nur einige **Der** der Wirtseier aus dem Nest, wenn sie ihre eigenen legen. **Schmarotzer** Wenn dieser wesentliche, aber begrenzte Schaden einmal **als das** angerichtet wurde, kann er nicht dadurch wiedergutge- **kleinere Übel** macht werden, daß das Ei des Schmarotzers zerstört wird. Nachwuchs, der früher im Jahr schlüpft, ist gewöhnlich erfolgreicher als späterer, und es scheint ratsam, das Nest weiter zu versorgen und sich mit weniger, aber verheißungsvollerem Nachwuchs zufriedenzugeben, als das Nest zu verlassen und zu versuchen, ein neues zu bauen – das dann wieder dem Schmarotzer zum Opfer fallen könnte.

Sorensen beschreibt eine solche Beziehung zwischen zwei Entenarten, der Riesentafelente (*Aythya valisineria*) und der Rotkopfente (*Aythya americana*), einer Schmarotzerin, die ihre Eier in das Nest der Riesentafelente legt.[16] Die Wirtin erkennt die Parasitin und greift sie wie einen Feind an, wenn sie sich dem Nest nähert, gibt aber ihren Widerstand auf, wenn die Parasitin sich auf dem Nest niedergelassen hat; dann legen beide Weibchen Eier hinein. Das Ergebnis ist ein gemischtes Nest mit im Mittel nicht mehr Entenküken als bei einer normalen Brut. Die Wirtin brütet alle Eier allein aus und hat offenbar keine Schwierigkeiten damit, alle Entenküken zu versorgen und sie zu Nahrungsquellen zu führen. Nach Sorensen könnte ein Kampf auf dem Nest den Wirtseiern mehr schaden als die Anwesenheit einiger weniger Parasiteneier.

Der Schwarze Kuhstärling ist ein Schmarotzer der Singammer; anscheinend sind ältere Singammern dem Kuhstärling sogar dabei behilflich, ihre Nester zu finden, indem sie auf den Schmarotzer hassen, wenn er sich nähert. Infolgedessen haben weibliche Singammern, die älter sind als zwei Jahre, mehr unter Kuhstärlingen zu leiden als jüngere, die nicht auf sie hassen. Aber ältere 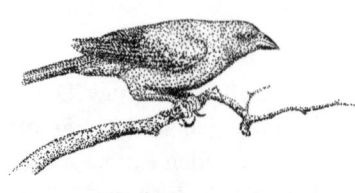 Singammern haben mehr Erfahrung als jüngere und pflanzen sich im Mittel erfolgreicher fort. Für die Parasiten ist es offensichtlich ein Vorteil zu wissen, wer diese besseren Ersatzmütter sind – aber warum helfen die älteren Ammern den Kuhstärlingen, ihre Nester zu finden? Smith und seine Kollegen, die das Phänomen beschrieben haben, vermuten, das System sei eben noch nicht im Gleichgewicht, und die Evolution werde schließlich einmal dazu führen, daß die Singammern nicht mehr auf die Kuhstärlinge hassen.[17]

Wir schlagen eine andere Erklärung vor: Wenn ein Kuhstärling ein Ei in das Nest einer Singammer legt, die selbst noch in Produktion ist, zerstört das Kuhstärlingsweibchen nicht alle Wirtseier. Wenn es aber in den späteren Stadien des Ausbrütens in einem Ammernnest Eier findet, pickt es auf einige oder sogar alle von ihnen. Vermutlich möchte es die Wirtin zum nochmaligen Legen bringen, so daß die Eier des Kuhstärling von dem Tag an bebrütet werden, an dem die Singammer beginnt, ihre eigenen zu bebrüten. Ältere, erfahrene Singammern beginnen früher in der Saison mit dem Nestbau als jüngere. Wenn wir annehmen, daß der Kuhstärling schließlich die meisten der Singammernnester in seinem Revier finden wird, auch die Ersatznester, die ein Singammernweibchen baut, nachdem das erste keine Nachkommen brachte, ist es vollkommen vernünftig, wenn die Singammern ihm die Nester möglichst früh zeigen, damit der Schmarotzer seine Eier in das Nest legt, statt das ganze Gelege zu zerstören.

Es scheint also, daß ältere Singammern, die auf den Kuhstärling hassen und dadurch die Lage ihres Nestes verraten, genau wie andere Wirte lieber einen gewissen Schaden in

Kauf nehmen als für den Versuch, dem Schmarotzer zu entkommen oder ihn abzuwehren, einen allzu hohen Preis zu zahlen. Singammern, die auf Kuhstärlinge hassen, befolgen offenbar die beste ihnen zur Verfügung stehende Strategie, solange Kuhstärlinge in ihrer Nähe sind, wie es heute in Westkanada der Fall ist. Dabei setzen wir voraus, daß der durch den einen fremden Nestling verursachte Schaden nicht allzu groß ist, und es für Singammern, wie es bei vielen Vögeln der Fall ist, besser ist, wenn der Nachwuchs früh in der Saison flügge wird und nicht später. Warum aber hassen dann jüngere weibliche Singammern nicht auf Kuhstärlinge? Möglicherweise sind sie nicht dazu in der Lage, sowohl ihre eigenen Jungen als auch die des Schmarotzers aufzuziehen, und deshalb verhalten sie sich am besten ruhig und hoffen, daß der Kuhstärling sie nicht bemerkt.

Unserer Meinung nach beruht die Koexistenz von Parasiten und Wirten oft auf der Tatsache, daß ein Wirt bei einem heftigen Kampf mit dem Schmarotzer mehr verlieren würde, als wenn er den Parasiten duldet. In jedem Fall ist das Ergebnis ein dynamisches Gleichgewicht, und jede Veränderung der Bedingungen – jede Verlagerung der Waagschale zur einen oder anderen Seite – könnte ihn aus dem Gleichgewicht bringen.

Das Kastrieren des Wirts

Viele parasitische Würmer und Pilze greifen die Fortpflanzungsorgane ihrer Wirte an und kastrieren sie mehr oder weniger vollständig.[18] Der Wirt kann sich unter solchen Umständen selbst dann nicht fortpflanzen, wenn er es schafft, die Parasiten wieder loszuwerden, gibt also die Merkmale, die ihm diesen Erfolg ermöglichten, nicht weiter. Unserer Überzeugung nach kann sich die Strategie, den Wirt zu kastrieren, nur dann herausbilden, wenn sie dem *einzelnen* Parasiten unmittelbare Vorteile bringt. Wenn die ganze Gruppe davon profitiert und nicht das Einzeltier, wäre dieses wieder ein Modell, das auf Gruppenselektion beruht. In diesem Fall aber kann der einzelne Parasit viel gewinnen, denn wenn der Wirt daran gehindert wird, sich seiner eigenen Fortpflanzung zu widmen, stehen dem Parasiten mehr von dessen Ressourcen zur Verfügung. Die einzige Verteidigung, die eine Wirtsart an spätere Generationen weitergeben kann – der einzige Verteidigungsmechanismus, der sich durch Evolution in der Wirtspopulation ausbreiten kann –, besteht in diesem Fall in Strategien, die den Parasiten daran hindern, auch nur »einen Fuß in die Tür zu setzen« oder den Wirt zu kastrieren.

Vom Schmarotzer zum Mitarbeiter Schwammberger[19] untersuchte die Beziehung zwischen der Schmarotzerfeldwespe *Sulcopolistes artimandibularis* und ihrem Wirt, der Feldwespe *Polistes biglumis*. Das Weibchen dieses Schmarotzers übernimmt zunächst ein Hauptnest, in das es Eier legt, und dann benachbarte Nester, in die es keine Eier legt, sondern aus denen es vielmehr große Larven und Puppen stiehlt, die es als Nahrung für den eigenen Nachwuchs und den seiner Wirtin in das Hauptnest bringt. Das Schmarotzerweibchen verteidigt dieses Hauptnest vor anderen Raubfeinden, was für die Wirtin einen Vorteil bedeutet. Natürlich hatten Kolonien ohne diesen Schmarotzer am Ende der Saison insgesamt mehr Nachkommen als solche mit diesem Parasiten. Als Schwammberger aber auch Kolonien berücksichtigte, die in der Brutsaison erfolglos waren, fand er, daß ein Nest mit höherer Wahrscheinlichkeit überlebte, wenn es eine solche parasitische Mitarbeiterin hatte. Die Parasitin war nämlich zu Beginn der Brutsaison eine wichtige Hilfe, als die Wirtin noch keine Töchter hatte, die ihr bei der Arbeit helfen konnten. Indem die Parasitin das Nest schützte, ermöglichte sie es der Wirtin, längere Jagdausflüge zu unternehmen. In diesem Fall erfüllt die Schmarotzerin Aufgaben, die bei anderen Arten Artgenossen verrichten.

Gelegentlich kann ein Wirt unter mehreren Parasiten wählen und sich den aussuchen, der ihm vermutlich am wenigsten schaden wird und ihn möglicherweise sogar vor anderen Parasiten schützen kann. Wie wir oben sahen, ist das eine logische Folge aus dem Mafiamodell; es kann zu einer Symbiose zwischen Arten führen, ähnlich etwa der Partnerschaft zwischen Mensch und Hund. Als in prähistorischer Vorzeit Menschen zuerst Nahrung an ihre Lagerstätten brachten und dort aufbewahrten, fanden sich auch Nagetiere und Insekten ein und in ihrer Nachfolge Raubtiere, die sowohl von den Überresten lebten, die die Menschen hinterließen, als auch von den Nagetieren und Insekten, die sie anzogen. Eines dieser größeren Raubtieren war der Wolf, der wegen seiner schon existenten sozialen Merkmale leicht in die menschliche Gesellschaft integriert werden konnte.

Der mit dem Menschen verbündete Wolf hielt sich davon zurück, schwächere Menschen oder kleine Kinder zu erbeuten, und vertrieb in dem Revier, das er mit den Menschen teilte, andere Raubtiere, auch andere Wölfe. Als Gegenleistung teilten die Menschen ihre Nahrung mit den Wolfshunden. Ein von Menschen gefütterter Hund ist gegenüber seinen wilden Verwandten im Vorteil: Er wird geschützt und gefüttert und kann deshalb größer werden und in einem Kampf Risiken eingehen, die er sich nicht leisten könnte, wenn er bei der Nahrungssuche oder der Jagd auf sich gestellt wäre. Als der Hund mit den Menschen zusammenarbeitete und sich von seinem Besitzer füttern ließ, verzichtete der Hund auf einen Teil seiner Fähigkeit, unabhängig zu leben.

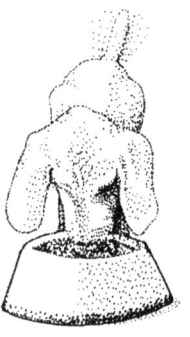

Die Partnerschaft zwischen einem Wirt und einem nicht virulenten Parasiten hat Ähnlichkeit mit der zwischen Mensch und Hund. Weil der gutartige Parasit vom Wirt unterstützt wird, kann er Merkmale herausbilden, die es ihm ermöglichen, sich erfolgreich mit bösartigen Varianten seiner eigenen Art auseinanderzusetzen. Es ist also vernünftig, wenn der Wirt in den gutartigen Parasiten investiert und ihn gegen bösartige Parasiten unterstützt. **Gutartigere Parasiten als Helfer im Kampf gegen bösartigere Varianten**

331

Gelegentlich kann ein Parasit Unterstützung einfordern, indem er seinem Wirt die Bedrohung vor Augen hält, die seine virulente Variante bedeutet. So findet sich im Rachen der meisten Menschen das Bakterium, das Diphtherie verursacht, in einer nichtvirulenten Form. Das Zellplasma des Bakteriums enthält ein Toxin-Gen,[20] das einen tödlichen Giftstoff herstellen kann; aber in den meisten Fällen sorgt ein von einem Gen im Chromosom des Bakteriums hergestelltes spezielles Repressorprotein dafür, daß das Toxin-Gen des Bakteriums nicht aktiv wird.

Zur Herstellung des Repressorproteins braucht das Bakterium Eisen, das es von seinem menschlichen Wirt erhält. Wenn das Bakterium nicht genug Eisen erhält, stellt es die Produktion des Repressorproteins ein, und das Zellplasma beginnt mit der Herstellung des Diphtherietoxins, das zu der tödlichen Krankheit führt. Solange das Bakterium die benötigten Nährstoffe – unter anderem Eisen – erhält, erzeugt es das Toxin nicht, deshalb lohnt es sich für den menschlichen Körper, der Nährstoffe erübrigen kann, den Bakterien davon abzugeben. Das Bakterium »erpreßt« also seinen Wirt.

Was gewinnt das einzelne Bakterium durch die Abgabe des Toxin? Das hungrige Bakterium kann sich wahrscheinlich von benachbarten Körperzellen ernähren, 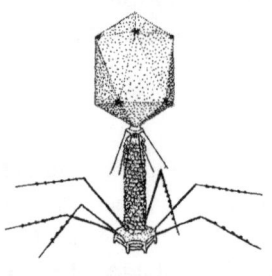 die das Toxin zersetzen; vielleicht schützt das Toxin das hungernde Bakterium auch vor anderen Diphtheriebakterien in der Nähe, die genauso am Verhungern sind wie es selbst. (Siehe die Bemerkungen zu Antibiotika in Kapitel 14). Wenn der Wirt nicht mitarbeitet, ist es für den Parasiten ein Vorteil, wenn er bösartig ist; der nichtvirulente Phänotyp kann den virulenten nur mit Unterstützung des Wirts überwältigen.

Im Fall der Diphtherie gehören zu diesem Dreiersystem von Wirt, gutartigen Parasiten und bösartigen Parasiten unterschiedliche Phänotypen, nicht aber unterschiedliche Genotypen des Parasiten. Es könnte gut sein, daß es zwischen Wirten und verschiedenen Stämmen oder Genotypen von Pilzen, Bakterien oder Viren, von denen einige virulenter sind als andere, ähnliche Beziehungen gibt. Auch hier kann der Wirt dem gutartigen Parasiten beistehen und ihn als Partner gegen seinen bösartigen Verwandten einspannen. Zuverlässige Kommunikation ist zwischen solchen Partnern so notwendig wie zwischen allen anderen.

Unsere Sicht des Schmarotzertums unterscheidet sich also von der jener Forscher, die annehmen, daß sie ein »Wettrüsten« zwischen Parasiten und Wirten beobachten. Wie wir sagten, läßt sich jede Anpassung – auch die eines jeden Sozialsystems, ob innerhalb einer Art oder zwischen mehreren Arten, wie beim Parasitentum – wegerklären, indem man sagt, der logische Endpunkt, den die Evolution herbeiführen wird, sei »noch nicht« erreicht. Solche Annahmen können ihrem Wesen nach jeden Befund einordnen und führen weder zu neuen Vorhersagen, noch eröffnen sie neue Wege der Forschung. **Folgerungen der Annahme eines Gleichgewichtszustands**

Unsere eigene Forschungshypothese in bezug auf das Schmarotzertum beruht immer auf der Annahme, daß das, was wir heute sehen, ein dynamischer Gleichgewichtszustand ist, eine Balance, die sich ergibt, weil alle Parteien ihr Bestes tun, um sich so erfolgreich wie möglich fortzupflanzen. In Fällen, in denen wir dieses Gleichgewicht nicht verstehen, nehmen wir an, daß wir noch nicht alle Elemente gefunden haben und daß wir nach den Fehlenden suchen müssen.

Die Annahme, daß Kommunikation bei Tieren zuverlässig sein muß, hat uns die Augen geöffnet für die Vielfalt der in der Natur verwirklichten Verständigungsmöglichkeiten. Ähnlich können wir aufgrund der Annahme, daß soziale Systeme in einem Gleichgewichtszustand sind, die unglaubliche Komplexität und Schönheit dieser Systeme

333

sehen und bewundern. Dieser Ansatz bringt uns dazu, neue Fragen zu stellen und neue Hypothesen zu formulieren, die überprüft werden müssen, und stellt sich dadurch schließlich als viel fruchtbarer heraus als seine Alternative.

KAPITEL 17

Informationsbörsen

D ie Bachstelze ist ein Zugvogel, der den Winter in **Nahrungs-**
Israel verbringt. Das Sozialverhalten ist unter- **quellen**
schiedlich.[1] Einige Individuen leben in Gruppen und **und soziale**
suchen nach so sporadischen Nahrungsquellen, wie ei- **Organisation:**
nem Traktor, der pflügt oder mäht, und nach einer Herde **die Bachstelze**
weidender Schafe, die Insekten aufscheucht. Andere fin-
den zuverlässigere Nahrungsquellen wie einen Stall, eine
Reihe von Müllbehältern, den Rand einer Abfallgrube
oder einen Gemüsegarten und richten dort ihr Revier
ein, das sie gegenüber anderen Bachstelzen verteidigen.
Jedes Revier wird von einem Männchen verteidigt – aber
nicht unbedingt vom ersten, das sich dort einrichtet, denn
oft verstoßen stärkere Männchen schwächere und übernehmen deren Reviere.

In einigen Revieren gesellt sich ein Weibchen zum Männchen. Beide verhalten sich, als ob sie gemeinsam ein Nest
bauen wollten, kopulieren aber nicht. Das Weibchen hilft
bei der Revierverteidigung und verjagt andere Weibchen.
Gelegentlich hält die Beziehung zwischen den beiden
den ganzen Winter über, oft aber auch nicht. Häufig

zieht das Weibchen in ein anderes Revier weiter oder schließt sich wieder einem Trupp an. Manchmal wird es von einem stärkeren Weibchen verstoßen, oder ein Weibchen geht eine Beziehung mit mehr als einem Männchen ein und verköstigt sich in beiden Revieren. Auch Männchen verlassen ihre Reviere, wenn ihre Nahrungsquellen versiegen und schließen sich einem Trupp an.

Wir konnten sogar zeigen, daß die Entscheidung eines Tieres, ob es ein Revier für sich allein beansprucht oder sich einem Trupp anschließt, von der Nahrungsverteilung abhängt. Als wir einem Trupp, deren Mitglieder wir mit farbigen Beinringen gekennzeichnet hatten, kleine Nahrungsmengen gaben, wurde jeder solche Nahrungshaufen von einem Tier übernommen, das andere verjagte. Als wir aber einen solchen Vorrat über ein größeres Gebiet verteilten, konnte ein einzelnes Tier ihn nicht länger wirksam verteidigen, gab den Versuch dazu auf und verköstigte sich Seite an Seite mit den anderen. Als wir aufhörten, Nahrung zur Verfügung zu stellen, gingen *alle* Vögel, die Revierhalter gewesen waren, zum Trupp zurück. Unseres Wissens wurde damit zum ersten Mal in einem Feldversuch gezeigt, wie Umweltfaktoren das Sozialverhalten beeinflussen.

So unterschiedlich das Sozialverhalten einzelner Bachstelzen auch ist, so haben diese Vögel doch eine Gemeinsamkeit: Sie versammeln sich – gelegentlich zu Tausenden – an jedem Abend an einem Schlafplatz. Dort treffen sich sowohl Vögel, die im Trupp leben, als auch einzelne Revierhalter; einige Schwärme legen dazu zwanzig bis dreißig Kilometer zurück.

Gemeinsame Schlafplätze als Informationsbörsen

Nicht nur Bachstelzen kennen gemeinsame Schlafplätze. Im Winter sammeln sich Stare zu Millionen an Schlafplätzen in Wäldern und im Schilfdickicht, zu denen einige Tiere jeden Abend hundert Kilometer weit fliegen. Spatzen, Reiher, Möwen, Schwalben, Krähen, Tauben und viele andere Arten kommen zum Übernachten zusammen. Was haben Vögel von diesem täglichen langen Flug zu ihrem zentralen Schlafplatz?

Man könnte zunächst denken, daß die Vögel einen Ruheplatz suchen, an dem sie vor Beutegreifern geschützt sind, etwa in einer Stadt oder in einem Sumpf, oder auch einen Ort, an dem es wärmer ist als in der Umgebung, also wieder eine Stadt oder ein warmes Tal, oder vielleicht einen windgeschützten Ort. Aber warme, geschützte Plätze sind nicht selten, und man muß nicht weit suchen, um sie zu finden. Es wurde auch behauptet, der gemeinsame Schlafplatz gewähre Schutz vor Raubfeinden, aber dann genügten schon einige wenige hundert Vögel. Warum also versammeln sich Vögel in solch riesigen Anzahlen?

Versammlungen von Vögeln lassen sich auch am Tag beobachten. Ward,[2] der die großen Zusammenkünfte der Blutschnabelweber beobachtete, die sich mittags treffen, behauptete, diese Treffen ermöglichten es den Individuen, die am Morgen nicht genug Nahrung gefunden hatten, sich einem Schwarm anzuschließen, der weiß, wo Nahrung zu finden ist. Eine solche Theorie wurde zuerst von Darling[3] aufgestellt, der damit den Wert von Brutkolonien erklären wollte. Er vermutete, daß Möwen ihre Hinweise von jenen Nachbarn erhalten, die sie mit Nahrung zur Kolonie zurückkehren sehen; wenn die erfolgreichen Tiere wieder auf Nahrungssuche gehen, können die Beobachter ihnen zu ihren Nahrungsquellen folgen.

Als wir diese Frage gemeinsam mit Ward in Angriff nahmen,[4] schauten wir uns zunächst die Arten genauer an, die an großen Versammlungsplätzen zusammenkommen und fanden, daß es jene Arten sind, die nach Nahrung suchen, die kurzzeitig sehr konzentriert vorkommt, wie etwa ein Schwarm von Fischen oder Insekten, oder unerwartet zur Verfügung steht, wie etwa auf frisch gepflügten Feldern oder abgelassenen Fischteichen. Es ist vernünftig, wenn Individuen solcher Arten vom Wissen anderer profitieren. Dagegen ist die Nahrung von Arten,

337

die gewöhnlich allein oder in kleinen Gruppen nisten, meistens spärlich über große Gebiete verteilt und kommt in Mengen vor, die nicht ausreichen für die Ernährung vieler Tiere. Für solche Arten ist es sinnlos, wenn sie anderen zu einer Futterquelle folgen, und deshalb ist auch ein gemeinsamer Schlafplatz nicht sinnvoll.[5]

Seit wir 1973 den Gedanken veröffentlichten, daß Versammlungsplätze als »Informationsbörsen« dienen, wurde er durch viele Untersuchungen und Experimente bestätigt.[6] Die Theorie wird jetzt weithin akzeptiert. Brown beobachtete Schwalben, die mit Nahrung im Schnabel zu ihren Nestern in Nistkolonien kamen, und denen andere Schwalben folgten, wenn sie zurückflogen, um mehr Futter zu holen.[7]

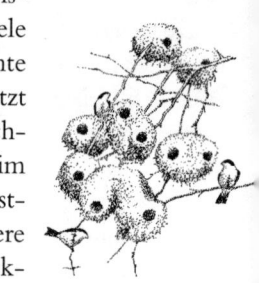

Heinrich untersuchte Krähen im Nordosten der USA.[8] Im Winter ernähren sich diese Krähen von Aas, das sie auf dem Schnee finden. Als Heinrich solches Aas auslegte, fand er, daß am nächsten Morgen, nachdem eine einzige Krähe es entdeckt hatte, viele Krähen dorthin kamen. Er beobachtete, daß diese Vögel direkt zu einem Aas flogen, von dem sie vorher nicht gewußt hatten; die meisten von ihnen kamen unmittelbar von ihrer Kolonie und folgten dabei dem Nistgenossen, der es am Tag zuvor gefunden hatte.

In unserem ersten Artikel zu Gemeinschaftsnestern und Versammlungsplätzen vermuteten wir, daß Tiere zusammenkommen, damit Einzeltiere mit Information über Nahrungsquellen versorgt werden könnten. Heute wissen wir, daß solche Versammlungen weitere Vorteile haben können.[9] Tiere kommen auch zusammen, um Partner zu finden. Die Gemeinschaftsarenen von Kampfläufern und Birkhühnern, die in Kapitel 3 beschrieben wurden, werden von Hunderten, manchmal sogar Tausenden von Vögeln besucht; weil dort so viele Männchen versammelt sind, können die Weibchen die Besten von ihnen aus-

wählen. Wagner fand, daß Tordalken – eine monogame
Vogelart, bei der sich beide Partner um den Nachwuchs
kümmern – auf speziellen Balzplätzen zusammenkommen, um sich sowohl mit ihren Partnern als auch mit
anderen zu verpaaren. Vermutlich haben auch die Vögel,
die sich, ob während des Tages oder in der Nacht, in
Brutkolonien und an Schlafplätzen versammeln, Gelegenheit, potentielle Partner kennenzulernen und ihren
Partner auszuwählen, obwohl es dafür noch keine Beweise gibt. Einige Brutkolonien bieten vor allem Schutz
vor Beutegreifern, und wieder andere, gewöhnlich kleine
Versammlungen, ermöglichen es den Tieren, sich in
kalten Nächten gegenseitig zu wärmen.[10]
Es gibt viele weitere Beispiele für Informationsbörsen. So
versammeln sich beispielsweise Flughühner an Wasserstel-
len. Diese taubengroßen Vögel leben in der Steppe und in
der Wüste und fressen Körner und Grünpflanzen, die in
ihrem Wüstenhabitat sehr unregelmäßig verteilt sind. Im
Sommer fliegen sie über weite Strecken zu Wasserquellen.
Einige Arten trinken morgens, etwa eine Stunde nach
Sonnenaufgang, andere abends. Die Flughühner kommen paarweise oder in kleinen Gruppen an die Wasserstelle, bilden dort jedoch ganze Schwärme und verbringen ihre Zeit damit, zu schwätzen, einander zu jagen, zu
balzen und das Gefieder zu putzen. Sie sind sehr unauffällig gefärbt, deshalb hat der Schwarm Ähnlichkeit mit
einem Steinfeld – das sich plötzlich in Vögel verwandelt,
wenn sie auffliegen, um gemeinsam zum Wasser zu gelangen. Wenn die Flughühner auffliegen, sind sie weithin
zu sehen und zu hören. Zweifellos dienen diese Versammlungen, die in der israelischen Negevwüste an mehreren
Orten zu beobachten sind, als Informationsbörsen.[11]

Eine Versicherung für schlechte Zeiten: Saatkrähen im Winter Zunächst schienen Untersuchungen an Saatkrähen der Theorie zu widersprechen, daß die gemeinschaftlichen Schlafplätze Informationsbörsen sind. Forscher der schottischen Universität Aberdeen beobachten seit Jahrzehnten die dortigen Saatkrähen. Diese Krähenvögel nisten in Kolonien, von denen sie zur Futtersuche fliegen. Im Winter kommen die Krähen aus mehreren Horsten zusammen und suchen im Marschland Schlafbäume. Morgens fliegt jeder Schwarm zu den Bäumen, in denen er im Frühling nistet, bleibt dort ein oder zwei Stunden und fliegt dann auf Nahrungssuche. Abends kehren die Saatkrähen über große Entfernungen zurück zum Schlafbaum. Obwohl sie die Nacht zusammen verbringen, wurden Mitglieder der verschiedenen Kolonien niemals in einem anderen als dem eigenen Gebiet bei der Nahrungsaufnahme beobachtet. Zudem ist die Nahrung der Krähen im Winter reichlicher als im Sommer, aber im Sommer treffen sich die Krähenschwärme nicht an einem gemeinsamen Schlafplatz.

Amotz schlug Feare, damals Student an der Forschungsstation in Aberdeen, vor, zu untersuchen, ob die Krähen die Information, die sie am Treffpunkt der Kolonie von ihren Artgenossen erhielten, möglicherweise dann nutzen, wenn die Wetterverhältnisse ungewöhnlich schlecht sind und ihre regulären Nahrungsquellen versiegen. Zufällig war nun der nächste Winter außergewöhnlich lang und kalt. In den Vorjahren waren die Forscher bei Nebel nicht zur Beobachtungsstation gegangen. Diesmal aber ging Feare dorthin – und wurde mit einem Anblick belohnt, wie ihn noch keiner in der Forschungsstation je gesehen hatte: Ein Krähenschwarm traf sich mitten am Tag mit einem Schwarm aus einer anderen Kolonie, und alle gemeinsam flogen zu einer Farm, wo ein Maishaufen aus dem Schnee herausragte, und verköstigten sich dort.[12]

Der Schnee und der Nebel hielten noch mehrere Tage an, deshalb waren die Nahrungsquellen, die die Krähen sonst nutzten, von Schnee bedeckt, und der Nebel erschwerte es ihnen, neue zu finden. Die Krähen wären verhungert, wenn sie nicht den Mitgliedern anderer Nestkolonien gefolgt wären, die wußten, wo Nahrung zu finden war. Weil sie sich tagtäglich die Mühe machten, den langen Weg zum gemeinsamen Schlafbaum zurückzulegen, hatten sie eine Versicherung für Notzeiten.

Ein Tier kann an einem Schlafplatz wichtige Information über Nahrungsquellen erhalten. Heredia, Alonso und Hiraldo[13] haben in Spanien Rotmilane untersucht. In ihrem Forschungsgebiet, Coto Doñana, fressen diese Milane die Kadaver von Hühnern. Obwohl also alles Aas, das die Milane entdecken, aufgefressen wird, kommen die Tiere am Schlafplatz zusammen; die meisten Milane verlassen den Schlafplatz gemeinsam und fliegen je für sich über Marsch und Sanddünen. Wenn ein Milan einen Kadaver findet, kommen andere dazu und kämpfen darum.

Schwärme und Einzelgänger: Der gemeinsame Schlafplatz der Milane in Coto Doñana

Interessanterweise bestand der von den Forschern beobachtete Schwarm vor allem aus überwinternden Zugvögeln. Ortsansässige Milane, die das Gebiet gut kannten, kamen in der Regel nicht zur Kolonie und gesellten sich nicht zum Schwarm, sondern flogen einzeln, gewöhnlich in ihren angestammten Revieren. Die Forscher fanden auch, daß Milane, die am Vortag ausreichend Futter gefunden hatten, lieber abseits vom Schwarm auf Futtersuche gingen.

Eine Gruppe von Rotmilanen findet einen einzelnen Hühnerkadaver leichter als ein einzelnes Individuum. Wenn aber einmal ein Aas entdeckt ist, muß sein Entdecker darum kämpfen. Sehr hungrige Milane, für die schon ein Bissen wichtig wäre, haben keine Wahl: Sie müssen mit dem Schwarm fliegen, der sie mit größerer Wahrscheinlichkeit rasch zu einer Nahrungsquelle führt, obwohl sie dann mit ihren Genossen darum kämpfen müssen, auch davon fressen zu dürfen.

Andererseits kann ein Milan, der das Gebiet gut kennt oder wohlgenährt ist, es sich leisten, länger zu suchen und dann in Muße zu fressen, weit entfernt von anderen Milanen. Nur wenn er tagelang keine Nahrung findet, bringt es ihm einen Vorteil, wenn er mit dem Schwarm fliegt. Der gemeinsame Schlafplatz ermöglicht also den Milanen, dann in der Gruppe nach Nahrung zu suchen, wenn sie darauf angewiesen sind. Außerdem kann ein Tier abschätzen, wie reichlich das Nahrungsangebot in einem Gebiet ist, wenn es beobachtet, wie viele Milane sich dem Schwarm anschließen, und daraufhin entscheiden, ob es bleiben oder in ein anderes Gebiet ziehen will.

Kluge Erwachsene und naive Jungtiere: Handicaps bei Auseinandersetzungen um Nahrung Wie die Rotmilane suchen auch Möwen in lockeren Schwärmen nach Nahrung und kämpfen oft um das, was sie finden. Eine leuchtend weiße Möwe, die nach Nahrung taucht, ist aus weiter Ferne sichtbar und zieht die Aufmerksamkeit anderer Möwen auf sich, die wissen, daß eine tauchende Möwe eine Mahlzeit bedeutet. Aber diese Einladung führt oft zu Kabbeleien, und es ist keineswegs sicher, daß der Vogel die Nahrung fressen kann, die er entdeckt hat. Eine Möwe muß Nahrung nicht nur finden, sondern auch verteidigen können.

Die helle Färbung der Möwen ist für andere Möwen hilfreich, aber für den Träger offensichtlich eine Bürde: Wenn ihr Tauchen nicht so weithin sichtbar wäre, könnte die Möwe ihre Beute in Ruhe genießen. Tatsächlich sind nur erwachsene Möwen so auffallend. Die Farbe der Rücken junger Möwen ist ein stumpfes Graubraun, vermutlich eine gute Tarnfarbe, und ihr Bauch ist gräulich und nicht glänzend weiß. Eine erwachsene Möwe, die sich die stumpfen, gedämpften, dunkleren Farben ihrer Jugend bewahrt hätte, könnte das blendende Weiß der anderen beobachten und ihre Nahrungsquellen in Erfahrung bringen, ohne ihre eigenen zu verraten. Man könnte also sagen, daß erwachsene Möwen Altruisten sind, die jungen dagegen Egoisten. Aber wir meinen natürlich, daß das glänzend weiße Gefieder dem Tier einen Nutzen bringen muß, denn sonst hätte sich das Merkmal nicht herausgebildet.

Wozu also dient das glänzende Gefieder der erwachsenen Möwe? Wieder liefert das Handicap-Prinzip eine Antwort. Möwen nisten in Kolonien, und das bedeutet,

daß sie in der Lage sein müssen, in Gegenwart anderer Möwen Nahrung zu finden und erfolgreich zu verteidigen. Eine Möwe, die einen Partner sucht, muß sicherstellen, daß der gewählte Partner sich selbst versorgen kann. Ein Partner mit glänzend hellem Gefieder stellt zur Schau, daß er es geschafft hat, im Wettbewerb mit solchen Tieren erfolgreich zu sein, die jede seiner Bewegungen deutlich sehen können; eine Möwe mit der bedeckten Färbung eines Jungtieres liefert diesen Beweis nicht. In der Tat ist die Wahrscheinlichkeit, daß eine Möwe einen Partner findet und eine Familie aufzieht, viel geringer, solange sie ihr bedecktes Gefieder nicht verloren hat. Dasselbe Prinzip gilt für einige andere Vogelarten, die in lockeren Schwärmen Nahrung suchen. Schmutzgeier beispielsweise kommen zusammen, um sich von Kadavern und Müllhaufen zu ernähren; die Erwachsenen sind auffallend – in diesem Fall Schwarz und Weiß – gefärbt, das Gefieder der Jungvögel aber ist unauffällig braun.

Was an Informations- börsen abläuft Wenn Bachstelzen aus Entfernungen von über 20 Kilometer an einem Schlafplatz zusammenkommen, tragen sie Information über die Nahrungsvorräte in einem Gebiet zusammen, das sich über mehr als 1200 Quadratkilometer erstreckt. An einem Schlafplatz von Staren, zu dem Vögel aus bis zu 100 Kilometer Entfernung kommen, steht Information über Nahrung in einem Bereich von etwa 30 000 Quadratkilometer zur Verfügung – also ungeheuer viel!

Mit großer Wahrscheinlichkeit erfahren die Vögel, die zu einem solchen Schlafplatz kommen, dort nicht nur, wo sie am nächsten Morgen Nahrung finden können. Zugvögel müssen beispielsweise entscheiden, wann sie weiterfliegen. Die Anzahl der Vögel, die bei der Nahrungssuche am Morgen Hilfe brauchen, gibt einen Hinweis darauf, wie reichlich Nahrung in diesem Bereich vorhanden ist. Ein Star, der hungrig beim Schlafplatz ankommt, beobachtet am nächsten Morgen vermutlich, wohin andere Vögel ziehen. Man könnte vermuten, daß die Anzahl der Trödler zunimmt, wenn die Ressourcen spärlicher werden, und gerade diese Zunahme könnte anderen Staren mitteilen, daß es Zeit ist, zu einem neuen Gebiet weiterzuziehen.

Wenn ein Star bemerkt, daß die Gesamtzahl der Vögel abnimmt, die zu einem Schlafplatz kommen, ist es sinnvoll, wenn er sich einem der Schwärme anschließt, die in andere Regionen ziehen. Selbst wenn der einzelne Vogel noch gute Futterquellen kennt, wird er doch leiden, falls sie später versiegen, und es wird schwierig für ihn sein, allein oder in einer kleinen Gruppe neue zu finden. An unbekannten Orten können große Schwärme, die weite Bereiche absuchen können, leichter Nahrung finden – besonders wenn einige Mitglieder des Schwarms das Gebiet aus früheren Jahren kennen.

Vor kurzem behauptete Bucher, daß die berühmte Wandertaube (*Ectopistes migratoria*) teilweise deshalb ausgerottet wurde, weil ihre traditionellen Versammlungsorte durch die Jagd und Eingriffe des Menschen gestört wurden und die dezimierten Populationen nicht die Information zusammentragen konnte, die sie brauchte, um die weitverstreute und in unregelmäßiger Menge anfallende Eichel- und Bucheckernmast zu finden.[14] Wynne-Edwards beschrieb das Zusammenkommen von Vögeln an kommunalen Schlafplätzen und behauptete, daß sich diese Nester entwickelt haben, damit sich eine Vogelpopulation je nach den dortigen Nahrungsverhältnissen über einen Bereich verteilen kann. Wir stimmen Wynne-Edwards Erklärung für die Evolution kommunaler Schlafplätze nicht zu, aber es sollte bemerkt werden, daß die kollektive Information in diesen Zentren den Vögeln in der Tat indirekt hilft, sich so zu verteilen, daß sie die vorhandene Nahrung nutzen können.[15]

Auch menschliche Versammlungen dienen als Informationsbörsen. Immanuel Marx beobachtete festliche Versammlungen (Zaharas) von Beduinen an den Gräbern von Heiligen in der Wüste Sinai.[16] Er bemerkte, daß dann, wenn die politische Situation stabil war, nur wenige zu solchen Treffen kamen; wenn die Bedingungen aber unbeständig waren und die Zukunft ungewiß, stieg die Anzahl der Teilnehmer merklich. Unabhängig davon, ob dies der Hauptgrund für die Feste ist oder nicht, wird jedenfalls deutlich, daß eine Funktion des Treffens darin besteht, die Teilnehmer mit Information zu versorgen. Amotz erfuhr, welche Wohltat das gemeinsame Gebet bringen kann, als er zu einer Reserveübung der Armee einberufen wurde. Keiner der Soldaten in seiner Einheit wußte, warum sie einberufen worden waren, wohin sie kommen würden, was sie dort tun sollten oder wann sie wieder entlassen würden. Die Einheit wurde in der Dunkelheit an einen unbekannten Ort gebracht, und die Soldaten legten sich schlafen. Am nächsten Morgen standen die Frommen früh auf, um zu beten, während die anderen noch eine kostbare halbe Stunde länger im Bett blieben.

Versammlungen bei Menschen

Amotz wachte mit letzteren auf, die alle kein bißchen schlauer waren als am Abend vorher. Dagegen wußten die vom Morgengebet zurückkehrenden Kameraden gut Bescheid, denn sie hatten dort Männer aus anderen Einheiten getroffen – vom Nachrichtendienst, Transport, Logistik und so weiter –, und bei den Gesprächen vor und nach dem Gebet hatten die Frommen volle Information über die Pläne für die Einheit erhalten. Der Drang nach Wissen ist einer der wichtigsten Gründe, warum sich Menschen in Vereinen, Kneipen und anderswo treffen[17] – obwohl das, was einen Menschen aus dem Haus treibt, zunächst der Wunsch sein mag, ein Sportereignis mitzuerleben, Vögel zu beobachten, ein Bier zu trinken oder religiösen Pflichten nachzukommen.

Der Soziologe Thorstein Veblen begründete Ende des neunzehnten Jahrhunderts, warum sich der demonstrative Alkoholkonsum damals bei Druckern und Setzern besonderer Beliebtheit erfreute: Die Nachfrage nach ihrem hochspezialisierten Können war aufgrund der raschen Verbreitung von Druckerzeugnissen groß, deshalb zahlte sich für sie große Mobilität aus. Diese Wanderarbeiter lernten so immer neue Arbeitskollegen und gelegentlich auch Rivalen kennen, die sich beim gemeinsamen Trinken mit ihrem Können brüsteten. So dienten ihnen die Kneipen, die vermutlich zugleich Informationsbörsen für Arbeitssuchende waren, dazu, den gesellschaftlichen und beruflichen Status zu etablieren.[18]

Gemeinsames Imponiergehabe bei Versammlungen: Eines der typischen Kennzeichen eines gemeinsamen Schlafplatzes ist das aufmerksamkeitsheischende Gebaren der Besucher. Spatzen und Stare singen im lauten Chor von dem Baum, den sie sich gewählt haben; Reiher und Stelzvögel sitzen auf hohen, auffälligen Warten. Auch atemberaubende Flugmanöver sind für solche Ansammlungen charakteristisch: Schwärme von Staren, Stelzen oder Schwalben, die sich versammelt haben, erheben sich plötzlich und umkreisen den Schlafplatz in einem engen

Kreis, machen plötzliche, scharfe Wendungen, steigen hoch und stürzen wieder ab, bevor sie sich erneut auf dem Baum niederlassen.

Wynne-Edwards behauptete, das Ziel solcher Vorführungen sei, zum Nutzen aller anzuzeigen, wo der Schlafbaum ist: Je mehr Vögel an einem Ort sind, um so mehr Information ist dort verfügbar.[19] Aber dies ist wieder ein Argument der Gruppenselektion. Es mag zum besten der Gruppe sein, wenn der Ort bekannt ist, aber das erklärt nicht, warum sich jedes Individuum bemühen sollte, ihn bekannt zu machen, da jene, die sich die Mühe ersparen, doch das Wissen nutzen können, das durch die Anstrengungen derer zusammenkommt, die es tun.[20] Eine andere Theorie besagt, daß Schwärme Schauflüge machen, um Beutegreifer zu verwirren, und in der Tat reagieren Schwärme, die sich kommunalen Schlafplätzen nähern, auf Beutegreifer, indem sie scharfe Kehrtwendungen machen. Aber diese Erklärung kann nicht überzeugen, weil sich über den Sammelnestern viele, lang andauernde und komplizierte Flugmanöver abspielen.

Vielleicht nimmt jeder Vogel an solchen Manövern teil, um seine eigenen Fähigkeiten mit jenen des Schwarms zu vergleichen.[21] Es ist eine vernünftige Annahme, daß einige Individuen besser fliegen können als andere. Im Idealfall fliegen alle Individuen in einem Schwarm gleich gut, so daß sie, wenn nötig, in Harmonie fliegen können. Wenn ein Vogel wesentlich weniger geschickt ist als der Rest des Schwarms, findet er sich bei Gefahr eventuell allein den Feinden preisgegeben,[22] oder er ist bei der Nahrungssuche im Nachteil. Wenn andererseits die Fähigkeiten eines Tieres viel größer sind als die anderer im Schwarm, bleiben ihm womöglich die reichen Nahrungsquellen versagt, die die schwächeren Vögel nicht erreichen können. Vielleicht entscheidet deshalb jeder Vogel, welchem Schwarm er sich am nächsten Tag anschließen soll, indem er sich bei den Flugmanövern mit anderen mißt.

Das Verhalten eines einzelnen Vogels in einer riesigen

Werbung für den Schlafplatz oder wechselseitige Prüfungen?

347

Ansammlung von Vögeln läßt sich nur sehr schwer beobachten. Erst wenn die Technik es uns ermöglicht, viele Tiere zu beringen und in einer großen Menge genau zu verfolgen, werden wir die Vorgänge in Schwärmen besser verstehen können. Aber wir glauben doch, daß Individuen in Schwärmen und an Versammlungsorten wahrnehmen, was andere tun, und daß viele von ihnen einander kennen und wiedererkennen. Obwohl wir nicht genau wissen, welchen Nutzen Schreie, Schauflüge und so weiter den Tieren bringen, halten wir es doch für möglich, daß das »öffentliche« Imponiergehabe das Prestige eines Tieres in einem Schwarm und an einem kommunalen Schlafplatz genauso vermehrt wie bei anderen Wechselwirkungen unter Tieren. Wie üblich lassen wir uns auch hier von der Logik der Individualselektion leiten – selbst wenn wir versuchen, so bemerkenswerte Phänomene kollektiver sozialer Aktivität zu verstehen, wie es Schwärme und gemeinsame Schlafplätze sind.

TEIL IV

Menschen

KAPITEL 18

Verhaltensweisen des Menschen

Wie das aller anderen Lebewesen spiegelt auch das Sozialleben der Menschen das Wechselspiel von Kooperation und Rivalität wider. Damit soll nicht gesagt sein, daß menschliche Gesellschaftssysteme nicht viel komplexer sind als tierische, aber wir meinen doch, daß für beide dieselben Grundsätze gelten, denn letztlich überdauern in beiden solche Verhaltensweisen die Generationen, die dazu beitragen, daß sich die Anzahl der fortpflanzungsfähigen Nachkommen des einzelnen Trägers vermehrt. Wir lassen uns also vom Handicap-Prinzip leiten, wenn wir untersuchen, was den Mechanismen des Sozialverhaltens und den Methoden der Verständigung bei Menschen zugrunde liegt.

Gelegentlich werden Einwände erhoben, wenn menschliches Verhalten mit dem von Tieren verglichen wird. Im Bereich der menschlichen Physiologie jedoch wird dieser Vergleich geradezu routinemäßig angestellt. Die Wissen-

schaft hat durch die Erforschung der Herz- und Kreis-
laufsysteme, der Nieren und der Immunsysteme von
Tieren sehr viel über die Funktion des menschlichen
Körpers gelernt. Warum sollten wir nicht dieselbe Art
von Einsicht anstreben, wenn wir Körperteile und Merkmale betrachten, die sozialen Zwecken dienen?

Angeborenes Ein Beispiel ist das Inzesttabu. In den meisten mensch-
Verhalten lichen Gesellschaften wird die Heirat zwischen engen
bei Menschen Verwandten – zwischen Eltern und Kind oder Bruder
und Schwester – vermieden, wenn nicht sogar verboten.
Diese Regeln werden gewöhnlich für einen Teil des
jeweiligen Moralkodex oder für religiöse Gebote gehalten. Aber unabhängig davon, welcher Grund vorge-
schoben werden mag, verhindern diese Tabus jedenfalls
eine Inzucht, die das Erbgut der Nachkommen schädigen könnte. Auch Tiere vermeiden gewöhnlich den
Inzest.

Es ist interessant zu sehen, welche Mechanismen bei
Menschen und Tieren dazu dienen, die Inzucht zu verhindern. Graudroßlinge beispielsweise vermeiden es, sich
mit Individuen zu paaren, bei deren Aufzucht sie mit-
geholfen haben oder die schon damals zu ihrer Gruppe
gehörten. Dieser Mechanismus ist nicht vollkommen,
denn er kann einen Graudroßling daran hindern, sich
mit einem Partner zu paaren, der nicht wirklich sein
Verwandter ist, sondern zufällig zu derselben Gruppe
gehört, aus der er stammt. Wie sich gezeigt hat, verhei-
raten sich Menschen, die nicht miteinander verwandt
sind, aber von Kindheit an in einem israelischen Kibbutz
gemeinsam aufwuchsen, nur sehr selten miteinander, obwohl nichts gegen eine Heirat einzuwenden wäre.[1] Unter
traditionelleren Bedingungen gehörten Menschen, die in
so großer räumlicher Nähe aufwuchsen, fast immer zu
derselben genetischen Großfamilie. Auch bei Menschen
gibt es offenbar eine unbewußte Paarungshemmung. Le-
gale und religiöse Verbote sind nur Ausdruck und Ver-

stärkung von angeborenen Verhaltensweisen, die sich durch natürliche Auslese herausbildeten.

Auch unsere Beurteilung Fremder unterliegt anscheinend einem unbewußten Mechanismus. Hess führte ein Experiment durch, bei dem er bei einem von zwei identischen fotografischen Portraits die Pupillen der abgebildeten Person durch Retouche einmal geringfügig verkleinerte und einmal vergrößerte.[2] Dann bat er Menschen, die nicht wußten, was er getan hatte, die abgebildeten Personen zu beschreiben. Die Versuchspersonen beschrieben die Person mit den vergrößerten Pupillen übereinstimmend als netten, angenehmen Menschen, während sie bei der Person mit den verengten Pupillen sagten, sie sehe gemein oder gefährlich aus. Wir haben also die Fähigkeit, Information zu sammeln und zu bewerten, ohne uns weder des Vorgangs noch der Gründe für unsere Reaktionen bewußt zu sein.

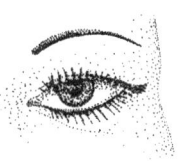

Warum sollte die Größe der Pupille einen Unterschied machen? Eine zusammengezogene Pupille vergrößert wie eine kleine Blende in einem Fotoapparat die Bildschärfe. Ein Mensch, der einen Angriff plant, muß den Gegner sehr deutlich sehen und das Bild des Gegners in scharfem Fokus haben, während er sich auf ihn zu oder von ihm weg bewegt – Fotografen sprechen von »großer Tiefenschärfe«. Ein Mensch, der gar keinen Angriff beabsichtigt, kann es sich leisten, weniger deutlich zu sehen, und zuzulassen, daß das Bild des anderen etwas »verschwimmt«; das dadurch bedingte Handicap ist für ihn vernachlässigbar, für einen Angriffslustigen jedoch wäre es zu groß. Man kann also annehmen, daß ein Mensch mit erweiterten Pupillen nicht angreifen wird. Dieselbe Untersuchung zeigte, daß sich die Pupillen erweitern, wenn Menschen sich wohl fühlen und in Muße mit anderen zusammen sind, die sie gern haben. Ohne es zu wissen, geben wir also Betrachtern verläßliche Information über unsere Gefühle und Absichten.

Wir wissen alle, wie schwer es uns fällt, nach einer Augenuntersuchung mit erweiterten Pupillen zu lesen oder

353

Auto zu fahren. Der Augenarzt erweitert die Pupillen mit einem atropinhaltigem Belladonnaextrakt. Früher tröpfelten sich junge Frauen vor einem Ball Belladonna – *bella donna* heißt auf italienisch »schöne Frau« – in die Augen, um mit ihren Rehaugen Eindruck zu machen und die Aufmerksamkeit der Männerwelt, die Zuneigung von Freiern zu wecken. Sie wußten nicht, weshalb sie ihre Bewunderer damit beeindruckten. Das Handicap, das sie auf sich nahmen – die erweiterten Pupillen –, erschwerte es ihnen, ihre Verehrer deutlich zu sehen oder deren Absichten gut »in Augenschein« nehmen zu können.

Der menschliche Körper und sein Schmuck

Haare

Wie die meisten Tiere dienen auch beim Menschen manche Körperteile als Signale. Besonders auffällig ist das Kopfhaar. Menschen sind die einzigen Tiere, deren Haare über eine bestimmte endliche Länge hinaus wachsen. Obwohl es einige kurzhaarige menschliche Populationen gibt, können die Haare mancher Menschen sogar so lang werden wie der Körper. Welche Botschaft können lange Haare vermitteln? Welches Handicap stellen sie dar, und warum kommen sie nur bei Menschen vor?

Zwei der wichtigen Merkmale, die den Menschen vom Affen unterscheiden, sind seine größere Intelligenz und die Hände mit ihrer ausgezeichneten Feinmotorik. Lange Haare betonen diese beiden Merkmale. Man könnte mit langem Haar gar nicht leben, wenn nicht die Hände geschickt genug wären, um das Haar zu binden, zu flechten oder zu schneiden und zu pflegen, weil es ungekämmt Sicht und Bewegung behindert. Kein anderes Tier hat die geistige und manuelle Geschicklichkeit, lange Haare zum Vorteil statt zu einer Plage zu machen.

Die ersten Menschen lebten höchstwahrscheinlich in Familiengruppen, wobei jede ein Territorium hatte, das sie gegen Nachbarn verteidigte. Deshalb mußten Menschen mögliche Rivalen oft aus der Ferne einschätzen. Wichtiger noch, da die Heirat zwischen engen Verwandten den Nachkommen schaden kann, mußten die Menschen ihre Partner in anderen, rivalisierenden Familiengruppen suchen – und mögliche Partner aus der Ferne beurteilen können, ohne sich selbst vorzeitig zu zeigen. Haare können dabei wesentliche Information liefern. Ein wohlgepflegter und gutfrisierter Haarschopf zeigt an, wieviel Zeit sein Besitzer auf dessen Pflege verwenden kann; er verkündet sowohl aus der Nähe wie aus der Entfernung, wie geduldig, geschickt und phantasievoll sein Besitzer ist. Der Zustand des Haars und sein Glanz weisen außerdem auf die körperliche Verfassung und den allgemeinen Gesundheitszustand des Trägers hin.

Bei der Begegnung mit anderen Menschen lesen wir viel *Augen,* Information von Augen, Augenbrauen und Wimpern ab. *Augenbrauen und* Wir sind so daran gewöhnt, die Augen der Menschen zu *Wimpern* beobachten, mit denen wir zu tun haben, daß wir uns unwohl, ja fast bedroht fühlen, wenn unser Gesprächspartner eine dunkle Sonnenbrille trägt; es ist uns besonders unangenehm, ja, es erscheint uns als unhöflich, sie dort zu tragen, wo die Augen nicht vor der Sonne geschützt werden müssen. Wie wir sahen, vermittelt die Pupillengröße Information darüber, ob die Absichten des Gegenübers freundlich oder feindlich sind. Die farbige Iris und der weiße Augapfel machen es leicht, die Bewegung des Auges zu verfolgen, und lassen die Blickrichtung erkennen, weisen damit also in Richtung des Objekts seines Interesses; auch die Augenbrauen betonen die Blickrichtung und lassen sie schon aus der Ferne leicht erkennen.

Eibl-Eibesfeldt[3] beobachtete, daß ein freundlicher Gruß in den allermeisten menschlichen Gesellschaften von hochgezogenen Augenbrauen begleitet wird, eine Drohung aber von zusammengezogenen. Wie eine kleine Iris lassen zusammengezogene Augenbrauen darauf schließen, daß ihr Besitzer starrt, um Information zu sammeln – möglicherweise mit bösen Absichten. Wenn die Augenbrauen hochgezogen sind, ist die Sicht weniger scharf – versuchen Sie, diese Zeilen mit erhobenen Augenbrauen zu lesen, und sehen Sie selbst. Das ist ein kleiner Preis für jemanden, der freundliche Gefühle hegt, aber ein hoher für einen Betrüger, der Freundlichkeit signalisieren möchte, während er tatsächlich verletzen will. Deshalb läßt sich das Signal schwer vortäuschen. Wieder ist es, obwohl zuverlässig, oft unbewußt.

Die Augenbrauen von Männern sind gewöhnlich breiter als die von Frauen, und in beiden Geschlechtern werden sie mit dem Alter buschiger. Welchen Zweck haben dichtere, breitere Augenbrauen? Bei Menschen wie bei Tieren haben gewöhnlich ältere Erwachsene das Sagen. Ein dominanter Mensch profitiert – genau wie ein dominantes Tier – davon, wenn er seine Absichten bekannt gibt, denn dann können andere seinen Wünschen nachkommen und Konflikte vermeiden. Ein Untergeordneter dagegen hat etwas zu verlieren, wenn er seine Absichten allzu deutlich bekannt gibt, weil ein Dominanter eingreifen und die Ausführung seiner Absichten verhindern kann. Untergeordnete haben also guten Grund, ihre Vorgehensweise sorgfältig zu planen und den Weg des geringsten Widerstands zu suchen. Vermutlich ist das der Grund, warum jüngere Menschen gewöhnlich dünne, unauffällige Augenbrauen haben; mit ihnen kann ihr Besitzer seine Absichten zwar nahen Beobachtern mitteilen, nicht aber die Aufmerksamkeit auf sich lenken.

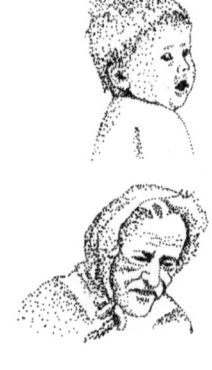

Auch gesenkte Augenlider und Blinzeln dienen als Signale. Wer die Augen niederschlägt, zeigt, daß er darauf verzichtet, alle ihm verfügbare visuelle Information zu sammeln – und das kann sich niemand leisten, der sich auf einen Angriff vorbereitet oder auf eine erbitterte Verteidigung einstellt. Ein rascher Augenaufschlag, nach dem der Blick sofort wieder gesenkt wird, signalisiert deshalb nichtbedrohliches Interesse und fordert zu vertrauensvollem Näherkommen auf. Durch das Schminken der Augenlider wird ihre Bewegung aus größerer Entfernung sichtbar. Als Farbe eignet sich Blau besonders gut: Es hebt sich genug ab, um nicht mit den Augapfel oder dem übrigen Gesicht zu verschmelzen, und reflektiert genug, um die Einzelheiten der Bewegung anzuzeigen.[4]

Auch die Nase und Gesichtsfalten vermitteln Gefühle und Absichten, freundliche wie unfreundliche. Ein Beobachter kann die Absichten des anderen um so leichter erkennen, je länger die Nase ist und je tiefer die Falten sind. Wir halten ein faltenreiches Gesicht mit markanten Zügen für »ausdrucksvoller« und »beredter« als das glatte Gesicht und die kurze Stupsnase eines kleinen Kindes und sagen von einem Erwachsenen mit einem glatten Gesicht, das wenig Gefühlsbewegungen zeigt, er habe ein »Babygesicht«, was nicht unbedingt als Kompliment gemeint ist. Die berühmte Schauspielerin Sophia Loren wies in einem Interview den Gedanken entschieden zurück, sich liften zu lassen, um Gesichtsfalten zu beseitigen; sie meinte, sie würde damit ihre Ausdrucksfähigkeit verlieren.

Nase und Gesichtsfalten

Die Nase erleichtert es, die Blickrichtung auszumachen. Man sagt von Übereifrigen, sie »steckten ihre Nase« in die Angelegenheiten anderer. Wie die Augenbrauen nimmt auch die Nase im Lauf der Zeit an Größe zu, vermutlich aus demselben Grund – damit dominantere Individuen ihre Absichten deutlicher erkennen lassen. Maskenhersteller sind sich der Wirkung von Nasen wohl bewußt, wenn sie Hexen und Schurken mit langen Nasen versehen, während harmlose Clowns runde haben. Die runde Nase zeigt nicht direkt auf einen Menschen und ermöglicht es dem Clown, seinen Spaß zu treiben und das Publikum lächerlich zu machen, ohne jemanden zu beleidigen. Wir glauben nicht, daß die Maskenhersteller in den verschiedenen Kulturen wissen, warum sie diese Wirkung erzielen; sie wissen einfach aufgrund von Tradition und Erfahrung, wie ein bestimmter Charakterzug am besten vermittelt werden kann.

357

Kinn und Bart Ein anderer Körperteil mit deutlicher Signalfunktion ist der Bart. Wer Verachtung zeigt, hebt oft das Kinn und setzt es damit Schlägen aus. Wenn ein bärtiger Mann das Kinn hebt, streckt er seinem Gegner den Bart entgegen. Wie wir in Kapitel 2 sahen, kann ein Bart einen Mann bei einem Kampf verletzlich machen. Die Bibel erzählt uns das mit der Geschichte von Joab, der mit der rechten Hand Amasa an seinem Bart ergriff, um ihn zu küssen, und ihm dann mit der linken das Schwert in den Bauch stieß und ihn tötete.[5] Wenn ein Mann sich einen Bart wachsen läßt, zeigt er damit also sein Selbstvertrauen. Das erklärt auch, warum Frauen keinen Bart haben: Weder jetzt noch jemals zuvor in der Geschichte der menschlichen Evolution haben Frauen sich mit ihrer Fähigkeit zum Kampf gebrüstet. Das Handicap eines Bartes kann nicht dazu dienen, ein wichtiges weibliches Merkmal anzupreisen.

Der Bart vermittelt auch andere Botschaften. Zusammen mit den Schläfen umrahmt er das Gesicht wie eine Mähne, die das Gesicht kleiner erscheinen läßt.[6] Ein buschiger Bart schränkt auch die Sicht zur Seite hin ein. Bei älteren Männern weist der ergrauende Bart oft ein Farbmuster auf, das die Ausdrucksfähigkeit des Gesichts verstärkt. Ein gepflegter Bart liefert Information über das Geschick und den Geschmack des Besitzers, und wie beim Kopfhaar geben Farbe und natürlicher Glanz des Barts Aufschluß über das Alter und die körperliche Verfassung des Trägers.

Rote Wangen Das Rot der Lippen und die Rötung der Wangen werden *und Lippen* durch die Durchblutung der Haut bewirkt. Besonders in der Kälte führen hautnahe Blutgefäße zu Wärmeverlust und damit Energievergeudung, wenn sie nicht bedeckt sind. Wenn Menschen krank sind oder unter Kälte leiden, ziehen sich diese Blutgefäße zusammen, und Lippen und Wangen verlieren ihre rote Farbe; in extremen Fällen werden sie sogar blau. In kaltem Klima, etwa in Skandinavien und in Rußland, sind deshalb rote Lippen und

Wangen ein verläßliches Zeichen für Gesundheit und gelten als schön; Menschen, die sich eine solche »Verschwendung« leisten können, zeigen damit, daß sie gesund und kräftig sind.

Morris behauptete, daß rote Lippen Männer an die weiblichen Schamlippen erinnern, die in den heutigen menschlichen Gesellschaften von Kleidung bedeckt sind. Aber das erklärt nicht, warum die Lippen kleiner Kinder oder die Wangen rot sind.[7]

Wie ist es mit Lippenstift? Lügen Frauen, die Lippenstift tragen, in bezug auf ihre Gesundheit? Wohl nicht. Menschen versuchen nicht, den Gebrauch von Lippenstift zu verbergen, und er läßt sich leicht von der natürlichen Farbe der Lippen unterscheiden. Der Lippenstift verstärkt eine weitere Aufgabe der Lippenfarbe, denn er betont die Lippenform und Einzelheiten des Gesichtsausdrucks, die er beide auch aus größerer Entfernung deutlich erkennbar macht. Deshalb verwenden Bühnenschauspieler, die dem Publikum ihre Gefühle mitteilen müssen, dickes Make-up und starke farbige Linien, um ihre Mimik zu verstärken. Das ist nicht an sich eine Botschaft, sondern ein Verfahren, das es ermöglicht, die vom Gesicht ausgeschickten Botschaften deutlicher und über größere Entfernungen zu vermitteln.

Auch körperliche Vorgänge können Signale sein. Ein *Menstruation* Beispiel dafür ist die Menstruation. Frauen sondern monatlich viel mehr Blut und Körpergewebe ab als andere Säugetiere. Das ist für die Fruchtbarkeit nicht erforderlich, denn die meisten Säugetiere empfangen ohne Menstruation. Welchen Zweck hat es dann?

Die Menstruation ist ein zuverlässiger Indikator der körperlichen Kondition einer Frau. Wenn eine Frau krank ist, ob körperlich oder seelisch, oder wenn sie sehr große körperliche Anstrengungen zu vollbringen hat wie in einem Sportwettbewerb, kann die Menstruation ausbleiben oder unregelmäßig werden. Jede Schwangerschaft unterbricht die Menstruation. Die Menstruation zeigt also dem Partner oder potentiellen Partner einer Frau, daß die Frau in der Lage ist, Kinder zu haben – und es sich leisten kann, monatlich bei der Menstruation viel Blut und Gewebe zu »vergeuden« –, und auch, daß sie nicht schwanger ist, was sehr wichtig ist für jemanden, der sicher sein will, daß das Kind der von ihm Auserwählten sein eigenes ist.

Busen und Der weibliche Busen ist in erster Linie ein Signal. Der *Körperfett* größte Teil der Brust ist Fettgewebe, das bei der Ernährung eines Säuglings keine Rolle spielt; die Säuglinge der meisten anderen Säugetiere trinken erfolgreich aus Brustwarzen auf fast flachen Milchdrüsen. Große Brüste schränken die Bewegungsfreiheit einer Frau ein und verschwenden Energie durch größeren Wärmeverlust. Wozu sind sie dann gut?

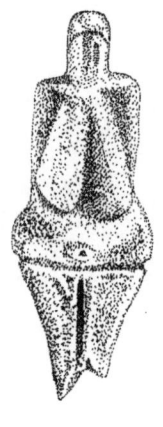

Große, schwere Brüste zeigen deutlich, daß es ihrer Trägerin während ihrer Entwicklung nicht an Nahrung mangelte: Das in den Brüsten konzentrierte Fett ist leichter zu erkennen als Fett, das über den ganzen Körper verteilt ist. Natürlich ist ein solcher Nachweis nur in Gesellschaften sinnvoll, in denen Nahrung manchmal knapp ist.[8] In der westlichen Industriegesellschaft entspricht eine dicke, plumpe Frau mit schwerem Gesäß und großen Brüsten deshalb nicht mehr dem weiblichen Schönheitsideal. Da sich Größe und Beschaffenheit der Brust im Lauf der Zeit verändern, vermittelt ihre Form auch Information über den Hormonhaushalt und frühere Schwangerschaften.

Körperfett zeigt noch heute bei Männern wie bei Frauen vieler Gesellschaften auf der ganzen Welt Überfluß an. Fett bezeugt, daß der Träger erfolgreich ist und reichlich Nahrung zur Verfügung hatte, ohne körperlich schwer dafür arbeiten zu müssen. In Entwicklungsländern kann das eine wichtige Information sein. In Gesellschaften, in denen Nahrung verhältnismäßig billig und reichlich ist, wie es heute in Westeuropa und Nordamerika der Fall ist, hat Körperfett seinen Wert als Signal jedoch verloren und wird dort eher als Beeinträchtigung gesehen. In diesen Gesellschaften zeigt im Gegenteil ein schlanker Körper, daß sein Besitzer über genug Selbstkontrolle verfügt, um sich vernünftig zu ernähren und körperlich in Form zu halten.

Wir sahen in Kapitel 4, wie die Zeichnungen auf Tieren *Kleidung* Körperteile oder Merkmale betonen, die für ihre Artgenossen wichtig sind. Dasselbe gilt für vieles, womit Menschen sich schmücken. Kleidung, insbesondere wenn sie nicht zum Schutz gegen Kälte, Wind oder Sonne nötig ist, dient als Schmuck und zum Imponieren. Wie die Markierungen von Tieren entwickeln sich Kleidermoden, wenn die Mitglieder einer Gruppe darum wetteifern, ihre Qualität in jenen Bereichen nachzuweisen, die für diese Gruppe wichtig sind. Das führt zu einem Lebensstil, bei dem Schönheit, Umgangsweisen und die wirtschaftlichen Rahmenbedingungen eine Rolle spielen und der es Beobachtern ermöglicht, Mitglieder dieser Gruppe miteinander zu vergleichen. Menschen, die sich nicht die Mühe machen, sich entsprechend dem Kodex ihrer Gruppe zu kleiden, stellen sich eben damit zur Schau: Die Botschaft kann sein, daß sie nicht zur Gruppe gehören und daß ihnen nichts daran liegt, nach deren Maßstäben beurteilt zu werden, oder daß sie ihre Vorzüge auch dann wirksam vorzeigen können, wenn sie sich nicht an einen Kleidungskodex halten.

Seit Eigentum zu einem wichtigen Kriterium für gesellschaftlichen Erfolg wurde, wird Kleidung als ein Mittel eingesetzt, Wohlstand zu präsentieren – ganz gleich, ob sie aus teuren Stoffen hergestellt wird oder ihre Herstellung viel handwerkliches Geschick erforderte. Neuerdings haben moderne Herstellungsverfahren die Kosten von Bekleidung so stark gesenkt, daß die meisten Menschen nur mit Mühe den Unterschied zwischen teurer Kleidung und Imitationen zu erkennen vermögen. Auch Markenfabrikate sind keine Hilfe, weil sie einfach nachzumachen sind. Andererseits gilt heute weniger als in vergangenen

Jahrhunderten, daß Kleider Leute machen. Vielmehr zeigen die Menschen heute eher ihren Körper vor, indem sie kurze Röcke, abgeschnittene Hosen und tiefe Ausschnitte tragen.

Gelegentlich werden Kleidungsvorschriften von oben verfügt, wie bei Militär oder Polizei oder der Tracht von Krankenschwestern oder Stewardessen. Natürlich ist eine solche vorgeschriebene Kleidung nicht Ausdruck des persönlichen Geschmacks oder Wohlstands des Trägers, aber sie ermöglicht es Vorgesetzten und Befehlshabern, jene Unterschiede in bezug auf persönliche Eigenschaften zu beurteilen, auf die sie besonderen Wert legen, wie etwa Reinlichkeit und Genauigkeit. Diese Merkmale lassen sich darin erkennen, wie eine Uniform gepflegt und getragen wird, und sie sind gerade deshalb leicht zu beurteilen, weil die Menschen, die verglichen werden, alle dieselbe Uniform tragen. Aus demselben Grund sind die ersten Monate beim Militär dem Drill, dem Polieren der Ausrüstung und der genauen Pflege der Uniform gewidmet. Diese Tätigkeiten, die anscheinend nichts mit den eigentlichen Aufgaben zu tun haben, stellen jeden Soldaten in bezug auf Charakterzüge auf die Probe, die für seine Vorgesetzten wichtig sind – Ordnung, Gehorsam und genaue Ausführung von Befehlen.

Kleidung und anderer Schmuck verändern oder verstärken Signale, die von bestimmten Körperteilen vermittelt werden. Der Hals beispielsweise trägt den Kopf und muß sein Gewicht halten. Je länger der Hals ist, um so mehr Bewegungsfreiheit hat der Kopf – falls der Hals stark genug ist, den Kopf richtig zu halten – und um so besser kann der Sinnesapparat im Kopf genutzt werden. Männer brauchten früher jedoch einen starken Nacken, um kämpfen zu können, und konnten sich deshalb keinen langen, schlanken Hals leisten. Aber Frauen sind gewöhnlich keine Kämpfer und können es sich leisten, einen längeren Hals zu haben und zu zeigen.

Insbesondere junge Frauen schmücken ihren Hals gern

mit engen Halsketten oder -bändern. Eine Querlinie läßt ein langes Gebilde kürzer erscheinen, als es wirklich ist, und deshalb kann ein Halsband zeigen, wie außergewöhnlich lang ein Hals ist. Die Frau, die das Band trägt, tut damit kund, daß ihr Hals trotz des Handicaps, das sie sich auferlegt hat, länger ist als der ihrer Rivalinnen. Ein Mädchen mit einem kurzen Hals kann es sich nicht leisten, ein Halsband zu tragen, weil es ihren Hals lächerlich kurz erscheinen lassen würde.

Eine schlanke Taille zeigt, daß eine junge Frau vermutlich noch keine Schwangerschaft durchgemacht hat; wir finden eine schlanke Taille und schlanke Fesseln bei Frauen schön und reizvoll. Solche schlanken Körperteile können das Körpergewicht nicht so leicht tragen wie andere – vielleicht zeigt eine schlanke Frau genau damit die hohe Qualität ihres Körpergewebes und Körperbaus an. Taille und Fesseln schwellen während einer Schwangerschaft an, damit die werdende Mutter das zusätzliche Gewicht tragen und ihr Gleichgewicht halten kann.

Für Männer sind breite Schultern vorteilhaft: Je breiter die Schultern, um so größer ist die Kraft, über die sie mit den Armen verfügen können, falls alles andere gleich ist. Lange Krawatten bedeuten ein Handicap, wenn die Dimensionen der männlichen Schultern betont werden sollen: Die Linie, die die Krawatte bildet, verläuft senkrecht zur Schulterlinie und verringert damit die scheinbare Breite der Schultern – genau wie der schwarze Latz auf der Brust einer Kohlmeise, wie wir in Kapitel 4 sahen. Ein Mann mit breiten Schultern sieht auch dann noch eindrucksvoll aus, wenn er eine Krawatte trägt, und selbst einer mit abfallenden Schultern kann durch das Tragen einer Krawatte zeigen, wieviel besser er aussieht als einer, der noch schwächer ist. Wenn Männer versuchen, ihre männliche Stärke herunterzuspielen, tragen sie eher eine Fliege. Gute Beispiele sind Ober, Musiker bei Konzerten mit klassischer Musik und Europäer bei sehr formellen Gelegenheiten, bei denen absichtlich darauf verzichtet wird, Männlichkeit zur Schau zu tragen.

Gelegentlich wird vermutet, es sei eine der Aufgaben der Kleidung, Mängel zu verdecken, sozusagen den Betrachter zu »bemogeln«. Aber das trifft bei den meisten Kleidungsstücken nicht zu, obwohl es auf den ersten Blick so aussehen kann. Eine kleine Frau kann sich selbst größer erscheinen lassen, indem sie hohe Absätze trägt, aber ihre größere Rivalin sieht damit noch größer aus. Entsprechend wären die Unterschiede zwischen schlankeren und weniger schlanken Taillen noch deutlicher, wenn alle Frauen ein Korsett tragen und es so eng wie möglich schnüren würden. Ein Kleidungsstil, der dazu erschaffen wird, Mängel zu verdecken, wäre weder interessant noch informativ und würde sich nicht durchsetzen. Eine Kleidermode wird, so scheint es, nur dann akzeptiert, wenn sie zuverlässig ein wichtiges Merkmal betont.

Belastungsproben für die soziale Bindung bei Menschen Zum sozialen Leben eines Menschen gehört eine komplexe Menge von Partnerschaften und Zweckbündnissen. Grundlage dafür ist die Familie, die zur Aufzucht von Kindern gegründet wird. Außerdem dient Zusammenarbeit mit anderen zur Versorgung mit Nahrung – schon seit der vorgeschichtlichen gemeinsamen Jagd – zum Schutz, zur Sicherung wirtschaftlicher Vorteile, zur Freizeitgestaltung, zum Gottesdienst und so weiter. In jedem Fall muß der Einzelne diejenigen auswählen, mit denen er zusammenarbeiten will, und überprüfen, wie weit diese zur Zusammenarbeit und zum Einsatz ihrer Fähigkeiten bereit sind. Wie wir in Kapitel 10 sahen, läßt sich eine soziale Bindung nur überprüfen, indem man sich dem zu Prüfenden aufdrängt. Es überrascht nicht, wenn sich das auch als Schlüssel für einige der merkwürdigeren menschlichen Verhaltensweisen erweist.

Wenn wir zufällig einem guten Freund begegnen, den wir länger nicht gesehen haben, nähern wir uns ihm oft von hinten, schlagen ihm auf den Rücken und sagen so »anstößige« Sachen wie: »Na, wo hast du denn so lange gesteckt, du Schurke?« Warum schlagen und »beleidigen«

wir einen guten Freund, zumal nach einer langen Trennung? Unbewußt überprüfen wir damit, ob dieser Mensch noch unser Freund ist. Nur ein Freund läßt sich ein solches Verhalten gefallen, wendet sich um und begrüßt uns freudig – oder man erkennt betroffen, daß sich der so Begrüßte als Fremder erweist. Nur indem wir unseren Gefährten eine Belastungsprobe auferlegen und sie herausfordern, erhalten wir verläßliche Information darüber, ob sie auch zu weiterer Zusammenarbeit bereit sind.

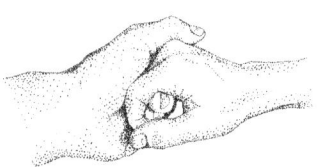

Manchmal umarmen wir die, die wir lieben, manchmal so fest, daß sie keine Luft mehr bekommen. Nur jemand, der uns auch liebt, wird sich das – noch dazu gern – gefallen lassen. Alle unsere Signale, mit denen wir unsere Liebe bekunden, sind in irgendeiner Weise aufdringlich: Küsse, Umarmungen und Zärtlichkeiten dringen in unseren persönlichen Raum ein und berauben uns unserer Bewegungsfreiheit. Trotzdem nehmen wir sie gern hin, denn sie beweisen uns, wieviel dem anderen an uns liegt: Sonst würde er uns diese Belastungsprobe ja nicht auferlegen und uns sogar auffordern, ihn selbst auf diese Weise auszuprobieren. Selbst wenn Liebende nichts anderes tun als stundenlang die Hand des anderen zu halten, verzichten sie doch für diese Zeit auf den Gebrauch einer Hand, und das ist eine erhebliche Einschränkung.

Wenn Zeichen der Liebe nur Liebe bekunden sollten, könnte eine kluge Menschheit – *Homo sapiens* – leicht konventionelle Signale einführen, um das heute gebräuchliche Repertoire an Belastungsproben zu ersetzen. Aber für Liebende ist eine der wichtigsten Fragen die nach der Verläßlichkeit – wie ernst meint es der andere? Anscheinend hat die natürliche Auslese keine andere Möglichkeit gefunden, diese Information zu ermitteln.

Verhaltensforscher sagen, die Aufgabe der Liebesbeweise sei es, die Partnerbindung zu stärken. Wenn das zuträfe, könnte man eine geschwächte Bindung stärken, indem man Händchen hält oder Liebkosungen austauscht. Wenn aber die Liebe vergangen ist, beschleunigt solche erzwungene Nähe wahrscheinlich nur die Zerrüttung. Wir meinen vielmehr, daß solche Signale dazu dienen, die Haltbarkeit der Bindung zu überprüfen. Die Investition in Liebessignale ist sehr hoch, besonders wenn die Beziehung neu und noch nicht bewährt ist, denn zu dieser Zeit wird die Information am meisten gebraucht; noch kann eine unbesonnene Partnerschaft ohne großen Schaden gelöst werden, eine falsche Entscheidung aber wäre verheerend. Die Anstrengung, die die Liebesbeweise erfordern, stärken die Bindung oder führen zur Trennung, denn nur wirklich Liebende nehmen die Bürde auf sich.

Der menschliche Geschlechtsakt als Belastungsprobe Nicht nur bei Menschen dienen sexuelle Beziehungen anderen Zwecken als der Fortpflanzung. Auch einige andere Tiere kopulieren ohne Rücksicht auf den weiblichen Fortpflanzungsrhythmus. Stachelschweine kopulieren jede Nacht mehrmals, das ganze Jahr über.[9] Viele Affen kopulieren auch dann, wenn die Weibchen nicht in Hitze sind. Die Bonobo-Schimpansen in den westafrikanischen Wäldern haben das ganze Jahr über in allen möglichen Kombinationen Geschlechtsverkehr – Männchen mit Weibchen, Männchen mit  Männchen und Weibchen mit Weibchen.[10] Die Hoazin, gesellig lebende Vögel der amerikanischen Tropen, kopulieren bei Grenzstreitigkeiten zwischen Gruppen.[11] Auch Graudroßlinge haben gelegentlich außerhalb der Paarungszeit Geschlechtsverkehr. Wir haben sogar einige Fälle gesehen, in denen sich ein Männchen und ein Weibchen aus rivalisierenden Gruppen unter einem Busch an der Reviergrenze trafen und kopulierten, obwohl keine Aussicht bestand, daß diese Romeos und Julias als Folge eines solchen Rendezvous Nachkommen haben würden.

Wir denken, daß die Kopulation in all diesen Fällen die soziale Bindung zwischen den Partnern auf die Probe stellen soll. Die zum Geschlechtsverkehr gehörige Aufdringlichkeit ist größer als bei jedem anderen Liebeszeichen; sie vermehrt deutlich das Wissen, das jeder der Partner über den anderen und die Beziehung gewinnt. Es ist kein Wunder, daß die Tiere, die außerhalb der Fortpflanzungszeiten kopulieren, langfristige Partnerschaften unterhalten.

In bezug auf die Fortpflanzung ist eine stabile Partnerbindung für eine Frau wichtiger als für einen Mann: Sie kann weniger Kinder haben als ein Mann, und die Zeit, in der sie gebärfähig ist, ist kürzer, und zudem hat ein Mann bessere Chancen, sich mit anderen Frauen zu paaren, was auf Kosten seiner ursprünglichen Partnerin und ihrer Kinder gehen kann. Vielleicht braucht eine Frau deshalb nicht selten weitaus mehr Stimulation als ein Mann, bevor sie sexuell befriedigt ist. Jeder, der versucht, diese Tendenz zu »heilen«, handelt gegen die unbewußten Mechanismen, mit denen eine Frau überprüft, wie sehr sich ihr Partner ihr gegenüber verpflichtet hat.

Wie ist es mit homosexuellen Beziehungen? Jedes Merkmal, das in einer Population verbreiteter ist als eine zufällige Mutation – und das ist die Homosexualität zweifellos –, muß einen Nutzen haben, weil das Merkmal offensichtlich die natürliche Auslese überlebt hat. Das gilt besonders dann, wenn es, wie die Homosexualität, auf den ersten Blick die Fortpflanzung zu behindern scheint. Welche Vorteile könnte homosexuelles Verhalten haben?

Wie wir schon gesehen haben, kann die Kopulation dazu dienen, die soziale Bindung zwischen männlichen und weiblichen Partnern auf die Probe zu stellen, und diese Bindung hat nicht notwendig etwas mit der Fortpflanzung zu tun. So paaren sich beispielsweise einige Vögel,

wie Schwarzkehlchen und Bachstelzen in ihrem Winter-
quartier – nicht zum Brüten, sondern um dieses gemeinsame Revier zu verteidigen.[12] In solchen Fällen findet
man oft, daß dasselbe Balzverhalten, das zwei Individuen
hilft, in der Brutzeit eine Partnerschaft zu bilden, ihnen zu
anderen Zeiten hilft, eine Partnerschaft ausschließlich zur
Verteidigung zu bilden. Wer nicht weiß, daß diese Partner nicht die Absicht haben, sich fortzupflanzen, und sich
schon nach wenigen Monaten wieder trennen werden,
könnte denken, es spielte sich das ganz gewöhnliche
Werbeverhalten ab.[13]

Die moderne westliche Gesellschaft sieht die Homosexualität als Alternative zu heterosexuellen Beziehungen. Aber in einigen Gesellschaften, besonders in solchen, in denen Männer und Frauen streng getrennt werden, bestehen nebeneinander zwei Formen der sexuellen
Beziehung, eine zwischen Männern und Frauen, aus
der Kindern hervorgehen, und eine zwischen gleichgeschlechtlichen Partnern. In beiden Fällen kann der
Geschlechtsakt dazu dienen, die Partnerschaft auf ihre
Haltbarkeit zu überprüfen und sie aufrechtzuerhalten
und zu stärken. Genau wie zur geschlechtlichen Beziehung zwischen Mann und Frau mehr gehört als die
Fortpflanzung, weil sie außerdem dazu dient, die Bindung zwischen Mann und Frau zu überprüfen, liefert sie
auch Information, die nötig ist, um die Bindungen zwischen gleichgeschlechtlichen Partnern aufrechtzuerhalten. Wieder ist das nicht nur bei Menschen so: Trivers
beschreibt Paare von Weibchen der Möwe *Larus occiden-
talis*, die sich wie ganz normale Paare verhalten und
gemeinsam Nachkommen aufziehen, die »außerehelich«
gezeugt wurden.[14]

Natürlich ist der Geschlechtsakt nicht notwendig für
beide Partner erfreulich. Genauso wie er Ausdruck der
Achtung und Liebe für einen Partner sein kann, kann er
auch einen Mangel an Rücksichtnahme und Fürsorge
offenbaren. Und dieser Mangel an Achtung fordert seinerseits eine andere Botschaft als Antwort heraus: Wer

bereit ist, sich eine solche Behandlung gefallen zu lassen, teilt dem Partner sehr deutlich mit, daß er die Beziehung nicht beenden will, auch wenn sie unbefriedigend ist. Das kann darauf beruhen, daß andere Vorteile daraus wichtiger zu sein scheinen als Liebe und Rücksichtnahme, oder darauf, daß es keine Alternativen gibt.

Erzwungener Geschlechtsverkehr – Vergewaltigung – wird oft als ein Mittel benutzt, brutale Überlegenheit zu beweisen. Das gilt für die Beziehung zwischen Männern ebenso wie für die zwischen Männern und Frauen. Im Tierreich ist das Besteigen als ein Mittel, Dominanz zu zeigen, überhaupt nicht ungewöhnlich, weder zwischen Männchen und Weibchen noch unter Männchen, wie an zahlreichen Arten nachgewiesen wurde.[15] Anscheinend verfügen alle Sprachen über ein Wort, das sowohl die sexuelle als auch die dominierende Bedeutung des Geschlechtsakts zum Ausdruck bringt, wie beispielsweise das umgangssprachliche englische Verb »to screw« oder das deutsche »(jemanden) aufreißen«.

Der Geschlechtsverkehr bei Menschen ist ein verläßliches Zeichen für die Qualität der Beziehung zwischen den Teilnehmern. Zwischen liebenden und einander zugewandten Partnern ist er Ausdruck von Liebe und Zuwendung. Ein liebloser Partner kann seine Lieblosigkeit nur schwer verbergen – und das kann den anderen Partner dazu bringen, ihn zu verlassen. Der Geschlechtsakt kann, wie die Vergewaltigung, die Hilflosigkeit und Machtlosigkeit des anderen vorführen. Wir überlassen es Schriftstellern und Dichtern, die Höhen und Tiefen des menschlichen Liebesakts mit allen seinen Schattierungen zu beschreiben. Uns geht es hier um die allgemeine Aussage, daß es genau die Nähe und die Aufdringlichkeit des Akts ist, die es ihm ermöglichen, genaue und verläßliche Information über das Wesen seiner Teilnehmer und ihre Beziehung zueinander zu vermitteln.

Selbstgefährdung Wir sahen schon, daß Tiere – nistende Vögel beispiels-
bei Menschen: weise – sich selbst gefährden, um Fürsorge zu erzwin-
Selbstmord gen.[16] Auch bei Menschen können schwächere Partner
als Hilfeschrei gelegentlich mehr Zuwendung von einem mächtigen
Partner erhalten, wenn sie sich selbst gefährden. Ein
Kleinkind kann seine Eltern zwingen, es hochzunehmen
und zu tragen, indem es auf eine belebte Straße läuft oder
sich an einem gefährlichen Ort niederläßt. Einige Kinder
schlagen mit dem Kopf gegen die Wand, bis die Eltern
ihre Forderungen erfüllen. Kleine Kinder, die auf Möbel
klettern und ihren Eltern in die Arme springen, zwingen
ihre Eltern, sie aufzufangen. Ähnlich würden sich Frauen,
die sich ihrem Liebhaber in die Arme werfen, verletzen,
wenn ihr Liebster sie nicht auffangen würde. Alle bringen
sich selbst – höchstwahrscheinlich unbewußt – in Gefahr
und erhalten dadurch Information, die sie sonst nicht
erhalten hätten; sie überprüfen die soziale Bindung.
Das Risiko selbst zwingt den einen Partner, dem anderen
Partner zu Hilfe zu kommen, und ihm damit zu zeigen,
wie wichtig ihm die Beziehung ist.

Ein Extremfall dieser Art ist der Selbstmord. Man könnte
einen erfolgreichen Selbstmord sogar als erfolglosen Hilfeschrei definieren. Häufiger führt der Versuch der Selbst-
tötung jedoch nicht zum Tod, sondern er bringt Freunde
und Verwandte dazu, sich dem Verzweifelten anders zuzuwenden als zuvor. Der Mensch, der einen Selbstmord
versucht, ist sich dieser Überlegung vermutlich nicht
bewußt, sondern ehrlich davon überzeugt, daß er den
Tod einem unerträglichen Leben vorzieht. Ein solcher
Selbstmordversuch ist echt, und das allein überzeugt andere von der Notwendigkeit, helfen zu müssen. Gelegentlich ist sich der Mensch, der sich zu töten versucht,
dessen aber auch halb bewußt, etwa wenn er eine Über-
dosis Schlaftabletten nimmt, dann einen Freund anruft
und sagt: »Wenn du nicht kommst und mich rettest, bin
ich tot.« Das Risiko jedoch ist auch dann real, und es
zwingt den Freund zu kommen und zu helfen. Das Risiko
370   des Todes ist das, was andere davon überzeugt, wie ver-

zweifelt die Lage ist – und in der Tat mag der Tod wünschenswerter sein als die Aussicht auf ein hoffnungs- und hilfloses Leben.

Die menschliche Sprache ist in der Welt der Lebewesen insofern einzigartig, als sie ein Verständigungssystem mit Hilfe von Symbolen darstellt. Es ist möglich, Tiere zu lehren, Information zu verstehen und zu verarbeiten, die durch Symbole übermittelt wird. Einige Tiere haben mehrere Dutzend Wörter gelernt. Primaten und Delphine können sich sogar mit Hilfe von Symbolen mit Menschen verständigen, und Vögel wie Papageien und Beos können lernen, genaue vokale Kopien menschlicher Wortsymbole zu erzeugen und sinnvoll zu verwenden.[17] Und doch gibt es, wie wir in Kapitel 6 sahen, kein Tier, das von Natur aus eine symbolische, auf Worten beruhende Sprache verwendet.

Die menschliche Sprache: Kommunikation ohne Verläßlichkeit

Wir glauben, daß Tiere keine Wortsprache entwickelt haben, weil ihnen die Lautsprache und die nichtverbale Kommunikation besser entspricht. Die meisten Tiere leben in kleinen Gruppen, deren Mitglieder einander gut kennen und die meiste Zeit zusammen verbringen. Solche Individuen teilen dieselbe Umwelt, sind Zeugen der Handlungen der anderen und können deren Absichten erkennen.[18]

Wenn beispielsweise ein Graudroßling einen Bettellaut macht, braucht man seinen Gefährten nicht zu sagen, daß er bettelt oder um was er bettelt – das entnehmen sie den Umständen. Sie können daraus aber nicht erkennen, wie dringlich der Bittende das wünscht, um das er bittet; die Intensität des Wunsches wird verläßlich durch die Stimmlage des Bittenden vermittelt. Wenn ein Graudroßling droht, wissen seine Kameraden, wen er bedroht und warum, und was der Drohende von dem anderen erwartet; wieder ergibt sich das aus den Umständen. Sie müssen aber noch herausfinden, wie zuverlässig und drin-

gend die Drohung ist, und das läßt sich am besten und am zuverlässigsten nichtverbal mitteilen.

Die Information, die nichtverbale Vokalisationen vermitteln, ist sehr präzise: Sie gibt den *Grad* der Gefühle genauer an, als es Worte vermögen.[19] So vermitteln die Worte »Ich bin verärgert« nicht, *wie* verärgert ich bin; wenn ich den Grad meines Ärgers allein mit Worten übermitteln will, muß ich mehr Worte verwenden: »Ich bin sehr verärgert« oder »Ich bin etwas verärgert«. Selbst dann können Worte nur wenige der unendlich vielen Abstufungen des Ärgers ausdrücken, nichtverbale Lautäußerungen aber spiegeln solche Abstufungen in bewundernswerter Weise.

Andererseits können Menschen, die einander nicht vertraut sind, ein- und denselben Umstand unterschiedlich wahrnehmen. Ein Mensch, der einem Fremden zuhört, mag nicht in der Lage sein, die Intensität der Vokalisation mit dem Grad der Gefühle in Verbindung zu bringen, wie es seine ständigen Gefährten aufgrund früherer Erfahrung vermögen. Das gilt besonders bei Begegnungen mit Menschen anderer Kulturen. In dieser Situation ist es am besten, sich mit Worten zu verständigen, selbst wenn die Partner ein Wörterbuch zu Hilfe nehmen müssen, um eine Sprache in die andere zu übertragen. Die Wortsprache ist vielleicht ein armseliges, ungenaues Mittel zum Ausdruck von Gefühlen und ihrer Schattierungen – aber sie kann die Mißverständnisse verhindern, die sich aus der Fehldeutung nichtverbaler Lautäußerungen ergeben könnten.

Wir wissen nicht, wie sich die symbolische Wortsprache bei Menschen entwickelt hat. Aber als es sie einmal gab, ermöglichte sie es Gruppen von Menschen, die keine dauerhaften Partner waren, vorübergehend zusammenzuarbeiten, ob zum Schutz, zum Krieg oder zur Jagd. Diese Allianzen waren kurzfristig und erforderten die Zusammenarbeit von Partnern, die in den meisten Fällen nicht zusammengearbeitet hatten. Diese Partner mußten auch in der Lage sein, Dinge zu erörtern, die nicht in

Sichtweite waren – etwa zu sagen: »Auf der anderen Seite dieses Hügels ist ein Säbelzahntiger« oder »Komm zum Ende des Tals, ich verstecke mich in der Schlucht bei der Quelle.«

Menschen, die schon oft zusammengearbeitet haben, handeln und verständigen sich anders als solche, die nicht routinemäßig zusammenarbeiten. Eine gut eingespielte Mannschaft von Möbelpackern braucht nicht viele Worte, wenn es darum geht, ein Klavier die Treppe hochzutragen. Jeder von ihnen weiß aus Erfahrung, wo man anfassen, wie man das Instrument tragen, wo man drücken, ziehen, heben oder anhalten muß. Sie brauchen nur ein Signal, das ihnen mitteilt, wann sie den Gegenstand hochnehmen sollen, und möglicherweise an bestimmten kritischen Wegstellen einige wenige einsilbige Worte. Oft reicht schon ein kurzes Stöhnen des Anführers.

Wenn andererseits Menschen, die noch nie zusammengearbeitet haben, gebeten werden, gemeinsam einen schweren Gegenstand hochzuheben, haben sie keine andere Wahl, als jede Bewegung im einzelnen zu erörtern, bevor sie sie verrichten, und die Erörterung während der Verrichtung fortzusetzen. Selbst dann wird ihre Zusammenarbeit weniger gut sein als das, was die erste Gruppe mit wenigen kurzen Grunzlauten erreicht. Aber diese zweite Gruppe hat nicht genug Erfahrung, um mit wenigen Worten oder wortlos als Team zu arbeiten. Nur die verbale Kommunikation ermöglicht ihnen eine erfolgreiche Zusammenarbeit.

Der Haken ist, daß die verbale Sprache keine Komponente enthält, die ihre Verläßlichkeit garantiert. Mit Worten läßt sich leicht lügen. Es gibt, wie wir in Kapitel 6 sahen, keinen Ersatz für Zuverlässigkeit und Genauigkeit nichtverbaler Lautäußerungen. Deshalb hat keine menschliche Gesellschaft je auf die Verwendung nichtverbaler Kommunikationsmittel verzichtet, auch nicht, als es die menschliche Sprache schon gab.

Schmuck, Wie wir in Kapitel 4 sahen, breiten sich Schmuckzeich-
Schönheit und nungen dann in einer Population aus, wenn so ge-
die Evolution schmückte Individuen den nicht so geschmückten Tieren
der Kunst als Partner vorgezogen werden. Diese Bevorzugung ergibt sich, wenn diese Markierungen den Beobachtern
helfen, die besseren Individuen verläßlich zu erkennen.
Folglich müssen jene, die die Muster auswählen, irgendwie schon einen Maßstab haben, an dem sie die geschmückten Individuen messen können. Dieser Maßstab
muß es ihnen ermöglichen, nicht nur die guten von den
schlechten Markierungen zu unterscheiden, sondern,
wichtiger noch, die besseren von den lediglich guten.
Bei Menschen zeigt sich diese Fähigkeit in dem, was
gewöhnlich Schönheitssinn oder Ästhetik genannt
wird.[20]

Offensichtlich wurden die Schmuckzeichnungen anderer
Tierarten nicht von Menschen ausgesucht. Vielmehr
wählten die Weibchen und Männchen dieser Arten Individuen mit den »richtigen« Markierungen als Partner
aus, was zur Evolution dieser bestimmten Zeichnung
führte. Trotzdem beeindrucken uns stark geschmückte
Tiere als schön; das liegt daran, daß die Dekoration nicht
zufällig ist, sondern eher symmetrisch und der Form des
Tieres angemessen und daß sie Merkmale betont, durch
die sich diese Art an ihre Umwelt und Lebensweise angepaßt hat. Auch Tiere zeigen einen Schönheitssinn: So
ziehen sie beispielsweise Symmetrie und Vollständigkeit
dem Gegenteil vor – ob im Schwanz eines Pfaus oder bei
den Lauben eines Laubenvogels. Ein gutes Beispiel ist das
Paar langer Schmuckfedern beim Wimpelträger, die sowohl bei Laubenvögel als auch bei Eingeborenen beliebt
sind. Der Ausleseprozeß, in dem sich diese Federn herausbildeten, wurde von weiblichen Paradiesvögeln vor-
genommen, nicht von Menschen oder Laubenvögeln –
aber alle drei Arten finden sie reizvoll.[21] Vogelgesang
klingt für uns angenehm und harmonisch; möglicherweise bevorzugen Vögel solche Gesänge, weil sie dadurch
mehr über die Fähigkeiten des Sängers erfahren.

Weder die Schönheit anderer Tierarten noch die menschliche Wertschätzung dieser Schönheit ist jedoch »Kunst«. Kunst ist die absichtsvolle Verzierung von Dingen und auch die Herstellung von Objekten, die nur eine ästhetische Funktion haben. Kunst wurde schon seit vorgeschichtlichen Zeiten von Menschen praktiziert. Aber wie ist es dazu gekommen? Es ist höchst unwahrscheinlich, daß Kunst vollständig ausgebildet dem Gehirn eines geheimnisvollen prähistorischen Menschen entsprang, der beschloß, seiner Bewunderung für die Natur Ausdruck zu geben, oder der vor einer Jagd versuchte, Tiere zu beschwören, indem er ihr Bild in einem Höhlengemälde festhielt, wie sie bis heute überlebt haben.

Diese Höhlengemälde zeigen einen sehr hohen Grad künstlerischer Vollkommenheit. Die Malerei ist keineswegs trivial, sondern setzt Fähigkeit der Wahrnehmung und der Ausführung voraus, die beide schwer zu erlangen sind. Die Fähigkeit, die darin besteht,  eine Linie oder einen Punkt an den richtigen Ort zu setzen, konnte sich nur entwickeln, wenn schon die ersten Versuche verheißungsvoller Künstler mit Anerkennung bedacht wurden. Solche Anerkennung konnte nur von anderen kommen – aber warum sollten andere solche Linien und Punkte beachten? Unabhängig davon, was es ist, das Menschen gewinnen, wenn sie Kunst zu schätzen wissen und Kunstwerke schaffen, muß die Kunst doch eine wirkliche und konkrete Grundlage haben. Es genügt nicht zu behaupten, ihr Wert sei »spirituell« oder »ästhetisch«, weil solche »Gefühle« und »spirituellen Bedürfnisse« sich ebenfalls aus bestimmten Gründen herausgebildet haben. Welchen Nutzen hätten die allerersten Versuche, künstlerisch tätig zu sein, sonst gebracht?

Wir sahen, daß Falten und Augenbrauen aus größerer Entfernung Aufschluß geben über den Gesichtsausdruck.

Vielleicht haben Menschen bemerkt, daß ein Schmutz-
fleck an der richtigen Stelle eines Gesichts diese Wirkung
noch verstärkt. Der erste Schritt in der Evolution der
menschlichen Kunst könnte vollzogen worden sein, als
Menschen begannen mit solchen Zeichen zu experimen-
tieren und sie dann absichtlich an geeigneten Stellen
anbrachten. Je geschickter solche Linien und Punkte gesetzt wurden, um so wertvoller waren sie und um so mehr
wurden sie geschätzt – und das war der Lohn der besseren
der angehenden Künstler.

Als die Werkzeugherstellung einmal über ihre ersten sehr
einfachen Anfänge hinausgekommen war, müssen Menschen bemerkt haben, daß sie die Qualität der von ihnen
hergestellten Gegenstände durch Verzierungen betonen
konnten. Wie wir schon sahen,[22] kann ein Kreis in der
Mitte es erleichtern, ein völlig rundes Objekt von einem
weniger vollkommenen zu unterscheiden. Es ist beispielsweise schwer, ohne Zirkel einen vollkommen runden
Teller herzustellen. Künstler, die das konnten, zogen
Nutzen daraus, wenn sie die Mitte mit einem Kreis
schmückten, der auf die Vollkommenheit ihrer Arbeit
hinwies.

Die Verzierung des Gegenstands erforderte jedoch selbst
wieder Geschick – wenn der Kreis auch nur wenig ver-
schoben ist, verzerrt er die wahrgenommene Form des
Gegenstands. Auch ein nachgezogener Rand kann die
Qualität eines Gegenstands verdeutlichen, weil er es unmöglich macht, Unvollkommenheiten an der Kante zu
verbergen – aber nur, wenn der Gegenstand perfekt um-
rissen ist. Ein nicht genau zentrierter Kreis oder ein
schlecht gezogener Umriß lassen das Erzeugnis *weniger*
gut aussehen, als es ist. Möglicherweise hat es lange gedauert, bis die Menschheit Formen und Linien in effektiver und befriedigender Weise nutzen und anordnen
konnte, aber in jedem frühen Stadium dieser Evolution
konnten die begabteren Künstler als solche erkannt und
anerkannt werden.

Als die Menschen lernten, neue Gegenstände herzustellen, lernten sie also auch, sie so zu verzieren, daß ihre Qualität betont wurde. Wir halten Verzierungen, die nicht die Vollkommenheit der Form, des Materials oder der handwerklichen Ausführung betonen, für »geschmacklos« oder »kitschig«. Es fällt uns also, anders gesagt, auf, wenn der Stil nicht zur Gestalt oder zum Material paßt. Ein modernes Beispiel ist die Glasschleiferei, die die Qualität von Material und Handwerk in schönem Kristall wunderbar zur Wirkung bringt, aber auf Imitationen aus Plastik billig aussieht. Plastik dagegen wirkt schön, wenn Entwürfe umgesetzt werden, die die diesem Material eigenen Qualitäten betonen. Nicht alle haben das Geschick, solche Entwürfe zu erschaffen und gut auszuführen. Menschen, die das können, sind Künstler und begabte Handwerker, die verstehen und wissen, wie sie mit dem von ihnen benutzen Material umgehen müssen. Offenbar wurde diese Fähigkeit schon von Anfang an erkannt und anerkannt – seitdem zum ersten Mal ein Fleck farbigen Lehms wirkungsvoll auf einen Körper aufgetragen wurde.

Altruismus und moralisches Verhalten

Viele Menschen sehen den Unterschied zwischen Mensch und Tier darin, daß Tiere durch ihren Instinkt getrieben werden und ihre materiellen Interessen vertreten, während Menschen geistige und moralische Antriebe haben, die den Tieren fehlen. Aber bei Graudroßlingen und anderen Tieren haben wir Verhaltensweisen beobachtet, die, wenn wir sie bei Menschen vorfänden, als Beweis für einen hohen moralischen Standard gelten würden. Die Graudroßlinge nehmen viel Rücksicht auf ihre Gefährten. Sie teilen ihre Nahrung mit anderen Graudroßlingen, sie bringen sich selbst in Gefahr, um ihren Gefährten zu Hilfe zu kommen, und sie verbringen Zeit mit der Wache für die Gruppe und füttern Jungvögel, die nicht ihre eigenen Nachkommen sind. Sie halten sich vom Inzest zurück und kopulieren nicht in Gegenwart anderer Graudroßlinge. Diese »altruistischen«

und »moralischen« Handlungen vergrößern unserer Meinung nach den Gesamterfolg des Individuums, das sie ausführt – und genau deshalb führen Graudroßlinge sie auch aus.

Wir glauben, daß es auch bei Menschen eine Beziehung zwischen moralischem und ethischem Handeln einerseits und Erfolg im Leben andererseits gibt. Wir glauben, daß, wenn alles andere gleich ist, jene, die sich entsprechend den moralischen Grundsätzen ihrer Gesellschaft verhalten – jene, die es sich leisten können, das zu tun – mit größerer Wahrscheinlichkeit Erfolg haben als jene, die das nicht tun. Wie kann man dann also das moralisch und ethisch Gute vom materiell Guten unterscheiden?

Wir meinen, daß die Unterscheidung künstlich ist und auf unserem begrenzten Verständnis von Verhalten beruht. So wird beispielsweise ein Altruist als jemand definiert, der anderen hilft, ohne eine Rückzahlung zu erwarten. Aber ein Gewinn oder ein Nutzen kann eine andere Form haben als eine materielle Rückzahlung. Altruistische Handlungen beweisen offenbar die Fähigkeiten jener, die sie leisten – und werden auch als Beweise dafür gesehen. Nicht alle von uns können es sich leisten, einen Teil unseres Geldes oder Besitztümer wegzugeben oder das Leben zu riskieren, um ein anderes zu retten; und bei jenen, denen das gelingt, machen es einige besser als andere. Wer in das Wohlbefinden eines anderen investiert, stellt seine Qualitäten als Altruist zur Schau, verbessert den eigenen sozialen Status und vermehrt die eigenen Erfolgsaussichten.

Wir wollen damit sicherlich nicht sagen, daß jene, die viel geben oder die sogar ihr Leben freiwillig aufs Spiel setzen, um andere zu retten, nur schauspielern oder zynisch handeln, um ihre eigenen Interessen zu fördern. Uns wurde von der natürlichen Auslese der Drang eingepflanzt, gelegentlich unser Leben für andere aufs Spiel zu setzen. Aber im Durchschnitt haben Altruisten mehr zu gewinnen als zu verlieren.

Eine vielen Völkern heilige Form des »Altruismus« ist der Patriotismus. Ein Bildungssystem, das die Vaterlandsliebe fördert und die Notwendigkeit betont, das Vaterland zu verteidigen, kann eine Atmosphäre schaffen, in der jeder Versuch, die unvermeidliche Gefahr zu vermeiden, einen Verlust an Sozialstatus mit sich bringt. Auf dem Schlachtfeld aber wird das Verhalten durch die Meinung der Kameraden motiviert. Wenn Offiziere von Eliteeinheiten gefragt werden, was Soldaten dazu bringt, ihr Leben zu riskieren, antworten sie, der stärkste Antrieb seien die Scham und das Risiko, von den Kameraden für einen Feigling gehalten zu werden. Sogar Söldner gehen bei einem Kampf ein Risiko ein, obwohl es für sie keine Rolle spielt, wofür sie kämpfen. Für sie ist allein die gute Meinung ihrer Gefährten das, was sie bewegt, Risiken einzugehen – und schon das kann für Heldentaten ausreichen.

Auch das Schenken ist eine altruistische Handlung, die das Prestige des Gebers vermehrt. Wir schämen uns, Geschenke zu geben, die weniger wertvoll sind als jene, die wir empfangen. Deshalb geben wir unseren wohlhabenderen Bekannten gewöhnlich teurere Geschenke als den weniger wohlhabenden, obwohl die sie vielleicht wirklich nötig hätten. In vielen menschlichen Gesellschaften gibt es den Brauch, Rivalen durch Geschenke zu beschämen. Beim Potlatsch, dem Geschenkfest der Kwakiutl-Indianer im Nordwesten Amerikas war das hochentwickelt: Bei diesen extravaganten Festen wurden dem Rivalen teure Geschenke überreicht, der an Ansehen verlor, wenn er sie nicht erwidern konnte, und deshalb oft für die Gegengabe seinen Besitz opferte.[23] Auch im Hochland von Papua-Neuguinea überhäufen einige Stammesoberhäupter ihre Rivalen mit Geschenken und versuchen, so viel zu geben, daß der andere nicht in der Lage ist, ebenso viel zurückzugeben. Nicht umsonst sagten die alten jüdischen Weisen: »Wer Geschenke haßt, soll leben.«

Wer Spenden sammelt, lernt bald, daß Versprechungen

oder Geldspenden, die in Gegenwart von Gleichgestellten gemacht werden, gewöhnlich viel großzügiger sind als solche, die privat gegeben werden. Das ist zu einem Eckstein des jüdischen Spendensammelns in den USA geworden: Man organisiert Wohltätigkeitsveranstaltungen so, daß die Spenden unter den Geschäftsfreunden und Rivalen des Spenders so weit wie möglich bekannt gemacht werden. Die Spenden werden öffentlich, oft bei großen Versammlungen, erbeten, und zwar von Menschen mit hohem Status, die selbst große Summen beitragen und so andere »zwingen«, dasselbe zu tun, um nicht das Gesicht zu verlieren. Es wirkt sich positiv auf das Spendenverhalten aus, wenn Name und Betrag des Spenders während einer Fernsehsendung veröffentlicht werden.

Bakal, der in den USA die Soziologie der Wohltätigkeit untersuchte, sagt, daß diese Methoden zuerst von Josef Willen praktiziert wurden.[24] Willen machte sich die Ergebnisse des amerikanischen Soziologen Veblen zunutze, der betonte, wie groß die Bedeutung des demonstrativen Konsums als ein Mittel der Zurschaustellung des ökonomischen Status ist.[25] Schließlich ist aus der Sicht des Spenders die auffällige Spende einfach eine Form des demonstrativen Konsums; beide zeigen, daß jemand zuviel Geld hat. Diese Art, finanziellen Wohlstand auf eine verläßliche Weise zur Schau zu tragen, hat rein praktisch großen Wert, denn sie zeigt beispielsweise möglichen Geschäftspartnern die Solvenz und erleichtert zukünftige weitere Geschäftsabschlüsse.

Die jüdischen Weisen waren sich der Tatsache wohl bewußt, daß Spender an Prestige gewinnen, genau wie sie verstanden, daß die Empfänger von Wohltaten ihr Gesicht verlieren; nach biblischer Lehre ist es wichtig, insgeheim zu geben, um den Empfänger nicht zu beschämen. Das widerspricht nicht der Vorstellung, daß der Altruismus ein Mittel ist, Ruhm zu ernten. Die Geber möchten ihr Prestige nicht in den Augen der Empfänger ihrer Wohltaten mehren, sondern vielmehr in der Einschätzung ihrer Kollegen, Bekannten, Rivalen oder Partner – die oft auch dann von der Spende wissen, wenn sie angeblich geheim ist. Das ist der Grund für »geheime« Spenden, die Selbstachtung und Prestige des *Empfängers* schützen sollen – dessen Achtung dem Geber wohl ohnehin nicht wichtig ist.

Wir halten uns für »egoistisch« und werden von anderen so gesehen, wenn wir unsere eigenen Interessen zu verfolgen scheinen. Andererseits glauben wir daran, daß ein Handeln zum Wohl anderer, das anscheinend nicht selbstdienlich ist, von »guter Moral« zeugt; wir fühlen uns gedrängt, dem Weg des »Altruismus« zu folgen, und wir respektieren andere, die ihm folgen. Weil wir uns der Kosten, Risiken und Gefahren, die darin stecken – des Handicaps –, wohl bewußt sind, beeindruckt uns Uneigennutz. Trotzdem halten wir es für unanständig, zu berechnen, welchen Nutzen uns der Uneigennutz bringen kann.

Die Scham aber, die wir fühlen, wenn wir eine Gunst nicht mit einer ebenso großen Gunst erwidern können, zeigt, daß wir uns des Prestigegewinns wohl bewußt sind, den der Altruismus bringt, und daß wir wissen, welche Auswirkung das Prestige auf unsere Stellung in der Gesellschaft hat. Die Weisheit von Generationen erkennt an, daß Uneigennützigkeit in der Tat belohnt wird – man tut sich selbst Gutes, wenn man Gutes tut, oder wie unsere Großmutter zu sagen pflegte: »Wenn du Gutes tust, tust du gut.«

EPILOG

Der Gedanke des Handicap-Prinzips ist ganz einfach: Vergeudung kann sinnvoll sein, weil man dadurch schlüssig zeigt, daß man mehr als genug besitzt, und etwas zu vergeuden hat. Gerade der Aufwand – die Verschwendung selbst – macht die Aussage so zuverlässig. Der Gedanke schien uns so offensichtlich zu sein, daß wir zunächst annahmen, er sei schon allgemein verbreitet, und deshalb begannen wir, die existierende Literatur nach einschlägigen Untersuchungen zu durchforsten.

Bei unserer Suche stießen wir auf viele Erklärungsversuche für die Verschwendung, die beim sexuellen Imponiergehabe beobachtet wird. Die meisten dieser Erklärungen waren sehr komplex, und einige wurden durch mathematische Modelle unterstützt, aber das Handicap-Prinzip gehörte nicht dazu. Zu unserer großen Überraschung traf dieser Gedanke, der uns so offensichtlich schien, auf den erbitterten Widerstand des wissenschaftlichen Establishments. Noch mehr überraschte es uns, daß eben dieser Gedanke schließlich zu einer völlig neuen Vorstellung davon führte, wie Verständigung nicht nur zwischen Lebewesen, sondern auch innerhalb des Körpers eines Lebewesens abläuft.

Das Handicap-Prinzip behauptet, daß der Empfänger eines Signals an der Verläßlichkeit oder Genauigkeit des Signals interessiert ist und ein Signal nicht beachten wird, wenn es nicht zuverlässig ist. Signale sind also nicht beliebig, sondern jedes Signal ist genau das eine, das sich am besten dazu eignet, die Botschaft, die es überbringen soll, zuverlässig zu übermitteln. Es folgt, daß es einen logischen Zusammenhang zwischen der Botschaft und dem Signal geben muß. Das Handicap-Prinzip ermöglicht es uns, Vorhersagen zu machen: Aus der Art eines Signals läßt sich herleiten, welche Botschaft es vermittelt und auch, was logischerweise für eine bestimmte Botschaft als Signal dienen könnte.

Das Handicap-Prinzip erweitert unser jetziges Verständnis der Evolution grundlegend. Signale haben sich wie andere Merkmale durch natürliche Auslese herausgebildet. Aber während diese anderen Merkmale ausgelesen werden, weil sie Organismen unter einem ganz direkten Nützlichkeitsaspekt effizienter machen, werden Signale ausgelesen, weil sie den Organismen auf eine Weise ein Handicap auferlegen, das die Zuverlässigkeit des Signals garantiert. Dieses anscheinende Paradoxon verschleiert eine grundlegende Übereinstimmung zwischen der Signalselektion und der Evolution anderer Merkmale: In beiden Fällen breiten sich jene Merkmale in einer Population aus, die die Chancen eines Individuums vergrößern, wiederum erfolgreiche Nachfahren zu haben. Das trifft genauso für ein Signal zu, das ein Handicap mit sich bringt, wie für eine Körperstruktur, die ihren Besitzer handlungsfähiger macht.

Eine Theorie ist nur dann etwas wert, wenn sie zu neuen Ergebnissen führt, und in der Tat hat das Handicap-Prinzip schon jetzt neue Möglichkeiten der Forschung eröffnet. Vor einem Jahrzehnt haben viele Forscher zu zeigen versucht, wie Tiere ein Signal einsetzen, um in die Irre zu führen; jetzt belegen immer mehr Untersuchungen, daß Signale die Absichten und Eigenschaften des Senders zuverlässig anzeigen. Selbst jetzt aber suchen die Forscher noch nicht nach den speziellen Kosten – dem Handicap –, die das Signal zuverlässig machen. Daraus, daß das Handicap – der Aufwand – die Zuverlässigkeit eines bestimmten Signals garantiert, folgt, daß wir den Sender, die Umweltbedingungen und die Botschaft besser verstehen können, wenn wir herausfinden, welches Handicap in einem Signal steckt.

Wenn man einmal das Handicap-Prinzip als eine allgemeine Regel bejaht, kann man die Signale in der Natur nicht länger als reine Konventionen sehen. Man muß deshalb alle Signale neu bewerten – auch jene, die bisher einfach als Kennzeichen für eine bestimmte Art, Alter, Geschlecht oder irgendeine andere Einteilung gehalten

wurden – bis hin zu den chemischen Signalen der Zell-
membranen, die herkömmlicherweise lediglich als ein
Zeichen dafür gesehen wurden, daß die Zelle zu einem
bestimmten Typ gehört.

Die vielen in diesem Buch angeführten Beispiele für
menschliche Signale zeigen, wie tief das Handicap-Prinzip ins menschliche Leben eingebettet ist. Das Prinzip
kann uns helfen, viele unserer Verhaltensweisen besser zu
verstehen, die sich aus dem Bedürfnis ergeben, fortwährend die Haltbarkeit der Bindungen, die uns unter den
jeweiligen Umständen mit anderen verknüpfen, auf die
Probe zu stellen. Das Handicap-Prinzip zeigt uns auch,
wie die Notwendigkeit zur Zusammenarbeit mit Rivalen
in Menschen wie in anderen Tieren zur Evolution des
Altruismus geführt haben könnte.

Menschen staunen schon lange über die Wunder der
Natur. Das Handicap-Prinzip ist eine von jenen Theorien, die uns zeigen, wie sich die Raffinesse der Natur zu
einem geordneten System fügt – einem System, das logisch einfach und sinnvoll ist und das wir verstehen
können. Ein Bewußtsein und Verständnis für diese alles
durchdringende Ordnung entlockt der Natur womöglich
ihr Geheimnis, lenkt uns aber überhaupt nicht von dem
Staunen ab, das wir fühlen, wenn wir uns in der Welt, in
der wir leben, umschauen. Die Ordnung der Natur
könnte sehr wohl ihr erhabenstes Wunderwerk sein.

ANMERKUNGEN

Einleitung

1 Zahavi, A., 1975, 1977
2 Davis und O'Donald, 1976; Maynard Smith, 1976b; Kirkpatrick, 1986
3 Eshel, 1978a; Pomiankowski, 1987
4 Grafen, 1990a, 1990b
5 Lotem, 1993a; Maynard Smith, 1991a; Collins, 1993

Kapitel 1

1 Siehe Maynard Smith, 1965. Wir erörtern die Problematik der Gruppenselektion in Kapitel 2.
2 Zahavi, 1978b
3 Curio, 1978
4 Marler, 1955
5 Sordal, 1990
6 Morris (1990) beschreibt, wie Jäger von altersher den Instinkt der Vögel, auf ihre Feinde zu hassen, eingesetzt haben, indem sie Vögel mit Hilfe von deren Freßfeinden in Fallen lockten. Ein altes solches Lockmittel für Krähenvögel ist die »Uhle«. Dazu wurde z. B. ein Uhu angekettet auf einen Pfahl gesetzt; Krähen, Elstern und Häher, die ihn entdeckten und auf ihn haßten, wurden dann erlegt.
7 Caro (1994) gibt einen Überblick über neuere Untersuchungen zu Prellsprüngen und auch über frühere Erklärungen für dieses Verhalten. Siehe auch Hasson, 1991a.
8 Zahavi, 1977a, 1987
9 Fitzgibbon und Fanshawe, 1988; Caro, 1994
10 Hasson u. a., 1989
11 Hasson (1991a) gab kürzlich einen Überblick über die Signale, die der Kommunikation zwischen Beute und Beutegreifern dienen und von der Verfolgung abhalten.
12 Smythe, 1970
13 Rhisiart, 1989; Cresswell, 1994
14 Wiklund und Jarvi, 1982
15 Ritland, 1991a, 1991b
16 Eshel, 1988
17 Kruuk, 1972
18 Eshel, 1978a

Kapitel 2

1 Lorenz 1966
2 Maynard Smith und Parker, 1976
3 Zahavi, 1977a
4 Ewer, 1968
5 Baerends und Baerends-van Roon, 1950
6 Clutton-Brock u. a., 1982
7 Zahavi, 1981b
8 Morton, 1977
9 Zahavi, 1982; siehe dazu Kapitel 6.
10 Davies und Halliday, 1978
11 Katsir, 1985, 1995
12 Siehe auch Kapitel 6.
13 Schjelderup-Ebbe, 1992; Lorenz, 1966; Marler und Hamilton, 1966. In Kapitel 12 werden Einzelheiten ausgeführt.
14 Darling, 1937
15 Barrete und Vandal, 1990
16 Lorenz, 1966
17 Eine genauere Erörterung der Nachteile des Modells der Gruppenselektion findet sich bei Dawkins, 1980. Siehe auch Maynard Smith, 1964, 1976a.
18 Lorenz, 1966; Wynne-Edwards, 1986. Williams (1994) verwendet eine andere Definition der »Gruppenselektion« und betont, daß sich seiner Meinung nach Anpassungen nicht »zum Nutzen der Gruppe« entwickelt haben.
19 Siehe Axelrod, 1986; wir erörtern dieses Thema in Kapitel 12 genauer.

Kapitel 3

1 Williams, 1966. Williams Gedanken wurden von R. L. Trivers (1972) weitergeführt, der die Folgerungen daraus überprüfte.
2 Jones und Hunter, 1993
3 Zahavi, A., 1975, 1977a, 1977b
4 Nisbet, 1973, 1977
5 Wilhelm u. a., 1980, 1982
6 O'Donald, 1963
7 Siehe Wynne-Edwards, 1962.
8 Ryan u. a., 1982
9 Clutton-Brock und Albon, 1978
10 Lambrechts und Dohndt, 1986
11 Siehe Kapitel 6.
12 Siehe Kapitel 4.
13 Thornhill, 1992a; Moore, 1988
14 Eisner und Meinwald, 1987, 1995

15 Eisner und Meinwald, 1987
16 McKaye, 1991
17 Christy, 1988
18 Borgia, 1986; Diamond, 1986a, 1986b
19 Frith und Frith, 1990; Diamond, 1991
20 Borgia, 1986
21 Borgia und Collins, 1986
22 Petrie u. a., 1991
23 Møller, 1994
24 Smith und Montgomerie, 1991
25 Smith u. a., 1991
26 Evans und Thomas, 1992
27 Gibson u. a., 1991
28 Petrie u. a., 1991
29 Hoeglund und Montgomerie, 1993
30 Gibson und Hoeglund, 1992
31 Snow, 1976; Foster, 1981
32 McDonald und Potts, 1994
33 Van Rhijn, 1973
34 Hogan-Warburg, 1966
35 Dominey, 1980
36 Taborsky, 1994 erörtert dieses Thema allgemeiner.
37 Darwin, 1859
38 Darwin, 1872
39 Eine genauere Erörterung findet sich in Cronin (*The Ant and the Peacock*), 1991.
40 Fisher, 1930
41 Siehe Andersson, 1994.
42 Siehe Mayr, 1972 zu diesem Thema (S.97): »Darwin nahm einigermaßen naiv an, daß ›die am besten ausgerüsteten Männer‹ auch die stärksten seien und daß ›die attraktiveren‹ Männchen ›zugleich die kräftigeren‹ seien – es gibt jedoch keinen Beweis für eine automatische Korrelation zwischen den beiden Merkmalen.«
43 Diese Art der Lösung für das Problem der Verschwendung bei der Balz berechnet den evolutionären Wert von Eigenschaften nach ihrer Häufigkeit in einer Population. Solche Lösungen wurden später von Maynard Smith »evolutionär stabile Strategien« (ESS) genannt und dazu benutzt, viele andere soziale Phänomene zu erklären. Siehe Maynard Smith, 1976c.
44 Siehe Fisher, 1930, 2. Aufl. (New York: Dover, 1958), S. 155: »Man sollte bei solchen Untersuchungen vielleicht die Möglichkeit bedenken, daß die am besten geschmückten Männchen einen Vorteil bei der Fortpflanzung erhalten, ohne daß die weibliche Präferenz eine Rolle spielt, was analog dazu ist,

wie besondere Waffen einen Vorteil verleihen. Zur Behauptung territorialer Rechte gehören häufige Auseinandersetzungen, aber diese sind keineswegs alles tödliche Kämpfe; die meisten und deshalb aus unserer Sicht wichtigsten Fälle sind jene, in denen es gar nicht zum Kampf kommt, und in denen das eindringende Männchen vom Erscheinungsbild seines Gegners so stark beeindruckt oder eingeschüchtert wird, daß es aus Angst vor dem Schaden einen Konflikt vermeidet. Als Propagandist verhält sich der Hahn, als ob er wüßte, daß es genauso vorteilhaft ist, Männchen wie Weibchen seiner Art zu beeindrucken, und ein stolzes Gehabe mit schönen Federn und triumphierendem Gesang eignet sich sowohl für die Kriegspropaganda wie für das Balzverhalten.« Fisher kann das nicht erklären und fährt fort (S. 156): »Die Reaktion auf Kriegsbemalung sollte bei denen, die sie beeindrucken soll, im Lauf der Evolution dazu führen, daß sie immer weniger auf alle Eindrücke reagieren, die sich nicht aus wirklicher Tüchtigkeit ergeben.«

45 Siehe Alcock, 1993.
46 Andersson, 1994
47 Zahavi, 1981a, 1987, 1991a

Kapitel 4

1 Lorenz, 1966
2 Wallace, 1889
3 Mayr, 1942
4 Smith, 1966, 1967
5 Katzir, 1981a, 1981b
6 Snow, 1976
7 Selander, 1972
8 Zahavi, 1978, 1981, 1987, 1992
9 Siehe dazu Kapitel 5.
10 Barlow, 1972
11 Zahavi, 1978a, 1981a, 1987, 1993
12 Hailman, 1977; Morris, 1990
13 Tinbergen, 1953
14 Siehe Kapitel 8 dazu, welche Vor- und Nachteile zwei Farben gegenüber einer haben.
15 Hamilton und Zuk, 1982
16 Siehe auch Hasson, 1991b.
17 Møller, 1990a, 1992
18 Watson und Thornhill, 1994
19 Thornhill, 1992a, 1992b
20 Parson, 1990
21 Zahavi, 1993
22 Siehe Zahavi, 1978a.

23 Petrie u. a., 1991
24 Ridley, 1981
25 Siehe beispielsweise den Artikel von Gibbs und Grant, 1981, zu Veränderungen der Schnabelgröße nach Klimaveränderungen und Veränderungen der Nahrung bei Finken auf der Daphne-Insel in den Galapagos. Siehe auch Weiner, 1994.
26 Lack, 1968
27 Roper, 1986, Fugle u. a., 1984
28 Jarvi und Bakker, 1984, Norris, 1990
29 Rohwer und Rohwer, 1987, Rohwer und Ewald, 1981
30 Siehe Saino u. a., 1995.
31 Siehe Kapitel 7.
32 Hasson, 1991b
33 Maynard Smith, 1991b
34 Grafen, 1990a, 1990b
35 Hendry u. a., 1984
36 Das könnte bei manchen Enten passiert sein. Das glänzende Gefieder der Erpel auf der Nordhalbkugel zeigt ihre Fähigkeit, Raubfeinden zu entgehen, obwohl sie gut sichtbar sind. Lack (1970) wies darauf hin, daß Erpel auf kleinen, entlegenen Inseln oft sehr unauffällig sind. Es könnte sein, daß die leuchtenden Farben auf kleinen Inseln ohne natürliche Feinde, wo sich jeder Erpel ein leuchtendes Federkleid leisten konnte, ihren Wert als einen zuverlässigen Indikator der Qualität des Erpels verloren, überflüssig wurden und verschwanden. Siehe Zahavi, 1981a.
37 Pond, 1973
38 Naama Zahavi-Ely, persönliche Mitteilung
39 Siehe Zahavi, A., 1987.
40 Borgia, 1966
41 Hunter und Dwyer, in Druck

Kapitel 5

1 Redondo und Castro, 1992
2 Eibl-Eibesfeldt, 1961
3 Huxley, 1914
4 Cullen, 1966
5 Morris, 1957
6 Zahavi, 1980, 1987
7 Simpson, 1968
8 Boake, 1991
9 Krebs und Dawkins, 1984
10 Kruuk, 1972
11 Die Annahme, daß die Fähigkeit, Signale wahrzunehmen, der Evolution eines Signals vorausgehen muß, dient dazu zu er-

klären, warum Tiere gelegentlich auf Signale reagieren, die es in ihrer Art gar nicht gibt (Basolo, 1990, Burley, 1986). Ryan (1990) beschreibt viele solche Fälle und meint, die Vorliebe von Weibchen für bestimmte Klänge oder Farben würde von Männchen ausgenutzt, die diese attraktive Merkmale übernehmen. Er nannte dieses Phänomen »Sinnesausbeutung«. Aber unserer Meinung nach folgt aus der Tatsache, daß Beobachter in der Lage sind, das eine oder andere Signal wahrzunehmen, noch lange nicht, daß sich das Signal in bestimmter Weise entwickelt hat. Offensichtlich wird sich kein Signal entwickeln, wenn der, für den es bestimmt ist, es nicht empfangen kann. Es wird sich jedoch auch nicht entwickeln, wenn der Empfänger die Information für uninteressant oder unzuverlässig hält.

Kapitel 6

1 Zahavi, 1982

2 Katsir (1985, 1991) fand, daß die Inversionsfrequenz des Rufs eines Graudroßlings mit der Körperhaltung des rufenden Vogels zusammenhängt: Sie ist sehr gering, wenn der Graudroßling entspannt in seinem Nest sitzt, höher, wenn er auf einem Baum sitzt und noch höher, wenn er fliegt. Zur Inversionsfrequenz bei Vögeln und ihrer physiologischen Grundlage siehe Greenewalt, (1986), der sich mit den physiologischen Aspekten des Vogelgesangs befaßte.

3 Darwin, 1872

4 Scherer, 1979, 1985

5 Siehe beispielsweise einen Übersichtsartikel von Murray und Arnott zu stimmlichen Gefühlsäußerungen bei Menschen, auf den wir kürzlich aufmerksam gemacht wurden.

6 Rowell, 1962

7 Gaioni und Evans, 1985, 1986a, 1986b

8 Morton und Page, 1992

9 Lambrechts und Dhondt, 1986

10 Es könnte sein, daß die Grundlage des Lügendetektors der Konflikt ist zwischen der Fähigkeit zuzuhören und der Fähigkeit, sich auf das Sprechen zu konzentrieren. Der Mensch, der sich von einem Lügendetektor überprüfen läßt, kann am anderen Ende einer Telefonleitung sein und keine Angst vor einem direkten Angriff haben. Was verhindert, daß die Stimme eines Lügners genau so klingt wie die eines Menschen, der die Wahrheit sagt? Ein wesentlicher Unterschied zwischen einem, der lügt, und einem, der die Wahrheit sagt, ist, daß der ehrliche Mensch eine wahre Geschichte erzählt, die nicht je nach den Umständen abgeändert werden muß, während ein Lügner sich

eine Geschichte ausdenkt, und sein Erfolg von seiner Fähigkeit abhängt, den Zuhörer von etwas zu überzeugen, was nicht wahr ist. Der Lügner muß Mühe aufwenden, um die Geschichte zu erfinden. Und da der Wissensstand des Hörers dem Lügner zu Beginn vielleicht noch unbekannt ist, muß er aufmerksam die Reaktionen des Zuhörers beobachten, um die Geschichte entsprechend anzupassen, sie ein wenig zu verändern – und sich an die Veränderungen zu erinnern –, damit sie überzeugend ist. Diese Konzentration auf den Zuhörer wirkt sich höchstwahrscheinlich auf die Muskeln im Nacken und im Kopf aus, und das wiederum beeinflußt bis zu einem gewissen Grad die Stimme. Vielleicht konzentrieren sich Lügendetektoren auf eben diesen Unterschied (Streeter u. a., 1977). Wenn der Lügner versucht, diese Muskeln zu entspannen, kann er weniger gut zuhören und damit weniger erfolgreich lügen.

11 Anava, 1992
12 Katsir, 1985, 1991, 1995
13 Zahavi, 1978b
14 Payne, 1983
15 Hultsch und Todt, 1986; Todt und Hultsch, 1995
16 Payne, 1983
17 McGregor, 1993
18 Pepperberg, 1991; Kaufman, 1991
19 Ofer Hochberg, persönliche Mitteilung
20 Alan Kemp, persönliche Mitteilung
21 Hultsch und Todt, 1986
22 Loffredo und Borgia, 1986
23 Darwin, 1874
24 Seyfarth u. a., 1980
25 Marler, 1955
26 Siehe Kapitel 12.

Kapitel 7

1 Zuk u. a., 1990
2 Holder und Montgomerie, 1993
3 Darwin, 1871
4 Sutter, 1994
5 Evans und Thomas, 1992
6 Evans, 1991
7 Andersson, 1982
8 Eibl-Eibesfeldt, 1970
9 Siehe auch die Überlegungen zu den Fischflossen in Kapitel 2.
10 Alex Kacelnick wies auf eine logische Schwäche unserer Überlegung hin, daß Mähnen und andere Eigenschaften die scheinbare Größe von Körperteilen vermindern. Letztlich behaupten

393

wir, daß aufgestellte Federn und Haare nicht dazu bestimmt sein können, die scheinbare Größe zu übertreiben, weil Beobachter die Täuschung entdecken können. Aber wir nehmen eine entgegengesetzte Täuschung an, wenn wir behaupten, daß ein Rahmen von gesträubten Haaren oder Federn ein Handicap ist, das die scheinbare Größe des Tieres verringert. Sollten Beobachter diese Täuschung nicht ebenso mißachten, selbst wenn sie auf einer optischen Täuschung beruht (Ponzo-Effekt – siehe Fujita u. a., 1991)? Der Beobachter könnte – da stimmen wir zu – sehr wohl wissen, daß die Mähne die scheinbare Größe der umrahmten Form verkleinert, aber dieser Effekt erschwert es einem etwas größeren Tier, seine überlegene Größe zu zeigen, während seine Überlegenheit ohne die Mähne offensichtlich gewesen wäre. Die Mähne ist ein wirkliches Handicap: Nur ein Individuum, das wesentlich größer ist als ein anderes, kann sich einen Schmuck leisten, der seine scheinbare Größe verringert, ohne seine Fähigkeit zu beeinträchtigen, seine wahre Größe unter Beweis zu stellen.

11 Richard Wagner, persönliche Mitteilung
12 Giora Ilani, persönliche Mitteilung
13 Siehe auch unsere Bemerkungen über die Bärte bei Menschen in den Kapiteln 2 und 18.
14 Darling, 1937
15 Clutton-Brock u. a., 1982
16 Møller, 1991

Kapitel 8

1 Hill, 1990
2 Endler (1983, 1987) Lythgoe (1979), Hailman (1977), Butcher und Rohwer (1989) und andere wie Hamilton, W. J. (1973) und Hingston (1933) haben die Vor- und Nachteile bestimmter Farben untersucht. Sie interessierten sich für das Gleichgewicht zwischen der Auffälligkeit über Entfernungen hinweg einerseits und dem Verschmelzen mit dem Hintergrund andererseits, das Feinde und Beutegreifer vermeiden hilft. Sie untersuchten auch die Empfindlichkeit des Auges für Farben.
3 Mayr und Stresemann, 1950
4 Diamond, 1987
5 Maier, 1993
6 Anderson, S., 1996

Kapitel 9

1 Eisner und Meinwald, 1987, 1995
2 Schneider, 1992
3 Ellis u. a., 1980
4 Gleichzeitig beeinträchtigen jedoch hohe Konzentrationen weiblicher Pheromone die Fähigkeit der Männchen, Weibchen zu *finden*. Bei der biologischen Seuchenkontrolle werden synthetische Hormone dazu eingesetzt, die Männchen zu »verwirren«.
5 Siehe Kapitel 13 zu berauschenden Getränken und dem Wert, den es haben kann, wenn man seine Trinkfestigkeit zur Schau stellt.
6 Nahon u. a., 1995
7 Jackson und Hartwell, 1990a, 1990b
8 Ulloa-Aguirre, 1995
9 Siehe die Literaturangaben in Nahon u. a., 1995.
10 Siehe ebd.
11 Zahavi, 1993
12 Snyder und Bredt, 1992
13 Siehe die Literaturangaben in Nahon u. a., 1995.
14 Zahavi, 1993

Kapitel 10

1 Zahavi, 1979
2 Zahavi, 1971b
3 Morris, 1956
4 Siehe Kapitel 12.
5 Selander, 1972
6 Siehe Kapitel 3.
7 Borgia, persönliche Mitteilung
8 Osztreiher, 1992
9 Spiro, 1963
10 Van Lawick-Goodall, 1970
11 Rasa, 1986

Kapitel 11

1 Trivers, 1974
2 Trivers komplizierte das Problem zusätzlich, indem er behauptete, daß das Kind nach der Verwandtenselektion auch an der Reproduktion seiner Eltern Interesse habe, weil es genetisch seinen Geschwistern ähnelt; siehe Trivers, 1972. Diese Komplikation ist unnötig, wie wir sehen werden, wenn wir uns in Kapitel 13 mit der Verwandtenselektion beschäftigen.
3 Zahavi, 1977a

395

4 Heinroth, 1926
5 Feldman und Eshel, 1982
6 Siehe Redondo und Castro, 1992.
7 Mock, 1984
8 Diamond, 1992
9 Sade, 1972

Kapitel 12

1 Siehe die (Hebräisch geschriebenen) Arbeiten von Pozis (1984), Carmeli (1988), Katsir (1991), Osztreiher (1992), Anava (1992), Kalishov (1996), Perl (1996), Zahavi, T. (1975).
2 Weiter unten in diesem Kapitel stellen wir einige der Daten graphisch dar, die wir bis jetzt gefunden haben und die bisher zumeist nur auf hebräisch vorliegen.
3 Osztreiher, 1996
4 Stachey und Koenig, 1990; Rowland und Russel, 1990
5 Van Lawick-Goodall, 1971
6 Kruuk, 1972
7 Van Lawick-Goodall, 1970
8 Rasa, 1986
9 Sherman u. a., 1991
10 Bonner, 1967
11 Rosenberg, 1984
12 Siehe Maynard Smith, 1964, 1976b
13 Hamilton, 1964
14 Trivers, 1971
15 Axelrod, 1986
16 Axelrod und Hamilton, 1981
17 Es gibt viel Literatur zu diesen Modellen. Siehe eine detaillierte Erörterung und Bibliographie bei Dawkins, 1989, und eine aktuellere in Sigmund, 1993.
18 Stachey und Koenig, 1990
19 Zur Beziehung zwischen Beute und Beutegreifer vgl. Kapitel 1.
20 Zahavi, T., 1975
21 Carlisle und Zahavi, 1986
22 Kalishov, 1996
23 Carlisle und Zahavi, 1986
24 Kalishov, 1996
25 Carmeli, 1988
26 Slagsvold, 1984, 1985
27 Carlisle und Zahavi, 1986; Zahavi, A., 1989
28 Schjelderup-Ebbe, 1922; siehe Marler und Hamilton, 1966
29 Perl, 1996
30 Zahavi, 1988; Perl, 1996
31 Perl, 1996

32 Gaston, 1978. Nur eine indische Graudroßlingsart lebt in Paaren.

33 Komdeur, 1992, 1994

34 Woolfenden und Fitzpatrick, 1984, 1990

35 Koford u. a., 1990

36 Faaborg und Bednarz, 1990

37 Siehe Alexander, 1987; De Waal, 1996

38 Zahavi, A., 1996

39 Ibd

Kapitel 13

1 Siehe eine genaue Erörterung bei Cronin, 1991.

2 Alexander, 1974

3 Siehe Kapitel 14.

4 Wilson, 1971

5 West-Eberhard zeigte bei ihrer Untersuchung von *Polistes canadensis* (1986), daß die Aggression im Nest niedrig ist, wenn eine Königin deutlich das Sagen hat, während die Aggression hoch ist, wenn es auch nur kleine Unterschiede zwischen den Königinnen gibt; dann kann es zwischen den Partnerinnen zu Kämpfen auf Leben und Tod kommen.

6 West, 1969; West-Eberhard, 1984; Gadagkar, 1991; Ito, 1993.

7 Die Wespe *Vespula germanica* wurde von Europäern nach Australien gebracht. Es zeigte sich, daß die Kolonien in tropischen Gegenden den Winter überleben und daß neue Kolonien dieser Art in solchen Gegenden durch Koalitionen mehrerer Königinnen gebildet werden. Siehe Ito, 1993.

8 Wilson, 1971; Heinze u. a., 1994

9 Trivers, 1985

10 Es könnte sein, daß einige Arbeiterinnen tatsächlich das Arbeiten vermeiden, aber das erfordert keine besondere Erklärung. Was erklärt werden muß, ist, daß die meisten Arbeiterinnen sich für die Kolonie einsetzen.

11 West, 1969

12 Gadagkar, 1991; Heinze u. a., 1994

13 Marler und Hamilton (1966) definieren Pheromone als Chemikalien, die von einem Individuum abgegeben werden, um bei einem Artgenossen eine bestimmte Reaktion hervorzurufen. In der Regel sind Pheromone Mischungen von Chemikalien, und in den meisten Fällen sind ihre Komponenten unbekannt. Wir verwenden darum die Bezeichnung Königinsubstanz, ohne genauer auf die Zusammensetzung einzugehen.

14 Ishay u. a. (1967, 1968) fanden, daß die Arbeiterinnen der orientalischen Hornisse nicht dazu in der Lage sind, durch den Prozeß der sogenannten Glykoneogenese aus Proteinen

Zucker zu gewinnen. Sie füttern die Larven mit Proteinen und fressen Zucker, den sie von den Larven bekommen. Falls man ein solches gegenseitiges Füttern zwischen Larven und erwachsenen Arbeiterinnen auch bei anderen sozialen Insekten findet, wäre das ein Hinweis auf einen weiteren Grund – vermutlich den wichtigsten –, warum Arbeiterinnen die Larven füttern und versorgen. Dieses sehr interessante Gebiet muß jedoch erst noch besser erforscht werden.

15 Winston und Slessor, 1992

16 Engels und Imperatriz-Fonseca, 1990

17 Van der Blom, 1986

18 Roseler und Honk, 1989; siehe auch Velthuis, 1990.

19 Diamond, 1990, 1992

20 Veblen, 1899

21 Trivers, 1974, 1985. Man beachte, daß nach dieser Definition ein Wirt, der sich um den Nachwuchs seines Parasiten kümmert, ein Altruist ist; tatsächlich definiert Trivers den Begriff so (1985). Andererseits kann dann ein Helfer, der von Anfang an steril ist und dessen Fortpflanzungsrate deswegen nicht noch weiter sinken kann, nicht altruistisch genannt werden.

22 Trivers, 1971

23 Hamilton, 1964

24 Dawkins, 1989

25 Die Rechnung geht so: Bei Tieren, die sich geschlechtlich vermehren, kommt eine zufällige Hälfte der Gene von der Mutter und die andere vom Vater. Manchmal sind die Gene eines Elternteils nicht identisch mit den Genen des anderen Elternteils. Da das Individuum willkürlich das eine oder das andere Gen erbt, beträgt die Wahrscheinlichkeit 50 Prozent, daß ein bestimmtes Allel, das in einem Individuum gefunden wird, auch in seinem Geschwister ist, und 25 Prozent, daß es auch in den Kindern der Geschwister ist (eine Wahrscheinlichkeit von 50 Prozent multipliziert mit einer Wahrscheinlichkeit von 50 Prozent).

26 Eine genaue Erörterung dieser Theorie findet sich in jedem Buch über Soziobiologie. Siehe beispielsweise Trivers, 1985; Dawkins, 1989; Wilson, 1975; West-Eberhard, 1975; Krebs und Davies, 1993.

27 Termitennymphen sind wie die Larven von Ameisen, Wespen und Bienen auf die Ernährung durch die Arbeiterinnen angewiesen. Wie bei den Hymenopteren sind auch die Arbeiterinnen bei den Termiten nicht völlig unfruchtbar, und ihr Schicksal hängt davon ab, wie sie aufgezogen werden. Um die Vorgänge in einer Termitenkolonie zu verstehen, müßte man herausfinden, was Individuen davon abhalten kann, sich selbständig zu ma-

chen, und welchen Nutzen die Dienstleistungen, die die Arbeiter für die Kolonie erbringen, für sie als Individuen hat.

28 Wilson, 1975; Krebs und Davies, 1993

29 Gadagkar, 1991

30 Hölldobler und Wilson, 1990, berichten in ihrem Buch über Ameisen von Arbeiterinnen der Honigtopfameise *Myrmecocystis mimicus* und der Diebsameise *Solenopsis invuca*, die zum größten Nest der Umgebung ziehen und ihre Mütter in dem Nest, in dem sie geschlüpft sind, verhungern lassen. Solche Befunde laufen der Theorie der Verwandtenselektion entgegen, passen aber gut zu unserem Vorschlag, daß die Arbeiterinnen sich die Kolonie aussuchen, in der ihre Aussichten auf erfolgreiche Fortpflanzung am günstigsten sind.

31 Haldane, 1932, 1955

32 Motro und Eshel, 1988, Eshel und Motro, 1988

33 Tatsächlich fragen sich einige Forscher, die die Theorie der Gruppenselektion noch für eine gültige Theorie halten, warum die meisten ihrer Kollegen die Verwandtenselektion für gültig halten, Modelle der Gruppenselektion jedoch ablehnen. Siehe Wilson und Sober, 1994.

34 Zahavi, 1995

35 Zahavi, 1974, 1989; Woolfenden und Fitzpatrick, 1990; Komdur, 1994

36 Gadagkar und Joshi, 1983

37 Darwin, 1871

38 Hölldobler und Wilson, 1990

39 Dawkins, 1989

40 West, 1969

41 Roseler und Honk, 1989, bemerken, daß junge Hummelköniginnen in den ersten Tagen nach ihrem Schlüpfen aus der Puppe beginnen, um die Dominanz zu kämpfen.

42 Zahavi, 1995

Kapitel 14

1 Trivers, 1972, erörterte im einzelnen die Folgerungen aus dem Interessenkonflikt zwischen den Geschlechtern; seitdem haben sich viele mit diesem Thema beschäftigt. Wir wollen hier nicht seine Behandlung des Themas in Frage stellen, sondern lediglich einige Beobachtungen aus unserer eigenen Perspektive hinzufügen.

2 Selander, 1965, 1972; Orians, 1969; Emlen und Oring, 1977.

3 Gustafson, 1989; Beissinger, 1986; Beissinger und Snyder, 1987.

4 Dawkins und Carlisle, 1977.

5 Scott, 1988, Owen und Black, 1989; Forslund, 1990.

6 Newton, 1989; Gustafson, 1989

7 Siehe Gustafson, 1989.
8 Montgomerie, 1986; Zahavi, 1986.
9 Zahavi, 1988a; Perl, 1996
10 Møller, 1990
11 Morton u. a., 1990; Wagner u. a., 1996
12 Zilberman, 1991
13 Goldstein u. a., 1986
14 Sugiyama, 1967
15 Timna, persönliche Mitteilung; Ilani, persönliche Mitteilung
16 Trivers, 1972
17 Reyer, 1990
18 Munehara u. a., 1994
19 Kraak, 1994
20 Fishman, 1977 (Hebräisch)
21 Moreno u. a., 1994
22 Leader, 1996
23 Orians und Beletsky, 1989
24 Emlen und Oring, 1977; Emlen u. a., 1989
25 Gustafson, 1989

Kapitel 15

1 Diese Beschreibung basiert auf Bonner (1991) und Nanjundiah und Saran (1992).
2 Siehe Atzmony u. a., 1997.
3 cAMP ist ein chemischer Stoff, der in allen Lebewesen – von Bakterien bis zu Säugetieren, einschließlich des Menschen – viele Aufgaben erfüllt. Man hält ihn für einen sekundären Botenstoff, der Stimuli von der Zellmembran in das Zellinnere übermittelt.
4 Shaulski und Loomis, 1993, fanden Anzeichen dafür, daß einige der Amöben, die schließlich zu Sporen wurden, Vorstiel gewesen waren. In anderen Worten: Am Ende der Wanderung und der Stielbildung schaffen es einige der Vorstiel-Amöben, Sporen zu werden.
5 Siehe Atzmony u. a., 1997.
6 Bruce Levin, persönliche Mitteilung
7 Atzmony und Nanjundiah, persönliche Mitteilung
8 Siehe Rosenberg, 1984.
9 Siehe Zahavi und Ralt, 1984.
10 Shaulski und Loomis, 1995

Kapitel 16

1 Dawkins und Krebs, 1979; Rothstein, 1990
2 Davies und Brook, 1989
3 Lotem u. a., 1991, 1995
4 Lotem schrieb eine weitere Arbeit über die Gefahren, die es mit sich bringt, wenn sich die Fähigkeit herausbildet, den Nestling eines Schmarotzers zu erkennen und ihn im Stich zu lassen oder aus dem Nest zu werfen. Siehe Lotem, 1993b.
5 Untersuchungen von Yoram Shpirer, Amotz Zahavi, Arnon Lotem und Steve Rothstein.
6 Soler u. a., 1995
7 Zahavi, A., 1979
8 Siehe Kapitel 3, 12 und 14.
9 Newton, 1989b; Scott, 1988; Owen und Black, 1989
10 Yom-Tov, 1989
11 Ingle, 1911; Wyllie, 1975; Witherby u. a., 1949
12 Zahavi, 1979
13 Soler u. a., 1995
14 J. Tengo, Universität Uppsala, Schweden, persönliche Mitteilung.
15 Tengo, 1984
16 Sorensen, persönliche Mitteilung
17 Smith u. a., 1984
18 Oberski, 1975; Kuris, 1974
19 Schwammberger, 1993
20 Salyers und Whitt, 1994

Kapitel 17

1 Zahavi, 1971a
2 Ward, 1965
3 Darling, 1938
4 Leider starb Ward, der Partner, mit dem Amotz den Gedanken der Informationsbörsen entwickelte, schon in jungen Jahren.
5 Ward und Zahavi, 1973
6 Parker-Rabenold, 1978; Broom u. a., 1976; Heinrich, 1988
7 Brown, 1986
8 Heinrich, 1988
9 Wagner, 1996
10 Zahavi, 1983, 1995
11 Ward, 1972
12 Feare u. a., 1974
13 Heredia u. a., 1991; Hiraldo u. a., 1993
14 Bucher, 1992
15 Wynne-Edwards, 1962

16 Marx, persönliche Mitteilung

17 Veblen, 1899

18 Ibid

19 Siehe Wynne-Edwards, 1962.

20 In unserem ersten Artikel über Informationsbörsen (Ward und Zahavi, 1973) gaben wir selbst eine Begründung, die auf der Gruppenselektion beruhte. Wir haben seitdem diesen frühen Irrtum erkannt und vorgeschlagen, andere Erklärungen für das Imponiergehabe an Gemeinschaftsplätzen zu suchen (Zahavi, 1985b). Wir erörtern diese Probleme auch in unserer Entgegnung auf einen Artikel von Richner und Heeb (Zahavi, 1996).

21 Zahavi, 1983, 1995

22 Siehe Kapitel 1.

Kapitel 18

1 Shepher, 1983

2 Hess, 1965

3 Eibl-Eibesfeldt, 1971

4 Siehe Kapitel 8.

5 2. Sam. 20,9

6 Siehe Kapitel 7.

7 Morris, 1967

8 Caro und Seller, 1990

9 Sever und Mendelsohn, 1989

10 De Waal, 1995

11 Strahle, 1988

12 Siehe Kapitel 10.

13 Zahavi, 1971b

14 Trivers, 1985

15 Wagner, 1996

16 Siehe Kapitel 11.

17 Der Graupapagei Alex; siehe Pepperberg, 1991.

18 Eine Ausnahme sind die hoch sozialen Bienen, Wespen, Ameisen und Termiten, zu deren Gemeinschaften Tausende Einzeltiere gehören.

19 Die Unterschiede zwischen einer Sprache mit nichtverbalen Lauten und einer Wortsprache ist wie der Unterschied zwischen einem analogen und einem digitalen Tachometer. Die Nadel eines analogen Tachometers ermöglicht es uns, die Geschwindigkeit ziemlich genau abzuschätzen, selbst wenn auf dem Ziffernblatt nur zwei oder drei Ziffern zu sehen sind. Ein digitales Tachometer, das Ziffern zeigt, ist auf die Präzision dieser Ziffern beschränkt. Falls sich die Ziffern nur dann verändern, wenn sich die Stundengeschwindigkeit um jeweils fünf Kilometer verän-

dert, zeigt das digitale Tachometer keine Unterschied zwischen, sagen wir, 16 und 19 km/h – ein analoges Gerät aber wohl.

20 Zahavi, 1980
21 Frith und Frith, 1990; Diamond, 1991
22 Siehe Kapitel 4.
23 Benedict, 1946
24 Bakal, 1979
25 Veblen, 1899

LISTE DER ABBILDUNGEN

Dorcasgazelle ... **13**
Prellsprünge der Thompson-
gazelle ... **15**
Pfau ... **16**
Eine Familie von Graudroßlin-
gen ... **19**
Gepard ... **23**
Graudroßling auf der Sitz-
warte ... **24**
Sperber ... **25**
Graudroßlinge, auf eine Eule has-
send ... **28**
Jagende Wildhunde ... **31**
Merlin auf der Hand eines Falk-
ners ... **32**
Schwalbenschwanzraupe ... **34**
Tiger ... **35**
Ein Falke und ein Schwarm
Stare ... **39**
Kämpfende Steinböcke ... **41**
Parallel schwimmende Buntbar-
sche ... **42**
Bärtiger Mann, nach Leo-
nardo ... **45**
Buntbarsch mit aufgestellten Flos-
sen, die anders gefärbt sind als der
Körper ... **46**
Kröten ... **49**
Sheriff in Drohhaltung ... **52**
Hund ... **53**
Seeschwalben beim Fischchen-
spiel ... **57**
Wassermolch mit Hochzeitskra-
gen ... **58**
Rosapelikan mit Schnabelhök-
ker ... **61**
Ein Landgut ... **63**
Balzender Seidenlauben-
vogel ... **67**
Balzender Pfau ... **69**
Rauchschwalbe ... **70**

Balzende Schnurr-
vögel ... **74**
Kampfläufer mit heller
Krause ... **75**
Balzender Leierschwanz ... **77**
Hahn ... **81**
Hirsch ... **83**
Mehrere Entenarten im Flug ... **87**
Känguruh ... **89**
Graudroßlinge, männlich (oben) und
weiblich (unten) ... **90**
Verzierter Teller ... **94**
Preußenfisch ... **96**
Zebrabärbling ... **96**
Zebra ... **96**
Heringsmöwe ... **98**
Federn in unterschiedlichem Ab-
nutzungszustand ... **101**
Pfauenfeder mit Auge ... **103**
Schmetterling ... **103**
Konvergenz − Zitronenpieper
(Macronyx) und Wiesenstärling
(Sturnella) ... **106**
Rotschwanzwürger ... **107**
Rennvogel ... **108**
Kohlmeise ... **109**
„Statussymbole" ... **112**
Spitzenkragen, nach Ru-
bens ... **115**
Balzende Barttrappe ... **117**
Balzender Paradies-
vogel ... **118**
Wölfe − ein dominanter und ein
rangtiefer ... **119**
Sperrende Nestlinge ... **119**
Ein Wettlauf ... **124**
Fischreiher beim Abflug ... **126**
Gazelle, spielerisch sprin-
gend ... **129**
Heulende Wölfe ... **131**
Brandgansküken ... **134**

Haubenlerche . . . 143
Grüne Meerkatze . . . 145
Graudroßling, der beim Hassen seine
Flügel hebt . . . 146
Ein Hund bei der Ausbil-
dung . . . 149
Hahn . . . 151
Webervogelmännchen im
Flug . . . 153
Stummelaffe mit Mähne und
rasiertem Kopf . . . 155
Orang-Utan-Männchen und Säug-
ling . . . 156
Schopfwachtel . . . 158
Breitmaulnashorn . . . 159
Südlicher See-Elefant . . . 161
Steinbock . . . 161
Hörner . . . 165
Seidenreiher . . . 167
Haubentaucher . . . 168
Röhrender Hirsch . . . 169
Schwarzrückenschmätzer und
Wüstenschmätzer . . . 171
Schwänze von Schmätzern –
Steinschmätzer, Mittelmeerschmät-
zer, Isabelschmätzer, Wüsten-
schmätzer . . . 172
Rabe . . . 173
Ballerina beim Üben . . . 175
Ballerina bei der Auffüh-
rung . . . 175
Trauerschwan und Spaltfuß-
gans . . . 179
Humboldtpinguin . . . 181
Männliche Motten umschwärmen
eine weibliche Motte . . . 183
Weibliche Motte, Pheromon abge-
bend . . . 195
Zusammenhockendes Bülbülweib-
chen und Männchen . . . 199
Bachstelzenmännchen und -weib-
chen im Winter . . . 202
Balzender Pfau, dem Weibchen
den Rücken zuwen-
dend . . . 204

Zusammenhockende und fremdfüt-
ternde Graudroßlinge . . . 206
Schwalben auf Leitungsdrähten,
Abstand haltend . . . 208
Pioniere beim Tanz . . . 210
Haubentaucher, sein Junges tra-
gend . . . 211
Kätzchen hoch im Baum . . . 213
Wildschweinsau mit Frischlin-
gen . . . 215
Nestlinge der Schreieule . . . 217
Pinguin mit Küken . . . 218
Graudroßling, am Nest füt-
ternd . . . 221
Beringter Graudroßling-
fang . . . 223
Graudroßlinge beim Spiel . . . 229
Zwergmungos . . . 234
Nestlinge der Graudroß-
linge . . . 238
Fremdfüttern bei erwachsenen
Graudroßlingen . . . 240
Graudroßlinge, auf eine Schlange
hassend . . . 243
Graudroßling . . . 247
Schlafende Graudroßlinge auf einem
Zweig . . . 248
Fliegender Graudroßling . . . 252
Kämpfende Graudroßlinge . . . 259
Graudroßling-Landschaft . . . 262
Allofeeding bei Ameisen . . . 263
Arbeiterbiene versorgt die Waben
eines Bienenstocks . . . 266
Nest von Apis dorsata . . . 269
Königinnenzelle in einem
Stock . . . 272
Königin mit Gefolge . . . 276
Termitenkolonie . . . 282
Nest von Polistes cana-
densis . . . 291
Habichtpaar . . . 291
Stelzenläufer bei der Ablösung am
Nest . . . 295
Männchen von Alcichthys alci-
cornis umsorgt die Eier . . . 296

Rotstirn-Jassana ... **299**

Lebenszyklus zellulärer Schleimpilze, nach Bonner ... **303**

Dictyostelium, zusammenkom-
mend ... **308**

Fruchtkörper von Dictyostelium
discoideum ... **311**

Fruchtkörper der Myxobakterie
Chondromyces crocatus ... **315**

Wüstenprinie beim Füttern eines
Kuckucksjungen ... **317**

Eier eines Kuckucks und seiner
Wirtin ... **319**

Ein Kuckucksnestling wirft das Ei
eines Teichrohrsängers aus dem
Nest ... **320**

Häherkuckuck ... **323**

Ritter in seiner Rüstung ... **326**

Kuhstärling ... **328**

Ein Hund nimmt Futter von seinem
Herrn ... **331**

Bacteriophage T4 ... **332**

Sandflughühner sammeln sich an
einer Wasserstelle ... **335**

Brutkolonie von Blutschnabel-
webern ... **338**

Saatkrähen ... **340**

Möwen, nach Nahrung tau-
chend ... **343**

Starenschwarm in der Nähe eines
Versammlungsplatzes ... **348**

Frisur nach Leonardo ... **351**

Geschminktes Auge ... **353**

Dichte Augenbrauen, nach Leonardo ... **354**

Gesicht eines Kleinkinds und eines
alten Menschen ... **356**

Masken – Hexe und
Clown ... **357**

Frauenideal – früher ... **360**

Halsband ... **363**

Händehalten bei Lieben-
den ... **365**

Kopulierende Stachel-
schweine ... **366**

Der Graupapagei Alex ... **371**

Höhlenmalerei ... **375**

Bemaltes Gesicht ... **376**

Spendendose ... **381**

BIBLIOGRAPHIE

Die Übersetzerin fühlt sich vielen hilfreichen Menschen, besonders aber Frau Lohding und Herrn Steinigeweg, Kennern und Freunden nicht nur tropischer Vögel, für freundliche und geduldige Beratung zu tiefem Dank verpflichtet.
Zum Auffinden der deutschen Namen der im Buch erwähnten Tiere halfen vor allem:

Handbuch der Vögel Mitteleuropas, 14 Bde., Wiesbaden: Aula 1996 ff.
Pareys Vogelbuch, Hamburg–Berlin 1988
Bernard, Raimar, Vogelnamen. Deutsch – Englisch – Latein, Wiesbaden: Aula 1993.

Interessante und aufschlußreiche Information über die Graudroßlinge vermittelt der Film von R. und F. Lammers, Sozialverhalten des Graudroßlings *(Turdoides squamiceps)* Film D 1651, Sektion Biologie, Serie 19, Nummer 23, 1987, Institut für den wissenschaftlichen Film, Göttingen, Nonnenstieg 72, Göttingen, 0551-202204

Deutsche Bücher zum Thema:
Bezzel, E. 1985. *Kompendium der Vögel Mitteleuropas,* Wiesbaden: Aula
–. 1995. *Handbuch Vögel, München:* BLV
Lorenz, Konrad 1965. *Über tierisches und menschliches Verhalten,* München: Piper
Reicholt, Josef H. 1992. *Der schöpferische Impuls,* Stuttgart: DVA

Alcock, J. 1975. 5. Aufl. 1993. *Animal behaviour. – An evolutionary approach,* Sunderland, MA: Sinauer Associates.
Alexander, R. D. 1974. The evolution of social behaviour, in: *Ann. Rev. Ecol. Syst.* 5, S. 325-83.
–. 1987. *The Biology of Moral Systems,* New York: Aldine De Gruyter.
Anava, A. 1992. The value of mobbing behaviour for the individual babbler *(Turdoides squamiceps)* (auf hebräisch). Manuskript, Ben-Gurion University of the Negev.
Anderson, S. 1996. Bright UV colour in the Asian whistling thrushes, in: *Proc. R. Soc. Lond. B.* 263, S. 843-848.
Andersson, M. 1982. Female choice selects for extreme tail length in widow birds, in: *Nature* 299, S. 818-20.
–. 1994. *Sexual selection,* Princeton: Princeton University Press.
Axelrod, R. 1986. An Evolutionary approach to norms, in: *Amer. Politic Sci. Rev.* 80, S. 1095-1111.

Axelrod, R., und W. D. Hamilton. 1981. The evolution of cooperation, in: *Science* 211, S. 1390-96.

Baerends, G. P., und J. M. Baerends-van Roon. 1950. An introduction to the study of the ethology of cichlid fishes, in: *Behaviour*
(suppl.) 1, S. 1-242.

Bakal, C. 1979. *Charity U.S.A.: An investigation into the hidden world of
the multi-billion dollar charity industry,* New York: Times Books.

Barlow, J. W. 1972. The attitude of fish eye-lines in relation to body
shape and to stripes and bars, in: *Copeia* 72, S. 4-12.

Barrete, C., und D. Vandal. 1990. Sparring, relative antler size and
assessment in male caribou, in: *Behav. Ecol. Sociobiol.* 26, S. 383-87.

Basolo, L. A. 1990. Female preference predates the evolution of the
sword in swordfish, in: *Science* 250, S. 808-10.

Beissinger, S. R. 1986. Demography, environmental uncertainty and
the evolution of mate desertion in the snail kite, in: *Ecology* 67,
S. 1445-59.

Beissinger, S. R., und N. F. R. Snyder. 1987. Mate desertion in the
snail kite, in: *Anim. Behav.* 35, S. 477-87.

Benedict, R. 1955. *Urformen der Kultur,* Hamburg: Rowohlt.

Blom, J. van der. 1986. Reproductive dominance within colonies of
Bombus terrestris, in: *Behaviour* 97, S. 37-49.

Boake, C. R.-B. 1991. Coevolution of senders and receivers of
sexual signals: genetic coupling and genetic correlations, in: *Tree*
6, S. 225-27.

Bonner, J. T. 1967. *The cellular slime molds,* Princeton: Princeton
University Press.

Borgia, G., 1986. Sexual selection in bowerbirds, in: *Sci. Amer.* 254,
S. 70-79.

Borgia, G., und K. Coffins. 1986. Feather stealing in the satin
bowerbird *(Ptilonorhynchum violaceus)*: Male competition and the
quality of display, in: *Anim. Behav.* 34, S. 727-38.

Broom, D. M., W. J. A. Dick, C. E. Johnson, D. I. Sales und A. Zahavi. 1976. Pied wagtail roosting and feeding behaviour, in: *Bird
Study* 23, S. 267-80.

Brown, C. R. 1986. Cliff swallow colonies as information centers,
in: *Science* 234, S. 83-85.

Bucher, E. H. 1992. The causes of extinction of the passenger
pigeon, in: *Current Ornithol.* 9, S. 1-26.

Burley, N. 1986. Sexual selection for aesthetic traits in species with
biparental care, in: *Amer. Nat.* 127, S. 415-45.

Burley, N., G. Krantzberg und P. Radman. 1982. Influence of
colour-banding on the conspecific preferences of zebra finches,
in: *Anim. Behav.* 30, S. 444-55.

Buss, L. W. 1987. *The evolution of individuality,* Princeton: Princeton
University Press.

Butcher, G. S., und S. Rohwer. 1989. The evolution of conspicuous and distinctive coloration for communication in birds, in: *Current Ornithol.* 6, S. 51-108.

Carlisle, T. R., und A. Zahavi. 1986. Helping at the nest, autofeeding and social status inimmature Arabian babblers, in: *Behav. Ecol. Sociobiol.* 18, S. 339-51.

Carmeli, Z. 1988. Mobbing behaviour in the Arabian babbler *(Turdoides squamiceps)* (auf hebräisch). Manuskript, Hebräische Universität, Jerusalem.

Caro, T. M. 1994. Ungulate antipredator behaviour: Preliminary and comparative data from African bovids, in: *Behaviour* 128, S. 189-228.

Caro, T. M., und D. W. Seller. 1990. The reproductive advantages of fat in women, in: *Ecol. and Sociobiol.* 11, S. 51-66.

Christy, J. H. 1988. Pillar function in the fiddler crab *Uca beebei.* II: Competitive courtship signalling, in: *Ethology* 78, S. 113-28.

Clutton-Brock, T. H., und S. D. Albon. 1978. The roaring of reddeer and the evolution of honest advertising, in: *Behaviour* 69, S. 143-69.

Clutton-Brock, T. H., F. E. Guinness und S. D. Albon. 1982. *Red Deer. – The Behaviour and Ecology of Two Sexes*, Chicago: University of Chicago Press.

Collins, S. 1993. Is there only one type of male handicap?, in: *Proc. R. Soc. Lond. B.* 252, S. 193-97.

Cresswell, W. 1994. Song as a pursuit-deterrent signal und its occurrence relative to other anti-predation behaviours of skylark *(Alauda arvensis)* on attack by merlins *(Falco columbarius),* in: *Behav. Ecol. Sociobiol.* 34, S. 217-23.

Cronin, H. 1991. *The ant and the peacock*, Cambridge: Cambridge University Press.

Cullen, J. M. 1966. Reduction of ambiguity through ritualization, in: *Phil. Trans., R. Soc. B.* 25/1, S. 363-74.

Curio, E. 1978. The adaptive significance of avian mobbing, in: *Z. Tierpsychol.* 48, S. 175-83.

Darling, F. F. 1937. *A Herd of Red Deer*, Oxford: Oxford University Press.

–. 1938. *Birdflocks and the breeding cycle*, Cambridge: Cambridge University Press.

Darwin, C. 1859. *On the origin of species by means of natural selection, or the preservation of favoured races in the struggle for life*, London: John Murray.

dt.: *Über die Entstehung der Arten durch natürliche Zuchtwahl oder die Erhaltung der begünstigten Rassen im Kampf ums Dasein*, Stuttgart 1920.

–. 1871. *The descent of man and selection in relation to sex*, Facsimile, Princeton: Princeton University Press, 1981.

dt.: *Die Abstammung des Menschen und die geschlechtliche Zuchtwahl.* Stuttgart.

–. 1872. *The expression of the emotions in man and animals,* London: John Murray.

dt.: *Der Ausdruck der Gemütsbewegungen bei dem Menschen und den Tieren,* Stuttgart.

Davies, N. B. und M. Brook. 1989. An experimental study of coevolution between the cuckoo *Cuculus canorus* and its hosts. II. Host egg markings, chick discrimination and general discussion, in: *J. Anim. Ecol.* 58, S. 225-36.

–. 1991. Die Koevolution des Kuckucks und seiner Wirte, in: *Spek. d. Wiss.* Mai, S. 94-101.

Davies N. B., und T. R. Halliday. 1978. Deep croaks and fighting assessment in toads *(Bufo bufo),* in: *Nature* 274, S. 683-85.

Davis, G. W. F., und P. O'Donald. 1976. Sexual selection for a handicap: A critical analysis of Zahavi's model, in: *J. Theor. Biol.* 57, S. 345-54.

Dawkins, R. 1989. *The selfish gene.* 2. Aufl., Oxford: Oxford University Press.

dt.: 1995. *Das egoistische Gen Spektrum,* Heidelberg: Akad. Verl.

Dawkins, R., und T. R. Carlisle. 1976. Parental investment, mate desertion and a fallacy, in: *Nature* 262, S. 131-33.

Dawkins, R., und J. R. Krebs. 1979. Arms races between and within species, in: *Proc. Roy. Soc. Lond. B.* 205, S. 489-11.

De Waal, F. B. M. 1995. Die Bonobos und ihre weiblich bestimmte Gemeinschaft, in: *Spekt. d. Wiss.,* S. 76-93.

–. 1996. *Good natured: the origins of right and wrong in humans and other animals,* Cambridge, MA: Harvard University Press.

–. 1991. *Wilde Diplomaten.* München: Hanser.

Diamond, J. 1986a. Animal art. Variation in bower decorating style among male bowerbirds *(Amblyornis inornatus),* in: *Proc. Natl. Acad. Sci. USA.* 83, S. 3042-46.

–. 1986b. Biology of birds of paradise and bowerbirds, in: *Ann. Rev. Ecol. Sys.* 17, S. 17-27.

–. 1987. Flocks of brown and black new-guinean birds: A bicoloured mixed-species foraging association, in: *Emu* 87, S. 201-11.

–. 1990. Kung fu kerosene drinking, in: *Natural History* 7, S. 20-24.

–. 1992. *The rise and fall of the third chimpanzee,* London: Radius.

Diamond, J. M. 1991. Borrowed sexual ornaments, in: *Nature* 349, S. 105.

Dominey, W. J. 1980. Female mimicry in male bluegib sunfish-a genetic polymorphism? in: *Nature* 284, S. 546-48.

Eibl-Eibesfeldt, I. 1961. The fighting behavior of animals, in: *Sci. Amer.* 205, S. 112-28.

–. 1970. *Grundlagen der vergleichenden Verhaltensforschung.* München: Piper.

–. 1970, *Liebe und Haß.* München: Piper.

Eisner, T., und J. Meinwald. 1987. Alkaloid-derived pheromones and sexual selection in Lepidoptera, in: *Pheromene biochemistry,* Hg. G. D. Prestwich und G. J. Blomquist, S. 251-69, Orlando, FL: Academic Press.

–. 1995. The chemistry of sexual selection, in: *Proc. Natl. Acad. Sci. USA* 92, S. 50-55.

Ellis, P. E., L. C. Brimacombe, L. J. McVeigh und A. Dignan. 1980. Laboratory experiments on the disruption of mating in the Egyptian cotton leafworm *Spodoptera littoralis* (Lepidoptera: Noctuidae) by excesses of female pheromones, in: *Bull. Ent. Res.* 70, S. 673-84.

Emlen, S. T., N. J. Demong und D. J. Emlen. 1989. Experimental induction of infanticide in female wattled jacanas, in: *Auk* 106, S. 1-7.

Emlen, S. T. und L. W. Oring. 1977. Ecology, sexual selection and the evolution of mating systems, in: *Science* 197, S. 215-23.

Endler, J. A. 1983. Natural and sexual selection on color patterns in Poeciliid fishes, in: *Environ. Biol. of Fishes* 9, S. 173-90.

–. 1987. Predation, fight intensity and courtship behaviour in *Poecilia reticulata* (Pisces: Poeciliidae), in: *Anim. Behav.* 35, S. 137-85.

Engels, W., und V. L. Imperatriz-Fonseca. 1990. Caste development, reproductive strategies and control of fertility in honey bees and stingless bees, in: *Social insects,* W. Engels, Hg., 167-230. Berlin: Springer.

Eshel, I. 1978a. A critical defence of the handicap principle, in: *J. Theor. Biol.* 70, S. 245-50.

–. 1978b. On a prey-predator nonzero-sum game and the evolution of gregarious behavior of evasive prey, in: *Amer. Nat.* 112, S. 787-95.

Eshel, I., und U. Motro. 1988. The three brothers' problem-kin selection with more than one potential helper. 1: The case of immediate help, in: *Amer. Nat.* 132, S. 550-66.

Evans, C. S. 1985. Display vigour and subsequent fight performance in the Siamese fighting fish *Betta splendens,* in: *Behavioural Processes* 11, S. 113-21.

Evans, M. R., 1991. The size of adornments of male scarlet-tufted malachite sunbirds varies with environmental conditions, as predicted by handicap theories, in: *Anim. Behav.* 42, S. 797-803.

Evans, M. R., und A. L. R. Thomas. 1992. The aerodynamic and mechanical effects of elongated tails in the scarlet-tufted malachite sunbird: the cost of a handicap, in: *Anim. Behav.* 43, S. 337-47.

Ewer, R. F. 1968. *Ethology of mammals,* London: Logos Press.

Faaborg, J., und J. C. Bednarz, 1990. Galapagos and Harris' hawks: Divergent causes of sociality in two raptors, in: *Cooperative breeding in birds*, P. B. Stacey und W. D. Koenig, Hg., S. 357-84. New York: Cambridge University Press.

Feare, C. J., G. M. Dunnet und I. J. Patterson. 1974. Ecological studies of the rook *(Corvus frugilegus L.)* in north-east Scotland; Food intake and feeding behavior, in: *J. Appl. Ecol.* 11, S. 867-896.

Feldman, M. W., und I. Eshel. 1982, On the theory of parent-offspring conflict: A two-locus genetic model, in: *Amer. Nat.* 119, S. 285-92.

Fisher, R. A. 1930. *The genetical theory of natural selection*, London: Clarendon Press.

Fishman, L. 1977. Wheatears-five warning systems against snakes (auf hebräisch), in: *Teva Va'aretz* 19, S. 198.

FitzGibbon, C. D. und J. H. Fanshawe. 1988. Stotting in Thompson's gazelle: An honest signal of condition, in: *Behav. Ecol. Sociobiol.* 23, S. 69-74.

Forslund, P. 1990. Mate change reduces reproduction in the barnacle goose *(Branta leucopsis)* – the advantage of having an old partner, *Acta XX Con. Inter. Ornithol.*, S. 470.

Foster, M. S. 1981. Cooperative behavior and social organization in the swahow-tailed manakin *(Chiroxiphia caudata)*, in: *Behav. Ecol. Sociobiol.* 9, S. 167-77.

Frith, C. B., und D. W. Frith. 1990. Archbold's bowerbird, *Archboldia papuensis* (Ptdonorhynchidae), uses plumes from king bird of paradise, *Ptelidophora alberti* (Paradisaeidae), as bower decoration, in: *Emu* 90, S. 13-37.

Fugle, G. N., S. I. Rothstein, C. W. Osenberg und M. A. McFinley. 1984. Signals of status in wintering white-crowned sparrows *(Zonotrichia leucoptrys gambeti)*, in: *Anim. Behav.* 32, S. 86-93.

Fujita, K., D. S. Blough und P. M. Blough. 1991. Pigeons see the Ponzo illusion, in: *Anim. Learning Behav.* 19, S. 283-93.

Gadagkar, R. 1991. Belonogaster, Mischocyttarus, Parapolybia and independent-founding Ropalidia, in: *The social biology of wasps*, K. G. Ross und R. W. Matthews, Hg., S. 149-200, Ithaca, NY: Cornell University Press.

Gadagkar, R., und N. V. Joshi. 1985. Colony fission in a social wasp, in: *Current Sci.* 54, S. 57-62.

Gaioni, S. J., und C. S. Evans. 1985. The role of frequency modulation in controlling the response of mallard ducklings *(Anas platyrhynchos)* to conspecific distress calls, in: *Anim. Behav.* 33, S. 188-200.

–. 1986a. Mallard duckling response to distress cause with reduced variability. Constraint on stereotypy in a „fixed action pattern", in: *Ethology* 72, S. 1-14.

–. 1986b. Perception of distress calls in mallard ducklings *(Anas platyrhynchos)*, in: *Behaviour* 99, S. 250-74.

Gaston, A. J. 1977. Social behaviour within groups of jungle babblers *(Turdoides striatus)*, in: *Anim. Behav.* 25, S. 828-48.

–. 1978. The evolution of group territorial behaviour and cooperative breeding, in: *Amer. Nat.* 112, S. 1091-1100.

Gibbs, H. L., und P. R. Grant. 1987. Oscillating selection on Darwin's finches, in: *Nature* 327, S. 511-13.

Gibson, P. M., J. W. Bradbury und S. L. Vehrencamp. 1991. Mate choice in lekking sage grouse revisited: The roles of vocal display, female site fidelity and copying, in: *Behav. Ecol.* 2, S. 165-80.

Gibson, R. M., und J. Hoglund. 1992. Copying and sexual selection, in: *Tree* 7, S. 229-32.

Goldstein, H., D. Eisikovitz und Y. Yom-Tov. 1986. Infanticide in the Palestine sunbirds *Nectarina osea*, in: *Condor* 88, S. 528-29.

Grafen, A. 1990a. Biological signals as handicaps, in: *J. Theor. Biol.* 144, S. 517-46.

–. 1990b. Sexual selection unhandicapped by the Fisher process, in: *J. Theor. Biol.* 144, S. 473-16.

Greenewalt, C. H. 1986. *Bird song: Acoustics and physiology*, Washington, D.C.: Smithsonian Institution Press.

Gustafsson, L. 1989. Collared flycatcher, in: *Lifetime reproduction in birds*, I. Newton, Hg., S. 75-88. London: Academic Press.

Hailman, J. P. 1977. *Optical signals: Animal communication and light*, Bloomington, I. N.: Indiana University Press.

Haldane, J. B. S. 1932. *The Causes of Evolution*, London: Longmans Green. Nachdruck, Princeton: Princeton Science Library, 1990.

–. 1955. Population genetics, in: *New Biology* 18, S. 34-51.

Hamilton, W. D. 1964. The genetical evolution of social behaviour, *J. Theor. Biol.* 7, S. 1-52.

Hamilton, W. D., und M. Zuk. 1982. Heritable true fitness and bright birds: A role for parasites? in: *Science* 218, S. 384-87.

Hamilton, W. J. III. 1973. *Life's color code*, New York: McGraw-Hill.

Hunter, C. P. und P. D. Dwyer, The value of objects to satin bowerbirds *(Ptilonorhynchus violaceus)*, in: *Emu* (in Druck).

Hasson, O. 1991a. Pursuit-deterrent signals: Communication between prey and predator, in: *Tree* 6, S. 325-29.

–. 1991b. Sexual displays as amplifiers: Practical examples with an emphasis on feather decorations, in: *Behav. Ecol.* 2, S. 189-97.

Hasson, O., R. Hibbard und G. Cebballos. 1989. The pursuit-deterrent function of tail wagging in the zebra-tailed lizard *(Callisaurus draconoides)*, in: *Canad. J. Zool.* 67, S. 1203-9.

Heinrich, B. 1988. Winter foraging at carcasses by the three sympatric corvids, with emphasis on recruitment by the raven, in: *Corvus corax. Behav. Ecol. Sociobiol.* 23, S. 141-56.

Heinroth, O. J., und M. Heinroth. 1926. *Die Vögel Mitteleuropas*, Berlin-Lichterfelde: Hugo Bermühler.

Heinze, J., B. Hölldobler und C. Peeters. 1994. Conflict and co-operation in ant societies, in: *Naturwissenschaften* 81, S. 489-97.

Hendry, L. B., E. D. Bransome, M. S. Hutson und L. K. Campbell. 1984. A newly discovered stereochemical logic in the structure of DNA suggests that the gentic code is inevitable, in: *Perspectives in Biology and Medicine* 27, S. 623-51.

Hendry, L. B., und V. B. Mahesh. 1995. A putative step in steroid hormone action involves insertion of steroid ligands into DNA facilitated by receptor proteins, in: *J. Steroid Biochem. Molec. Biol.* 55, S. 173-83.

Heredia, B., J. C. Alonso und F. Hiraldo. 1991. Space and habitat use by red kites, *Milvus milvus*, during Winter in the Guadalquivir marshes: A comparison between resident and wintering popula-tions, in: *Ibis* 133, S. 374-81.

Hess. H. E. 1965. Attitude and pupil size, in: *Sci. Amer.* 212, S. 46-54.

Hill, G. E. 1990. Female house finches prefer colorful mates: Sexual selection for a condition dependent trait, in: *Anim. Behav.* 40, S. 563-72.

Hingston, R. W. G. 1933. *The meaning of animal colour and adornment*, London: Arnold.

Hiraldo, F., B. Heredia und J. C. Alonso. 1993. Communal roosting of wintering red kites, *Milvus miivus*, (Aves, Accipitridae): Social feeding strategies for the exploitation of food resources, in: *Ethology* 93, S. 117-24.

Hoglund, J., R. Montgomerie und F. Widemo. 1993. Costs and consequences of variation in the size of ruff leks, in: *Behav. Ecol. Sociobiol.* 32, S. 31-39.

Hogan-Warburg, A. J. 1966. Social behavior of the ruff, *Philomachus pugnax* (L), in: *Ardea* 54, S. 109-229.

Holder, K., und R. Montgomerie. 1993. Context and consequences of comb displays by male rock ptarmigan, in: *Anim. Behav.* 45, S. 457-70.

Hölldobler, B., und E. O. Wilson. 1990, *The ants*, Cambridge: Harvard University Press.

Hultsch, H., und D. Todt. 1986. Signal matching: Zeichenbildung durch mustergleiches Antworten, in: *Semiotik* 8, S. 233-44.

Huxley, J. S. 1914. The courtship habits of the great crested grebe *(Podiceps cristatus)* with an addition to the theory of sexual selection, in: *Proc. Zool. Soc. London* 35, S. 491-562.

Ingle, A., 1911. Cuckoos as nest robbers, in: *Emu* 11, S. 254-55.

Ishay, J., H. Bitinsky-Salz und A. Shulov. 1967. Contributions to the bionomics of the oriental hornet (*Vespa orientalis* Fab.), in: *Israel J. Entomol.* 2, S. 45-106.

Ishay, J., und R. Ikan. 1968. Food exchange between adults and larvae in Vespa orientalis, in: *Anim. Behav.* 16, S. 298-303.

Ito, Y. 1993. *Behaviour and Social Evolution of Wasps*, Oxford Series in Ecology and Evolution, Oxford: Oxford University Press.

Jackson, C. L., und L. H. Hartwell. 1990a. Courtship in *S. cerevisiae*: Both cell types choose mating partners by responding to the strongest pheromone signal, in: *Cell* 63, S. 1039-51.

–. 1990b. Courtship in *Saccharomyces cerevisiae*: An early cell-cell interaction during mating, in: *Cell. Biol.* 10, S. 2202-13.

Jarvi, T., und M. Baker. 1984. The function of the variation in the breast stripe of the great tit *(Parus major)*, in: *Anim. Behav.* 32, S. 590-96.

Jones, I. L., und F. M. Hunter. 1993. Mutual sexual selection in a monogamous seabird, in: *Nature* 362, S. 238.

Kalishov, A. 1996. Allofeeding among babblers *(Turdoides squamiceps)* (auf hebräisch, mit englischer Zusammenfassung), Manuskript, Universität Tel-Aviv.

Katsir, Z. 1985. Vocal signal affected by body posture and movement in the Arabian babbler (*Turdoides squamiceps,* Aves: Timaliidae). *19th International Ethological Conference,* 2, S. 398. Toulouse, France: Sabatier Universität.

–. 1991. Messages in vocal communication: Investigations of the variations in the babbler „shout" (auf hebräisch), Dissertation, Hebräische Universität, Jerusalem.

–. 1995. The meaning of the „variations" in the babbler „shout": A musicalethological approach, in: *Behav. Processes* 34, S. 213-32.

Katzir, G. 1981a. Aggression by the damselfish, *Dascyllus aruanus* L., towards conspecifics and heterospecifics, in: *Anim. Behav.* 29, S. 835-41.

–. 1981b. Visual aspects of species recognition in the damselfish, *Dascyllus aruanus*, in: *Anim. Behav.* 29, S. 842-49.

Kaufman, K. 1991. The subject is Alex, in: *Audubon*, September-October, S. 52-58.

Kirkpatrick, M. 1986. The handicap mechanism of sexual selection does not work, in: *Am. Nat.* 127, S. 222-40.

Kofort, R. R., B. S. Bowen und S. L. Vehrencamp. 1990. Groove-billed anis: Joint-nesting in a tropical cuckoo, in: *Cooperative breeding in birds*, P. B. Stacey und W. D. Koenig, Hg., S. 333-56. New York: Cambridge University Press.

Komdeur, J. 1992. Importance of habitat saturation and territory quality for evolution of cooperative breeding in the Seychelles warbler, in: *Nature* 358, S. 493-95.

–. 1994. Experimental evidence for helping and hindering by previous offspring in the cooperative-breeding Seychelles warbler, *Acrocephalus seychellensis*, in: *Behav. Ecol. Sociobiol.* 34, S. 175-86.

Kraak, S. B. M. 1994. Female mate choice in *Aidablennius sphynx*, a fish with parental care for eggs in a nest, Dissertation, Universität Groningen.

Krebs, J. R., und R. Dawkins. 1984. Animal signals: Mind-reading and manipulation, in: *Behavioral ecology. An evolutionary approach*, J. R. Krebs und N. B. Davies, Hg. 2. Aufl., S. 380-402. Oxford: Blackwell Scientific Publications.

Krebs, J. R., und N. B. Davies. 1984. *Einführung in die Verhaltensökologie*, Stuttgart: Thieme.

Kruuk, H. 1972. *The spotted hyena,* Chicago: University of Chicago Press.

Kuris, A. M. 1974. Trophic interaction: Similiarity of parasitic castrators to parasitoids, in: *Q. Rev.* Biol. 49, S. 129-48.

Lack, D. 1968. *Ecological adaptations for breeding in birds,* London: Chapman and Hall.

—. 1970. The endemic ducks of remote islands, in: *Wildfowl* 21, S. 5-10.

Lambrechts, M., und A. Dhondt. 1986. Male quality, reproduction und survival in the great tit *(Parus major)*, in: *Behav. Ecol. Sociobiol.* 19, S. 57-63.

Leader, N. 1996. The function of stone ramparts at the entrance of blackstarts *(Coercomela melanura)* nests (auf hebräisch), Manuskript, Universität Tel-Aviv.

Loffredo, C. A., und G. Borgia. 1986. Male courtship vocalizations as cues for mate choice in satin bowerbird *(Ptilonorhynchus violaceus)*, in: *Auk* 109, S. 189-95.

Lorenz, K. 1949. *Er redete mit dem Vieh, den Vögeln und den Fischen.* Wien.

—. 1962. The function of colour in coral reef fishes, in: *Proc. R. Inst, Gr. Br.* 39, S. 282-96.

—. 1966. *Das sogenannte Böse*, München: dtv.

Lotem, A. 1993a. Secondary sexual ornaments as signals: The handicap approach and three Potential problems, in: *Etologia* 3, S. 209-18.

—. 1993b. Learning to recognize nestlings is maladaptive for cuckoo *(Cuculus canorus)* hosts, in: *Nature* 362, S. 743-45.

Lotem, A., H. Nakamura und A. Zahavi. 1991. Rejection of cuckoo egg in relation to host age: A possible evolutionary equilibrium, in: *Behav. Ecol.* 3, S. 128-32.

—. 1995. Constraints on egg discrimination and cuckoo-host co-evolution, in: *Anim. Behav.* 11, S. 43-54.

Lythgoe, J. N. 1970. *The ecology of vision*, Oxford: Clarendon Press.

Maier, E. J. 1993. To deal with the „invisible": On the biological significance of ultraviolet sensitivity in birds, in: *Naturwissenschaften* 80, S. 476-78.

Markl, H. 1985. Manipulation, modulation, information, cognition: some of the riddles of communication, in: *Fortschritte der Zoologie,* 31, S. 164-94, Hölldobler/Lindauer, Hg. Exp. Behav. Ecol., Stuttgart: Fischer.

Marler, P. 1955. Characteristics of some animal cells, in: *Nature* 176, S. 6.

Marler, P., und W. J. Hamilton. 1966. *Mechanisms of animal behavior,* New York: John Wiley and Sons.

Mathews, C. K., E. M. Kutter, G. Mosig und P. B. Berget. 1983. Bacteriophage T4, *American Soc. for Microbiology,* Washington, D.C.

Maynard Smith, J. 1964. Group selection and kin selection, in: *Nature* 201, S. 1145-47.

–. 1965. The evolution of alarm calls, in: *Amer. Nat.* 99, S. 183-88.

–. 1976a. Die Evolution des Verhaltens, in: *Spekt. d. Wiss.,* S. 163-173.

–. 1976b. Sexual Selection and the handicap principle, in: *J. Theor. Biol.* 57, S. 239-42.

–. 1976c. Group selection, in: *Quar. Rev. Biol.* 51, S. 277-83.

–. 1982. Do animals convey information about their intentions?, in: *J. Theor. Biol.* 97, S. 1-5.

–. 1991a. Theories of sexual selection, in: *Tree* 6, S. 146-51.

–. 1991b. Must reliable signals always be costly? in: *Anim. Behav.* 47, S. 1115-20.

Maynard Smith, J., und G. A. Parker. 1976. The logic of asymmetric contests, in: *Anim. Behav.* 24, S. 159-75.

Mayr, E. 1942. *Systematics and the origin of species,* New York: Columbia University Press.

–. 1972. Sexual selection and natural selection, in: *Sexual selection and the descent of man 1871-1971,* B. Campbell, Hg., S. 97, Los Angeles: University of California Press.

Mayr, E., und E. Stresemann. 1950. Polymorphism in the chat genus *Oenanthe* (Aves), in: *Evolution* 4, S. 291-300.

McDonald, D. B., und W. K. Potts. 1994. Cooperative display and relatedness among males in a lek-mating bird, in: *Science* 266, S. 1030-32.

McGregor, P. K. 1993. Signalling in territorial systems: A context for individual identification, ranging and eavesdropping, in: *Phil. Trans. R. Soc. Lond. B.* 340, S. 237-44.

McKaye, K. R. 1991. Sexual selection and the evolution of the cichlid fishes of lake Malawi, in: *Cichlid fishes' behaviour, ecology and evolution,* M. H. A. Keenleyside, Hg., S. 241-57, London: Chapman and Hall.

Mock, D. W. 1984. Siblicidal aggression and resource monopolization in birds, in: *Science* 225, S. 731-33.

Moller, A. P. 1990a. Fluctuating asymmetry in male sexual ornaments may reliably reveal male quality, in: *Anim. Behav.* 40, S. 1185-87.

—. 1990b. Male tail length and female mate choice in the monogamous swallow, *Hirundo rustica*, in: *Anim. Behav.* 39, S. 458-65.

—. 1990c. Sexual behavior is related to badge size in the house sparrow *Passer domesticus*, in: *Behav. Ecol. Sociobiol.* 27, S. 23-29.

—. 1991. Influence of wing and morphology on the duration of song flights in skylarks, in: *Behav. Ecol. Sociobiol.* 28, S. 309-14.

—. 1992. Female swallow preferences for symmetrical male sexual ornaments, in: *Nature* 357, S. 238-240.

—. 1994. *Sexual selection and the barn-swallow*, Oxford: Oxford University Press.

Montgomerie, R. 1986. Symposium on mate guarding, in: *Acta XIX Con. Inter. Ornithol*, S. 408-53, Ottawa.

Moore, A. J. 1988. Female preferences, male social status and sexual selection in *Nauphoeta cinerea*, in: *Anim. Behav.* 36, S. 303-5.

Moreno, J., M. Soler, A. P. Moller und M. Linder. 1994. The function of stone carrying in the black wheatear *(Oenanthe leucora)*, in: *Animal Behav.* 47, S. 1297-1309.

Morris, D. 1956. The function and causation of courtship ceremonies, in: *L'instinct dans le comportement des animaux et de l'homme*, P. P. Grasse, Hg., S. 261-86, Fondation Singer Pofignae, Paris: Masson.

—. 1957. „Typical intensity" and its relationship to the problem of ritualization, in: *Behaviour* 11, S. 1-12.

—. 1967. The naked ape. New York: McGraw-Hill.

dt.: Der nackte Affe, München 1992.

—. 1990. *Animalwatching*, New York: Crow.

Morton, E. S. 1977. On the occurrence and significance of motivation-structural rules in some birds and mammal sound, in: *Amer. Nat.* 11/1, S. 855-69.

Morton, E. S., L. Forman und M. Braun. 1990. Extrapair fertilizations and the evolution of colonial breeding in purple martins, in: *Auk* 107, S. 275-83.

Morton, E. S., und J. Page. 1992. *Animal talk*, New York: Random House.

Motto, U., und I. Eshel. 1988. The three brothers' problem: Kin selection with more than one Potential helper. two: The case of delayed help, in: *Amer. Nat.* 132, S. 567-75.

Munehara, H., A. Takenaka und O. Takenaka. 1994. Alloparental care in the marine sculpin (*Alcihbthys alcicornis*, Pisces: Cottidae): Copulating in conjunction with parental care, in: *J. Ethol.* 12, S. 115-20.

Mutray, I. R., und J. L. Arnott. 1993. Towards the simulation of emotion in synthetic speech: A review of the literature on human vocal emotion, in: *J. Acoust. Soc. Am.* 92, S. 1097-1108.

Nahon, E., D. Atzmony, A. Zahavi und D. Granot. 1995. Mate

selection in yeast: a reconsideration of the signals and the message encoded by them, in: *J. Theor. Biol.* 172, S. 315-22.

Nanjundiah, V., und S. Saran. 1992. The determination of spatial pattern, in: *Dictyostelium discoideum. J. Biosci.* 17, S. 353-93.

Newton, I. 1989a. Sparrowhawk, in: *Lifetime reproduction in birds*, I. Newton, Hg. 279-96, London: Academic Press.

–. 1989b. Synthesis, in: *Lifetime reproduction in birds*, I. Newton, Hg., 279-96, London: Academic Press.

Nisbet, I. C. T. 1973. Courtship feeding, egg size and breeding success in common terms, in: *Nature* 241, S. 141-42.

–. 1977. Courtship feeding and clutch size in common terms *(Sterna hirundo)*, in: *Evolutionary ecology*, Hg. B. Stonehouse und C. M. Perrins, 101-9, London: Macmillan.

Norris, K. J. 1990. Female choice and the evolution of conspicious plumage coloration of monogamous male great tits, in: *Behav. Ecol. Sociobiol.* 26, S. 129-38.

Oberski, S. 1975. Parasite reproduction strategy and the evolution of castration of hosts by parasites, in: *Science* 188, S. 1314-16.

O'Donald, P. 1963. Sexual selection and territorial behaviour, in: *heredity* 18, S. 361-64.

Orians, G. 1969. On the evolution of mating systems in birds and mammals, in: *Amer. Nat.* 103, S. 589-603.

Orians, G. H., und L. D. Beletsky. 1989. Red-Winged blackbird, in: *Lifetime reproduction in birds*, I. Newton Hg., S. 183-98, London: Academic Press.

Osztreiher, R. 1992. The morning dance of the Arabian babbler, *Turdoides squamiceps* (auf hebräisch), Manuskript, Universität Tel-Aviv.

–. 1996. The competitive relationship among Arabian babbler *(Turdoides squamiceps)* nestlings (auf hebräisch), Dissertation, Universität Tel-Aviv.

Owen, M., und J. M. Black. 1989. Barnacle goose, in: *Lifetime reproduction in birds*, I. Newton, Hg., S. 349-62, London: Academic Press.

Parker-Rabenold, P. 1987. Recruitment to food in black vultures: evidence for following from communal roosts, in: *Anim. Behav.* 35, S. 1775-85.

Parsons, P. A. 1990. Fluctuating asymmetry: An epigenetic measure of stress, in: *Biol. Rev. Cambr. Phil. Soc.* 65, S. 131-45.

Payne, R. B. 1983. The social context of song mimicry: Song-matching dialects in indigo bunting *(Passerina cyanea)*, in: *Anim. Behav.* 31, S. 788-805.

Pepperberg, I. M. 1991. A communicative approach to animal cognition: A study of conceptial abflities of an African grey parrot, in: *Cognitive ethology: The minds of other animals*, C. A. Ristau, Hg., S. 153-86, Lawrence Erlbaum Associates.

Perl, J. 1996. Competition for breeding between Arabian babbler males (auf hebräisch), Manuskript, Universität Tel-Aviv.

Petrie, M., T. Haffiday und C. Sandres. 1991. Peahens prefer peacocks with elaborate trains, in: *Anim. Behav.* 41, S. 323-31.

Pliske, T. E., und T. Eisner. 1969. Sex pheromone of the queen butterfly: Biology, in: *Science* 164, S. 1170-72.

Pomiankowski, A. 1987. Sexual selection: The handicap principle does work-sometimes, in: *Proc. R. Soc. Lond. B.* 231, S. 123-45.

Pond, G. 1973. *An introduction to lace*, London: Garnstone Press.

Pozsis, O. 1984. Play in babblers (auf hebräisch), Manuskript, Universität Tel-Aviv.

Rasa, A. 1986. *Mongoose watch*, New York: Doubleday.

Redondo, T., und F. Castro. 1992. Signalling of nutritional need by magpie nestlings, in: *Ethology* 92, S. 193-240.

Reyer, H. U., 1990. Pied kingfishers: ecological causes and reproductive consequences of cooperative breeding, in: *Cooperative Breeding in Birds*, P. B. Stacey und W. D. Koenig, Hg., S. 527-559. Cambridge: Cambridge University Press.

Rhisiart, A. P. 1989. Communication and antipredator behaviour, Dissertation, Universität Oxford.

Ridley, M. 1981. How the peacock got his tail, in: *New Sci.* 91, S. 398-401.

Ritland, D. B. 1991a. Unpalatability of viceroy butterflies *(Limenitis archippus)* and their purported mimicry models, Florida queens *(Danaus gilippus)*, in: *Oecologia* 88, S. 102-8.

−. 1991b. Revising a classic butterfly mimicry scenario: Demonstration of Muellerian mimicry between Florida viceroys *(Limenitis archippus floridensis)* and queens *(Danaus gilippus berenice)*, in: *Evolution* 45, S. 918-34.

Rohwer, S., und P. W. Ewald. 1981. The cost of dominance and advantage of subordination in a badge signaling system, in: *Evolution* 35, S. 441-54.

Rohwer, S., und F. C. Rohwer. 1987. Status signalling in Harris' sparrows: Experimental deceptions achieved, in: *Anim. Behav.* 26, S. 1012-22.

Roper, T. 1986. Badges of status in avian societies, in: *New Sci.* 109, S. 38-40.

Roseler, P. F., und C. G. J. Honk. 1989. Caste and reproduction in bumblebees, in: *Social insects. An evolutionary approach to caste and reproduction*, W. Engles, Hg., S. 147-166, Berlin: Springer.

Rosenberg, E. 1984. *Social adaptations in myxobacteria*, New York: Springer.

Rothstein, S. I. 1990. A model system for coevolution: avian brood parasitism, in: *Ann. Rev. Ecol. Syst.* 21, S. 481-508.

Rowel, T. E. 1962. Agonistic noises of the rhesus monkey *(Macaca mulata)*, in: *Proc. R. Soc.* London 138, S. 91-96.

Rowley, I., und E. Russel. 1989. Splendid fairy-wren, in: *Lifetime reproduction in birds*, I. Newton, Hg., S. 233-52, London: Academic Press.

–. 1990. Splendid fairy-wren: Demonstrating the importance of longevity, in: *Cooperative Breeding in Birds*, P. B. Stacey und W. D. Koenig, Hg., S. 1-30, Cambridge: Cambridge University Press.

Ryan, M. J. 1990. Sexual selection sensory systems and sensory exploitation, in: *Oxford Surv. Evol. Biol.* 7, S. 157-95.

Ryan, M. J., M. D. Tuttle und A. S. Rand. 1982. Bat predation and sexual advertisement in a neo-tropical anuran, in: *Amer. Nat.* 119, S. 136-39.

Sade, D. S. 1972. A longitudinal study of social behavior of Rhesus monkeys, in: *The functional and evolutionary biology of primates,* R. Tuttle, Hg., S. 378-98, Chicago: Aldine Atherton.

Saino, N., A. P. Møfler und A. M. Bolzern. 1995. Testosterone effects on the immune system and parasite infestations in the barn swallow *(Hirundo rustica):* An experimental test of the immunocompetence hypothesis, in: *Behav. Ecol.* 6, S. 397-404.

Salyers, A. A., und D. D. Whit. 1994. *Bacterial pathogenesis*, Washington, D.C.: American Society for Microbiology.

Scherer, R. K. 1979. Nonlinguistic vocal indicators of emotion and psychopathology, in: *Emotions in personality and psychopathology,* C. E. Izard, Hg., S. 493-525, New York: Plenum.

–. 1985. Vocal affect signalling: A comparative approach, in: *Advances in the study of Behav.* 15, S. 189-244.

Schjelderup-Ebbe, T. 1922. Beiträge zur Sozialpsychologie des Haushuhns, in: *Z. Psychol.* 88, S. 225-52.

Schneider, D. 1994. 100 Jahre Pheromonforschung, in: Naturwiss. Rundschau 47/9, S. 337-44.

Schwammberger, K. 1993. Freilandbeobachtungen zur Nestübernahme bei *Polistes biglumis bimaculatus* durch den Sozialparasiten *Sulcopolistes atrimandibularis* (Hymenoptera, Vespidae), in: *Z. Ang. Zool.* 79, S. 291-97.

Scott, D. H. 1988. Reproductive success in Bewick's swan, in: *Reproductive success.* T. H. Clutton-Brock, Hg., S. 220-36, Chicago: University of Chicago Press.

Selander, P. K. 1965. On mating systems and sexual selection, in: *Amer. Nat.* 99, S. 129-41.

–. 1972. Sexual selection and dimorphism in birds. In: *Sexual selection and the descent of man 1871-1971*, B. Campbell, Hg., S. 10-230, Los Angeles: University of California.

Sever, Z., und H. Mendelssohn. 1988. Copulation as a possible mechanism to maintain monogamy in porcupines, in: *Hystetix indica. Anim. Behav.* 36, S. 1541-42.

Seyfarth, R. M., D. L. Cheney und P. Marler. 1980. Vervet monkey alarm calls: Semantic communication in a free-ranging primate, in: *Anim. Behav.* 28, S. 1070-94.

Shaulsky, G., und W. F. Loomis. 1993. Cell type regulation in response to expression of ricin A, in: *Dictyostelium. Dev. Biol.* 160, S. 85-98.

—. 1995. Mitochondrial DNA replication but no nuclear DNA replication during development of *Dictyostelium*, in: *Proc. Nat. Acad. Sci.* 92, S. 5660-63.

Shepher, J. 1983. *Incest: A biosocial view,* New York: Academic Press.

Sherman, P. W., J. U. M. Jarvis und R. D. Alexander. 1991. *The biology of the naked mole-rat*, Princeton: Princeton University Press.

Sigmund, K. 1995. *Spielpläne*, Hamburg: Hoffmann und Campe.

Simpson, M. J. A. 1968. The display of the Siamese fighting fish *(Betta splendens)*, in: *Anim. Behav. Mon.* 1, S. 1-73.

Slagsvold, T. 1984. The mobbing behaviour of the hooded crow, *Corvus corone cornix:* Antipredator defence or self-advertisement? in: *Fauna Norv. Ser. C.* 7, S. 127-31.

—. 1985. The mobbing behaviour of the hooded crow. *Corvus corone cornix*, in relation to age, sex, size, season, temperature and the kind of enemy, in: *Fauna Norv. Ser. C.* 8, S. 917.

Smith, H. G., und R. Montgomerie. 1991. Sexual selection and the tail ornaments of North American barn swallows, in: *Behav. Ecol. Sociobiol.* 28, S. 195-201.

Smith, H. G., R. Montgomerie, T. Poldmaa, B. N. White und P. T. Boag. 1991. DNA fingerprinting reveals relation between tail ornaments and cuckoldry in barn swallows, *Hirundo rustica*, in: *Behav. Ecol.* 2, S. 90-98.

Smith, J. N. M., P. Arcese und I. G. McLean. 1984. Age, experience and enemy recognition by wild song sparrows, in: *Behav. Ecol. Sociobiol.* 14, S. 101-6.

Smith, N. G. 1966. Evolution of some arctic gulls *(Larus):* An experimental study of isolating mechanisms, in: *Ornith. Monogr. (AOU)* 4, S. 1-99.

—. 1967. Visual isolation in gulls, in: *Sci. Am.* 217, S. 94-102.

Smythe, N. 1970. On the existence of „pursuit invitation" signals in mammals, in: *Amer. Nat.* 104, S. 491-94.

Snow, D. W. 1976. *The web of adaptation: Bird studies in the american tropics*, New York: New York Times Books.

Snyder, H. S., und D. S. Bredt. 1992. Biological roles of nitric oxide, in: *Sci. Am.* 266, S. 58-67.

Soler, M., J. Soler, J. G. Martinez, und A. P. Moller. 1995. Magpie host manipulation by great spotted cuckoos: Evidence for an avian mafia? in: *Evolution* 49, S. 770-75.

Sordahl, T. A. 1990. The risks of avian mobbing and distraction behavior: An anecdotal review, in: *Wilson Bull.* 102, S. 349-352.

Spiro, M. E. 1963. *Kibbutz, adventure in utopia.* New York: Schocken Books.

Stacey, P. B., und W. D. Koenig. 1990. *Cooperative breeding in birds: Long-term studies of ecology and behavior.* Cambridge: Cambridge University Press.

Strahl, S. D. 1988. The social organization and behaviour of the hoatzin, *Opisthocomus hoatzin,* in central Venezuela, in: *Ibis* 130, S. 483-501.

Streeter, L. A., R. M. Krauss, V. Geller, C. Olson und W. Apple. 1977. Pitch change during attempted deception, in: *J. of Personality and Soc. Psychol.* 35, S. 345-50.

Sugiyama, Y. 1967. Social organisation of hanuman langurs, in: *Social communication among primates,* S. A. Altman, Hg., Chicago: University of Chicago Press.

Sutter, E. 1994. Are the peacock's train feathers really upper tail coverts? in: *J. für Ornithol.* 135, S. 57.

Taborsky, M. 1994. Parasitism and alternative reproductive strategies in fish, in: *Adv. in Behav. Studies* 28, S. 1-100.

Tengo, J. 1984. Territorial behaviour of the kleptoparasite reduces parasitic pressure in community nesting bees, *Abstract volume: XVII International Congress of Entomology* 510.

Thornhill, R. 1992a. Female preference for the pheromone of males with low fluctuating asymmetry in the Japanese scorpionfly (*Panorpa japonica,* Mecoptera), in: *Behav. Ecol.* 3, S. 277-83.

–. 1992b. Fluctuating asymmetry, interspecific aggression and male mating tactics in two species of Japanese scorpionflies, in: *Behav. Ecol. Sociobiol.* 30, S. 357-63.

Thornhill, R., und J. Alcock. 1983. *The evolution of insect mating systems,* Cambridge, MA: Harvard University Press.

Tinbergen, N. 1958. *Die Welt der Silbermöwe,* Göttingen: Musterschmidt.

–. 1965. Some recent studies of the evolution of sexual behavior, in: *Sex and behavior,* F. A. Beach, Hg., S. 1-33, New York: Wiley.

Todt, D., und H. Hultsch. 1995. Acquisition and performance of song repertoires: Ways of coping with diversity and versatility, in: *Ecology and evolution of acoustic communication in birds,* Kroodsma und Miller, Hg., Ithaca, N.Y.: Cornell University Press.

Trivers, P. 1971. The evolution of reciprocal altruism, in: *Quart. Rev. Biol.* 46, S. 35-57.

–. 1974. Parent-offspring conflict, in: *Amer. Zool.* 14, S. 249-64.

−. 1985. *Social evolution,* Menlo Park, CA: Benjamin/Cumming.

Trivers, R. L. 1972. Parental investment and sexual selection, in: *Sexual selection and the descent of man* 1871-1971, B. Campbell, Hg., S. 136-179. London: Heinemann.

Ulloa-Aguirre, A., A. R. Midgley jr., I. Z. Beitins und V. Padmanabhan. 1995. „Follicle-stimulating isohormones: characterization and physiological relevance", in: *Endocrine Reviews* 16, S. 765-787.

Van Lawick, H., und J. Van Lawick-Goodall. 1972. *Unschuldige Mörder,* Hamburg: Rowohlt.

Van Lawick-Goodall, J. 1971. *Wilde Schimpansen,* Hamburg: Rowohlt.

Van Rhijn, J. G. 1973. Behavioural dimorphism in male ruffs (*Philomachus pugnax* L.), in: *Behaviour* 47, S. 153-229.

Veblen, T. *Theorie der feinen Leute,* Köln, Berlin o. J.: Kiepenheuer & Witsch.

Velthuis, H. W. 1990. Chemical signals and dominance communication in the honeybee *apis mellifera* (Hymenoptera: Apidae), in: *EntomoZ Gener.* 15/2, S. 83-90.

Wagner, R. 1992. Extra-pair copulations in a lek: The secondary mating system of monogamous razorbills, in: *Behav. Ecol. Sociobiol.* 31, S. 63-71.

Wagner, R., M. D. Schug und E. Morton. 1996. Confidence in paternity, actual paternity and paternal effort by purple martins, in: *Anim. Behav.* (in Druck).

Wagner, R. H. 1996. Why do female birds reject copulations from their mates? in: *Ethology* 102, S. 465-480.

Wallace, A. R. 1889. *Darwinism: An exposition of the theory of natural selection with some of its applications,* London: Macmillan.

Ward, P. 1965. Feeding ecology of the black-faced dioch (*Quelea quelea*) in Nigeria, in: *Ibis* 107, S. 173-214.

−. 1972. The functional significance of mass drinking flights by sandgrouse (*Pterochdidae*), in: *Ibis* 114, S. 533-36.

Ward, P., und A. Zahavi. 1973. The importance of certain assemblages of birds as ›information-centers‹ for food-finding, in: *Ibis* 115, S. 517-34.

Watson, J. P., und R. Thornhill. 1994. Fluctuating asymmetry and sexual selection, in: *Tree* 9, S. 221-25.

Weiner, J. 1994. *The beak of the finch,* New York: Vintage.

West, M. J. 1969. The social biology of polistine wasps, in: *Univ. Mich. Mus. Zool. Misc. Publ.* 140, S. 1-101.

West-Eberhard, M. J. 1975. The evolution of social behaviour by kin selection, in: *Quar. Rev. Biol.* 50, S. 1-33.

−. 1984. Sexual selection, competitive communication and species-specific signals in insects, in: *Insect communication,* T. Lewis, Hg., S. 283-324, New York: Academic Press.

–. 1986. Dominance relations in *Polistes canadensis* (L.), a tropical social wasp, in: *Monitore Zool. Ital.* (N. S.) 20, S. 263-81.

Wiklund, C., und T. Jarvi. 1982. Survival of distasteful insects after being attacked by naive birds: A reappraisal of the theory of aposematic coloration evolving through individual selection, in: *Evolution* 36, S. 998-1002.

Wilhelm, K. V., H. Comtesse und W. Pflumm. 1980. Zur Abhängigkeit des Gesangs vom Nahrungsangebot beim Gelbbauchnektarvogel *(Nectarinia venusta)*, in: *Z. Tierpsychol.* 54, S. 185-202.

–. 1982. Influence of sucrose solution concentration on the song and courtship behaviour of the male yellow-beflied sunbird *(Nectapinia venusta)*, in: *Z. Tierpsychol.* 60, S. 27-40.

Williams, G. C. 1966. *Adaptation and natural selection: A critique of some current evolutionary thought*, Princeton: Princeton University Press.

–. 1994. *Natural selection Domains, levels and challenges*, Oxford: Oxford University Press.

Willson, D. S., und E. Sober. 1994. Reintroducing group selection to human behavioral sciences, in: *Behavioral and Brain Sciences*, 17, S. 585-654.

Wilson, E. O. 1971. *The insect societies*, Cambridge: Harvard University Press.

–. 1975. *Sociobiology: The new synthesis*, Cambridge, MA: Belknap Press.

Winston, M. L., und K. N. Slessor. 1992. The essence of royalty: Honey bee queen pheromone, in: *Amer. Sci.* 80, S. 374-85.

Witherby, H. F., F. C. R. Jourdain, N. F. Ticehurst und B. W. Tucker. 1943. *The handbook of British birds*, London: Witherby.

Woolfenden, G. E., und J. W. Fitzpatrick. 1984. *The Florida scrub jay,* Princeton: Princeton University Press.

–. 1990. Florida scrub jays: A synopsis after 18 years of study, in: *Cooperative Breeding in Birds*, P. B. Stacey und W. D. Koenig, Hg., S. 239-66. Cambridge: Cambridge University Press.

Wyllie, I. 1975. Study of cuckoos and reed warblers, in: *Br. Birds* 68, S. 369-78.

Wynne-Edwards, V. C. 1962. *Animal dispersion in relation to social behaviour*, Edinburgh: Oliver and Boyd.

–. 1986. *Evolution through group selection*, Oxford: Blackwell Scientific Publications.

Yom-Tov, Y. 1989. Seemingly maladaptive behaviours, individual recognition and hierarchy, in: *Ornis Scand.* 20, S. 2.

Zahavi, A. 1971a. The function of pre-roost gatherings and communal roosts, in: *Ibis* 113, S. 106-9.

–. 1971b. The social behavior of the white wagtail. *Motacilla alba*, wintering in Israel, in: *Ibis* 113, S. 203-11.

—. 1974. Communal nesting by the Arabian babbler, a case of individual selection, in: *Ibis* 116, S. 84-87.

—. 1975. Mate selection: A selection for a handicap, in: *J. Theor. Biol.* 53, S. 205-14.

—. 1976. Cooperative nesting in Eurasian birds, in: Acta XVI Con. Inter. Ornithol., H. J. Frith und J. H. Calaby, Hg., S. 685-93, Canberra, Australia.

—. 1977a. Reliability in communication systems and the evolution of altruism, in: *Evolutionary ecology*, B. Stonehouse und C. M. Perrins, Hg., S. 253-59, London: Macmillan Press.

—. 1977b. The cost of honesty (further remarks on the handicap principle), in: *J. Theor. Biol.* 67, S. 603-5.

—. 1977c. The testing of a bond, in: *Anim. Behav.* 25, S. 246-47.

—. 1978a. Decorative patterns and the evolution of art, in: *New Sci.* 80, S. 182-84.

—. 1978b. Why shouting, in: *Amer. Nat.* 113, S. 155-56.

—. 1979. Parasitism and nest predation in parasitic cuckoos, in: *Amer. Nat.* 113, S. 157-59.

—. 1980. Ritualization and the evolution of movement signals, in: *Behaviour* 72, S. 77-81.

—. 1981a. Natural selection, sexual selection and the selection of signals, in: *Evolution today*, G. G. E. Scudder und J. L. Reveal, Hg., S. 133-38, Pittsburgh: Carnegie-Mellon University Press.

—. 1981b. The lateral display of fishes: Bluff or honesty in signalling? in: *Behav. Anal. Lett.* 1, S. 233-35.

—. 1981c. Some comments on sociobiology, in: *Auk* 98, S. 412-14.

—. 1982. The pattern of vocal signals and the information they convey, in: *Behaviour* 80, S. 1-8.

—. 1983. This week's citation classic: The importance of certain assemblages of birds as „information centers" for food finding, in: *Current Contents* 15, S. 26.

—. 1985a. Evolution of group life with special reference to the Arabian babbler *(Turdoides squamiceps)*, in: *Acta XVIII Con. Inter. Ornithol.* V. D. Ilychev und V. M. Gavtilov, Hg., 2, S. 1043, Moskau: Akademie der Wissenschaften der UdSSR.

—. 1985b. Some further comments on the gatherings of birds, in: *Acta XVIII Con. Inter. Ornithol.* V. D. Ilychev und V. M. Gavtilov, Hg., 2, S. 919-20, Moskau: Akademie der Wissenschaften der UdSSR.

—. 1987. The theory of signal selection and some of its implications, in: *Proc. Intern. Symp. Biol. Evol.*, V. P. Delfino, Hg., S. 305-27, Bari, Italien: Adriatica Editrica.

—. 1988a. Mate guarding in Arabian babbler, a group-living songbird, in: *Acta XIX Con. Inter. Ornithol.*, S. 420-227. Ottawa.

—. 1988b. Mate choice through signals, in: *Acta XIX Con. Inter. Ornithol.*, S. 956-60. Ottawa.

−. 1989. Arabian babbler, in: *Lifetime reproduction in birds,* I. Newton, Hg., S. 253-76, 98, London: Academic Press.

−. 1990. Arabian babblers: The quest for social status in a cooperative breeder, in: *Cooperative breeding in birds: Long-term studies of ecology and behavior,* P. B. Stacey und W. D. Koenig, Hg., S. 103-30. Cambridge: Cambridge University Press.

−. 1991a. On the definition of sexual selection, Fisher's model and the evolution of waste and of signals in general, in: *Anim. Behav.* 42, S. 501-3.

−. 1991b. Sexual selection: Badges and signals, in: *Tree* 7, S. 30-31.

−. 1993. The fallacy of conventional signalling, in: *Phil. Trans. R. Soc. Lond. B.* 338, S. 227-30.

−. 1995. Altruism as a handicap − the limitations of kin selection and reciprocity, in: *Avian Biol.* 26, S. 1-3.

−. 1996a. The evolution of communal roosts as information centers and the pitfall of group-selection: A rejoinder to Richner and Heeb, in: *Behav. Ecol.* 7, S. 118-19.

−. 1996b. Cooperation among lions: An overlooked theory, in: *Tree* 11, S. 252.

Zahavi, A., und D. Ralt. 1984. Social adaptations in myxobacteria. In: *Myxobacteria,* E. Rosenberg, Hg., S. 215-20, Heidelberg: Springer.

Zahavi, T. 1975. Social behaviour of the babblers (auf hebräisch). Manuskript.

Züberman, R. 1991. Extra-pair copulations in a sunbird popidation *(Nectarinia osea osea)* in Ramat-Aviv (auf hebräisch), Manuskript, Universität Tel-Aviv.

Zuk, M., K. Johnson, R. Thomhill und D. Ligon. 1990. Mechanisms of female choice in red jungle fowl, in: *Evolution* 44, S. 477-85.

DANKSAGUNGEN

Unsere Töchter Naama und Tirza waren von Anfang an bei den Gesprächen dabei, in denen sich unsere Ideen entwickelt haben, und ihre Vorschläge haben uns geholfen, diese Gedanken hier vorzustellen. Weil Naama und später ihr Ehemann Melvin Patrick Ely an diesen Gesprächen Anteil hatten, konnten sie auf der Grundlage unseres ursprünglichen hebräischen Buchs die Fassung schreiben, die jetzt auf englisch vorliegt und in andere Sprachen übersetzt wird. Wir danken auch Amir Balaban für das Geschick und die Kunstfertigkeit, mit der er sich der Aufgabe stellte, das Buch zu illustrieren.

Azaria Alon hat uns immer – besonders bei den schwierigen ersten Schritten – ermutigt und geholfen. Wir danken Daniela Atzmony, Helena Cronin, Paul Eckman, Michal Gil, Jehoshua Kugler, Arnon Lotem, Jonathan Wright, Mina Yarom, Yoram Yom-Tov und Zohar Zuk-Rimon dafür, daß sie das ganze Manuskript oder einige Kapitel gelesen und kommentiert haben.

Die ersten Entwürfe dieses Buchs wurden vor mehr als zehn Jahren geschrieben. Wir können unmöglich allen unseren Freunden, Studenten und Kollegen danken, die Teile der Entwürfe gelesen haben und wichtige Bemerkungen und Vorschläge für Verbesserungen machten oder die uns Fotos oder Videofilme zur Verfügung stellten, nach denen Amir Balaban einige seiner Zeichnungen anfertigte. Wir hoffen, daß diese Freunde uns vergeben, wenn wir sie nicht alle namentlich nennen.

Wir danken unserer hilfsbereiten und hilfreichen Lektorin Nora Cavin.

Wir sind dankbar für die Bemühungen unseres literarischen Agenten, Richard Balkin; unser besonderer Dank jedoch gilt den vielen ehrenamtlichen Mitarbeitern und Studenten, die uns geholfen haben, bei unseren Feldstudien die gesellig lebenden Graudroßlinge einzeln kennenzulernen und Daten über ihr Verhalten zu sammeln. Vor allem aber danken wir der Gesellschaft für Naturschutz in Israel (SPNI), die es uns allen möglich machte, in ihrem Feldstudienzentrum in Hatzeva zu leben und zu arbeiten.

Die Einkünfte der hebräischen Ausgabe dieses Buchs sind für einen Fonds bestimmt, der es ermöglicht, unsere Erforschung der Graudroßlinge fortzuführen und die Shezaf Nature Reserve zu unterhalten, wo diese Vögel, vor den Umwälzungen des modernen Lebens bewahrt, weiterleben können. Wir hoffen, daß die vorliegende Fassung dieses Buchs den Kreis der Freunde der Shezaf Nature Reserve und ihrer Graudroßlinge erweitern werden.